Ferdinand Buer · Gertrud Siller (Hrsg.)

Die flexible Supervision

Ferdinand Buer · Gertrud Siller (Hrsg.)

Die flexible Supervision

Herausforderungen – Konzepte – Perspektiven
Eine kritische Bestandsaufnahme

VS VERLAG FÜR SOZIALWISSENSCHAFTEN

VS Verlag für Sozialwissenschaften
Entstanden mit Beginn des Jahres 2004 aus den beiden Häusern
Leske+Budrich und Westdeutscher Verlag.
Die breite Basis für sozialwissenschaftliches Publizieren

Bibliografische Information Der Deutschen Bibliothek
Die Deutsche Bibliothek verzeichnet diese Publikation in der Deutschen Nationalbibliografie; detaillierte bibliografische Daten sind im Internet über <http://dnb.ddb.de> abrufbar.

1. Auflage Oktober 2004

Der VS Verlag für Sozialwissenschaften ist ein Unternehmen von Springer Science+Business Media.
www.vs-verlag.de

Umschlaggestaltung: KünkelLopka Medienentwicklung, Heidelberg

Gedruckt auf säurefreiem und chlorfrei gebleichtem Papier

ISBN-13: 978-3-531-14418-4 e-ISBN-13: 978-3-322-80643-7
DOI: 10.1007/978-3-322-80643-7

Inhalt

Gertrud Siller und Ferdinand Buer

Einführung

Flexibilität scheint zur zentralen Antwort auf die gegenwärtige Globalisierung, vor allem auf grundlegende Reorganisationsprozesse in der Arbeitswelt zu anvancieren. Diese führen fast immer zu Rationalisierungen und damit zu Einsparungen auf der Personalebene. Sie gehen einher mit veränderten Arbeitsformen und erhöhten Kompetenzanforderungen an die Beschäftigten in allen Arbeitsbereichen der Gesellschaft. Deshalb haben sie zwangsläufig Auswirkungen auf die Supervision. Aber welche? Dies ist die Ausgangsfrage des vorliegenden Buches. Unser Anliegen ist es, den Wandel von Arbeits- und Organisationsstrukturen in seiner Bedeutung für Supervision aus verschiedenen Perspektiven näher zu beleuchten.

Anstoß zu diesem Unternehmen gab das wissenschaftliche Symposion „Quo vadis Supervision?“ vom 29./30. Mai 2003 an der Universität Göttingen, das die Herausgeberin und der Herausgeber im Auftrag und mit Unterstützung der Universität Göttingen und der Deutschen Gesellschaft für Supervision gemeinsam konzipiert und durchgeführt haben (Buer/Siller 2003). Hier wurde deutlich, dass Supervision und ihre gegenwärtige Lage ganz unterschiedlich definiert und eingeschätzt werden (Otten 2004). Es herrschte Uneinigkeit darüber, was denn angesichts des strukturellen Wandels in der Arbeitswelt genau der spezifische Gegenstand und die spezifische Aufgabe der Supervision sei, sie stellte sich als höchst flexibel dar.

Nun ist Flexibilität ein schillernder Begriff, je nach Blickwinkel hat er – wie durch ein Kaleidoskop betrachtet – unterschiedliche Konnotierungen. Er meint Beweglichkeit, die Fähigkeit, andere Positionen wahrzunehmen und zuzulassen, aber auch Beliebigkeit, die es nicht erlaubt, sich zu positionieren. Er bezeichnet die Abkehr von Routine, die „Dehnfestigkeit, sich wechselnden Bedingungen anzupassen, ohne von ihnen gebrochen zu werden“ (Sennett 1998, 57). Wenn aber der Schwerpunkt nur auf das Dehnen gelegt wird, kann sich keine Festigkeit, keine innere Sicherheit mehr entwickeln. Flexibilität beinhaltet eine „Empfindungsfähigkeit“ (ebd.), auf sich verändernde Bedingungen in der Außenwelt sinnlich differenziert, in lebendiger Form biegsam zu reagieren, kann aber auch zum Gegenteil werden: sich dazu gezwungen zu sehen, sich allen Veränderungen ohne eigene, innere Entscheidungsspielräume anzupassen und damit oberflächlich und leblos zu werden. Die Abkehr von einer „bürokratischen Routine" (ebd., 58) führt dann zu einer neuen Form von Routine, die darin besteht, einem wirtschaftlich erzwungenen, permanenten Wandel auf organisatorischer und arbeitsinhaltlicher Ebene zu folgen. Flexibilität geht einher mit Offenheit für Neues, aber auch mit Unsicherheit und Angst, dabei den Überblick zu verlieren.

Die mit den Reorganisationsprozessen in der Arbeitswelt verbundenen Anforderungen an Flexibilität der Beschäftigten beinhalten mindestens alle diese hier aufgeführten Aspekte. Sie genau wahrzunehmen und in ihren unterschiedlichen Bestandteilen zu analysieren, stellt eine wesentliche Grundlage für die Tätigkeit von SupervisorInnen und damit eine Aufgabe für die Supervisionsforschung dar. Sie muss sich mit diesem Flexibilisierungsdruck und seinen unterschiedlichen Facetten auseinandersetzen und dazu in differenzierter Weise in Beziehung treten, um professionelles Handeln weiterhin zeit- und sachgemäß fördern zu können.

Damit wird auch Supervision flexibel. Sie selbst ist Teil gesellschaftlicher Flexibilisierungen. Das heißt für die Supervisionsforschung: Ihre Auseinandersetzung mit den Herausforderungen gegenwärtiger Reorganisationsprozesse in der Arbeitswelt und ihrer Auswirkungen auf Supervision findet ebenfalls im Rahmen der beschriebenen Facetten von Flexibilität statt. Sie unterliegt denselben Bedingungen wie andere Arbeitsfelder, kann also den strukturell zusammengehörigen Gegensatzpaaren der Beweglichkeit und Beliebigkeit, des Dehnens und der Festigkeit, der Empfindungsfähigkeit und der oberflächlichen Leblosigkeit, der Offenheit für Neues und der damit verbundenen Unsicherheit und Angst nicht entgehen, sondern sich nur innerhalb dieser Strukturen bewegen und positionieren.

Gleichzeitig ist Supervision auf Grund ihrer heterogenen historischen Entwicklung nicht zu einem systematisch eindeutigen Begriff geworden und ist es heute weniger denn je. Auf der einen Seite hat sie sich in den letzten zwanzig Jahren quantitativ und qualitativ so profiliert, dass inzwischen zunehmend Masterstudiengänge an Hochschulen eingerichtet werden. Auf der anderen Seite haben sich

- durch den Wandel der Anforderungen seitens der Auftraggeber,
- durch die variable Kombination mit den verschiedendsten Verfahren von der Psychoanalyse über die Gruppendynamik und das Psychodrama bis hin zur Systemik,
- durch die Vermischung mit anderen Formaten wie Organisationsberatung oder Coaching

die Grenzen der Supervision scheinbar aufgelöst. Die Auseinandersetzungen, die sich in der Supervisionsforschung mit den Herausforderungen gegenwärtiger Reorganisationsprozesse in der Arbeitswelt entwickeln, finden vor dem Hintergrund dieser unterschiedlichen Anforderungen und konzeptionellen Ausrichtungen von Supervision statt. Je nach theoretischer Perspektive der Forschenden, mit der sie ihr Verständnis von Supervision fundieren, werden unterschiedliche Facetten des gegenwärtigen gesellschaftlichen Wandels betont und darin Szenarien notwendiger Entwicklung von Supervision gezeichnet.

Damit wird deutlich: Nicht nur erhöhen Reorganisationsprozesse in der Arbeitswelt die Komplexität der Anforderungen an die einzelnen Beschäftigten und damit auch an die Supervision. Die Supervision selbst ist Teil dieser Entwicklungen und bringt gleichzeitig eine spezifisch eigene konzeptionelle Komplexität mit sich. Diese Situation kennzeichnet die gegenwärtigen Diskussionen zum Gegenstand und zur Aufgabe von Supervision.

Damit sind die strukturellen Bedingungen, mit denen jede kontextbezogene Supervisionsforschung und insbesondere dieses Buchprojekt konfrontiert sind, markiert. Unser Anliegen ist es, gerade ganz unterschiedliche Positionen zum gegenwärtigen Wandel von Arbeits- und Organisationsstrukturen in seiner Bedeutung für Supervision nebeneinander zum Ausdruck zu bringen, also einer Vielfalt der Vorstellungen Raum zu geben. Deshalb erfordert die Lektüre eine erhebliche Komplexitätstoleranz. Dabei greift das Buch nur einige, längst nicht alle Facetten auf. SupervisionsforscherInnen entwickeln in diesem Band aus ihrer jeweils spezifischen Perspektive ihre Erkenntnisse zu den Fragen:

- Welchen neuen Herausforderungen muss sich die Supervision heute stellen?
- Wie kann sie darauf angemessene Antworten geben?
- Wie sind die gegenwärtigen Professionalisierungsprozesse einzuschätzen?

Nebeneinander stehen soziologisch und psychologisch fokussierte, theoriegeleitete und empirische Forschungsarbeiten sowie praktisch-erfahrungsorientiertes Wissen.

Für die Leserin und den Leser bedeutet das, auch sie werden von der Flexibilität nicht verschont: Der „rote Faden“ der Beiträge besteht vor allem darin, dass sie sehr unterschiedlich sind und damit die Komplexität der Thematik deutlich machen. Dies kann den Eindruck von Beliebigkeit vermitteln, aber eben auch als Chance verstanden werden, sich mit unterschiedlichen Positionen auseinanderzusetzen, mit ihnen ins Gespräch zu kommen. Bisher „fremde“ Sichtweisen können verstehbarer, „Bruchstellen“ zur eigenen Position klarer werden. Insgesamt entsteht auf jeden Fall eine komplexere Wahrnehmung des supervisorischen Feldes und der möglichen Zugänge dazu. Dieses „In-Beziehung-setzen“ der eigenen Position mit einer anderen ist nach unseren Erfahrungen miteinander als Herausgeberin und Herausgeber dieses Buches, die ebenfalls als Supervisorin und Supervisor und als Forscherin und Forscher theoretisch und konzeptionell unterschiedliche Positionen vertreten, sowohl irritierend und trennend als auch bereichernd. Die eigene Position wird gleichzeitig geschärft und relativiert: Geschärft darin, dass im Verlauf der Auseinandersetzung deutlicher gesagt werden kann, wofür man warum steht; relativiert darin, dass gleichzeitig deutlich wird, dass man das alles auch ganz anders sehen kann.

Ist „Supervision" also eine Fiktion, die ganz unterschiedliche „Realitäten" meint? Wie kann dann aber ein gemeinsamer Diskurs über Supervision überhaupt stattfinden? Nur dadurch, dass wir zunächst an dieser Fiktion festhalten, dann aber immer wieder kritisch prüfen, ob wir nicht doch etwas ganz anderes im Auge haben als die jeweiligen DiskurspartnerInnen. Und so ist das Supervisionsverständnis und seine Verortung in gegenwärtigen gesellschaftlichen Arbeits- und Lebensbedingungen auch in den Texten des vorliegenden Bandes explizit oder implizit ganz unterschiedlich und bezieht sich doch auf dieselben Fragen.

Das vorliegende Buch hat drei Schwerpunkte. Zunächst sollen im ersten Teil Analysen zum Wandel der Arbeitsgesellschaft gegenwärtige Herausforderungen für Supervision näher skizzieren:

Hans Pongratz stellt in seinem Beitrag die von ihm für den industriellen Bereich theoretisch und empirisch gemeinsam mit Günter Voß entwickelte These vom „Arbeitskraftunternehmer" als neuen Typus von Arbeitskraft vor, der die institutionalisierte Trennung von Arbeit und Privatleben zugunsten einer komplexen selbstverantwortlichen Alltagsorganisation strukturell in Frage stellt. Dieser Typus stellt erhebliche Anforderungen an die Erwerbstätigen: Ihre Handlungsspielräume und Gestaltungschancen nehmen zu, aber Arbeitsintensität und Leistungsdruck erhöhen sich ebenfalls. Damit entsteht ein neuartiger Bedarf an Supervision (nicht nur) in Wirtschaftsorganisationen, der grundlegende Reflexionen notwendig macht, die sich auf das gesamte Lebensarrangement der in dieser Form Beschäftigten mit seinen verschärften Risiken richten. Der Beitrag schließt mit Überlegungen dazu, warum trotz dieses wachsenden Bedarfs im Wirtschaftsbereich bisher keine größere Nachfrage nach Supervision zu beobachten ist und was das für die weitere Professionalisierung von Supervision bedeutet.

Im Beitrag von *Gertrud Siller* werden empirische Ergebnisse aus einem laufenden Forschungsprojekt zum Thema „Supervisorische Lernfelder im Wandel" vorgestellt. Konzentrationspunkte der Autorin sind Reorganisationsprozesse im Sozial- und Gesundheitswesen und ihre Auswirkungen auf Supervision aus der Perspektive von Beschäftigten, die Supervision nachfragen. Im Mittelpunkt des Beitrags stehen Ergebnisse einer Interviewinterpretation. In zusammenfassender und verdichteter Form wird gezeigt, welche Formen von Flexibilität eine Führungskraft entwickelt, um sich im Rahmen tief greifender organisatorischer Umstrukturierungsprozesse beruflich neu auszurichten und welche Rolle sie der Supervision dabei zuweist. Dabei scheint sich auch in diesen Arbeitsbereichen die These von Hans Pongratz zu bestätigen, dass sich ein Bedarf an Supervision entwickelt, der nach grundlegenden Reflexionen fragt; dies bedeutet in der hier vorgestellten Fallrekonstruktion vor allem ein Grundbedürfnis nach emotionaler Unterstützung, die dazu beiträgt, die Handlungsfähigkeit in veränderten Rahmenbedingungen zu erhalten.

Katharina Gröning kommt in ihrer Analyse der Entwicklung von Supervision im Rahmen gesellschaftlicher Modernisierungs- und Individualisierungsprozesse zu dem Schluss, dass diese – anders als von Modernisierungstheoretikern erwartet – nicht zu einer Eröffnung neuer Beratungsmärkte geführt haben, sondern im Gegenteil dazu, dass zumindest der Supervisionsmarkt auf Grund knapper Zeit- und Kostenressourcen derzeit zusammenbricht. Wichtig ist es ihr angesichts gegenwärtiger Prozesse der Desintegration, des Vertrauensverlustes und des politischen Verstummens – auch im Rahmen von Supervision – eine Theorieentwicklung zu fördern, die zum Verstehen dieser gesellschaftlichen Prozesse beiträgt. Sie plädiert für eine erneute Berücksichtigung strukturalistischer Ansätze, wie sie die Anomie-Theorie in der Tradition von Durkheim und Merton darstellt, die sie allerdings um sozialpsychologische und interaktionistische Perspektiven erweitern möchte, um auch Ebenen der Sozialgefühle analysierbar zu machen. Neben dieser Theorieentwicklung sieht sie eine primäre Aufgabe für die Berufspolitik darin, sich den gegenwärtigen Entwicklungen der Desintegration, die auch in der Supervision sichtbar werden, geschichtsbewusst und reflexiv zu stellen.

Im zweiten Teil des Buches setzen sich vier AutorInnen im Rahmen ihrer jeweils spezifischen, theoretisch unterschiedlich fundierten Hintergründe mit den neuen Herausforderungen an Supervision auseinander, die durch die Reorganisationsprozesse in der Arbeitswelt entstehen. Dabei zeigt sich, dass diese Prozesse im Kontext der jeweiligen konzeptionellen Verortung von Supervision nicht nur unterschiedlich wahrgenommen werden, sondern ebenso auch unterschiedliche Schlussfolgerungen zulassen.

Adrian Gaertner problematisiert die Expansion der Supervision in angrenzende Beratungsformate, wie Coaching oder Qualitätsentwicklung. Er verbindet mit dieser Flexibilisierung ein „Unschärfeprofil“ der Supervision und gleichzeitig eine Abwendung von einer wissenschaftlich fundierten Weiterentwicklung supervisorischer Kernbereiche. Er plädiert gegen eine „Verwischung der Unterschiede“ und betont eine „paradigmatische Differenz“ zwischen Supervision und Coaching, die sich sowohl auf Inhalte als auch auf Methoden dieser Beratungsverfahren bezieht. Einer primär instrumentalistischen Orientierung des Coaching wird ein selbstreflexiver Prozess der Supervision entgegengesetzt. Forschungsgestützte, gegenstandsbezogene Supervision und praxisnahe Forschung erkennt er als profilschärfende Auswege aus der Krise, die Supervision zukunftsfähig machen.

Astrid Schreyögg dagegen konzentriert sich in ihrem Beitrag auf Coaching. Während sie Supervision in erster Linie durch Personenentwicklung gekennzeichnet sieht, legt sie den Schwerpunkt des Coaching auf Personalentwicklung von Führungskräften. Das Gelingen erheblicher Changeprozesse nicht nur in Wirtschaftsunternehmen, sondern auch in der öffentlichen Verwaltung und in sozialen Dienstleistungssystemen sieht sie davon abhängig, ob diese Prozesse von Führungskräften angemessen gesteuert werden können. Coaching von Führungskräften wird somit zum Gebot der Stunde, da verstärkt Managementfunktionen benötigt werden. Supervision von Fachkräften hat dagegen sekundäre Bedeutung. Allerdings gesteht sie zu, dass angesichts der komplexen Anforderungen an Führungskräfte traditionelle Fragestellungen der Personalentwicklung auch überschritten werden. Daher sei es auch Aufgabe des Coaches, individuelle Förderungen, also Hilfen zur Personenentwicklung zur Verfügung zu stellen.

Annemarie Bauer setzt sich mit dem Verhältnis von Supervision und Coaching auseinander. Während sie Supervision an einen aufklärerischen Anspruch gebunden sieht, mit dem die Organisationen und das Handeln der Menschen darin in den Blick genommen werden, steht beim Coaching die Funktionalität der Handlungen in den Organisationen im Mittelpunkt. Hier gibt es Parallelen zur Sichtweise von Adrian Gaertner. Darüber hinaus fragt sie aus einer psychoanalytisch orientierten Perspektive danach, welche Aufgaben beide Formen der Beratung angesichts derzeitiger Veränderungsprozesse in Organisationen haben. Den Fokus legt sie dabei auf die These, dass Organisationen sowohl Orte der Angstbindung als auch der Angstproduktion sind. Letzteres diskutiert sie vor allem vor dem Hintergrund der tief greifenden Wandlungsprozesse in Organisationen. Während sie die Perspektive des Coaching darauf gerichtet sieht, in den Organisationsdynamiken überlebensfähig und erfolgreich sein zu können, bietet die – psychoanalytisch orientierte – Supervision an, die Komplexität dieser Prozesse und ihre Auswirkungen auf die betroffenen Menschen in differenzierter Weise verstehbar zu machen.

Für *Heinz Kersting* ist das systemische Denken und Handeln die theoretische und konzeptionelle Folie, mit diesen komplexen Prozessen in der Supervision angemessen umzugehen. Am Beispiel einiger wesentlicher Konstrukte aus der von Niklas Luhmann entwickelten soziologischen Systemtheorie macht er die Nützlichkeit einer systemisch denkenden Supervision für die Probleme von Arbeit deutlich, die gegenwärtig aktuell sind. Seine Ausführungen münden in der Feststellung, dass in einer Gesellschaft mit riskanter Zukunft, ohne Gewissheit und mit beschleunigten Wandlungsprozessen alles zum Gegenstand der Kommunikation werden kann. In diesem Prozess einer „totalisierenden Zirkularität“ können angemessene Kriterien für Selektion und Verantwortung nicht mehr gefunden werden. Ausnahme der sprachlichen Kommunizierbarkeit bildet ausschließlich die Aufrichtigkeit, die einen vertrauten, situationsnahen Rahmen braucht. In diesen Systemen einer interpersonalen Kommunikation unter Anwesenden geschehen die Selektionen und Verhandlungen über Verantwortbarkeiten. Und genau diese Kommunikationsform bietet die Supervision.

Die Texte des dritten Schwerpunktes konzentrieren sich auf die Auseinandersetzung mit verschiedenen Facetten möglicher Professionalisierung von Supervision.

Für *Ferdinand Buer* ist der Gegenstand der Supervision die Professionalität. Bei ihr geht es darum, die Dilemmata professionellen Handelns im Umgang mit den KlientInnen angemessen zu balancieren. Professionalität ist aber gerade von Laien als KlientInnen nicht angemessen feststellbar. Daher muss sie inszeniert werden. Der Trainings- und Beratungsmarkt bietet die Hinterbühnen, auf denen die dazu erforderliche Darstellungskompetenz geprobt werden kann. Diese Kompetenz kann dazu dienen, eine gute Sache auch gut darzustellen. Sie kann aber auch dazu genutzt werden, KundInnen zu täuschen. So tauchen unter dem Deckmantel der Professionalität heute zunehmend auch Profis auf, die professionelles Handeln nur als Geschäft sehen. Supervision ist dazu da, ihren professionellen KlientInnen zu helfen, jenseits der Geschäftemacherei das prekäre Austarieren der Arbeitsbeziehung zwischen Authentizität und Show angemessen umzusetzen. Dieser Anspruch muss dann aber auch die individuelle wie die kollektive Professionalisierung der Supervision selbst kennzeichnen.

In seinem Beitrag zu den Masterstudiengängen Supervision an Hochschulen diskutiert *Heinz Kersting* die damit verbundenen Chancen und Probleme. Bisher bilden alle Studiengänge nach den Standards des Fach- und Berufsverbandes Deutsche Gesellschaft für Supervision (DGSv) aus. Zukünftige Kooperationen zwischen diesem Verband und Hochschulen sind jedoch angesichts der Autonomie der Hochschulen vom gegenseitigen Wohlwollen abhängig, die Kontrolle der DGSv über die Standards der Ausbildung könnte sich auflösen. Erwartet wird ein Marktvorteil der Hochschulen gegenüber den nichthochschulischen Ausbildungen, der Autor lässt jedoch unentschieden, ob der Mastertitel den AbsolventInnen ebenfalls Marktvorteile bringen wird. Ein möglicher dritter Weg könnte zukünftig die Kooperation zwischen nichthochschulischen Ausbildungsinstituten und Hochschulen sein.

Welche Auswirkungen die Verlagerung der Ausbildungen an Hochschulen auf die Professionalisierung der Supervision haben wird, ist noch nicht abzusehen.

Margrit Brückner zeigt in ihrer Analyse, dass die Professionalisierung von Supervision weitgehend geschlechterhierarchisch verläuft. Verdeutlicht wird dies an der Struktur der DGSv und der Fachzeitschriften zur Supervision sowie an der Publikationshäufigkeit von Männern und Frauen darin. In Supervisionsprozessen und -ausbildungen trägt die Reflexion von Geschlechtlichkeit wesentlich zur Differenzierung von Wahrnehmung und somit zur Professionalisierung bei, wird aber in der Supervisionsliteratur fast ausschließlich von Frauen thematisiert. Die Autorin plädiert angesichts veränderter gesellschaftlicher Bedingungen für Supervision dafür, die Verwobenheit biographisch-individueller und beruflich-gesellschaftlicher Entwicklungen stärker zu beachten. Ihre These ist, dass veränderte Rahmenbedingungen und verengte Marktchancen für Supervision geschlechtsspezifisch relevant sind, weil sich eher Männer als Frauen an neuen einfluss- und prestigeträchtigen Beratungsmärkten orientieren werden, während der Frauenanteil in der Supervision zunimmt, ihr gesellschaftlicher Wert dagegen sinkt. In dieser Situation bekommt die Erforschung professioneller Kooperationsmuster von Männern und Frauen und ihrer Möglichkeitsräume ein großes Gewicht.

Wolfgang Schmidbauer sieht heute die Möglichkeiten schwinden, Supervision hauptberuflich zu betreiben. Er kann aber auch der SupervisorIn im Nebenberuf einiges abgewinnen: Diese bringt immerhin die nötige Feldkompetenz mit. Umgekehrt kann eine Weiterbildung zur SupervisorIn auch positive Wirkungen auf den Hauptberuf haben. Schon wegen dieser wechselseitigen Befruchtung hält er Supervisionsausbildungen auch weiterhin für nützlich, weniger jedoch als Grundlage einer Profession. Dies sollten die Ausbildenden berücksichtigen.

Zum Abschluss möchten wir uns bei allen Autorinnen und Autoren herzlich bedanken. Sie haben sich darauf eingelassen, in der offenen und unabsehbaren Situation gesellschaftlicher Flexibilisierung, in der sich auch die Supervision gegenwärtig befindet, vor ihrem jeweiligen theoretisch-konzeptionellen Hintergrund eigene Einschätzungen vorzunehmen und Positionierungen zu wagen. Dadurch wird mit diesem Buch das momentane Bild der Vielfalt festgehalten. Dies eröffnet Leserinnen und Lesern die Möglichkeit innezuhalten, abzuwägen, zu prüfen, eigene Positionierungen ebenso zu schärfen wie zu relativieren und damit in lebendiger, lustvoller Form biegsam zu werden.

Literatur

Buer, Ferdinand, Siller, Gertrud (2003): Quo vadis Supervision? Wissenschaftliches Symposium setzt neue Impulse für die Supervision. In: DGSv aktuell 3, 16-17.

Otten, Arnold (2004): Supervision und die Veränderungen in der Arbeitswelt. In: DGSv aktuell 1, 29-31.

Sennett, Richard (1998): Der flexible Mensch. Die Kultur des neuen Kapitalismus. Frankfurt a.M.

1. Analysen zum Wandel der Arbeitsgesellschaft – Herausforderungen für die Supervision

Hans J. Pongratz

Der Typus „Arbeitskraftunternehmer" und sein Reflexionsbedarf

Mit der These vom Arbeitskraftunternehmer als neuem Typus von Arbeitskraft haben Günter Voß und ich das Verhältnis von Betrieb und Beschäftigten in den Mittelpunkt der Analyse des Wandels der Erwerbsarbeit gestellt (Voß/Pongratz 1998). Wir gehen davon aus, dass betriebliche Steuerungsinstrumente zunehmend auf die Selbstorganisation der Beschäftigten abstellen und diesen damit einen unternehmerischen Umgang mit der eigenen Arbeitskraft abverlangen. Begleitet wurden entsprechende Veränderungen zumeist von Maßnahmen der Organisationsberatung und der betrieblichen Weiterbildung. Doch entsteht auf Seiten der Erwerbstätigen darüber hinaus ein Reflexionsbedarf für komplexe Arbeits- und Lebenssituationen, der bisher nicht systematisch abgedeckt wird. Für die Supervision zeichnet sich ein neues und wichtiges Aufgabenfeld ab.

Generell lässt sich aus sozialwissenschaftlicher Perspektive ein wachsender Beratungsbedarf unterschiedlichster Art prognostizieren für eine Gesellschaft, die durch beschleunigten Wandel gekennzeichnet ist, in der sich die sozialen Bezugssysteme immer vielfältiger und komplexer darstellen und damit auch die Ansprüche an eine aktive individuelle Lebensgestaltung steigen (Beck 1986). Im Gefolge des Wandels der Arbeitsorganisation sind zudem durch die einschneidenden und wiederholten Reorganisationswellen der 1990er Jahre Frustrationen und Verunsicherungen entstanden, die noch wenig Aufmerksamkeit – geschweige denn gezielte Reflexion – gefunden haben (Pongratz 2002b). Vor diesem Hintergrund versuche ich im Folgenden, den Bedarf an Supervision in Wirtschaftsorganisationen im Hinblick auf den Typus des Arbeitskraftunternehmers näher zu bestimmen (Abschnitt 2), und stelle auf dieser Grundlage allgemeine Überlegungen zur Professionalisierung der Supervision an (Abschnitt 3). Dazu soll im ersten Schritt zunächst der Typus selbst näher charakterisiert werden (in Anlehnung an die Darstellung in Pongratz/Voß 2003, 21ff.; zur Kritik siehe Deutschmann 2001 sowie die Beiträge in Kuda/Strauß 2002).

1. Der Typus des Arbeitskraftunternehmers

Strukturwandel der betrieblichen Arbeitsorganisation

In den letzten Jahren vollziehen sich in fast allen Bereichen der Wirtschaft Reorganisationsprozesse in einer bisher nicht bekannten Qualität. Durch verschärfte Wettbewerbsbedingungen sieht sich das betriebliche Management zu einem massiven Kostenabbau und zur Erweiterung der betrieblichen Reaktionsmöglichkeiten veranlasst. Die bisher in vielen Bereichen vorherrschende Strategie von Betrieben zur Nutzung von Arbeitskraft durch eine rigide Detailsteuerung des Arbeitshandelns (oft auf Basis sog. tayloristischer Prinzipien) wird zunehmend als Hindernis gesehen. Stattdessen wird nun (nicht überall, aber doch an vielen Stellen) versucht, im Zuge einer Flexibilisierung und „Entgrenzung" von Arbeit (Minssen 2000; Kratzer 2003; Voß 1998; Gottschall/Voß 2003) die Verantwortlichkeiten von Arbeitenden zu erhöhen.

Arbeitsformen mit erweiterten Erfordernissen an eine ‚Selbstorganisation' der Beschäftigten sind vielgestaltig (siehe Übersicht 1), quantitativ aber nur schwer abzuschätzen. Nordhause-Janz und Pekruhl (2000, 49) beispielsweise ermitteln für Deutschland im Jahr 1998 einen Gesamtanteil der Gruppenarbeit von knapp 12%, wovon allerdings die teilautonome Gruppenarbeit nur gut ein Viertel ausmacht (beides freilich mit steigender Tendenz). Wir gehen von einem quantitativ und qualitativ bedeutsamen Wandel aus, weil das Verhältnis von Betrieb und Arbeitskraft bei sog. „neuen Arbeitsformen" auf eine veränderte Grundlage gestellt wird: An die Stelle einer detaillierten Durchstrukturierung von Tätigkeiten treten zunehmend marktähnliche Auftragsbeziehungen (Moldaschl 1998). Für die Arbeitskräfte bedeutet dies, dass sie ihre Arbeit tatsächlich teilweise „selbstorganisiert" gestalten können, dies aber auch tun müssen. Eine solche (mehr oder weniger weitgehende) „Autonomisierung" (bzw. „Subjektivierung"; Moldaschl/Voß 2002) von Arbeit bringt deshalb nicht immer wirklich neue Freiheiten für die Arbeitenden mit sich. Es geht vielmehr meistens um begrenzte Spielräume, die im Sinne betrieblicher Ziele genutzt werden müssen und oft mit erheblich steigendem Leistungsdruck einhergehen.

Übersicht 1: Formen der Steuerung von Arbeit mit erweiterter „Selbstorganisation"

Im Rahmen *konventioneller* Beschäftigungsverhältnisse:	Im Rahmen *betriebsübergreifender* Arbeitsbeziehungen:
• Gruppen- und Teamarbeit • Führung durch Zielvereinbarung • Center-Konzepte (Profit-, Cost-Center), Intrapreneur-Modelle • Hoch flexibilisierte Arbeitszeiten • Neue Formen computervermittelter Heim- und Mobilarbeit usw.	• Auslagerung auf scheinselbstständig oder arbeitnehmerähnlich Erwerbstätige • Kooperationen mit Selbstständigen (Freiberufler, Kleinstbetriebe usw.) • Virtuelle Betriebe usw.

Dazu ein kurzer theoretischer Exkurs: Industriesoziologen haben schon früh erkannt, dass Betriebe durch die Anstellung von Mitarbeitern genau genommen nur das Recht erwerben, für eine definierte Zeit deren Potenzial von Arbeitsfähigkeiten zu nutzen. Dieses im Arbeitsvertrag festgeschriebene Recht sichert jedoch noch nicht, dass die gewünschte Arbeitsleistung auch tatsächlich erbracht wird. Betriebe stehen deshalb vor dem grundsätzlichen Problem, vermittels gezielter Anweisungs- und Überwachungsmaßnahmen („Kontrolle") das erworbene Arbeits-Potenzial in konkrete Arbeits-Leistung zu „transformieren". Lange Zeit galten theoretisch wie praktisch (bis auf Ausnahmen) rigide Formen von technischer und organisatorischer Kontrolle als optimale Transformationsstrategien. Diese stoßen in einzelnen Arbeitsbereichen schon seit längerem an Grenzen, da der Kontrollaufwand nicht nur beträchtliche Kosten verursacht, sondern auch die Innovationsfreudigkeit und Flexibilität der Arbeitenden behindert.

Heute erleben wir in vielen Wirtschaftsbereichen jedoch eine regelrechte Kehrtwende, in der mit der gezielten Reduzierung von Kontrolle und der Förderung von Selbstorganisation oft das Gegenteil von dem propagiert wird, was bisher Leitlinie war. Damit wird keineswegs auf zentrale Steuerung verzichtet: Vielmehr ist die Rücknahme von direkter Arbeitskontrolle in der Regel von einer systematischen Ausweitung indirekter Steuerungen begleitet, z.B. durch die strategische Vorgabe von Leistungsbedingungen und Leistungszielen (Kosten, Umsatz, Qualität usw.). Doch wird mit dieser Entwicklung das komplizierte Geschäft der Transformation von Arbeitspotenzial in konkrete Leistung zunehmend den Erwerbstätigen zugewiesen; die bisherigen Managementfunktionen der Arbeitssteuerung und Kontrolle werden gewissermaßen von den Arbeitenden selbst übernommen.

Der Arbeitskraftunternehmer als neuer Typus von Arbeitskraft

Sollte sich diese Verlagerung des Transformationsproblems auf die Seite der Beschäftigten mit neuen Arbeitsformen ausweiten (und vieles deutet darauf hin), dürfte das nicht nur Folgen für einzelne Gruppen von Erwerbstätigen haben, sondern dies könnte (so unsere zentrale Annahme) eine Veränderung der generellen Verfassung von Arbeitsvermögen in unserer Gesellschaft nach sich ziehen.

Bisher dominiert ein Typus von Arbeitskraft, der darauf ausgerichtet und dazu ausgebildet ist, seine Arbeitsfähigkeit pauschal nach genormten beruflichen Mustern einem Betrieb gegen Entgelt zur Verfügung zu stellen, um sich dort eher passiv Anweisungen und Kontrollen zu unterwerfen. Nunmehr beobachten wir eine Umkehrung dieser Logik: immer weniger Erfüllung fremdgesetzter Anforderungen bei geringen Gestaltungsspielräumen und fixen Ressourcen, sondern aktive Selbststeuerung im Sinne allgemeiner Unternehmenserfordernisse, die oft erst im Detail definiert und für die nicht selten Ressourcen erst beschafft werden müssen. Aus dem eher reaktiv agierenden bisherigen Arbeitnehmer (so die zentrale Kategorie des Arbeitsrechts) wird ein neuer aktiver Typus von Arbeitskraft, der sich nicht nur auf dem Arbeitsmarkt, sondern auch innerhalb des Betriebs kontinuierlich zur Leistung anbietet und im Arbeitsprozess gezielt selbst organisiert. Wir bezeichnen diesen neuen Typus als „Arbeitskraftunternehmer", weil er eine quasi-unternehmerische Entwicklung und Vermarktung der eigenen Arbeitskraft als Ware erfordert. Seine Eigenschaften lassen sich mit drei idealtypisch zugespitzten Thesen umreißen (siehe Übersicht 2).

Übersicht 2: Merkmale des Typus Arbeitskraftunternehmer

Selbst-Kontrolle	Verstärkte selbstständige Planung, Steuerung und Überwachung der eigenen Tätigkeit
Selbst-Ökonomisierung	Zunehmende aktiv zweckgerichtete „Produktion" und „Vermarktung" der eigenen Fähigkeiten und Leistungen – auf dem Arbeitsmarkt wie innerhalb von Betrieben
Selbst-Rationalisierung	Wachsende bewusste Durchorganisation von Alltag und Lebensverlauf und Tendenz zur Verbetrieblichung von Lebensführung

Die Auslagerung des Transformationsproblems auf die Arbeitenden bedeutet eine folgenreiche Veränderung der Verausgabung und Nutzung von Arbeitsvermögen: Die Arbeitspersonen steuern und überwachen nun selber den Prozess der Umformung des Fähigkeits-Potenzials in konkrete Arbeits-Leistung. Damit wird jedoch die Ware Arbeitskraft um ein entscheidendes Element bereichert: Die bisher vom Betrieb zu übernehmende Kontrolle von Arbeit ist nun zunehmend in neuer Qualität Teil der gekauften Arbeitskraft. Dies zeigt sich letztlich in allen Dimensionen von Arbeit: bei der Selbstorganisation der sachlichen Durchführung der Arbeit, bei der Flexibilisierung von Arbeitszeiten, in der Lockerung räumlicher Bindungen der Arbeit, in der Ausdünnung von Vorgaben für die soziale Kooperation oder in Erwartungen an eine verstärkte Eigenmotivation. Die neue Devise der Betriebe im Umgang mit Erwerbstätigen heißt dabei: „Wie Sie die Arbeit machen ist uns egal – Hauptsache das Ergebnis stimmt!" Durch derart erweiterte Selbst-Kontrolle wird die Ware Arbeitskraft zu einem substanziell höherwertigen Produktionsfaktor, denn sie schließt nunmehr die Nutzbarmachung der eigenen Fähigkeiten für betriebliche Zwecke ein.

Im Zuge eines solchen Prozesses muss sich das Verhalten der Beschäftigten nicht nur in ihrer Arbeit ändern, sondern auch im Verhältnis zur eigenen Arbeitskraft als Ware. Aus einem nur gelegentlich und dabei im Prinzip eher passiv auf dem Arbeitsmarkt agierenden Arbeitskraftbesitzer wird zunehmend ein auf neuer Stufe strategisch handelnder Akteur – ein Akteur, der sein einziges zur Erwerbssicherung nutzbares „Vermögen", nämlich das Vermögen zu arbeiten, hochgradig gezielt und kontinuierlich auf eine potenzielle wirtschaftliche Nutzung hin entwickelt und aktiv verwertet (auf dem Arbeitsmarkt wie innerhalb von Beschäftigungsverhältnissen). Auch hier drückt eine neue betriebliche Devise aus, worum es geht: „Sie bleiben nur so lange, wie Sie nachweisen und sicherstellen, dass Sie gebraucht werden und Profit erwirtschaften!"

Eine solche Anforderung bedeutet eine neue Stufe der Selbst-Ökonomisierung von Arbeitskraft – und zwar in doppelter Hinsicht: Zum einen müssen Arbeitskräfte in autonomisierten Arbeitsformen ihre Fähigkeiten und Leistungen gezielt aktiv herstellen und betreiben damit immer mehr eine bewusste „Produktionsökonomie" ihrer Arbeitsvermögen. Zum anderen müssen sie sich zunehmend auf betrieblichen und überbetrieblichen Märkten für Arbeit aktiv anbieten, d.h. in Form einer individuellen „Marktökonomie" sicherstellen, dass ihre Fähigkeiten gebraucht, gekauft und effektiv genutzt werden. Aus passiven Arbeitnehmern werden damit auch im engeren ökonomischen Sinne „Unternehmer ihrer selbst".

Betreiben Arbeitskräfte in diesem Sinne zunehmend eine aktive Produktion und Vermarktung ihrer Fähigkeiten und Leistungen, so zieht dies einschneidende Veränderungen des gesamten Lebenszusammenhangs der Betroffenen nach sich. Erforderlich wird eine zweckgerichtete, alle individuellen Ressourcen gezielt nutzende Durchgestaltung des gesamten Lebenszusammenhangs, der in neuer Qualität systematisch auf den Erwerb ausgerichtet wird. Ein bezeichnendes Indiz dafür ist die drastische Zunahme privater Organisations- und Kommunikationsmittel (nicht nur bei Managern). Und auch hier gilt dann eine neue Devise: nicht mehr, „Dienst ist Dienst und Schnaps ist Schnaps", sondern, „Wir brauchen Sie voll und ganz und zu jeder Zeit – und dazu müssen Sie Ihr Leben im Griff haben!" Was die Produzenten und Verkäufer von Arbeitskraft auf einer solchen neuen Stufe der Selbst-Rationalisierung ihres Lebens tun, gleicht dem Vorgehen der Anbieter von anderen Waren, wenn sie die Herstellung und Vermarktung ihrer Produkte von einer eher unorganisierten Form in eine gezielte Koordination überführen: Sie entwickeln und unterhalten eine Art „Betrieb". Dieser Betrieb des Arbeitskraftunternehmers ist natürlich kein Betrieb im gewohnten Sinne; hier geht es um die Herstellung und Vermarktung eines besonderen Produkts unter besonderen Bedingungen, nämlich von Arbeitskraft im Rahmen privater Lebensführung.

Proletarier, Arbeitnehmer, Arbeitskraftunternehmer – historische Typen von Arbeitskraft

Der Arbeitskraftunternehmer ist der mögliche neue Leittypus von Arbeitskraft für eine posttayloristische und verstärkt marktorientierte Betriebsorganisation. Frühere Phasen der industriegesellschaftlichen Entwicklung beruhten dagegen auf anderen Basistypen. In grober Typisierung lassen sich drei Arbeitskrafttypen unterscheiden (siehe Übersicht 3).

Übersicht 3: Historische Typen von Arbeitskraft

Proletarisierter Lohnarbeiter (Frühindustrialisierung)
- rohes Arbeitsvermögen
- rigide direkte Kontrolle der Arbeit
- harte Ausbeutung, kein sozialer Schutz

Verberuflichter Arbeitnehmer (Fordismus)
- standardisierte Qualifikationen, rudimentäre Arbeitstugenden
- verwissenschaftlichte, strukturelle Kontrolle der Arbeit
- gedämpfte Ausbeutung, hoher staatlicher Schutz

Verbetrieblichter Arbeitskraftunternehmer (Postfordismus)
- individualisierte Qualifikationen
- systematische Selbst-Kontrolle der Arbeit
- Selbstausbeutung, unklarer sozialer Schutz

In der Frühphase des modernen Kapitalismus dominierte bekannter Weise eine sehr restriktive Form der damals erst systematisch zur Ware auf Arbeitsmärkten gewordenen Arbeitskraft. Es wurden vorwiegend aus feudalen Verhältnissen freigesetzte, bäuerlich-handwerkliche Arbeitskräfte mit geringer Qualifikation für die ersten Industrien genutzt. Die Arbeitsfähigkeit dieses Typus des proletarisierten Lohnarbeiters war quasi „roh". Vor allem die Fähigkeit zur disziplinierten Arbeit in großbetrieblichen Strukturen war begrenzt. Betriebe versuchten daher mit rigider Herrschaft eine kontinuierliche Arbeitskraftnutzung regelrecht zu erzwingen. Industriearbeitskräfte bildeten im engeren Sinne jene oft zitierte „Reservearmee" von proletarisierten Lohnabhängigen. Ihr Alltag war durch eine höchst unsichere und verschleißende Veräußerung ihrer Arbeitsfähigkeiten geprägt, neben der nur noch eine sehr reduzierte Erholung möglich war.

Mit der Etablierung sozialstaatlicher Institutionen der sozialen Sicherung, der beruflichen Bildung und der industriellen Beziehungen bildet sich auch eine neue Form von Arbeitskraft aus, die durch systematische Ausbildung eine wesentlich erhöhte und weitgehend standardisierte Fachqualifikation erlangt. Diese als Beruf zu bezeichnende Qualifikationsform schließt grundlegende allgemeine Arbeitstugenden (Fleiß, Ordnung, Pünktlichkeit etc.) ein. Betrieblich wird repressive Herrschaft meist durch eine strukturelle technische und organisatorische Kontrolle ersetzt. Zunehmend wird bei diesem Typus des verberuflichten Arbeitnehmers zudem auf eine gewisse innere Disziplinierung vertraut – und mit psychosozialen Führungstechniken unterstützt. Grundlage dieser Form von Arbeitskraftnutzung im sog. fordistischen Produktionsregime ist eine ausgebaute soziale Absicherung bei steigenden Löhnen und sinkenden Arbeitszeiten – sowie nicht zuletzt eine Arbeitsteilung der Geschlechter, die Frauen dominant darauf verweist, den erwerbstätigen Männern in Haushalt und Familie zuzuarbeiten. Es entsteht eine Alltagsform, die durch die bürgerliche Kleinfamilie und eine konsumorientierte Freizeit im modernen Sinne geprägt ist.

Diese bis heute in den westlichen Industriegesellschaften vorherrschende berufliche Form von Arbeitskraft könnte nunmehr durch das neue Modell des verbetrieblichten Arbeitskraftunternehmers nach und nach als Leittypus verdrängt werden. Aus betrieblicher Fremd-Kontrolle wird dabei zunehmend individuelle Selbst-Kontrolle. Die im Arbeitnehmer-Modell bereits angelegte Fähigkeit zur Selbstdisziplinierung und Selbstintegration in den Betrieb wird zur zentralen Anforderung und Qualifikation. Fachliche Fähigkeiten sind nach wie vor zentral, aber neue überfachliche Kompetenzen (wie die zur aktiven Produktion und Vermarktung der eigenen Arbeitskraft und zur Verbetrieblichung des Lebens) werden zur Voraussetzung des Erwerbserfolgs (Plath 2000). Aus der relativ starren Qualifikationsform des standardisierten Berufs, wie wir ihn bisher gewohnt sind, geht so etwas wie ein „individueller Beruf" hervor (Voß 2001): persönliche Muster spezifischer Kompetenzen und Erfahrungen, die in einem rationalisierten Alltag und in individualisierten Lebensformen verankert sind.

2. Beratungsbedarf für Arbeitskraftunternehmer

In welchem Ausmaß und in welchen Formen Erwerbspersonen in der Lage sind, den Anforderungen des Typus Arbeitskraftunternehmer zu entsprechen, muss als offene Frage angesehen werden, die es empirisch genauer zu klären gilt (Pongratz/Voß 2003). Zunächst ist zu beachten, dass es sich um eine idealtypische Konstruktion handelt, die Einzelelemente in einer verdichteten Kombination zusammenfügt, wie sie tatsächlich wohl nur in Ausnahmefällen anzutreffen ist. Am ehesten finden sich entsprechende Phänomene bisher in Kultur- und Medienberufen, im Bildungs- und Beratungsbereich sowie in der Informations- und Kommunikationsindustrie (vgl. die Beiträge in Pongratz/Voß 2004). In diesen Feldern treten die einzelnen Elemente des Typus in starken Ausprägungen auf, aber auch in den verschiedensten Verbindungen. Dort zeigt sich auch, dass die Auswirkungen grundsätzlich ambivalent einzuschätzen sind: Zwar entstehen neue Handlungsspielräume und Gestaltungschancen, welche viele Erwerbstätige mit großem Interesse aufgreifen; gleichzeitig aber intensiviert sich die Arbeit und der Leistungsdruck nimmt erheblich zu.

Reflexion neuer Anforderungen im Erwerbsleben

In diesem Spannungsfeld von Selbstbestimmung und Leistungsverdichtung entsteht neuartiger Beratungsbedarf für Erwerbstätige, die mit den Anforderungen des Typus Arbeitskraftunternehmer konfrontiert sind. Das klassische Thema von Stress unter besonderen Arbeitsbelastungen wird hier in neuer Weise relevant als Bewältigung permanenten Leistungsdrucks unter zum Teil selbstbestimmten Leistungsbedingungen. Der Reflexionsbedarf richtet sich insbesondere auf den Abgleich der von außen gesetzten Leistungsanforderungen (z.B. über indirekte Steuerungsinstrumente der Betriebe wie Zielvereinbarungen oder Kundeninteressen) mit den tatsächlichen Entscheidungsspielräumen (z.B. in der zeitlichen und organisatorischen Planung des Arbeitsablaufs). Das betriebliche Leistungsgeschehen wird in hohem Maße bestimmt von Aushandlungsprozessen, etwa über die Ziele und Ressourcen einer Projektaufgabe, die erhöhte Anforderungen an die Kommunikation mit sich bringen. Techniken der Gesprächs- und Verhandlungsführung allein, wie sie in der betrieblichen Weiterbildung vermittelt werden, sind für die Bewältigung solcher Anforderungen nicht hinreichend. Da es unter hohem Anforderungsdruck immer wieder um den Abgleich mit unterschiedlichen Gruppen geht (etwa Aushandlungen mit Vorgesetzten, KollegInnen und KundInnen), sind grundsätzlichere Reflexionen über die relevanten Interessenkonstellationen und Kommunikationsprozesse erforderlich.

Der Beratungsbedarf geht indes unter Bedingungen von Selbst-Ökonomisierung und Selbst-Rationalisierung über die unmittelbaren Arbeitsbedingungen hinaus – und richtet sich auf den gesamten Lebenszusammenhang der Person. Flexiblisierte Arbeitsanforderungen in Verbindung mit permanentem Leistungsdruck treffen auf individualisierte private Lebensmuster in unterschiedlichsten Konstellationen. Die institutionalisierte Trennung von Arbeit und Freizeit, die dem Typus des verberuflichten Arbeitnehmers ein „geregeltes“ Privatleben erlaubt, weicht einer komplexen Alltagsorganisation, die immer wieder neue Arrangements zwischen Erwerbsbelangen und privaten Anliegen zur Folge hat. Für die Erfordernisse einer derartigen „reflexiven Lebensführung“ (Hildebrandt 2000) stehen bisher noch wenig gezielte Beratungsangebote zur Verfügung. Vertraute Strukturmuster lösen sich nicht nur in der Alltagsorganisation – im synchronen Zusammenhang von Arbeit und Leben – auf, sondern neue Abstimmungsnotwendigkeiten entstehen auch im Lebensverlauf – also in der diachronen Perspektive biografischer Lebensgestaltung. Unter Bedingungen des Typus Arbeitskraftunternehmer kann nicht mehr wie bisher von einer kontinuierlichen Berufslaufbahn mit einer institutionalisierten Abfolge von Karriereschritten ausgegangen werden. Vielmehr ist mit einer Fragmentierung von Berufsbiografien zu rechnen: mit wechselnden beruflichen Aufgaben, die nicht immer als Aufstieg, sondern häufig auch als Abstieg erlebt werden. Ihr Zusammenhang wird nicht mehr durch die betriebliche Karriereordnung vorgegeben, sondern ist als biografische Leistung selbst zu konstruieren (Behringer et al. 2004).

Karrierebrüche und berufliche Wechsel gibt es auch unter Bedingungen des Typus des verberuflichten Arbeitnehmers. Aber was dort die individuelle Abweichung von der institutionalisierten Regel darstellt, verliert beim Typus des Arbeitskraftunternehmers seinen Ausnahmecharakter (auch wenn es dadurch noch nicht notwendig zum Regelfall wird, weil es kontinuierliche Karrieren weiterhin gibt): Erwerbstätige (auch die bislang besonders geschützten Hochqualifizierten und Führungskräfte) müssen damit rechnen, dass die Betriebe keine gesicherten Beschäftigungs- und Aufstiegschancen mehr gewährleisten wollen und können (vgl. für die Führungskräfte Faust/Jauch/Notz 2000). Der existenzielle Charakter von Erwerbsarbeit rückt damit wieder stärker in den Vordergrund – und mit ihm die Anforderung, eigene Erwartungen und Möglichkeiten immer wieder neu zu überdenken und in eine gezielte Berufsplanung umzusetzen. Da bei wechselnden Arbeitsaufgaben unter großem Leistungsdruck die Gefahr individuellen Scheiterns zunimmt, ist die biografische Reflexion zugleich mit wachsender (objektiver) Unsicherheit und (subjektiver) Verunsicherung konfrontiert. Es geht immer mehr um die Reflexion von Erfolg und Scheitern.

Neuartige Abhängigkeiten als Folge von Leistungsoptimierung und Absicherungsmentalität

Auf einen steigenden individuellen Beratungsbedarf weisen auch die Befunde einer empirischen Untersuchung hin, die ich zusammen mit Günter Voß zur Überprüfung der Arbeitskraftunternehmer-These durchgeführt habe (Pongratz/Voß 2003). Wir sind in dieser Studie die Veränderungen der Erwerbsarbeit von der Seite der Erwerbstätigen her angegangen mit der Frage, inwieweit ihre Erwerbsorientierungen den Anforderungen des Typus des Arbeitskraftunternehmers entsprechen. Da uns vor allem interessiert hat, auf welche Weise dieser Typus jenseits von Vorreitergruppen auch bei „normalen" Erwerbstätigen in Erscheinung tritt, haben wir jeweils 30 ArbeiterInnen in Gruppenarbeit und 30 Angestellte in Projektarbeit (in sechs Unternehmen unterschiedlicher Branchen) befragt, die zwar mit Selbstorganisationsansprüchen konfrontiert sind, aber weiterhin in festen betrieblichen Strukturen und unter Bedingungen des Normalarbeitsverhältnisses erwerbstätig sind.

Das Ergebnis erscheint zunächst widersprüchlich: Einerseits finden wir bei einem großen Teil der Befragten neuartige Leistungsorientierungen, die in hohem Maße dem Typus des Arbeitskraftunternehmers in der Dimension der Selbst-Kontrolle entsprechen. Wir charakterisieren die typische Verbindung von Erlebniserwartungen an die Erwerbsarbeit („Spaß" an der Arbeit) mit subjektiven Effizienzvorstellungen als Haltung der Leistungsoptimierung: In eigener Initiative und mit individuellen Gestaltungsvorstellungen wird versucht, auch unter großem Druck optimale Leistungsergebnisse für schwierige Aufgaben zu erzielen. Andererseits aber bleiben die berufsbiografischen Orientierungen (oft bei denselben Beschäftigten) weithin ungebrochen auf die etablierten Sicherungsstrukturen bezogen – und damit in der Dimension der Selbst-Ökonomisierung am Typus des verberuflichten Arbeitnehmers orientiert. Wir deuten die Bezugnahme des überwiegenden Teils der Untersuchungsgruppe auf berufliche, betriebliche und sozialpolitische Strukturen als dem selbstverständlich vorausgesetzten institutionellen Rahmen der eigenen Erwerbstätigkeit als eine Mentalität berufsbezogener Absicherung. Für eine kulturell verankerte Sicherheitsdisposition im Sinne des Mentalitätsbegriffs spricht das trotz erkennbarer Funktionsschwierigkeiten und Erosionstendenzen unbeirrte Vertrauen in die Stabilitätsversprechungen dieser Institutionen.

Aus der Gleichzeitigkeit von Leistungsoptimierung und Absicherungsmentalität resultieren charakteristische Risikolagen, die einer doppelten Bindung an Arbeit und Betrieb geschuldet sind: zum einen (mit Leistungsoptimierung) einer intensiv erlebten, emotional verankerten Identifikation mit der Arbeitsaufgabe, zum anderen einer (in der Sicherheitsorientierung begründeten) weiterhin engen Anbindung an den Betrieb. Statt Freiraum für berufliche Entscheidungen zu gewinnen, finden sich viele dieser Beschäftigten in neuen Abhängigkeitskonstellationen wieder:

- Mehrarbeit ohne Kompensation ist eine typische Folge hoher intrinsischer Leistungsmotivation, die sich in Arbeitsintensivierung oder Überstunden äußert. Generell besteht die Gefahr, dass Leistungsergebnisse die unter günstigen Bedingungen erzieltwerden, durch das Management als Leistungserwartungen (ohne entsprechenden Ausgleich) auf Dauer gestellt werden.
- Die Demonstration außerordentlicher Leistungsbereitschaft als klassische Karrierestrategie aufstiegswilliger Beschäftigter kann in Verbindung mit Leistungsoptimierung in einem verschleppten Aufstieg münden. Der Erfolg der selbstgewählten Dauerbelastung ist vom Arbeitsumfeld abhängig – insbesondere von Vorgesetzten, die ein zügiges Vorwärtskommen oft nicht fördern wollen oder können (z.B. wegen Hierarchieabbaus).
- Ambitionierte „Leistungsoptimierer" stoßen im Kollegenkreis nicht immer auf Gegenliebe. Sie können einen konfliktträchtigen Außenseiterstatus erlangen, mit dem sie geduldet werden, weil ihre Leistungsergebnisse überzeugen, aber mit dem sie zugleich ausgegrenzt bleiben, weil sie extraordinäre Arbeitsvorstellungen vertreten.

- Oder aber sie bleiben auf ungesicherte Positionen verwiesen. Es sind insbesondere einige Frauen in der Untersuchungsgruppe, die auch nach enttäuschten Karriereerwartungen die leistungsoptimierende Haltung aufrechterhalten und sich einen „selbstgeschaffenen" Aufgabenbereich erobern. Doch droht diesen institutionell wenig gefestigten Positionen stets, zur Verfügungsmasse betrieblicher Reorganisation zu werden.

Neu sind weniger die Risikolagen an sich als ihre spezifischen Verschärfungen durch erweiterte Strategien der Selbst-Kontrolle. Die Abhängigkeit wird subjektiv erfahren in Überlastungserscheinungen und enttäuschten Ansprüchen, doch liegt es für die Betroffenen nahe, die Gründe – in einer Art Personalisierung struktureller Probleme – eher in eigenen Defiziten oder in Behinderungen durch einzelne Vorgesetzte zu suchen als in der Struktur der Handlungsbedingungen.

Supervision für Arbeitskraftunternehmer

Sowohl die theoretischen Annahmen zu den Folgen einer stärkeren Verbreitung des Typus des Arbeitskraftunternehmers als auch die empirischen Befunde zu spezifischen Risikolagen und Abhängigkeitskonstellationen bei Gruppen- und Projektarbeit verweisen auf einen wachsenden Beratungsbedarf. Es ist zu bezweifeln, dass herkömmliche Angebote der Organisationsberatung und der betrieblichen Weiterbildung (z.B. Trainings zu Kommunikation und Persönlichkeitsentwicklung) diesen Bedarf hinreichend decken können. Denn die Organisationsberatung ist auf betriebliche Problemlagen ausgerichtet und die Weiterbildung besteht überwiegend aus standardisierten Angeboten für Gruppen, mit denen individuelle Problemlagen nur in Grenzen bearbeitet und selten in ihrer Entwicklung begleitet werden können. Zudem sind beide Maßnahmen primär an den Bedürfnissen der finanzierenden Auftraggeber ausgerichtet – also an den Interessen des Managements an der Nutzung der Arbeitskraft der Beschäftigten. Diese Grenzen werden auch dadurch deutlich, dass die bisher üblichen Beratungs- und Bildungsangebote die Entstehung und Verschärfung neuer Risikolagen offenbar nicht verhindern konnten (und sie selten überhaupt thematisieren).

Die Bewältigung der skizzierten Problemlagen erfordert angesichts gestiegener Komplexität von Arbeitsaufgaben und Erwerbskontexten Klärungsprozesse und Deutungsangebote, die von den Betroffenen selbst erarbeitet werden. Der externen Beratung kommt dann eher die Funktion der Begleitung und der Anregung zu, wie sie in der Supervision methodisch verankert ist. Die Reflexion von Arbeits- und Berufsproblemen in ihrer spezifischen Entwicklung und in ihrem situativen Kontext, welche die Supervision bietet, könnte deshalb eine wichtige Ergänzung zu Angeboten der

Organisationsberatung und der Weiterbildung darstellen. Beim Typus des Arbeitskraftunternehmers ist zudem mit einem gewissen Problembewusstsein und einer Reflexionsoffenheit bei den Betroffenen zu rechnen, die darauf verwiesen sind, ihre Arbeits- und Erwerbssituation immer wieder neu zu überdenken. Aber auch Erwerbstätige, die eher dem Typus des verberuflichten Arbeitnehmers entsprechen, stehen unter Veränderungs- und Anpassungsdruck. Denn gegenüber dem neuen Leitbild des Arbeitskraftunternehmers geraten sie in die Defensive; ihr Leistungs- und Erwerbsmodell erscheint nunmehr konservativ und leistungsbegrenzend. Dieser Problemdruck könnte Anlass zur Nachfrage nach Supervision geben, die aber – so sind die Befunde zur Absicherungsmentalität zu interpretieren – selten als Option wahrgenommen (weder gesehen noch aktiv betrieben) wird.

3. Professionalisierung der Supervision im Wandel der Erwerbsarbeit

Trotz des grundsätzlich zu konstatierenden Bedarfs ist bisher eine Nachfragewelle nach Supervision auch unter den Bedingungen des Arbeitskraftunternehmer-Typus nicht zu beobachten. Offenbar stehen einer verstärkten Nutzung systematischer Reflexionsangebote noch beträchtliche Hindernisse im Wege, die abschließend genauer betrachtet werden sollen, um daraus einige Schlussfolgerungen für die weitere Professionalisierung der Supervision abzuleiten.

Hindernisse der Supervisionsnachfrage

Generell bleibt zu beachten, dass wir hinsichtlich der skizzierten Veränderungen in der Organisation der Erwerbsarbeit erst am Anfang längerfristiger Entwicklungen stehen; es kann deshalb nicht verwundern, dass auch das Bewusstsein für die Notwendigkeit systematischer Reflexion erst allmählich wächst. Die Art und Weise, wie Umstrukturierungen in den Betrieben in den letzten Jahren durchgeführt wurden, hat zudem die Möglichkeiten zu einer distanzierenden Betrachtung von Erwerbsproblemen in vielen Bereichen eher eingeschränkt als verbessert. Während nämlich der Reflexionsbedarf steigt, reduzieren sich gleichzeitig unter dem erhöhten Leistungsdruck die für Prozesse des Zurück- und Vorausschauens und der abwägenden Planung erforderlichen Zeitressourcen. Unter Bedingungen des Arbeitskraftunternehmer-Typus geraten sämtliche Tätigkeiten unter Rechtfertigungsdruck im Hinblick auf kurzfristige Effizienzerwägungen: Der Ertrag von Reflexionsprozessen ist aber überwiegend mittel- oder langfristig angelegt. Diese Effizienzorientierung wird (mit der Haltung der Leistungsoptimierung) vielfach auch von den Beschäftigten selbst vertreten – zumal Reflexionsphasen in Konkurrenz geraten zu einem schrumpfenden Zeitbudget für das private Leben.

Als zusätzliche Schwierigkeit erweist sich, dass der Problemdruck oft unspezifischer Art ist und sich nur allmählich verschärft – und es somit an konkreten Anlässen und Anstößen zur Wahrnehmung von Beratungsangeboten fehlt. Zudem ist der Markt für individuelle Beratung und Supervision immer noch unübersichtlich, und von Seiten der Betriebe wie anderer gesellschaftlicher Instanzen gibt es wenig Unterstützung bei der Auswahl geeigneter Beratungsangebote. Als Hindernis erweist sich die Vielzahl von kleinen Anbietern (oft Ein-Personen-Selbstständigen) ebenso wie die Vielfalt der Qualifikationen und der Beratungs-Labels: Eine typische Schwierigkeit für „Laien" besteht beispielsweise darin, Unterschiede zwischen Coaching- und Supervisionsangeboten zu erkennen – sowohl was das inhaltliche und methodische Leistungsangebot betrifft, als auch hinsichtlich der dafür erforderlichen Ausbildungsvoraussetzungen und Qualitätskontrollen. Dass auch Fragen der Finanzierung bisher kaum institutionell geregelt sind, kommt erschwerend hinzu. Zwar bezahlen die Unternehmen üblicherweise Weiterbildung und Organisationsberatung, Coaching aber schon nur noch für ausgewählte Führungskräfte – Supervision dagegen ist in weiten Bereichen der Wirtschaft nicht vorgesehen. Für ausschließlich individuelle Finanzierung erscheinen die Kosten weiterhin beträchtlich: Bereitschaft zu einer derartigen Investition entsteht am ehesten bei beruflicher Neuorientierung oder unmittelbarem Leidensdruck.

Zu diesen generellen Hindernissen für die Nutzung von Reflexionsangeboten kommen noch einige spezifische Faktoren, welche die Nachfrage nach Supervision im Speziellen erschweren können. So wird Supervision im Profit-Bereich weithin mit Sozialarbeit assoziiert und ist entsprechend als Bearbeitung „sozialer Probleme" gelabelt. Diese Zuschreibung ist aufgrund der Geschichte der Supervision und ihres hauptsächlichen Betätigungsfeldes verständlich, auch wenn sie dem breiten Einsatzgebiet der Supervision nicht gerecht wird. Bisher ist es kaum gelungen, die breite Relevanz von Supervision für den Profit-Bereich und für individuelle berufliche Entwicklungsfragen hinreichend transparent zu machen. Wir stehen heute vor der erstaunlichen Situation, dass sich TrainerInnen und OrganisationsberaterInnen ohne Ausbildungsnachweis (aber mit hohen Honoraren) erfolgreich im Profit-Bereich behaupten, während die fundierte Ausbildung von SupervisorInnen dort keine entsprechende Anerkennung findet.

Als unvermutetes Hindernis könnte sich paradoxerweise sogar ein Aspekt der besonderen Leistungsfähigkeit von Supervision erweisen, nämlich ihre Sensibilisierung für Herrschaftskonstellationen und Autoritätsfragen im Betrieb. Organisationsberatung und Weiterbildung konnten sich auch deshalb im Profit-Bereich etablieren, weil sie herrschaftsneutral bleiben, das heißt, die vorherrschenden Machtverhältnisse nicht systematisch thematisieren (und schon gar nicht antasten). Sie blenden Herrschaftsfragen entweder aus (Training) oder verbünden sich mit den „Herrschenden" als Auftraggebern (Organisationsberatung). Die geschilderten neuen Organisationsformen von Erwerbsarbeit beruhen in wesentlichen Aspekten gerade auf der Verschleierung von Abhängigkeiten und dem Unsichtbar-Machen von Herrschaftsbeziehungen. Denn die Machtungleichgewichte im Betrieb sind mit dem vielfach betriebenen Hierarchieabbau keineswegs verschwunden: Im Gegenteil, durch die Reduzierung der Zahl der hierarchischen Positionen ist die Macht der verbliebenen Führungskräfte eher gestiegen. Mit Ansprüchen auf Selbstorganisation von Arbeit und partnerschaftlicher Führungskultur wird diese Machtfülle nur notdürftig verdeckt (Pongratz 2002a).

Wenn dagegen Supervision Beziehungsnetze aufdeckt, so macht sie unvermeidbar auch Machtverhältnisse sichtbar. Mit dieser „Aufklärungsfunktion" gerät sie in direkten Konflikt mit substanziellen Managementinteressen. Führungskräfte könnten sich deshalb als schwierige Klientel für Supervision erweisen – im Unterschied zum Karriere-Coaching. SupervisorInnen könnten in dieser Situation die Strategie entwickeln, die Thematisierung von Herrschaftskonstellationen (ähnlich wie in der Weiterbildung und der Organisationsberatung) zu vermeiden, um sich Aufträge zu sichern. Sie würden damit aber nicht nur ihre eigene Methode um einen wesentlichen Aspekt ihrer Leistungsfähigkeit beschneiden, sondern auch an Profil gegenüber anderen Beratungsangeboten verlieren. Zudem ist das Interesse an Steigerung der Transparenz der Machtstrukturen – so die arbeitssoziologische Interpretation – bei vielen Erwerbstätigen durchaus vorhanden, es wird nur selten ausdrücklich geäußert und konsequent eingefordert, weil es dem herrschenden Management- und Beratungsdiskurs entgegensteht.

Zusammenfassend und überspitzt formuliert: Gerade die Solidität (in Ausbildung und Qualitätssicherung) und die Wirksamkeit von Supervision (in der Aufdeckung von Machtbeziehungen und Abhängigkeitsverhältnissen) – also der erreichte Stand von Professionalität – könnte ihrem Erfolg auf einem wachsendem Markt für Reflexionsangebote (zumindest kurzfristig) im Wege stehen! Den vorhandenen Bedarf an Sensibilisierung für die Gestaltung von Machtstrukturen in eine konkrete Beratungsnachfrage umzusetzen, erscheint ohne zusätzliche gesellschaftliche Unterstützung schwierig.

Perspektiven für den Professionalisierungspfad der Supervision

Ferdinand Buer (1999) zufolge befindet sich die Supervision in einer Entscheidungssituation zwischen „Profession und Organisation":

> „Die Community der SupervisorInnen hat sich zu entscheiden: Entscheidet sie sich für die organisationsbezogene Supervision als allein bestimmendes Leitmodell, dann folgt sie damit primär der Unternehmenslogik mit all ihren Konsequenzen: … . SupervisorInnen, die diese Entwicklung nicht wollen, haben nur die Chance, auf die Professionslogik zu setzen. Dabei sollten sie aber sekundär die Unternehmenslogik stärker beachten." (95)

Beide Alternativen scheinen indes im Hinblick auf den Typus des Arbeitskraftunternehmers unzureichend, da dieser (in der idealtypischen Form) für eine relative Unabhängigkeit sowohl von der Profession als auch von der Organisation steht, auch wenn er Elemente von beiden aufgreift (ebd., 94). Analytisch lässt sich von der Professions- und der Unternehmenslogik eine dritte Ausrichtung unterscheiden: die Arbeitskraftlogik, mit der Erwerbstätige ihre Erwerbschancen in Auseinandersetzung mit Anforderungen der Profession wie des Unternehmens zu optimieren versuchen. Es stellt sich die Frage, ob Supervision unter den Bedingungen des Typus des Arbeitskraftunternehmers die angesprochene Entscheidungssituation zwischen Profession und Organisation entschärfen kann, wenn diese Arbeitskraftlogik konsequent berücksichtigt wird. Die Reflexionsaufgabe bestünde dann im Ausgleich zwischen den drei Logiken – und die Professionalisierung im Beschreiten eines dritten Weges.

Für Professionalisierungsschritte in dieser Richtung kann ich hier keine konkreten Vorschläge machen, da ich mit der Geschichte der Supervision und ihrer Professionalisierungsdebatte (Buchinger 1999) im Einzelnen nicht vertraut bin. Aus einer arbeitssoziologischen Perspektive stellt sich grundsätzlich die Frage nach möglichen Bündnispartnern für eine derartige Strategie. Denn klassische Professionalisierungsbestrebungen mit der Abschottung von Kompetenzfeldern gegen konkurrierende Berufe und der Sicherung einer monopolistischen Legitimation für spezielle Dienste stoßen unter Bedingungen von Flexibilisierung und Vermarktlichung der Arbeitsbeziehungen zunehmend auf Schwierigkeiten. Es gibt in der jüngeren Zeit kaum noch Beispiele für eine gelungene Professionalisierung dieser Art, und in einigen neuen Berufsfeldern wird sie in der klassischen Form gar nicht mehr angestrebt (z.B. von UnternehmensberaterInnen oder ManagementtrainerInnen). Es gibt also gute Gründe (nicht nur in der Supervision), über neue Arten und Wege der Professionalisierung nachzudenken.

In einem weitgehend unerschlossenen und unübersichtlichen Markt ist unter solchen Bedingungen mit isolierten Aktionen einer einzelnen Interessengruppe, auch wenn sie sich als Verband organisiert, kaum breite Wirkung zu erzielen (außer bei besonders günstiger Marktdynamik). Für viele Professionalisierungsaspekte, wie Fragen der Ausbildung, der Entlohnung oder der Qualitätssicherung, bieten sich aber gesellschaftliche Verhandlungspartner an, die Interesse an einer entsprechenden Gestaltung und Regulierung haben könnten. Eine neue Art der Professionalisierung könnte dann auch in konzertierten Aktionen der Definition von Handlungsbedarfen und Qualitätsmaßstäben bestehen, die die Konstituierung eines entsprechenden institutionellen Rahmens (z.B. hinsichtlich Leistungen und Kosten) einschließt. Mögliche Bündnispartner für eine derartige Strategie im Bereich von Reflexionsaufgaben in der Wirtschaft könnten sein:

- die Unternehmen selbst mit ihrem Interesse an der Qualitätssicherung hochqualifizierter Arbeit,
- die Gewerkschaften, die selbst vor der Aufgabe stehen, neue Vertretungsstrategien für den Typus des Arbeitskraftunternehmers zu entwickeln (z.B. hinsichtlich Beratung in Fragen der individuellen beruflichen Existenz),
- andere Berufsverbände, für deren Tätigkeitsbereich Supervisionsangebote relevant sind und für die Supervision selbst wiederum zur Stärkung der eigenen Professionalität beitragen kann (Allert 1999),
- oder Instanzen der öffentlichen Arbeits- und Sozialpolitik: Auch wenn dort aktuell andere Probleme im Vordergrund stehen, könnte die Sicherstellung und Legitimation von korporativen, konsensuellen Regelungen ein wichtiges Feld künftiger „Selbstorganisation" von Gesundheitsfragen und beruflichen Existenzproblemen darstellen.

Eine bewährte Zusammenarbeit dieser Art hat sich beispielsweise in der Bundesrepublik im Bereich der beruflichen Bildung entwickelt, wo Berufsbilder und Ausbildungsgänge korporativ gestaltet werden. Die Frage, unter welchen Bedingungen und auf welche Weise sich solche Kooperationen auch für die Gestaltung einzelner Beratungsfelder wie der Supervision realisieren lassen, muss hier offen bleiben. Zunächst wäre zu klären, ob sie überhaupt erwünscht und mit welchen Partnern sie vorstellbar wäre. Aus einer arbeitssoziologischen Sicht erscheint zum Beispiel die Supervision von Projektarbeit als ein besonders geeignetes „Experimentierfeld" für derartige Aktionen. Denn dort ist konkreter Handlungsbedarf in einem abgrenzbaren Aufgabenbereich auszumachen: nämlich die vielfach unbewältigten Belastungen der Mitgestaltung immer neuer Projektaufgaben (Bollinger 2001). Projektarbeit stellt eine typische Form „entgrenzter" Arbeit dar, stößt auf hohe Akzeptanz bei den Beteiligten – und schafft grundsätzlich Bedingungen, die dem Typus des Arbeitskraftunternehmers entsprechen. Die Beteiligten an Projektarbeit selbst haben eine gewisse Reflexionsfähigkeit und -bereitschaft entwickelt, die allerdings institutionell wenig unterstützt wird (Pongratz/Voß 2003): Trotz hohen Leistungsdrucks und unbefriedigender Projektverläufe, findet prozessbegleitende Reflexion, etwa in Form von Evaluation, in der Praxis selten statt. Projektarbeit stellt insofern ein Feld dar, das der Supervision einen „professionalisierten" Einstieg in den Profit-Sektor ermöglichen könnte. Wer immer sich diesen Aufgabenbereich erschließt, sichert sich beträchtlichen Einfluss auf das künftige Beratungsgeschehen in einer flexibilisierten Wirtschaft.

Ein anderer Ansatzpunkt liegt vielleicht noch näher: Ich bin bisher nicht eingegangen auf den interessanten Aspekt, dass viele SupervisorInnen selbst in hohem Maße dem Typus des Arbeitskraftunternehmers entsprechen dürften. Auch das könnte helfen, ein neues Professionalitätsverständnis zu klären und zu entwickeln: die Reflexion der eigenen Erwerbslage als Grundlage für die Beratung anderer!

Literatur

Allert, Tilman (1998): Die Professionen in der Umbruchsituation der Arbeitswelt. In: Supervision 33, 37-47.

Beck, Ulrich (1986): Risikogesellschaft. Auf dem Weg in eine andere Moderne. Frankfurt a.M.

Behringer, Friederike et al. (Hg.) (2004): Diskontinuierliche Erwerbsbiographien. Zur gesellschaftlichen Konstruktion und Bearbeitung eines normalen Phänomens. Hohengehren.

Bollinger, Heinrich (2001): Neue Formen der Arbeit – neue Formen des Gesundheitsschutzes: Das Beispiel Projektarbeit. In: WSI-Mitteilungen 54, 685-691.

Buchinger, Kurt (1999): Die Zukunft der Supervision – die Zukunft der Arbeit. Heidelberg.

Buer, Ferdinand (1999): Profession oder Organisation? – Wem dient die Supervision? In: Pühl, Harald (Hg.): Supervision und Organisationsentwicklung. Handbuch 3, Opladen, 70-103.

Deutschmann, Christoph (2001): Die Gesellschaftskritik der Industriesoziologie – ein Anachronismus? In: Leviathan 29, 58-69.

Faust, Michael, Jauch, Peter, Notz, Petra (2000): Befreit und entwurzelt: Führungskräfte auf dem Weg zum „internen Unternehmer". München, Mering.

Gottschall, Karin, Voß, G. Günter (Hg.) (2003): Entgrenzung von Arbeit und Leben. Zum Wandel der Beziehung von Erwerbstätigkeit und Privatsphäre im Alltag. München, Mering.

Hildebrandt, Eckart (in Zusammenarbeit mit Gudrun Linne) (Hg.) (2000): Reflexive Lebensführung. Zu den sozialökologischen Folgen flexibler Arbeit. Berlin.

Kratzer, Nick (2003): Arbeitskraft in Entgrenzung. Grenzenlose Anforderungen, erweiterte Spielräume, begrenzte Ressourcen. Berlin.

Kuda, Eva, Strauß, Jürgen (Hg.) (2002): Arbeitnehmer als Unternehmer? Herausforderungen für Gewerkschaften und berufliche Bildung. Hamburg.

Minssen, Heiner (Hg.) (2000): Begrenzte Entgrenzungen. Wandlungen von Organisation und Arbeit. Berlin.

Moldaschl, Manfred (1998): Herrschaft durch Autonomie – Dezentralisierung und widersprüchliche Arbeitsanforderungen. In: Lutz, Burkart (Hg.): Entwicklungsperspektiven von Arbeit, Weinheim, 132-164.

Moldaschl, Manfred, Voß, G. Günter (Hg.) (2002): Subjektivierung von Arbeit. München, Mering.

Nordhause-Janz, Jürgen, Pekruhl, Ulrich (Hg.) (2000): Arbeiten in neuen Strukturen? Partizipation, Kooperation, Autonomie und Gruppenarbeit in Deutschland. München, Mering.

Plath, H.-E. (2000). Arbeitsanforderungen im Wandel. Kompetenzen für die Zukunft – Eine folgenkritische Auseinandersetzung mit aktuellen Positionen. Mitteilungen aus der Arbeitsmarkt- und Berufsforschung, 33, 583-591.

Pongratz, Hans J., Voß, G. Günter (2000): Vom Arbeitnehmer zum Arbeitskraftunternehmer. Zur Entgrenzung der Ware Arbeitskraft. In: Minssen, Heiner (Hg.): Begrenzte Entgrenzungen. Wandlungen von Organisation und Arbeit, Berlin, 225-247.

Pongratz, Hans J. (2002a): Subordination. Inszenierungsformen von Personalführung in Deutschland seit 1933. München, Mering.

Pongratz, Hans J. (2002b): Triebkräfte und Widerstände in betrieblichen Veränderungsprozessen. In: Moser, Josef, Nöbauer, Brigitta, Seidl, Martin (Hg.): „Vom alten Eisen und anderem Ballast.“ Tabus, Schattenseiten und Perspektiven in betrieblichen Veränderungsprozessen, München und Mering, 9-32.

Pongratz, Hans J., Voß, G. Günter (2003): Arbeitskraftunternehmer. Erwerbsorientierungen in entgrenzten Arbeitsformen. Berlin.

Pongratz, Hans J., Voß, G. Günter (2004, im Erscheinen): Arbeitskraft und Subjektivität. Empirische Befunde zur Arbeitskraftunternehmer-These. Berlin.

Voß, G. Günter (1998): Die Entgrenzung von Arbeit und Arbeitskraft. Eine subjektorientierte Interpretation des Wandels der Arbeit. In: Mitteilungen aus der Arbeitsmarkt- und Berufsforschung 31, 473-487.

Voß, G. Günter (2001): Der Arbeitskraftunternehmer und sein Beruf. In: Dostal, Werner, Kupka, Peter (Hg.): Globalisierung, veränderte Arbeitsorganisation und Berufswandel, Nürnberg, 155-172.

Voß, G. Günter, Pongratz, Hans J. (1998): Der Arbeitskraftunternehmer. Eine neue Grundform der „Ware Arbeitskraft“? In: Kölner Zeitschrift für Soziologie und Sozialpsychologie 50, 131-158.

Gertrud Siller

Ökonomisierungsprozesse im Sozial- und Gesundheitswesen und ihre Folgen für Supervision aus individueller Perspektive – Empirische Forschungsergebnisse

1. Einführung[1]

Im gesamten Bereich des Sozial- und Gesundheitswesens finden seit einigen Jahren radikale Ökonomisierungsprozesse in Form eines markt- und wettbewerbsorientierten Umbaus von Nonprofit-Organisationen[2] statt. Sie betreffen insbesondere diejenigen Bereiche, in denen die finanziellen Abhängigkeiten vom Staat besonders groß sind: Einrichtungen des Gesundheitswesens, den Bereich der Bildung und Forschung und die sozialen Dienste (Badelt 2002, 670). Mit dieser Entwicklung treten Kriterien ökonomischer Nützlichkeit in den Vordergrund, mit denen angesichts knapper Kassen versucht wird, den Sozialhaushalt stringenter zu führen. Gleichzeitig beinhalten diese Entwicklungen Wertentscheidungen, die meist implizit als Sachzwang- und Funktionslogik der Organisationsentwicklung zum Ausdruck kommen, über die sich kritische Diskussionen und Infragestellungen zu erübrigen scheinen. So wird Konkurrenz- und Kostendenken sozialen Wertorientierungen schlagkräftig gegenüber gestellt. Das Verhältnis zwischen diesen Orientierungen gilt es allerdings – wertreflektierend – noch zu bestimmen: Ist es ein widersprüchliches, sich gegenseitig ausschließendes? Oder ist es ein ergänzendes, sich unterstützendes? Und wovon ist das abhängig?

Professionelle Supervision wird angesichts dieser Umstrukturierungsprozesse und der damit verbundenen offenen Fragen, die auch ihre zentralen Tätigkeitsfelder mit einschließen, vor neue Aufgaben gestellt. Um diese Auf-

---

1 Allen, die an der Diskussion dieses Textes beteiligt waren, ein herzliches Dankeschön!

2 Die Tätigkeitsfelder von Nonprofit-Organisationen sind vielfältig. Sie umfassen den Kultur- und Erholungsbereich (Bühnen, Museen, Sport), das Arbeitsgebiet des Bildungs- und Erziehungswesens (nichtstaatliche, häufig kirchliche Kindergärten, Schulen, Jugendheime u.ä.), Einrichtungen im Gesundheits- und Katastrophenhilfswesen (Rettungsdienste, Feuerwehr, Krankenanstalten u.ä.), politische Parteien, Verbände, Interessenvertretungen und den Bereich des Sozialwesens (soziale Dienste für Alte, Behinderte, Randgruppen und andere Felder der sozialen Arbeit) (vgl. Badelt 2002, 3f.). Letzterer kann „schon auf Grund der historischen Entwicklung“ als „eines der wichtigsten Aufgabengebiete von NPOs“ bezeichnet werden (ebd., 4). Gleichzeitig ist der Bereich des Sozialwesens das primäre, historisch gewachsene Tätigkeitsfeld der Supervision.

gaben zum einen als strukturell bedingte zu erkennen und ihnen zum anderen in differenzierter Weise konkret begegnen zu können, braucht sie theoretische und vor allem empirische Studien, die die Perspektive der Beschäftigten und potentiellen SupervisandInnen in ihren unterschiedlichen Tätigkeitsfeldern sichtbar machen. Solche Studien ermöglichen einen systematischen Verstehenszugang zu folgenden Fragen: Welche Lernanforderungen entstehen für SupervisandInnen und welche Bedürfnisse entwickeln sie im Rahmen der Markt- und Wettbewerbsorientierung sozialer Organisationen? Und wie kommen diese Anforderungen und Bedürfnisse in der Supervision zum Tragen? Zu diesen Fragen werden mit diesem Beitrag erste Forschungsergebnisse einer qualitativ ausgerichteten empirischen Studie vorgestellt.[3] Einleitend geht es jedoch zunächst darum, die Ökonomisierungsprozesse, ihre Hintergründe und sich abzeichnende Konfliktpotentiale genauer zu beschreiben.

2. Ökonomisierungsprozesse im Sozial- und Gesundheitswesen

Die Einführung betriebswirtschaftlicher Prinzipien in das Sozial- und Gesundheitswesen wird vor allem auf die wirtschaftliche Globalisierung, Ausweitung der Märkte, eine anhaltende Wirtschaftskrise, hohe Arbeitslosigkeit und starke Finanzprobleme in öffentlichen Haushalten zurückgeführt. Eine zunehmende materielle Ressourcenknappheit führt zum Handlungsbedarf (Grunwald/Greulich/Reinbold/Schulze-Böing 1997, 352). Auf europäischer Ebene werden sozialpolitische Konzeptionen nach marktwirtschaftlichen Prinzipien der Wettbewerbsfreiheit entwickelt und gefördert. Es entsteht (potentiell europaweit) ein zunehmender Wettbewerb zwischen Nonprofit-Organisationen und privatgewerblichen Anbietern.

Ein weiterer Ausgangspunkt für diese neuartigen Reformziele ist eine umfassende Modernisierung kommunaler Verwaltungen. Dazu wurde Anfang der 1990er Jahre das „Neue Steuerungsmodell“ als deutsche Variante des internationalen Leitbegriffs „New Public Management“ durch die Kommunale Gemeinschaftsstelle für Verwaltungsvereinfachung in Deutschland eingeführt. Anders als frühere Reformprozesse hatte dieses Modell grundlegenden Charakter, es „beschränkte sich nicht mehr auf die Umstrukturierung von Elementen und Teilprozessen, sondern zielte auf einen grundlegenden Umbau des Systems öffentlicher Dienstleistungsproduktion“ (Olk/Otto/Backhaus-Maul 2003, XXXI). Dabei wurde vor allem auf die Modernisierung der Binnenstrukturen der öffentlichen Verwaltung, die heute als „Ergebnissteue-

3 Diese empirische Studie ist zentraler Bestandteil meines Forschungs- und Habilitationsprojektes am Pädagogischen Seminar der Universität Göttingen zum Thema „Supervisorische Lernfelder im Wandel“.

rung, Budgetierung sowie Flexibilisierung von Arbeitsorganisationen und Personalwirtschaft" impliziert ist, und auf die Einführung von markt- und wettbewerbsorientierten Steuerungsformen in den öffentlichen Sektor großes Gewicht gelegt (ebd., XXXII).

Zu diesen Entwicklungen hinzu kommen tiefgreifende sozialrechtliche Veränderungen (in der Gesetzlichen Krankenversicherung, mit der Pflegeversicherung, im Bundessozialhilfegesetz und Kinder- und Jugendhilfegesetz), die die Grundlagen für eine formalrechtliche Gleichstellung der freien Träger schaffen und ermöglichen, dass neben freien Trägern auch private Anbieter ihre Leistungen im Bereich des Sozial- und Gesundheitswesens anbieten. So kann ein konkurrierender Wettbewerb entstehen, der auch die freigemeinnützigen Organisationen dazu zwingt, ihr Profil an Effizienz- und Effektivitätskriterien zu schärfen und betriebswirtschaftliche Handlungskonzepte zu übernehmen. An Stelle traditioneller Privilegien etablierter Träger treten Wettbewerbs- und Steuerungselemente in Form von Qualitätsvereinbarungen nach Zweckmäßigkeit und Wirtschaftlichkeit. Im Zuge dieser Entwicklung wird das Selbstkostendeckungsprinzip zum Budgetprinzip umgestaltet und die Zuwendungspraxis wird zum Prinzip der Leistungsentgelte. Darüber hinaus werden Leitlinien über Leistungsvereinbarungen ebenso entwickelt wie über Qualitätsstandards, Wirtschaftlichkeitskriterien und Controllingverfahren. Aus der Arbeit mit Klienten wird eine output-gesteuerte Kundenorientierung und eine personenbezogene soziale Dienstleistung, die sich durch effektive und ökonomisch effiziente Ergebnisse legitimiert. So findet – politisch gewollt – eine Einführung von Markt und Wettbewerb auch in Organisationen des Sozial- und Gesundheitswesens Eingang und es „werden im Rahmen der Vereinbarungen zwischen öffentlichen Kostenträgern und freigemeinnützigen Leistungsanbietern betriebswirtschaftliche Instrumente und Verfahren in sozialen Diensten und Einrichtungen verbindlich implementiert" (Olk/Otto/Backhaus-Maul 2003, XLIII).

Dieser Aufbau „quasimarktlicher Strukturen"[4] führt nicht nur zu neuen Formen von Vertragsbeziehungen zwischen Verwaltung und einzelnen Anbietern, sondern auch innerhalb der Organisationen zu radikal veränderten Leitbildern der Qualitätsentwicklung, die wiederum die Beziehungen zwischen den Leistungsanbietern und -empfängern ebenfalls verändern (Badelt 2002, 670). Die zunehmende Bedeutung der Kunden- und Dienstleistungsorientierung bringt es mit sich, dass die Kriterien für die Qualität sozialer Dienstleistungen neu diskutiert werden. Es entsteht tendenziell ein „Widerstreit zwischen herkömmlicher, professioneller Qualitätsentwicklung auf der Basis sozialer Wertorientierungen einerseits und eines ökonomisch be-

4 „Quasimarktlich" deshalb, weil im Bereich des Gesundheits- und Sozialwesens ein öffentlicher gesellschaftlicher Auftrag der Steuerzahler besteht, der keine vollständige Angleichung an privatwirtschaftliche Strukturen ermöglicht.

herrschten Qualitätsmanagements andererseits“ (Speck 1999, 36). Insbesondere konfessionelle Träger, auf die sich die im Folgenden vorgestellten Forschungsergebnisse beziehen, sind normativ in spezifischer Weise eingebunden in kirchliche Traditionen des Dienstethos und der sozialen Hilfsbereitschaft. Vor allem für sie stellt sich diese Entwicklung im Sozialbereich als großes Spannungsfeld dar. Hier wird „eine der größten Herausforderungen an den Nonprofit Sektor der Zukunft“ sichtbar, die darin besteht, „diesen Ansprüchen zu genügen, im besten Sinn des Wortes ‚professioneller‘ zu werden und doch die spezifische ‚Mission‘ einer NPO weiterhin zu erfüllen“ (Badelt 2002, 672). Die Tendenz zur Vergrößerung der Unternehmen zu Konzernen könnte dies durch eine wachsende Anonymisierung erschweren.

Vor diesem Hintergrund stellt sich auch die Frage danach, wie die Berufsmotivationen der Mitarbeiterinnen und Mitarbeiter in diesen Organisationen sich zukünftig gestalten. Einerseits wird vermutet, dass bei ihnen im Verlauf der „Verbetrieblichung“ (Merchel 1996, 298) ihrer Einrichtungen ethische bzw. wertgebundene Ausrichtungen abnehmen, so dass darüber ein „Identifizierungspotential“ auf Dauer nicht mehr zu erwarten ist (Merchel 1996, 308f.). Eine hohe Personalfluktuation in der Alten-, Behinderten- und Jugendhilfe könnte ein Indiz dafür sein. Sie könnte jedoch auch umgekehrt bedeuten, dass ethisch begründete Berufsmotivationen durchaus weiter bestehen, die allerdings mit der in den Mittelpunkt rückenden Ausrichtung an Kosten-, Leistungs- und knappen Zeitstandards schwer vereinbar sind, so dass eine Gestaltung von Arbeitssituationen im Sinne der eigenen Berufsmotivation schwierig bzw. unmöglich wird.

Kritische Fragen an die Ökonomisierungsprozesse im Sozial- und Gesundheitswesen richten sich so auch vor allem darauf, ob und wie sie kompatibel mit ethischen Grundlagen sozialer Arbeit sind. Grunwald u.a. betonen, „daß sowohl die allgemeine Übertragung von ökonomischen Kategorien auf die Soziale Arbeit als auch die Entwicklung von Managementkonzepten für Organisationen des Sozialbereichs letztlich immer einer Konkretisierung und Korrektur durch den Bezug auf die fachlichen Ziele bedürfen, deren Erreichung sie letztendlich dienen“ (Grunwald/Greulich/Reinbold/Schulze-Böing 1997, 361). Solche Aushandlungsprozesse zwischen ökonomischen Kategorien, fachlichen Traditionen und gemeinnützigen Wertorientierungen stellen an entsprechende Träger sozialer Dienste hohe Anforderungen. Denn ideelle Prinzipien sozialer Gemeinnützigkeit und zweckrationale Zielsetzungen betriebswirtschaftlicher Kategorien sind tendenziell gegenläufig.

Weitere kritische Diskussionen richten sich auf den Aspekt der Kundenorientierung. Einrichtungen sozialer Arbeit unterscheiden sich von Wirtschaftsunternehmen in grundlegender Weise im Hinblick auf den spezifischen Kundenstatus ihrer Adressaten, und zwar dadurch, dass sie „im Hinblick auf ihre Ideologie, ihre Geschichte, ihr gesellschaftliches Umfeld wertgeprägte Institutionen (sind), bei denen immer in Frage steht, bis zu welchem Grad sie sich auf Wünsche von ‚Kunden‘ einlassen können, ohne ihre Identität, die zu einem gewissen Teil auch immer die Grundlage ihres eigenen Bestandes bildet, zu verlieren“ (Merchel 1996, 317). Darüber hinaus kann beim Klientel sozialer Arbeit nicht von einer – einen „Kunden“ charakterisierenden – Souveränität von Konsumenten ausgegangen werden, weil ein Großteil auf Grund physischer und/oder psychischer Beeinträchtigungen nicht uneingeschränkt entscheidungsfähig ist und sich so in einer asymmetrischen oder abhängigen Situation befindet (Badelt 2002). Diese Kritikpunkte und bisherige, beispielhafte Erfahrungen im Bereich der Jugendhilfe, die eine Übertragung des Neuen Steuerungsmodells als eine „einfache() mechanische() Umsetzung technokratischer Reformblaupausen“ als wenig erfolgreich belegen (Olk/Otto/Backhaus-Maul 2003, XL), verweisen deutlich auf die notwendige Reflexion von Differenzen zwischen Organisationen des Profit- und des Nonprofitbereichs. Es geht darum, die spezifischen Wert-, Ziel- und Sinnbezüge sozialer Organisationen zu berücksichtigen und „eine dynamische Balance herzustellen zwischen dem Aufrechterhalten des Sinnkonzeptes einer Organisation (...) einerseits und dem Erzeugen von Offenheit und Veränderbarkeit als der Fähigkeit der Organisation zur Reaktion auf die Umwelt andererseits“ (Merchel 1996, 316).

Eine solche dynamische Balance kann, so meine *These*, nur gelingen, wenn neue professions- und organisationsbezogene Anforderungen nicht allein aus der Perspektive eines ökonomischen Veränderungsdrucks heraus definiert werden. Die Perspektive der Beschäftigten, ihre Qualifikationen und ihre Kompetenzentwicklung müssen ebenfalls Berücksichtigung finden, da sie die Veränderungsprozesse fachlich-inhaltlich umsetzen und gestalten müssen.[5] Versteht man Organisationen als „systemische Ganzheit“, wie es sich in der neueren Managementdiskussion abzeichnet, dann können „die Akteure nicht nur als Rollen- und Funktionsträger gesehen werden, sondern ‚als Personen und Persönlichkeiten, deren Wissen und Wollen die Entwicklungsfähigkeit der Organisation nachhaltig beeinflußt‘“ (Merchel 1996, 316). Um weiterhin eine wirkungsvolle, bedarfsgerechte und wertebewusste soziale Arbeit sicher stellen zu können, muss analysiert werden, mit welchem „Wissen und Wollen“ die Beschäftigten die Ökonomisierungsprozesse in ihrer Organisation wahrnehmen und welche Anforderungen, Interessen und subjektiven Bedürfnisse daraus für sie resultieren.

Eine solche „Fokussierung auf die Subjektseite des Wandels der Arbeits- und Organisationsstrukturen“ nehmen Pongratz und Voß in einem anderen Kontext vor, nämlich für betriebliche Veränderungsstrategien. Sie erscheint ihnen „insbesondere einer Entwicklung gegenüber angemessen, in welcher betriebliche Reorganisationsstrategien vorrangig auf die verstärkte Nutzung von Potentialen zur Eigeninitiative und Eigenverantwortung der Belegschaft abzie-

5 Der Kompetenzbegriff ist, anders als der Qualifikationsbegriff, „an das Subjekt gekoppelt“; Qualifikationen sind demgegenüber zweckgebunden, sie sind z.B. an formale Kriterien der Beruflichkeit orientiert (Orthey 2002, 8).

len“ (Pongratz/Voß 2003, 12). Auch im Sozial- und Gesundheitswesen werden Hierarchien zugunsten von Gruppen- und Projektarbeit abgebaut, wodurch sich Anforderungen an Beschäftigte, vor allem an Führungskräfte, in Richtung eigenständiger Umsetzung und Gestaltung von Zielvereinbarungen erweitern. Voraussetzung dafür sind Engagement und die Fähigkeit, eigenverantwortlich (im Sinne der Organisation) handeln zu können. Diese Anforderungen erfordern ebenfalls einen Balanceakt, der jeweils individuell bewältigt werden muss, und zwar zwischen berufsbiographisch entwickelten „Sinnkonzepten“ im Kontext des eigenen Tätigkeitsfeldes auf der einen Seite und notwendiger Kompetenzerweiterung im Zuge der beschriebenen Ökonomisierungsprozesse auf der anderen Seite. Dieser Balanceakt ist deshalb von großer Bedeutung, weil „der allseits zu konstatierende Aktionismus sonst Gefahr läuft, Versatzstücke einer verwaltungsorientierten Modernitätskultur (...) mit der fachlichen Qualität beruflicher Handlungsvollzüge in der Sozialen Arbeit zu verwechseln“ (Flösser/ Otto 2003, 46).

Mit den Veränderungen der Arbeitsanforderungen und einer notwendig gewordenen Balancierung von gewachsenen Wert-, Ziel- und Sinnbezügen sozialer Organisationen und neuen Steuerungsmodellen verändern sich nun ebenfalls, wie bereits angedeutet, die Anforderungen an supervisorische Lernprozesse, und zwar für SupervisandInnen und SupervisorInnen. Davon ist auszugehen, weil Supervision als Disziplin nicht außerhalb gesellschaftlicher Entwicklungen steht, sondern Teil davon ist (Siller 2002). Sie ist unmittelbar konfrontiert mit den Themen- und Konfliktfeldern, die SupervisandInnen im Rahmen der Ökonomisierungsprozesse ihrer Organisationen entwickeln.

Solche Themen- und Konfliktfelder sollen nun anhand eines empirischen Beispiels konkretisiert werden. Mit ihm wird rekonstruiert, wie sich die berufliche Situation einer Führungskraft und ihre Nachfrage nach Supervision im Prozess tiefgreifender organisatorischer Veränderungen entwickelt hat. Der Fall ist einer laufenden Untersuchung entnommen, die zum einen darauf ausgerichtet ist, Ökonomisierungsprozesse in einer großen Organisation der Behindertenarbeit aus der individuellen Perspektive von Führungskräften darzustellen. Zum anderen soll deutlich werden, welche Anliegen diese Führungskräfte daraus an die Supervision entwickeln. Bei der Organisation handelt es sich um eine diakonische Einrichtung, die in den letzten Jahren weit gehende organisatorische Strukturveränderungen erfahren hat, bei denen die Umwandlung der vormals diakonischen Gemeinschaft in ein diakonisches Unternehmen und damit einhergehende neue Führungs- und Steuerungsinstrumente im Mittelpunkt stehen. Aus Platzgründen ist eine starke Konzentration auf wesentliche Aspekte in der Darstellungsweise und eine weitgehende Einschränkung der Interviewauszüge an dieser Stelle nicht zu vermeiden.[6]

---

6 Im Rahmen einer späteren Veröffentlichung der Gesamtstudie wird eine detaillierte Rekonstruktion dieses Falls neben anderen erscheinen. Mit rekonstruktiven Verfahren

3. Ökonomisierungsprozesse und Supervision aus individueller Perspektive

Die 43-jährige Frau Wage[7] lernt seit kurzer Zeit im Rahmen einer speziellen Qualifizierungsmaßnahme ein Jahr lang Tätigkeitsfelder oberer Leitungsfunktionen kennen, in denen Frauen in der Organisation bisher unterrepräsentiert sind. Es ist sowohl von ihrer Seite als auch von Seiten der Organisation jedoch noch unklar, ob sie danach tatsächlich eine solche Position übernehmen wird. Bevor sie in diese Qualifizierungsmaßnahme eintrat, leitete sie einen Teilbereich der Organisation mit gerontopsychiatrischem Schwerpunkt. Diese Position ist angesiedelt zwischen den Leitungen einzelner Teams und der Geschäftsführungsebene und umfasst die Aufgabe, die inhaltliche Arbeit mit dem Klientel zu gestalten und über Angebote der Alltagsstrukturierung zu entscheiden. In den Zeitraum dieser Leitungstätigkeit fiel eine grundlegende Strukturveränderung der Organisation: Es fand ein Fusionsprozess zweier komplexer Teilbereiche statt, die über Jahrzehnte als jeweils selbstständige, auch örtlich auseinanderliegende Einheiten funktionierten. Ziel war eine Bündelung von Leistungsbereichen. Diesen Fusionsprozess gestaltete Frau Wage aktiv mit. Supervision nimmt sie im Laufe ihrer Berufstätigkeit immer wieder in Anspruch, auch zum Zeitpunkt des Interviews. Im Folgenden werden zunächst ihre Erfahrungsräume in der sich verändernden Organisation und ihr darin entwickelter Orientierungsrahmen beschrieben, um dann in einem zweiten Schritt die Bedeutung der Supervision in diesem Prozess verdeutlichen zu können.

Organisation zwischen Gemeinschaft und Gesellschaft[8]

Ein grundlegendes Interesse an ihrer Arbeit besteht für Frau Wage darin, die Lebensbedingungen von Menschen mit Behinderungen zu verbessern. Darüber hinaus möchte sie Menschen, mit denen sie arbeitet (also sowohl MitarbeiterInnen als auch ihr Klientel), in ihrer Unterschiedlichkeit *„verstehen“*.[9] Dieses Interesse ist *„mitlaufend“*, d.h., sie stellt dafür keinen fachlich-pro-

---

in der empirischen Sozialforschung werden keine repräsentativen Aussagen angestrebt, sondern es geht um eine Rekonstruktion von Erfahrungswissen, Erkenntnis- und Orientierungsprozessen eines Individuums oder einer Gruppe: „Theorie- und Typenbildung vollzieht sich auf der Grundlage einer Rekonstruktion der Alltagspraxis der Erforschten bzw. auf der Grundlage der Rekonstruktion des Erfahrungswissens, welches für diese Alltagspraxis konstitutiv ist“ (Bohnsack 2000, 10).

7 Name geändert. Das Interview fand im März 2003 statt.

8 zur Unterscheidung der Begriffe Gemeinschaft und Gesellschaft, vgl. Tönnies 1991

9 Alle kursiv gedruckten Zitate in Anführungsstrichen im folgenden Text sind Äußerungen von Frau Wage.

fessionellen Kontext her, sondern beschreibt es als intuitiv offene Grundhaltung allem Neuen gegenüber. Eine bewusste Reflexion dieser Haltung erlebt sie im Interview als Problematisierung einer Selbstverständlichkeit und lehnt sie als *„schwierig"* und *„anstrengend"* ab. Deutlich unterstrichen wird dagegen, dass dieses Interesse angewiesen ist auf *„ein bisschen Zeit"*, die sie nicht als selbstverständlich erlebt.

Mit dieser Grundorientierung sieht sie sich als Teil der Organisation, in der sie arbeitet: Die Organisation steht qua Funktion für die Verwirklichung von Gemeinschaft mit Menschen mit Behinderungen, Gemeinschaft und Organisation werden darüber eins. Auf der Grundlage dieses Ziels beginnt ein *„Aushandlungsprozess"*, es muss dann *„im Einzelfall" „definiert"* und je nach Fachkontext in differenzierte Teilziele umgewandelt werden. Das heißt: Die Gemeinschaftsvision in ihrer Ganzheitlichkeit wird auf der Handlungsebene zu vielen kleinen Aushandlungsprozessen und nimmt eine nach rationalen Kriterien geregelte Gestaltungsform an. Diese Handlungsebene wird jedoch im Interview nicht konkret sichtbar. So entsteht folgendes Bild: Über persönliche berufliche Wertigkeiten und die Grundsätze der Organisation gibt es eine Art stillschweigendes Einverständnis, das nicht als erklärungsbedürftig erlebt wird. Der Inhalt des zu Grunde liegenden Begriffs von Gemeinschaft kann im Interview schwer in Sprache gefasst werden und setzt intuitives Verstehen voraus. Nachfragen, die Konkretionen, Differenzierungen oder Widersprüche zwischen eigener Sicht und Ausrichtung der Organisation ansprechen, wirken in diesem Zusammenhang wie eine Entzauberung innerer Wahrheiten.

Die gegenwärtig stattfindenden Strukturveränderungen erfordern jedoch permanente Neuorientierungen, die die Befragte dazu zwingen, die Frage nach dem Gemeinsamen immer wieder neu zu stellen, was eine Entlastungsfunktion verinnerlichter Rollenerwartungen zumindest teilweise auflöst: Arbeitseinheiten werden umstrukturiert und in Fusionsprozessen neu zusammengesetzt, so dass über Jahrzehnte organisch gewachsene Arbeitsgemeinschaften, an denen sich Frau Wage orientiert, zerstört und tendenziell in die (ehrenamtliche) Umwelt der Organisation ausgelagert werden. Neue Einheiten entstehen in der Organisation nach funktionalen Gesichtspunkten auf der Grundlage von Zielvereinbarungen auf Zeit. Das alte Bild von Gemeinschaft entspricht nicht (mehr) den aktuellen Formen organisatorischer Realität, in der *„Gemeinschaft verwirklichen"* eine Vision darstellt, die in der Umsetzung prozesshaft, d.h. ständig in Bewegung bleibt; es gibt kein Ankommen, sondern immer neue Zielsetzungen. Diese sind nicht nur ausgerichtet an einer Gemeinschaftsvision, sondern ebenfalls an einem weiteren organisatorischen Interesse: nach funktionalen Gesichtspunkten der Effektivität und Effizienz finanziell zu überleben. Das heißt, der Vision stehen politisch gesetzte Grenzen in Form verstärkter finanzieller Einsparungen gegenüber, die zu einem wesentlichen Aspekt organisatorischer Realität geworden sind.

Obwohl diese Diskrepanz zwischen dem alten Bild einer organischen Gemeinschaft und den gegenwärtig stattfindenden Entwicklungen nicht bewusst reflektiert wird, spiegelt sie sich in Frau Wages Wahrnehmung des Fusionsprozesses zweier komplexer Teilbereiche der Organisation wider:

„Also, haben Teile zusammengebracht, die vorher nichts miteinander zu tun haben wollten, und andere Teile auseinander genommen, die gern zusammen geblieben wären, und solche Sachen".

Hier wird – mit der Metapher eines Gegenstandes bzw. einer Maschine („*Teile*") – die Gemeinschaft zu einem Funktionszusammenhang, der nicht freiwillig entsteht, sondern zwangsweise, d.h. nach außengeleiteten Zielen, der die Organisationsstrukturen grundlegend verändert hat.

„Und, ähm, ich fand schon, dass das ein sehr aufwändiger Prozess war, der viel (betont) Energie gebunden hat (I: mhm). Ähm, und hoffe, dass sozusagen das jetzt eine Weile hält (I: mhm). Denn dass das für immer hält, ist ja klar, das ist nicht (I: mhm), und es gibt immer, sagen wir mal, noch neue Überlegungen, die dann vielleicht zu weiteren Veränderungen führen werden. Aber erst mal wäre gut, Ruhe zu haben, und sozusagen in diesen Strukturen sich zurecht zu finden. Da ist auch ein (betont) Jahr in neuen Strukturen, äh, also, ich hab das ja aus der Sicht der (eigener Arbeitsbereich) erlebt, äh, ein Jahr, in neuen Strukturen ist da wenig. Also wenig, um eine fundierte Zusammenarbeit zu gestalten (I: mhm), oder tatsächlich zusammen zu kommen".

Frau Wage hat sich im Fusionsprozess engagiert. Ihre Formulierung, der Prozess der Zusammenlegung habe „*viel Energie gebunden*", bringt eine große, einnehmende und erschöpfende Anstrengung zum Ausdruck, so dass zunächst für weitere Veränderungen keine Energie mehr da ist. Sie hofft deshalb, dass sich der Einsatz lohnt und das Ergebnis „*eine Weile hält*", obwohl es schon „*neue Überlegungen*" gibt, die weitere Veränderungen andeuten. Sie wünscht sich eine Phase der Ruhe, um sich in den neuen Strukturen „*zurecht zu finden*", d.h. sie möchte darin ihre Orientierung neu finden. Zwar weist ihre Formulierung im Konjunktiv („*aber erst mal wäre gut Ruhe zu haben*") darauf hin, dass sie nicht damit rechnet, sie auch zu bekommen. Aber mit dem Verweis auf eigene Erfahrungen unterstreicht sie die Bedeutung dieser Orientierungszeit dafür, eine „*fundierte Zusammenarbeit*" zu gestalten und „*tatsächlich zusammen zu kommen*". Die letzte Formulierung geht über die Ebene einer aufgabenorientierten Zusammenarbeit hinaus und verweist auf das alte Bild von Gemeinschaft.

Der hier deutlich werdende Erfahrungsraum der Befragten zwischen alten und neuen Strukturen spiegelt die Situation der Organisation zwischen ihrer Tradition der Versorgung und Fürsorge in einer fest umrissenen Gemeinschaft und ihrer mit den Umstrukturierungen stärker werdenden gesellschaftlichen Orientierung an rationalen Kriterien der Effizienz und Effektivität wider. Frau Wage entzieht sich dem Veränderungsdruck von Seiten der Organisation nicht, sie argumentiert entwicklungsbezogen. Im Prozess dieser Veränderungen bleibt sie jedoch gleichzeitig weiterhin mit der Tradition der Organisation verhaftet, wenn es um Begründungen für Zeit und Ruhe geht, die sie sich wünscht, um in den neuen Strukturen Orientierungssicherheit zu gewinnen. Diese Diskrepanz führt zu einer Leerstelle, weil die sinnstiftenden alten Fundamente positive Gegenhorizonte bleiben, aber zu den neuen Strukturen nicht mehr passen. An deren Stelle haben sich bisher keine neuen entwickelt. So werden die Veränderungen für die Befragte zu einem Prozess, dem sie sich anpasst und mit dem sie mitgeht, aber den sie nicht steuern und wenig gestalten kann. Der organisatorische Veränderungsdruck wird zur dominanten Orientierungslinie.

Existenzangst als Erfahrungsgrundlage

Der Fusionsprozess, also die Zusammenführung zweier bisher selbstständiger Teilbereiche der Organisation, hat eine grundlegende Bedeutung, von der alle Beschäftigten betroffen sind. Bei Diskussionen im Vorfeld über seine Auswirkungen stand zunächst die Angst um die eigene Existenz im Vordergrund:

„Und dann ist das so'n, dann läuft das so mit, so'n neuer Begriff wird diskutiert, hier und da. Und dann allmählich setzt sich so ein Bild (I: ja) fest. Wobei ja eins klar ist: Die erste Frage, die jeder hat, und da nehm ich mich auch nicht aus, ist: Was wird mit mir? Also, wo bleibe ich und was für Möglichkeiten gibt's? Und ich habe auch schon andere Prozesse hier mitgemacht, einen besonders, wo ich eher so mich sehr auf der Verliererseite gefühlt habe".

Ihre Andeutungen im letzten Satz beziehen sich auf eine dem Fusionsprozess vorgelagerte Veränderung der Leitungsstrukturen, durch die Einrichtungsleitungen gebündelt, d.h. auch deutlich reduziert wurden. Diese Bündelung stellte ihre eigene berufliche Existenz in Frage, denn die Hälfte der Stellen fiel weg und es war *„latent dauerhaft die Frage, wer bleibt übrig"*, *„oder anders gesagt: Bleibe ich übrig"*? Der Fusionsprozess wird zunächst ebenfalls als eine solche Bedrohung erlebt. Als klar wird, dass Frau Wages berufliche Existenz davon nicht bedroht wird, steht sie diesem Prozess uneingeschränkt positiv gegenüber und es brauchen keinerlei Bedenken mehr *„gepflegt"* zu werden.

Die Erfahrung, dass es durch organisatorische Umstrukturierungen schnell zu einer *„vollkommen neue(n) Verteilung der Kräfte"* kommen kann, die zu einer eigenen Desorientierung und zu der Gefahr führen, aus der Organisation herauszufallen, ist für Frau Wages Orientierungslinie konstitutiv. Sie erzeugt einen Handlungs- und Orientierungsdruck, der nicht nur Bedenken ausschließt, sondern auch die Übernahme konkreter neuer Aufgaben steuert. So erlebt sie ihre Mitgestaltung der organisatorischen Veränderungen nicht als Zunahme von Entscheidungsverantwortung, sondern als fortlaufend weiter notwendige Orientierungsarbeit, in der es *„immer wieder darum (geht), sich zu orientieren, ne. Wo läuft das hier hin, das Ganze jetzt?"*. Es entsteht das Bild eines reißenden Stromes, in dem es gilt, sich über Wasser zu halten, in der Hoffnung, dass es einmal wieder ruhiger wird. Mitbestimmung und Gestaltungsspielräume sind dabei immer weniger ein Thema, es geht vielmehr darum, nicht unterzugehen, d.h. den eigenen Platz bzw. die Arbeitsstelle in diesen Veränderungsprozessen nicht zu verlieren. Sich *„immer weiter neu sortieren"* und *„sich immer neu einstellen"*, wird für Frau Wage zum Grundprinzip zukünftiger Arbeit, mit dem sie sich mit den Entwicklungen in ihrer Organisation arrangiert. Damit ist gleichzeitig ein vorauseilender Anpassungsprozess verbunden, in dem es keinen eigenen inneren Raum gibt, weder für Differenzierungen oder Kritik noch für eigene Bedürfnisse (nach Zeit und Ruhe).

Das Herz und die funktional geregelte Organisation

Dieser Anpassungsprozess fällt ihr allerdings nicht immer leicht, vor allem wenn es um die Professionalisierung von Tätigkeiten geht, die zuvor quasi naturwüchsige kulturelle Aktivitäten einzelner (z.B. die Organisation von Theater- und Musikveranstaltungen) im informellen, ehrenamtlichen Raum darstellten:

„Ja, und das kann man natürlich auch professionell machen, aber ich weiß nicht, ob's das wirklich (betont) ersetzt. Das gucke ich mir an (I: mhm), ich bin noch nicht zu Ende mit meiner Meinung".

Sie befürchtet, dass mit dieser Professionalisierung

„das Herz (betont), was da auch mitspielte, eben diese Begeisterung für, was weiß ich jetzt, Theater oder sonst wie, nicht nur ersetzt, weil man es, ich, ich überzieh jetzt mal (I: ja bitte), wenn man's, wenn man es, ähm, einfach so abspult. Also/

I: Mhm. Und wo war das Herz?

Frau W.: Das war bei bestimmten Menschen".

Das „Herz" – ein Symbol für den Kern einer organisch gewachsenen Gemeinschaft mit festen Werten und Gebräuchen – wird verschoben auf vertraglich geregelte professionelle Zuständigkeiten. „*Herz*" und „*Leben*" verbindet Frau Wage aber nach wie vor mit älteren KollegInnen, die von sich aus „*einfach Wert darauf legten, der Ort muss ein lebendiger Teil sein*", die nun aber nicht mehr da sind. Im Zuge dieses Generationswechsels zeigt sie eine deutliche Skepsis gegenüber den Bestrebungen der Organisation, diese Tätigkeiten zu verfachlichen und versachlichen. Die Begriffe, auf die sie zurückgreift, um ihre Bedenken verständlich machen zu können, sind Teil der Logik einer traditionellen Gemeinschaft (Leben, Wert, Herz, Begeisterung) und suggerieren Wärme, Zugehörigkeit und Fürsorglichkeit. In ihrer Gegenüberstellung bekommt die neue Regelung einen leblosen Charakter. Mit diesem Bild von der ehemaligen traditionellen Gemeinschaft vermittelt sie den Verlust von Geborgenheit und macht damit auf eine zentrale Funktion aufmerksam, die diese Organisationsgestaltungsform und dafür eintretende Menschen für sie hatte. In ihrem Verlusterleben kommt die repressive Kehrseite einer Organisation, die nach diesem traditionellen Muster angeordnet ist, nicht vor: Sie ist hierarchisch gegliedert und wird nach einer unabänderlichen Ordnung meist von patriarchalen Leitfiguren geführt, die nicht nur Fürsorge bieten, sondern auch Gehorsam verlangen. Differenzierte inhaltliche Sichtweisen, individuelle Entscheidungen, Konflikte oder rollen- bzw. statusbezogene unterschiedliche Interessen sind in dieser Logik nicht erwünscht.

Frau Wage setzt die strukturellen Veränderungen mit um und bleibt gleichzeitig in einer zurückhaltend-passiven Haltung. Eine eigene Positionierung in diesen Prozessen findet damit höchstens indirekt statt. Sie sieht sich auf einem Weg, den in der Organisation alle gemeinsam gehen, ohne Unterschiede, wobei die „*neuen Maßstäbe*" der Organisationsleitung zum maßgebenden Kriterium werden. In diesem Bild eines gemeinsamen Weges leben Vorstellungen weiter, die die Einzelnen zu Verbündeten in der Sache machen, die top-down umgesetzt, aber nicht verhandelt und eigenständig gestaltet wird. Dadurch entsteht die schon angesprochene „Leerstelle", der nicht ausgefüllte Raum zwischen Altem und Neuem: Der Boden der alten Organisationsform trägt nicht mehr und ein neuer kann durch eine auf Dauer gestellte, außen geleitete Orientierung an Organisationsinteressen allein nicht entwickelt werden. Frau Wage gibt ihre Stelle als Leiterin eines Teilbereichs der Organisation zu dem Zeitpunkt auf, als die Aufgabe in den Mittelpunkt rückt, eine neue Form der Zusammenarbeit in der durch den Fusionsprozess neu entstandenen Arbeitseinheit konkret fachlich-inhaltlich auszugestalten. Ein solcher Gestaltungsprozess erfordert Kompetenzen im Umgang mit Konflikten, Problemen und Aushandlungsprozessen um Interessen und unterschiedliche Vorstellungen, die bisher nicht gelernt wurden und die dem Habitus eines intuitiven „Verstehens" von Menschen nicht entsprechen. Anders als in einer traditionellen Gemeinschaft sind in einer funktional geregelten Organisation Qualitätsmerkmale einer Führungskraft weniger von intuitiven emotionalen Bindungen oder fester Übereinstimmung mit gemeinschaftlichen Grundwerten geprägt als von professionell entwickelten Positionen und eigenständiger Gestaltungskompetenz.

Nach ihrer erfolgreichen Bewerbung um die Teilnahme an einer Qualifizierungsmaßnahme für höhere Leitungspositionen verfolgt sie nun selbst das Ziel, die Arbeitsweisen der Führungskräfte zu „professionalisieren", übernimmt also an dieser Stelle scheinbar eine zentrale Begrifflichkeit des organisatorischen Wandels, mit der sie gleichzeitig Skepsis verbindet. Dabei bezieht sie sich konkret auf eine weitere Strukturveränderung in ihrer Organisation, die Entstehung eines Krankenhausverbundes:

„Und das ist schon ein komplexes Unterfangen, wo es auch mühsam ist, angesichts der Geschwindigkeit der Entwicklung sich reinzudenken und auch ne Meinung dazu zu gewinnen, was läuft gut und was läuft nicht so gut.

I: Ja. Und was heißt an der Stelle für Sie professionell? Oder Professionalisierung?

Frau W.: Na ja, das heißt, in dem Moment, ähm, sozusagen den Prozess im Detail nachvollziehen können, und, ähm, Meinungen bilden, zu dem, wie es läuft, und dazu Stellung zu beziehen. ... Ins Gespräch kommen, und so".

Hier wird weniger ein Prozess der Professionalisierung im Sinne einer Verfachlichung und Versachlichung von Tätigkeiten beschrieben als vielmehr eine Form der Selbstbeteiligung an organisatorischen Veränderungen, bei der allerdings Mitbestimmungsmöglichkeiten gering erscheinen. Das Tempo der Veränderungen erlaubt nur wenig Zeit zur Orientierung. Um den Anschluss nicht zur verlieren, entwickelt Frau Wage die Strategie, sich kommunikativ so zu organisieren, dass zumindest im Nachhinein ein Meinungsbildungsprozess angestrebt bleibt. Dabei wird das Interesse, zu verstehen was passiert und dazu eigene Standpunkte einzunehmen, als Professionalisierung erlebt. Im Kontext dieser Bemühungen, mit den gegenwärtigen Strukturveränderungen mitzugehen, kann sie eines ihrer zentralen Arbeitsinteressen, die Lebensbedingungen der Menschen mit Behinderungen verbessern zu wollen, nicht aufrecht erhalten. Diese rücken mit ihren Versorgungsansprüchen, die sich – gerade bei den älteren Bewohnern und Bewohnerinnen – nicht verändert haben, in den Hintergrund. Dagegen stehen die bedrohten Arbeitsplätze und die davon betroffenen Menschen, die *„unter Existenzangst leiden"*, für sie jetzt im Mittelpunkt – und damit implizit auch sie selbst, denn ihre eigene zukünftige Position in der Organisation ist weder geklärt noch gesichert. Fachlich-inhaltliche Arbeitsgrundsätze werden so von existentiellen Ängsten um den Arbeitsplatz überlagert und zu Gunsten der Existenzsicherung tendenziell aufgegeben. Sie verschwimmen gerade in dem großen Bemühen darum, im schnellen Tempo organisatorischer Veränderungen die Einbindung bzw. den Anschluss nicht zu verlieren. Konkret rettet sie sich aus dem

Strom der Veränderungen mit ihrem Stellenwechsel in eine „erhöhte Position". Dabei entsteht ein Bild von eigener Planung, Zielorientiertheit und Selbstbestimmung.

Welche Rolle spielt Supervision im Kontext dieser Entwicklung? Mit den folgenden Ausführungen werden vor allem gegenläufige Tendenzen transparent, die die Anforderungen an Supervision im Zusammenhang mit den beschriebenen organisatorischen Entwicklungen kennzeichnen.

Supervision als Begleitung bei einer persönlichen Orientierungssuche

Frau Wage beschreibt Supervision als „*Begleitung*" in bewegten Phasen. Diese Begleitung bezieht sich auf innere Prozesse („*Überlegungen im Kopf*"), die sie „*sortieren*" möchte, und auf Unterstützung, die sie als „*Kommentare*" versteht, um auf „*neue Ideen*" zu kommen. Damit rückt neben einer Begleitung innerer Prozesse die nach außen gerichtete Handlungsrelevanz in den Vordergrund, wobei Unterstützung auch Hilfe, Förderung, Entlastung und Zuwendung impliziert und Kommentare, Erklärungen und Stellungnahmen sind, die eine Bewertung enthalten; sie machen eine Position deutlich. Ihre inhaltlichen und persönlichen Erwartungen an ihre aktuelle Einzelsupervision, die sie seit ca. einem Jahr in Anspruch nimmt, konkretisieren dieses Bild: Die gewünschte Begleitung soll „*über eine längere Zeit*" gehen. Sie erhofft sich neben einer Unterstützung Rückmeldungen und Hinweise auf nicht Wahrgenommenes. Dabei geht es letztlich um eine gelingende berufliche Zukunft, die davon abhängt, *„wie komm ich durch das Bewerbungsverfahren?"* (um die angestrebte höhere Leitungsfunktion), eine Formulierung, mit der zugleich Existenzielles, das Überleben in der Organisation, assoziiert ist.

Ihre Einzelsupervision begann zunächst als Coaching im Rahmen eines früheren Führungskräftetrainings. Für dieses Coaching entscheidet sie sich zu dem Zeitpunkt, als der Fusionsprozess fast abgeschlossen ist und die Qualifizierungsmaßnahme für eine höhere Leitungsposition „*überhaupt noch nicht wirklich im Blick (war)*". Konkreter Anlass war, „*dass ich vor, eben diesen ganzen Veränderungen stand*", eine Formulierung, die zunächst die Vermutung nahe legt, dass die sie betreffenden Auswirkungen der strukturellen Veränderungen in ihrer Organisation begleitet werden sollen, von denen im Interview bisher immer die Rede war. Frau Wage trennt jedoch diese strukturellen Entwicklungen von ihren persönlichen in der Organisation und bezieht ihren Wunsch nach einer Supervision ausschließlich auf letztere, indem sie betont, sie

„wollte einfach nur sortieren und mich orientieren. Hatte mit den Veränderungen vor Ort aber gar nichts zu tun eigentlich".

Hier setzt sich in Bezug auf die Supervision eine auf dauerhaften Wandel ausgerichtete, nach vorne gerichtete Haltung fort, mit der die organisatorischen Veränderungen jedoch nicht in einen Zusammenhang gebracht werden. Frau Wage erlebt ihre eigene berufliche Entwicklung im Nachhinein als autonome Willensentscheidung, die von keiner Seite beeinflusst wurde. Organisatorische Kontextbedingungen des Tätigkeitswechsels erscheinen unbedeutend für die eigene Orientierung. Veränderungen in der Organisation wird nur insofern eine Relevanz zugestanden, dass es ihre neue Stelle in dieser Weise bisher nicht gab.

Obwohl sie kein direkter Anlass der Supervision und scheinbar „*überhaupt nicht Thema*" sind, spielen die Organisationsentwicklungen jedoch darin, anders als es die Befragte im Nachhinein erlebt, durchaus eine zentrale Rolle. Die Fragen, Probleme oder Konflikte, die bearbeitet werden, beziehen sich sowohl auf eine eher persönliche Ebene als auch auf die Interaktion mit KollegInnen und Vorgesetzten und auf die institutionelle Ebene, bei der die Strukturveränderungen im Mittelpunkt stehen:

„Letztlich ja alles. Letztlich ja alles, aber Ausgangspunkt war natürlich die Frage: Was will ich? Wo will ich hin? Das war sozusagen natürlich der Schwerpunkt, das so anzufangen. Nichtsdestotrotz spielen auch Menschen eine Rolle, also Menschen, die dann während ich noch gar nicht so weit war, mich in irgendner Weise dafür zu interessieren, aber deutlich anschoben, oder die dann sozusagen irgendwelche Form von eigenem Interesse da mit reinbrachten, was ich nicht sortiert kriegte, oder meine Dienstvorgesetzten, die sich vollkommen merkwürdig verhielten, oder so. Also, will sagen, da is, da bleibt ja wenig dann plötzlich wie's is. Und die Institution an sich spielt jetzt auch noch mal wieder ne Rolle, weil, ähm, das (Qualifizierungsmaßnahme für höhere Leitungsfunktionen) etwas vollkommen Neues ist. Also wie reagiert eigentlich das Ganze? (I: Ja, genau), das spielt auch ne Rolle. Und ich fühle mich wie unter einem dauerhaften Scheinwerfer im Moment. Also das ist schon ein merkwürdiger Zustand, ne. Insofern kann ich das jetzt nicht nur auf einen Bereich beziehen, es sind alle, aber Schwerpunkt war sicher der persönliche".

Die Fragen „*Was will ich? Wo will ich hin?*", ihr „*Ausgangspunkt*" in der Supervision, sind Grundsatzfragen. Sie beinhalten eine Bewegung weg von ihrer bisherigen Position, ohne klares Ziel. Dabei erweisen sich Organisationsentwicklungen und die Veränderungen ihrer Tätigkeitsfelder als zusammenhängende Prozesse, die das konstruierte Bild einer stringenten, autonomen beruflichen Weiterentwicklung brüchig werden lassen: Frau Wage wird von anderen „*Menschen*" in ihrer Organisation „*angeschoben*", sich für Tätigkeitsfelder oberer Leitungsfunktionen zu interessieren, als sie „*noch gar nicht so weit war*" und wird mit unterschiedlichen Interessen und für sie „*merkwürdigen*" Verhaltensweisen konfrontiert, die sie innerhalb ihres

Orientierungsrahmens, in dem alle an einem Strang ziehen, nicht einordnen kann (nicht „*sortiert*" kriegt). Sie fühlt sich in ihrer neuen Tätigkeit permanent im Rampenlicht, d.h. wie eine Schauspielerin in einer neuen Rolle dabei beobachtet, wie sie dieser neuen Rolle und ihren Anforderungen gerecht wird. In dieser Situation sind interaktionelle und organisationsbezogene Aspekte nicht unwichtig, sondern im Gegenteil: Sie fordern so stark heraus, dass eine persönliche Unterstützung unbedingt notwendig wird.

Frühere und aktuelle Supervisionsprozesse, ihre Inhalte und Ziele

Frau Wage unterscheidet frühere und heutige Supervisionsprozesse deutlich. Als Anlass für ihre erste Einzelsupervision, die vor über zwanzig Jahren stattfand, beschreibt sie zunächst ihre „*Übernahme der Teamleitung*", als Ziel die „*Findung der Rolle*". Bestimmend war die Erfahrung, dass es für sie in der Supervision etwas zu bearbeiten gab („*dass ich tatsächlich viele Themen hatte*"). Die „*Themen*" umfassten sowohl Fachliches als auch Persönliches: ein „*schwieriger*" Kollege, ein Team, das „*sehr eigen*" war, „*Überlastung*" und die Erfahrung eigener Grenzen. Im Rückblick auf diese Zeit fällt auf, dass sich die Wahrnehmung dieser früheren Supervisionsprozesse zum einen deutlich verändert hat und zum anderen von aktuellen stark abgehoben wird:

„Ja, es gab Zeiten, wo man Supervision einfach mal so machte, da kriegte man, och, wir machen mal eine Supervision in unserm Team, ja, machen wir mal. Man hatte gar nicht so sehr'n Thema zur Hand, sondern es ging mehr so um, ‚wir wollen mal jetzt'n bißchen was für uns tun', gar nicht so konkret. Das hat sich natürlich schon verändert, also wesentlich zielbezogener. (I: Ah ja). Oder, also, es gibt eine Fragestellung oder es gibt ein bestimmtes Thema, oder wie auch immer, oder das Team hat das und das konkrete Anliegen, Zusammenarbeit verbessern, oder so. Das finde ich schon ganz gut, denn damals war da auch die Motivation dann manchmal von abhängig, ne. Also es dümpelte manchmal viel mehr vor sich hin".

Frau Wage widerspricht mit dieser Gegenüberstellung früherer und gegenwärtiger Supervision in doppelter Weise ihren eigenen Erfahrungen: Sie zeichnet ein negativ konnotiertes Bild früherer Inanspruchnahme von Supervision als Psychohygiene ohne themenbezogenes Ziel, das ihren Erfahrungen mit solchen früheren Prozessen als gezielte, sachbezogene Form der Rollen- und Konfliktklärung deutlich entgegensteht. Und auch das Bild einer gegenwärtig stärkeren Zielbezogenheit von Fragestellungen und Themen in der Supervision steht im Gegensatz zu ihrer Beschreibung des Beginns ihrer aktuellen Supervision als Coaching in einem früheren Führungskräftetraining. Dieses Coaching war für sie *„das Intereressanteste an der Fortbildung überhaupt“*:

„Ja, weil ich das einen ausgesprochenen, wie soll man sagen, so'n Luxus fand. (I: Ja?) Da erst, als ich die Fortbildung buchte, hatte ich ja noch gar nicht im Blick, dass solche Themen auf mich zukommen könnten. Aber einfach als eine Gelegenheit, was für sich zu tun, Dinge zu sortieren, und ich finde persönlich, Themen gibt's eigentlich immer. Eigentlich. Sind nicht immer so, sag ich mal, so über allem liegend und laufen manchmal nur so mit. Aber als Chance, etwas für sich zu klären oder auch bestimmte Dinge zu bewegen, fand ich das total gut. (...)

I: Ja, also Sie könnten jetzt z.B. sagen, welche Themen waren's damals denn, die für Sie so wichtig waren?

Frau W.: Zu Beginn der Fortbildung hatte ich gar keine konkreten im Sinn, ähm, das konkretisierte sich ja, als unklarer wurde, wie, wo will ich weiter hin und wie, was kommt da jetzt an Fragestellungen, und wie will ich das machen? Und so weiter. Und da, also da hab ich gedacht, och, jetzt kommste drauf zurück, jetzt ist der richtige Zeitpunkt (für den Beginn des Coachings; G.S.)“.

Entgegen ihrer (Selbst-)Wahrnehmung steht nicht ein Ziel in Form einer konkreten Fragestellung oder eines bestimmten benennbaren Themas im Mittelpunkt ihres Klärungsbedarfs, sondern eine für sie schwer zu konkretisierende Unklarheit über eine mögliche eigene Ausrichtung in den stattfindenden organisatorischen Veränderungsprozessen. Sie erlebt das angebotene Einzelcoaching als *„Luxus“*, mit dem sie etwas *„für sich“* tun möchte, als im Prozess ihrer Fortbildung *„unklarer“* wird, was ihr Ziel ist und zeichnet damit dasselbe Bild, das sie mit früheren Zeiten der Supervision verbindet und gegenüber gegenwärtig scheinbar stärkerer Zielbezogenheit abwertet. Allerdings hat sich der Kontext verändert: Sie braucht die Supervision nicht mehr zur Rollenklärung in einem festen Rahmen, sondern um eben diesen Rahmen neu zu entwickeln und zu klären, *„wie, wo will ich weiter hin und wie, was kommt da jetzt an Fragestellungen, und wie will ich das machen?“*. Gesucht werden Bewältigungsstrategien, die es ermöglichen, sich im Kontext der neuen organisatorischen Leitlinien mitbewegen zu können und Handlungsziele zu entwickeln. Frau Wages Erleben, dass Supervision gegenwärtig *„wesentlich zielbezogener“* eingesetzt wird, während sie früher manchmal vor sich hin *„dümpelte“*, weist in diesem Zusammenhang in erster Linie auf einen im Unterschied zu früheren Prozessen sehr grundlegenden, existenzielle Fragen betreffenden Handlungs- und Klärungsdruck hin, den sie selbst erlebt.

Coaching „für die Intellektuellen" und Supervision als „Normalversion"

Nach sieben Sitzungen Coaching im Rahmen ihrer Fortbildung hat sie den Eindruck, *„das reicht aber nicht"*, denn von der zunächst zögerlichen Bewegung ist sie mit der Bewerbung um eine obere Leitungsposition nun in einen *„Strudel von Veränderungen"* geraten; das Bild des reißenden Flusses, in dem Frau Wage mitgerissen wird, entsteht erneut. Sie beantragt Supervision, weil sie preisgünstiger ist und bekommt sie. Das Coaching und die Supervision werden von derselben Supervisorin durchgeführt und die Begriffswechsel erlebt Frau Wage als reine *„Modeerscheinungen"*:

„Ja, das glaube ich. Man sagt jetzt zur Zeit besser mal Coaching, und vielleicht sagt man's in drei Jahren wieder nicht mehr. ... Ja, vielleicht hört sich das für die oberen Leitungsebenen auch besser an, ich weiß es nicht. .... Na ja, wie gesagt, meine Vermutung ist, dass es im Moment so besser genommen wird, irgendwie dann auch von den, von den Adressatinnen oder Adressaten.

I: Aber Supervision könnte ja auch Mode sein. Is es aber nich.

Frau W.: Nee, aber das is so, so die Normalversion (letztes Wort betont, etwas vorsichtig ausgesprochen), sag ich jetzt mal so, ne.

I: Von was?

Frau W.: von Begleitung und Beratung.

I: Normalversion. Und Coaching is was? Ich quäl Sie jetzt'n bißchen, weil das so spannend ist.

Frau W.: Ja, nur, nur wie ich vermute, wie die Außenwirkung ist (I: ja), is es dann mehr was für die Intellektuellen (lacht beim Aussprechen des letzten Wortes), oder ich weiß nicht, für die oberen Leitungsebenen. Dann hört sich das nicht so hausbacken an. ... Na ja, das prägt sich natürlich auch durch Fachzeitschriften, oder sonst wo. Also ich lese hauptsächlich jetzt von Coaching im Moment. Nä, auch Fortbildungskataloge bringen eher das Wort ein, finde ich".

Im Mittelpunkt steht hier die Außenwirkung der Begriffe und nicht ihr inhaltlicher Kontext. Die Favorisierung des Coachings erscheint als wenig nachhaltig, beliebig auswechselbar, als Begriffsspielerei für *„Intellektuelle"* und *„obere Leitungsebenen"*, denen aber auch Frau Wage jetzt angehört. Inhaltlich bleibt offen, warum es *„im Moment so besser genommen wird"*. Klar ist jedoch die Abgrenzung von der Supervision als *„Normalversion"* und *„hausbacken"*. Coaching erscheint dagegen auf einer männerdominierten oberen Leitungsebene als Synonym für fachliche Relevanz (belegt durch *„Fachzeitschriften"* und *„Fortbildungskataloge"*).

Für sich selbst erlebt sie beide Beratungsformen unterschiedslos (*„ich mache da immer noch dasselbe"; „mir war's egal, wie's hieß, das Kind (lacht), das war mir vollkommen egal"*) und als gezielt eingesetzte Bausteine einer selbst bestimmten beruflichen Weiterentwicklung:

„dass ich im Grunde genau weiß, was ich da will (I: Ah ja). Also ich suche ja nicht nach bestimmten Themen, die hab ich alle im Handgepäck mitgehabt von Anfang an (lacht). Und die haben sich weiter bewegt, aber, ja".

Im Rückblick werden beide Beratungsformen also nicht mehr erlebt als Instrumente, die sie in einer Phase eigener Unklarheit in Anspruch nimmt, in der sie sich zunächst ohne klares Ziel sortieren und in Grundsatzfragen neu orientieren muss, sondern es erfolgt eine Umdeutung, die den Eindruck von Plan, Durchblick und Zielorientiertheit suggeriert.

Supervision als emotionale Basis in einer Organisation im Versachlichungsprozess

Dieser strategisch-funktionalen Darstellung diametral entgegen stehen die Erfahrungen in der Supervision bzw. im Coaching, die dann als besonders wichtig und die Erwartungen noch übertreffend hervorgehoben werden:

„Ja. Einen Punkt finde ich inzwischen richtig gut, der war gar nicht so in meiner Liste vorhanden, und zwar, ähm, ist die Supervisorin ausgesprochen herzlich (I: Ja). Das kenne ich bisher gar nicht so, ich kenne eher zurückhaltend, etwas distanziert, und auf die Dinge schauend, so. Und das tut mir richtig gut manchmal, also fiebert mit bei bestimmten besonderen Terminen (lacht, etwas schamhaft), oder so, das is richtig toll. Fand ich richtig toll.

(...) I: Können Sie das sagen, warum das wichtig ist für Sie?

Frau W.: Nochmal, es ist eine vollkommen neue Erfahrung, und ähm, ja, es erreicht mich manchmal anders als, äh, also mehr so im Gefühl auch dann. Ja".

Das Herz, das sie in den Professionalisierungsprozessen in ihrer Organisation vermisst, erlebt sie in der supervisorischen Arbeit mit ihr als eine emotionale Anteilnahme der Supervisorin an ihrer beruflichen Entwicklung (*„fiebert mit"*) und hebt dies mehrmals als besonders wichtig hervor. Für sie wird im Prozess ihrer Neuorientierung gerade nicht das Intellektuelle, sondern das Emotionale, Versorgende, Parteilich-Solidarische wichtig, rückt als *„voll-*

kommen neue", gefühlsbetonte Erfahrung in den Mittelpunkt und wirkt sich positiv auf ihr Bewerbungsverfahren für die obere Leitungsposition aus:

„also da hatte ich gar nicht hindenken können vorher, sagen wir mal. Und wenn ich dann weiß, jemand denkt (letztes Wort betont) an mich in dem Moment, das finde ich, das unterstützt mich, das is schon so. Oder drückt mir die Daumen, oder was weiß ich. So, ne".

Hier zeigt sich eine große Bedürftigkeit in Bezug auf emotional versorgende Unterstützung und damit nach Supervision in einem Verständnis, das Frau Wage durch die Brille der oberen Leitungsperspektive gleichzeitig selber abwertet. Entgegen dem – durch die Favorisierung auf der oberen Leitungsebene – männlich konnotierten Coaching symbolisiert Supervision hier beziehungsorientierte Unterstützung.

Beide Aspekte, die emotionale Versorgung und die Beziehungsorientierung, rücken bereits bei der Auswahl der Supervisorin in den Vordergrund: Es muss „*unbedingt*" darauf geachtet werden, dass die „*Chemie*" stimmt, um sich „*gut aufgehoben*" fühlen und „*wirklich vertrauen*" zu können. Zur richtigen Chemie gehört auch, sich für eine Frau zu entscheiden, von der sich Frau Wage „*gerad bei dem Eintritt in so'ne Männerwelt*" eine parteiliche Unterstützung erhofft. Vor allem aber soll die Supervisorin ein Vorbild verkörpern bezüglich einer persönlich und fachlich kongruenten Haltung:

„Mir ist es eher wichtig, was hat sie gemacht an Ausbildung und Fortbildung, und wo definiert sie ihren Standpunkt. Was ist ihr wichtig, wo kuckt sie hin, was will sie verbinden, und so. Das ist mir wichtiger. ... ,mehr die Stimmigkeit des Ganzen. Also dass ich das Gefühl hab, da sitzt jemand vor mir, die das für sich klar hat und die das überzeugend darstellt, wie das für sie passt. ... Sie hat irgendeine Richtung, und wie passen nachher verschiedene Fortbildungen und Richtungen, wie passen die zusammen, und was ist ihr Ding bei der Supervision? Das wär das, worauf ich achte. ... Also, ich lasse mir natürlich den beruflichen Werdegang erzählen und die Form, also die Ausbildung oder auch Fortbildung. Aber ich könnte jetzt nicht sagen, die Ausbildung möchte ich nicht, oder das schließe ich vollkommen aus, das (...) das möchte ich, das möchte ich gar nicht, so".

Ein eigener „*Standpunkt*", die „*Stimmigkeit*" eigener Positionen, die Integration verschiedener fachlicher Schwerpunkte und ihre persönliche Passung werden neben Chemie und Geschlecht zu zentralen Auswahlkriterien der Supervisorin. Der negative Gegenhorizont wird hier markiert durch die Gespaltenheit, die Unverbundenheit, den fehlenden Standpunkt, die beliebige Flexibilität ohne bindende Überzeugungskraft. Diese Aspekte kennzeichnen Frau Wages eigene berufliche Situation, in der es darum geht, ihre berufsbiographisch gewachsenen Wertigkeiten und neue Kompetenzanforderungen zu einem eigenen, subjektiv sinnhaften beruflichen Selbstverständnis zu verknüpfen. Die Auswahlkriterien für die Supervisorin weisen insgesamt auf zentrale Fragen der Befragten hin, die jedoch in dieser grundlegenden Form nicht als konkrete Anliegen an die Supervision formuliert werden: Was verkörpere ich als Frau in einer Leitungsposition mit meinem beruflichen Werdegang in dieser Organisation? Und: Wie integriere ich meine Fortbildungen und Tätigkeiten mit verschiedenen Ausrichtungen – in Form einer Essenz – zu einer beruflichen Identität mit professionellen Positionierungen in dieser an vielen Stellen neu ausgerichteten Organisation?

Frau Wages Bedürfnisse und Wünsche an eine persönliche Begleitung und Unterstützung bei ihrem Aufstieg in eine höhere Leitungsposition werden in der Supervision voll erfüllt. Es ist ihr dadurch „*leichter gelungen, zu Entscheidungen zu kommen*“. Die „*Herzlichkeit*“ der Supervisorin stellt dabei eine zentrale emotionale Gegenerfahrung im Kontext des organisatorischen Versachlichungsprozesses dar:

„Also, ich merke einfach, dass mir das jetzt so in dieser Phase auch richtig gut tut. Weiß auch nicht, ob das, sagen wir mal, in drei Jahren immer noch von großer Bedeutung, aber jetzt ist es gut, und jetzt finde ich's einfach ne sehr wertvolle Erfahrung. (...) (Pause) Vielleicht ist es, dass es sich abhebt auch aus meinem sonstigen Umfeld, ne. Also da hab ich schon auch das Gefühl von ‚ernst gemeint‘ und wirklich ehrlich, also richtig ehrlich (letztes Wort deutlich betont) auf meiner Seite, sag ich mal so. Das is es vielleicht.

I: Und was ist das, was sich davon abhebt im Umfeld?

Frau W.: Ja, das ist jetzt vielleicht noch mal wieder der, dieses Thema „Eintritt in eine Männerwelt“. Das hat einen hohen Aufmerksamkeitsgrad im Moment, aber ich weiß oft nicht, was bewegt denn die Menschen? Wollen sie wirklich Frauen an, in höheren Leitungsstellen sehen, tatsächlich? Also was ist eigentlich? Ich weiß es nicht, ich weiß nicht. Ich bin sehr vorsichtig und kucke mir das im Moment an. Ich hab dermaßen oft am Anfang dieses Jahres viel Erfolg (betont) gewünscht bekommen und wußte immer nicht, wofür, und was genau? Ne, sowas. Also, ich bin eher'n bißchen irritiert, will ich damit sagen. (...) Ob mir alle wirklich Gutes wünschen. Und bei ihr glaub ich das“.

Die Beschreibungen legen einen kontrastiven Vergleich nahe, in dessen Zentrum die jeweilige Beziehungsqualität steht: In der Supervision erlebt sie eine weiblich konnotierte, vertrauensbasierte Arbeitsform („*ernst gemeint*“ und „*wirklich ehrlich*“), die eine entscheidende Grundlage für die Bewältigung von Unsicherheit darstellt. Dagegen steht ihr „*Eintritt in eine Männerwelt*“ als fremde Welt, in der sie Interessenshintergründe und Handlungsmotive nicht durchschaut. Das proklamierte Organisationsziel, mehr Frauen in obere Leitungsfunktionen zu bringen, erscheint ihr zweifelhaft (ebenso wie das ihr dazu gewünschte Gute), sie stellt dessen Glaubhaftigkeit (Ernst und Ehrlichkeit) in Frage und ist deshalb „*sehr vorsichtig*“. Durch diese Gegenüberstellung wird nahegelegt, es könnte bei der aktiven Aufnahme dieses Programms eher um die (mediale) Wirkung („*hoher Aufmerksamkeitsgrad*") nach außen gehen als um einen tatsächlichen Machtzuwachs von einzelnen Frauen und ihre stärkere Integration in Führungspositionen. Diese Phantasien verdeutlichen Frau Wages ungeklärte Position in der Organisation, es geht für sie weiterhin um existentielle Fragen. Von außen betrachtet steht sie jedoch momentan im Begriff, im Kontext der Organisation Karriere zu machen.

Welche Ergebnisse lassen sich nun aus der Einzelfallanalyse in Bezug auf die diesem Text zu Grunde liegenden zentralen Fragen festhalten, die lauteten: Welche Lernanforderungen entstehen für SupervisandInnen und welche Bedürfnisse entwickeln sie im Rahmen der Markt- und Wettbewerbsorientierung sozialer Organisationen? Und wie kommen diese Anforderungen und Bedürfnisse in der Supervision zum Tragen?

4. Supervision – eine inszenierte Gemeinschaft?

Vor dem Hintergrund der Fallrekonstruktion entsteht in Bezug auf die Bedeutung von Supervision im Kontext von Ökonomisierungsprozessen im Sozialwesen – hier konkret in einer großen diakonischen Organisation – das Bild einer antizyklischen Bewegung: Während sie in der traditionellen Organisationsform einer festen Wertegemeinschaft faktisch zur Stärkung von Fach- und Rollenkompetenz genutzt wurde und damit tendenziell eine Versachlichungsfunktion einnahm, bekommt sie im Kontext der stattfindenden Ökonomisierungsprozesse eine entgegengesetzte Funktion. Sie wird als ein Gegengewicht zur neuen, stärker rationalitätsorientierten Handlungslogik der Organisation erfahren und so zu einer vorrangig emotionalen Stütze, die dazu beiträgt, die Handlungsfähigkeit in veränderten Rahmenbedingungen zu erhalten. In diesem Prozess individueller beruflicher Unsicherheit und Veränderung ist die Erfahrung besonders bedeutsam, in der Supervision als Subjekt wahrgenommen und in einer emotional authentischen und solidarisch-akzeptierenden Weise behandelt und verstanden zu werden. Im Rahmen dieser Erfahrung auf der Beziehungsebene richtet sich ein thematischer Anspruch an die Supervision vorrangig darauf, im schnellen Tempo organisatorischer Umstrukturierungen zielbezogene Ergebnisse zu produzieren, die direkt anwendungs- bzw. „gebrauchs"fähig sind (z.B. in Bezug auf den Bewerbungsprozess). Dagegen ist der auf der Beziehungsebene sichtbar werdende Bedarf an emotional versorgender Unterstützung und Orientierungshilfe mit dem Begriff der Zielorientierung nicht zu fassen. Dieser Bedarf und die damit verbundenen Unsicherheiten und Zweifel sind existentieller Art, sie werden jedoch gleichzeitig in dem Bemühen darum abgewertet, den neuen organisatorischen Leitlinien der Zweckrationalität offen, kompetent und flexibel zu begegnen, um den Anschluss nicht zu verlieren. Demgegenüber wird ein stärkerer thematischer Zielbezug als positive Entwicklung in der Supervision, die dem Coaching angeglichen ist, deutlich hervorgehoben. So wird eine beziehungsorientierte Supervision gleichzeitig besonders geschätzt und findet als Bestandteil professioneller Supervision keine Erwähnung.

Dieser Bruch zwischen einer gezielt erarbeiteten, anwendungsfähigen Ergebnisproduktion in der Supervision auf der einen Seite und einer besonders geschätzten authentischen, emotional-solidarischen Beziehung zur Supervisorin auf der anderen Seite verweist auf einen im Verlauf der organisatorischen Umstrukturierungsprozesse entstehenden Widerspruch zwischen „funktionellem Reduktionismus“ und dem Verlangen nach „mehr Mensch“ (Heintel 2000, 50f.): Einerseits verstärkt

> „die Verschärfung des Wettbewerbs im ökonomischen System (...) den funktionellen Reduktionismus, vor allem weil Zeit und Effizienz besondere Bedeutung gewinnen – man soll immer rascher und pausenlos auf seinem Gebiet tätig sein. Arbeitslosigkeit begleitet als Gespenst die gesamte Arbeitswelt. Die Organisation garantiert nicht länger den Arbeitsplatz, das individuelle Überleben. Sie agiert nur noch eingeschränkt loyal, bietet immer weniger Existenzsicherung und emotionelle Heimat, auch der Umgang miteinander wird flüchtiger und rauher“ (ebd.).

Andererseits hat diese Reduktion deutliche Grenzen: „Man braucht ‚mehr Mensch‘ – so zum Beispiel den risikofreudigen Unternehmer vor Ort, der verantwortlich, teamfähig, kooperativ, vielleicht sogar ‚visionär‘ ist, jedenfalls aber kundenorientiert seine Geschäfte wahrnimmt und dazu auch noch seine Mitarbeiter zu motivieren weiß“ (ebd., 51). Dieser Widerspruch kommt in der Fallrekonstruktion als Leerstelle zwischen bisher sinnstiftenden alten Fundamenten traditioneller Gemeinschaft und neuen Organisationsstrukturen zum Ausdruck, zu denen diese alten Fundamente nicht mehr passen, neue aber bisher nicht entwickelt wurden.

Die neuen Leitlinien zweckrationaler Handlungsmuster in sozialen Organisationen bringen Kompetenzanforderungen (nicht nur) an Führungskräfte mit sich, die den strukturellen Widerspruch zwischen „funktionellem Reduktionismus“ und „mehr Mensch“ auf der individuellen Handlungsebene fortsetzen. Die Beschäftigten müssen die neuen Leitlinien der Effizienz und Effektivität mittragen, und zwar in zweifacher Weise: Sie müssen sie zielorientiert in eigenständiger Weise durchsetzen und dabei gleichzeitig – gemeinschaftlich orientiert – Gestaltungsräume entwickeln, die es allen Beteiligten, auch ihnen selbst, erlauben, im Arbeitsalltag zwischen alten und neuen Strukturen eine neue individuelle Orientierung zu finden. Damit wird eine Handlungskompetenz gefordert, die nicht nur formalen Standards in Bezug auf Fachwissen genügt, sondern die auch eine moralische Fähigkeit beinhaltet, die eigene Identität in einer sich wandelnden Organisation weiter zu entwickeln (Flösser/Otto 2002, 46; Voß/Pongratz 1998, 154f.). Diese Kompetenzen haben Führungskräfte, die in einer vormals traditionellen Organisationsform fester Wertegemeinschaften mit ihren patriarchal-hierarchischen Strukturen tätig sind, zum einen nicht gelernt. Zum anderen werden sie ihnen mit den neuen zweckrationalen Steuerungsinstrumenten nicht vermittelt.[10] Widersprüchliche Anforderungen der beschriebenen Art machen eine „adäquate Ausbalancierung" innerhalb der Organisation notwendig, „dafür aber braucht man Zeit, Raum und eine Reduktion des alltäglichen Drucks und der vordergründigen Effizienzanforderungen. Keinesfalls brauchbar hingegen ist die latente Angst um den Arbeitsplatz" (Heintel 2000, 51). Eine solche latente Angst um den Arbeitsplatz bildet – wie der vorliegende Fall zeigt – eine wesentliche Grundlage für eine einseitige Anpassung an neue Leitbilder und Beurteilungsmaßstäbe der Organisationsleitung. Sie lassen keine Zeit für eine innere Verarbeitung der Veränderungen im Sinne der Entwicklung einer eigenen Orientierung darin und führen so dazu, dass traditionelle Gemeinschaftserfahrungen idealisiert werden, weil in ihnen Sicherheit zu liegen scheint.

Die Supervision wird vor diesem Hintergrund zu einer bündischen Form der Beziehungsgestaltung.[11] Das heißt: Zwischen die auf der Organisationsebene an Bedeutung verlierende traditionelle Gemeinschaftskultur und die verstärkte Orientierung am gesellschaftlichen Beziehungsmodus der rational kalkulierten Zweck- und Kostenbezogenheit tritt die Supervision im Modus einer inszenierten emotional-solidarischen Beziehung. Sie drückt den Bedarf nach neuen gemeinschaftsbildenden Prozessen aus.[12] Mit diesem Beziehungsmodus, den Puch als „inszenierte Gemeinschaft" bezeichnet (Puch 1991), wird davon ausgegangen, dass es sich bei der Unterscheidung von Gemeinschaft und Gesellschaft (Tönnies 1991, 4ff.) nicht um ein Gegensatzpaar handelt, sondern um analytische Begriffe, die „die jeweiligen Endpunkte auf einer Skala abgestufter Beziehungsformen" bilden (Puch 1991, 17). Gemeinschaft stellt dabei den Pol dar, an dem die Mitglieder durch Authentizität, Vertrauen, Emotionalität, Geborgenheit, Freundschaft, Liebe und Solidarität wesentlich verbunden sind, und zwar in drei möglichen Arten: durch Blut (Verwandtschaft), Ort (Nachbarschaft) oder Geist (Freundschaft) (Tönnies 1991, 12ff.). Gesellschaft als Gegenpol ist gekennzeichnet durch Beziehungen zwischen Menschen, „die nicht wesentlich verbunden, sondern wesentlich getrennt sind" und die sich durch Leistung und „Gegenleistung" definieren (ebd., 34). Puch beschreibt mit dem Begriff „inszenierte Gemeinschaft"

---

10 zur Bedeutung sozialer und emotionaler Kompetenzen für die Ausbildung von Führungskräften vgl. auch Müller 2003, 61ff.

11 zur Unterscheidung von Gemeinschaft, Gesellschaft und Bund, vgl. Buer 1998

12 Auf eine notwendige Auseinandersetzung mit diesem Bedarf im Kontext der Jugendhilfe hat jüngst Böllert hingewiesen (vgl. Böllert 2003).

lebensweltlich organisierte soziale Beziehungsmuster wie Selbsthilfegruppen, die vor dem Hintergrund gesellschaftlicher Rationalisierungs-, Individualisierungs- und Pluralisierungsprozesse als „künstlich geschaffene soziale Gruppen" entstehen (Puch 1991, 12) Sie sind „sowohl gefühlsmäßig als auch rational, personen- als auch rollenzentriert, spontan als auch geplant, ganzheitlich als auch spezifisch strukturiert" und enthalten deshalb sowohl gemeinschaftliche als auch gesellschaftliche Anteile (ebd., 13). Diese Beziehungsmuster übernehmen in gesellschaftlichen Wandlungsprozessen eine Integrationsfunktion:

> „Sie vermitteln individuelle Stabilität und Orientierung in einer pluralisierten Gesellschaft; sie können ein Ort der Geborgenheit sein in einer zunehmend rationaler und anonymer werdenden Welt; sie geben Hilfestellung in biographischen Umbruchsituationen und leisten damit Unterstützung bei der Identitätsarbeit; sie bieten letztlich konkrete Hilfe bei nicht mehr individuell oder im privaten sozialen Netzwerk zu lösenden sozialen Problemen" (ebd.).

Supervision hat in dem hier zu Grunde liegenden Fallbeispiel als „inszenierte Gemeinschaft" eine zweifache Funktion: Zum einen trägt sie dazu bei, Orientierungshilfe und Unterstützung in der organisatorischen Umbruchsituationen zu geben und damit den Rationalitäts- und Effektivitätsanforderungen der neuen Leitlinien nachzukommen. Damit fördert sie eine Balancierung zwischen berufsbiographisch entwickelten „Sinnkonzepten" im Kontext des eigenen Tätigkeitsfeldes auf der einen Seite und notwendiger Kompetenzerweiterung im Zuge der beschriebenen Ökonomisierungsprozesse auf der anderen Seite soweit, dass eine Entscheidungs- und Handlungsfähigkeit bezüglich eigener beruflicher Perspektiven in den neuen Strukturen punktuell erhalten bleibt. Zum anderen wird sie auf der Beziehungsebene zum emotionalen Haltepunkt, bei dem gemeinschaftliche Kriterien der Authentizität, Emotionalität und des Vertrauens im Mittelpunkt stehen. Als ein solcher emotionaler Haltepunkt oder „Außenhalt" kompensiert sie „auch die Angst vor Zugehörigkeitsverlust und verschleier(t) im Ernstfall die funktionale Brutalität" (Heintel 2000, 51). In der Organisation funktionieren frühere sinngebende Arbeitsgrundsätze nicht mehr als „Identitätsmuster" (ebd.), denn die vormals einheitliche Unternehmenskultur wurde abgelöst durch eine zielorientierte und damit vielgestaltige, flexible Kultur. Die neue Kultur wird zwar noch von einer Gemeinschafts-Vision getragen, diese muss aber notwendig abstrakt bleiben, um bedarfsgerecht ausgestaltet werden zu können. In den als „Strudel" erlebten Veränderungen wird die emotional verlässliche Beziehungsgestaltung in der Supervision zur besonders betonten Qualität an sich.

Angesichts dieser Anforderungen und Bedürfnisse, die in der Supervision zum Tragen kommen, wird deutlich, dass professionelle Kompetenzentwicklung im Kontext der Ökonomisierungsprozesse – zumindest in dieser Organisation des Sozial- und Gesundheitswesens – in einem Spannungsfeld stattfindet, und zwar zwischen den Polen, neue Leitbilder im Interesse der Organisation umzusetzen und der Notwendigkeit, in diesen neuen Strukturen eine individuell sinnvolle Orientierung zu finden. Dieses Spannunsfeld konstituiert sich nicht nur zwischen Organisation und Individuum, sondern auch als „dialektische Bewegung innerhalb der Person" (vgl. dazu auch Pongratz/Voß 2003, 224). Während die Integration neuer Leitbilder unter dem „Druck der Verhältnisse" möglichst reibungslos und schnell gehen soll, braucht die Entwicklung individueller Sinnstrukturen Zeit und kann nur in einem emotional verlässlichen Rahmen stattfinden. Fähigkeiten zum Umgang mit komplexen, unsicheren und zukunftsoffenen Situationen und zur Gestaltung von Übergängen lassen sich nur immer wieder neu über die Reflexion des eigenen Handlungswissens und seine prozessbezogene Weiterentwicklung ausbilden. Ökonomisierungsprozesse im Sozialwesen, wie sie im vorgestellten Fallbeispiel als veränderte Leitbilder eines diakonischen Unternehmens sichtbar werden, führen verstärkt zu solchen Anforderungen, deren Bewältigung eine selbstgesteuerte „engere Koppelung von Lernen und Arbeiten" notwendig machen (Orthey 2002, 9). Gebraucht werden reflexionsfähige und „über sich aufgeklärte Individuen und Gruppen" (Heintel 2000, 51), die „Fehlentwicklungstendenzen professionellen Handelns" entgegen steuern können (Schütze 1984, 329). Solche Tendenzen sind – wie das Fallbeispiel zeigt – besonders dann zu befürchten, wenn Professionelle auf Grund eigener Existenzängste immer stärker zu Ausführungsorganen der neuen Leitbilder und ihrer Definitionsmacht werden und sich damit gleichzeitig immer weiter von einem eigenen professionellen Selbstverständnis und von der Bedarfslage ihres Klientels entfernen. Supervision, angefragt als bündische Beziehungsform, macht die genannten Spannungsfelder zwischen den organisatorischen Leitlinien und den für die Entwicklung einzelner Menschen unverzichtbaren emotionalen Beziehungen solidarischer Wertschätzung sichtbar (vgl. Honneth 1998) und trägt dazu bei, sie aufrecht zu erhalten, statt sie einseitig aufzulösen.

Diese Spannungsfelder aufrecht zu erhalten kann mit Supervision jedoch auf Dauer nur dann gelingen, wenn sie nicht selbst zum Kompensationsinstrument für definitionsmächtige Ökonomisierungsprozesse und damit ebenfalls ökonomisiert wird. Um dieser – aus existentiellen Gründen naheliegenden – Tendenz entgegen zu wirken, erscheint es mir entscheidend, mit professioneller Distanz (und damit ohne idealistische Überhöhung) die klassische, den kritischen Zweifel stärkende Reflexions- und Aufklärungsfunktion von Supervision neu zu stärken und sie nicht nur in Bezug auf ihr Klientel, sondern auch auf die Entwicklung der eigenen Disziplin anzuwenden. Eine solche Gegenbewegung zum aktuellen mainstream in der Supervision, dem „Druck der Verhältnisse" lerneifrig nachzukommen, setzt ein Lernverständnis bei SupervisorInnen voraus, das nicht nur zielgerichtetes Planen und Steuern unterstützt, sondern auch eine individuelle Kompetenzentwicklung fördern will, die freie Potentiale entgegen einer reinen Verwertungslogik eröffnet. Erst damit wird es möglich, eigenständiges und verantwortliches Handeln zu entwickeln, das eine entscheidende Grundlage für die dynamische Balancierung individueller fachlich-inhaltlicher Arbeitsorientierungen und neuer organisatorischer Anforderungen bildet und damit auch für die fachlich-ethische Qualität sozialer Dienstleistungen.

Zu dieser Kompetenzentwicklung gehören gelebte Konflikte und ihre Reflexion. Mit Sennett wird hier davon ausgegangen, dass nicht das oberflächliche Proklamieren gemeinsam geteilter Werte eine Gemeinschaft begründet, sondern im Gegenteil die Anerkennung von Differenzen und der Prozess ihrer gemeinschaftlichen Verarbeitung: „Der Schauplatz des Konflikts wird in dem Sinne zu einer Gemeinschaft, als die Beteiligten es lernen, einander zuzuhören und aufeinander einzugehen, obwohl sie ihre Differenzen sogar noch deutlicher empfinden“ (Sennett 1998, 197). Damit wird eine entscheidende Grundlage sowohl für eine verstärkte Eigenverantwortung in veränderten Arbeitsverhältnissen als auch für posttraditionale gemeinschaftsbildende Prozesse geschaffen. Dies ist jedoch eine Aufgabe, die angesichts des grundlegenden, markt- und wettbewerbsorientierten Umbaus des Systems öffentlicher Dienstleistungen an SupervisorInnen hohe Ansprüche stellt, denn: „Eine distanzierende, in Frage stellende Position, die versucht, Grundmuster und Grundannahmen zu identifizieren und zu thematisieren, wird angesichts der allseits geförderten Lerneuphorien eher abgewehrt. Ein Diskurs, der dies zulässt bzw. ermöglicht, fehlt“ (Orthey 2002, 13). Legt man das Fallbeispiel zu Grunde, deckt sich an dieser Stelle die aktuelle Situation der SupervisorInnen mit derjenigen ihrer SupervisandInnen.

Literatur

Badelt, Christoph (2002): Zielsetzungen und Inhalte des ‚Handbuchs der Nonprofit Organisation‘. In: Badelt, Christoph (Hg.): Handbuch der Nonprofit Organisation. Strukturen und Management. 3. Aufl., Stuttgart, 3-18 (1. Aulf. 1996)

Böllert, Karin (2003): Soziale Arbeit zwischen kommunitaristischer Vereinnahmung und den Herausforderungen der Dienstleistungsgesellschaft. In: Olk, Thomas, Otto, Hans-Uwe (Hg.): Soziale Arbeit als Dienstleistung. München, 90-114.

Bohnsack, Ralf (2000): Rekonstruktive Sozialforschung. Einführung in Methodologie und Praxis qualitativer Forschung. 4. Aufl., Opladen.

Buer, Ferdinand (1998): Typische Handlungsmuster in Arbeitsorganisationen. Eine soziologisch-soziodramatische Interpretaionsfolie für die Supervision. In: OSC 3, 239-262.

Flösser, Gaby, Otto, Hans-Uwe (2003): Dienstleistung für die Dienstleister: Kontextsteuerung für professionelles Handeln in den sozialen Diensten. In: Olk, Thomas, Otto, Hans-Uwe (Hg.): Soziale Arbeit als Dienstleistung. München, 45-66.

Grunwald, Klaus, Greulich, P., Reinbold, B., Schulze-Böing, M. (1997): Sozialmanagement. Dienstleistung zwischen Betriebswirtschaft und Sozialer Arbeit. In: Müller, S.,

Reinl, H. (Hg.): Soziale Arbeit in der Konkurrenzgesellschaft. Beiträge zur Neugestaltung des Sozialen. Verhandlungen des 2. Bundeskongresses Soziale Arbeit. Neuwied, 352-362.

Heintel, Peter (2000): Reflexionen zum Thema Massen und faschistoide Phänomene und zur Organisation in Großgruppen. In: Königswieser, Roswita, Keil, Marion (Hg.): Das Feuer großer Gruppen. Konzepte, Designs, Praxisbeispiele für Großveranstaltungen. Stuttgart, 45-61.

Honneth, Axel (1998): Kampf um Anerkennung. 2. Aufl., Frankfurt a.M.

Merchel, Joachim (1996): Sozialmanagement. Problembewältigung mit Placebo-Effekt oder Strategie zur Reorganisation der Wohlfahrtsverbände? In: Rauschenbach, Thomas, Sachße, Christoph, Olk, Thomas (Hg.): Von der Wertgemeinschaft zum Dienstleistungsunternehmen. Frankfurt a.M., 297-320.

Müller, Fred (2003): Moderne Steuerungsinstrumente reichen nicht aus – erfolgreiche Führungskräfte müssen mehr soziale Kompetenzen erwerben. In: Supervision 3, 54-65.

Olk, Thomas, Otto, Hans-Uwe, Backhaus-Maul, Holger (2003): Soziale Arbeit als Dienstleistung – Zur analytischen und empirischen Leistungsfähigkeit eines theoretischen Konzepts. In: Olk, Thomas, Otto, Hans-Uwe (Hg.): Soziale Arbeit als Dienstleistung. München, IX-LXXII.

Orthey, Michael (2002): Der Trend zur Kompetenz – Begriffsentwicklung und Perspektiven. In: Supervision 1, 7-14.

Pongratz, Hans J., Voß, G. Günter (2003): Arbeitskraftunternehmer. Erwerbsorientierungen in entgrenzten Arbeitsformen. Berlin.

Puch, Hans-Joachim (1991): Inszenierte Gemeinschaften – Gruppenangebote in der Moderne. In: neue praxis 1, 12-25.

Schütze, Fritz (1984): Professionelles Handeln, wissenschaftliche Forschung und Supervision. Versuch einer systematischen Überlegung. In: Lippenmeier, Norbert (Hg.): Beiträge zur Supervision. Arbeitskonferenz Theorie der Supervision. Kassel, 275-454.

Sennett, Richard (1998): Der flexible Mensch. Berlin.

Siller, Gertrud (2002): Supervision aus der Perspektive der Nachfragenden – Forschungsprojekt zu Motiven für Supervision und supervisorischen Lernfelden im Wandel. In: Forum Supervision, 83-95.

Speck, Otto (1999): Die Ökonomisierung sozialer Qualität. Zur Qualitätsdiskussion in Behindertenhilfe und Sozialer Arbeit. München, Basel.

Tönnies, Ferdinand (1991): Gemeinschaft und Gesellschaft. 3. Aufl., Darmstadt.

Katharina Gröning

Institutionelle Modernisierung und die flexible Supervision

In seiner Habilitationsschrift zur Gruppensupervision reflektiert Adrian Gaertner das theoretische Selbstverständnis der Supervision, seit sie in Deutschland Ende der 1950er Jahre bekannt geworden ist (Gaertner 1999). Dabei beschreibt er die erste Phase der Etablierung der Supervision in Deutschland als vom beruflichen Laufbahngedanken und von der Vorstellung einer professionellen Autorität geprägt: Supervision als Hilfestellung zur Erlangung beruflicher Reife, als permanente Reflexion im Dialog mit einer fachlichen und professionellen Autorität. „Reife" ist dabei konzipiert als Summe verschiedener professioneller und moralischer Tugenden, wie Einfühlungsvermögen und Hilfsbereitschaft, Verantwortung, Entscheidungsfreudigkeit, Geduld und Vorurteilsfreiheit. Diesem Modell der Supervision wohnt implizit die Vorstellung permanent geistiger und seelischer Führung der Professionellen durch die Klasse von Supervisorinnen und Supervisoren inne, wodurch das Arbeitsleben zur Abstammungslinie, zur scheinbar natürlichen Abfolge von Generationen wird. Die nächste Generation kann nach diesem Modell in dem Maße selbst entscheiden und handeln, in dem sie die Regel der Vorgängergeneration verinnerlicht hat – für die sich international öffnende und modernisierende westliche Gesellschaft kein erfolgversprechendes Modell. Schon aus reinen Modernisierungsgründen musste dieses patriarchalische Konzept der Supervision scheitern. Eigentümlicherweise ist dieses Modell, so Gaertner, aber weder an der politischen Dekonstruktion in den 1970er Jahren noch an der ökonomischen Modernisierung zugrunde gegangen, sondern an einem höchst eigentümlichen kulturellen Phänomen. Die Supervision geriet in den Sog des Psychobooms, eine die Intellektuellen der Bundesrepublik zunehmend prägende Kultur. Im Gegensatz zur politisch geprägten Generation der 68er wird der Psychoboom der 1970er Jahre als Rückzug von der Politik in die Psychologie, in die Innerlichkeit bewertet. Die politische Auseinandersetzung mit der Generation der Väter, mit der Adenauer-Republik und mit der Entwicklung der Bundesrepublik zerbrach unter dem Einfluss zunehmender Radikalisierung, insbesondere unter dem Einfluss des Terrorismus. Suche nach Spiritualität, mehr Kulturkritik als Gesellschaftskritik, vor allem aber die Geschlechterfrage und der Feminismus – das Private ist politisch – traten an seine Stelle. Gleichzeitig formulierte sich die seit Mitte der 1970er Jahre abzeichnende ökologische Frage und das „Nord-Süd-Problem" wiederum oft als spirituelle Suche. Erst den Grünen sollte es zu Beginn der 1980er Jahre gelingen, diese Strömungen in eine Partei zu überführen.

Gaertner skizziert die Konsequenzen dieser Entwicklung der 1970er Generation in eine Kultur des Psychologischen deutlich. Eine Generation, die seiner Ansicht nach die Botschaft der politischen Aufklärung und der Psychoanalyse weder ausgehalten hat noch transformieren konnte. Die Angst vor dem Negativen der Mündigkeit, die relative gesellschaftliche Isolation als politisch „Linke", die Askese als Anforderung an die Intellektuellen war offensichtlich zu wenig attraktiv. Statt dessen trat die 1970er Generation eine Flucht in eine kindliche Haltung an, die sich in der Psycho-Kultur ihren symbolischen Ausdruck verschaffte: „All you need is love." Gleichzeitig – und dies ist das eigentliche Ziel von Gaertners Kritik – verbirgt sich im juvenilen Habitus der Post68er-Generation des Psychobooms vor allem Narzissmus und ein eigentümlicher Wille zur Macht, wobei die Machttechnik eine individualisierende und psychologisierende ist. Das hat den Vorteil, dass sie sich dem Diskurs verschließen kann. Wie schrieb Fritz Perls in seinem berühmten „Gebet": „Ich bin ich und du bist du. Ich gehe meinen Weg und du gehst deinen Weg etc. etc." Für Gaertner ist es diese Kultur, welche die Reformulierung der Supervision als reflexive Institution misslingen lässt.

1. Die Institutionalisierung der Supervision – Ökonomie und Psychologie in den 1980er Jahren

Adrian Gaertners Reflexion der 1970er Jahre schließt mit einer Kritik über das mangelnde historisch-kritische Bewusstsein der Supervision, welches zum Einfallstor für eine Mainstreaming-Supervision geworden sei, die sich an den jeweiligen Psychotrends orientiert habe. Bereits in der Pilotphase ließe sich eine Verdrängung der Geschichte nachweisen. Supervision sei als geschichtslose Praxis institutionalisiert worden, mit der Konsequenz eines ich-psychologisch verkürzten Methodenverständnisses. Mit dieser Reflexion der 1970er Jahre und der Kritik am Psychoboom endet Gaertners gesellschaftliche Kontextualisierung der Supervision. Die Habilitation wendet sich dem Setting der Gruppensupervision zu. Wesentlich an Gaertners Argumentation ist, dass eine politische Entkernung der Supervision bereits in ihren Anfängen nachzuweisen ist – mit weitreichenden Folgen für die Professionalisierung. Gleichwohl kann Gaertners Kritik an der Supervision nicht ohne Bezug auf seine ideengeschichtlichen Voraussetzungen diskutiert werden. Sein

Standpunkt ist durchweg der Kritischen Theorie verpflichtet. Mündigkeit, Emanzipation und psychoanalytische Reflexion sowohl der Gesellschaft als auch des Selbst haben in Gaertners Argumentation einen hohen Stellenwert. Den Intellektuellen, und die Supervisoren und Supervisorinnen sind dazu zu zählen, wird im Kontext der Kritischen Theorie ein wichtiger Ort und eine hohe Verantwortung für die Gesellschaft und ihre Entwicklung zugewiesen.

In Weiterführung von Gaertners professionskritischer Argumentation ließe sich sagen, dass die Institutionalisierung der Supervision als vorwiegend individualisierende psychologische Praxis in den 1980er Jahren weiter vorangeschritten ist und sich nach der Auseinandersetzung über die Inhalte und das methodische Instrumentarium vor allem der institutionellen Stellung des Supervisors und damit den unmittelbaren Professionsinteressen zugewandt hat. Die Idee vom Supervisor als Unternehmer wurde geboren und die Marktöffnung der Supervision professionspolitisch durchgesetzt. In diese Phase der Konzeptualisierung von Supervision als Markt und Unternehmen fällt auch die Gründung der Deutschen Gesellschaft für Supervision

Zwei Gründe haben das Leitbild der Supervision als Markt und Unternehmen gefördert: zum ersten die Idee der politischen und institutionellen Unabhängigkeit des Supervisors, zum zweiten ökonomische Überlegungen. Die enorme Expansion der Supervisionsausbildungen seit der zweiten Hälfte der 1980er Jahre verlangte Antworten auf die Verwertbarkeit einer nicht-therapeutischen Beratungsausbildung. Das Leitbild des Supervisors als eines freien Unternehmers gab Antworten auf die Frage, wo man mit dieser Ausbildung eine Anstellung finden würde und welches Gehalt man fordern könne. Im Kontext des Modells vom Supervisor als freiem Unternehmer entfaltet sich dann auch sukzessiv jenes Konzept von Supervision, welches bis in die 1990er Jahre handlungsleitend geworden ist: das Modell des Dreieckskontraktes. Der Supervisor schließt mit Supervisanden und Institution gleichermaßen einen Kontrakt. Mit der zunehmenden Ökonomisierung der Supervision ist aber nun das Konzept des Dreieckskontraktes mit seinen Inhalten der Vertraulichkeit, der Abstinenz und der gegenseitigen Loyalität zunehmend unter Druck geraten. Die Ethik des Dreieckskontraktes, die auch innerhalb der Organisation einen reflexiven, demokratischen und von Verwertungsinteressen relativ freien Raum voraussetzt, wurde zunehmend zugunsten ökonomischer Kriterien aufgelöst. Den Leitungen wird das Recht zugestanden auch über die innere Realität ihrer Mitarbeiter, über Denkweisen und Überzeugungen zu verfügen und diese zu kontrollieren.

Insbesondere mit ihrer zunehmenden Verankerung in der Wirtschaft entwickelte sich die Supervision zum Instrument der Personalentwicklung, wodurch sie als „Institution angewandter Aufklärung“ auch formal endete. Seit dieser Zeit wird Supervision konfrontiert mit der professionsethischen Problematik, die sich auf die Formel bringen lässt: „Tu dem dir Anvertrauten nichts Schlechtes“, und dies ist nun das eigentliche Dilemma moderner Supervision.

2. Supervision und die ethische Frage

Thomas Olk reflektierte in seiner Dissertationsschrift verschiedene Ansätze zur Professionssoziologie und arbeitete für die Professionen folgende Machtkriterien heraus (Olk 1986): Professionsprojekte sind zum ersten kollektive Aufstiegsprojekte. Semiprofessionelle Gruppen, insbesondere Sozialarbeiter und Lehrer, Erzieher, Krankenschwestern streben mittels Zusatzqualifikationen in einen professionellen Status. Für die Supervision ließe sich hierzu konstatieren, dass vor allem Nicht-Therapeuten mittels dieser nicht-therapeutischen Supervisionsausbildung in einen therapeutenähnlichen, d.h. voll professionellen Status gelangt sind, bezogen auf die zu zahlenden Honorare und bezogen auf die professionelle Unabhängigkeit. Die Konflikte haben entsprechend lange zwischen den Berufsverbänden der Psychologen und der Deutschen Gesellschaft für Supervision bzw. den Ausbildungsinstitutionen stattgefunden.

Zum zweiten skizziert Olk das Professionsprojekt als Projekt der sozialen Schließung. Nur anerkannt Ausgebildete dürfen teilhaben. Über die Ausbildung wacht kammerähnlich ein Berufsverband. Dieser legt den Rahmen für die Honorare fest, definiert die Probleme, die durch die Profession zu bearbeiten sind und legt den Umfang der zu bearbeitenden Probleme gesellschaftlich fest sowie die Wege, mittels derer die definierten Bedarfe zu befriedigen sind. Im Gegenzug verpflichten sich die Mitglieder der Profession zum berufsethischen Handeln, das heißt, sie verpflichten sich auf das Allgemeinwohl (mehr Gesundheit, mehr Recht etc.). Gegenüber den Klienten gilt die Minimalethik: Das bedeutet Vertraulichkeit, die Bereitschaft, sich mit seiner Kunst ganz in den Dienst dieses einen Klienten zu stellen und vor allem Schaden vom Klienten abzuwenden. Wie gesagt: „Tu dem dir Anvertrauten nichts Schlechtes.“ Damit handeln Professionelle nicht nur zum Wohl ihrer Klienten, sondern immer auch im Sinne des Gemeinwohls. Sie schaffen mehr Wohlfahrt, mehr Sicherheit, mehr Gesundheit, mehr Recht oder – in Bezug auf die Supervision – mehr alltägliche Demokratie durch Reflexion beruflicher Konflikte und die Entwicklung fairer Lösungen. Dies alles ist in professionsethischen Regeln aufgehoben.

Je mehr die Supervision jedoch zum Instrument gesellschaftlicher Modernisierung wird und sich als eine Funktion des Managements entwickelt hat, desto weniger sind diese professionsethischen Kriterien zu erfüllen. Als Technik individualisierender Macht („... und welchen Anteil haben Sie an dem Konflikt?“), mit ihrer Pflicht zur Wahrheit („Wenn ich Ihnen helfen soll, dann dürfen sie keinen zweiten Vorhang vor den ersten ziehen“) kann Supervision ihre Legitimation nur im professionsethischen Kontext des Dreieckskontraktes und unter dem Label der Vertrauensbeziehung zum Klienten behalten. Wird sie ökonomisch einvernommen und zur Funktion des Managements, verkehren sich ihre förderlichen, aufklärenden und reflexiven

Potentiale ins Gegenteil. Zur ethischen Frage der Supervision gehört gleichzeitig die Reflexion ihrer theoretischen Bezüge. Die Mehrheit der Supervisoren und Supervisorinnen scheint mit der theoretischen Frage pragmatisch umzugehen. Zum einen ist man geprägt vom jeweiligen Ausbildungsinstitut, d.h. dessen theoretischer Ausrichtung, zum anderen von den Fachzeitschriften und Weiterbildungen. Mehrheitlich ist davon auszugehen, dass nur wenige Supervisoren systematisch theoretisch lesen. Diskursiv bedeutend sind heute im Feld der Supervision organisationspsychologische und systemische Ansätze, insbesondere zur Organisationsberatung und -entwicklung. Daneben spielen zunehmend wieder psychoanalytische Auffassungen zur Organisationsberatung eine Rolle. Weniger wichtig scheinen soziologische oder arbeitswissenschaftliche Arbeiten. Die hohe Bedeutung der Psychologie hängt mit dem Arbeitsfeld Beratung zusammen, das sich seit den 1970er Jahren von einer Veranstaltung der „angewandten Aufklärung" hin zu einer quasi therapeutischen Institution entwickelt hat (Gröning 1993 und 1999).

3. Supervision im Modernisierungsprozess

Modernisierungsprozesse werden heute üblicherweise auf der Folie und im Rahmen des Paradigmas der Modernisierungstheorie dargestellt mit dem besonderen Fokus auf den ethischen Wert der Individualisierung. Individualisierung als übergreifendes Prinzip der Moderne entzaubert Bindungen und setzt die Menschen aus ihren Beziehungen und Traditionen frei. Mit dem Begriff der Freisetzungsdimension (vgl. hierzu Beck/Giddens/Lash 1996) im Rahmen gesellschaftlicher Modernisierungsprozesse sind vor allem Prozesse der Deinstitutionalisierung und der Auflösung im Kern der Gesellschaft beschrieben worden. Freisetzung, Auflösung und Deinstitutionalisierung gelten als bedeutende Kennzeichen des Modernisierungsprozesses, wobei Modernisierung vorwiegend als Kultur- und Zivilisationsprozess im Sinne des Verlustes von Traditionen beschrieben wird, weniger als gewollte und hergestellte Politik. Die „zweite Französische Revolution", wie Ulrich Beck (1986) die gegenwärtig stattfindende Modernisierung des Privaten in der „Risikogesellschaft" genannt hat, geht vor allem von den Lebensformen aus, allen voran mündet die Gleichheit der Geschlechter in einen umfassenden Bruch mit der gesellschaftlichen Ordnung, die bezogen auf ihre Institutionen nur noch rechtlich bestehen bleibt, aber nicht mehr sozial unterfüttert ist. Modernisierungstheoretiker haben eine dramatische Zunahme von Konflikten angenommen, die durch Beratung gelöst werden sollten, denn die Menschen sind in modernen Zeiten vor allem auf Aushandlung angewiesen, die erst erlernt werden müsse. Insofern ist den Mitgliedern von Beratungsberufen Erfolg, Ansehen und ein hohes Einkommen vorhergesagt worden. Life-long-learning, biografieorientierte Beratung, Coaching und Mediation – um nur einige zu nennen. Von diesem Optimismus ist angesichts der aktuellen Kürzungen und Restrukturierungen nicht mehr viel übrig.

Theoretisch wird Modernisierung derzeit vor allem als Krise, als Ausdruck einer weltmarktorientierten Modernisierungspolitik, einhergehend mit Beschäftigungsabbau und systemischer Rationalisierung sowie als Wechsel vom keynesianistischen Wohlfahrtsstaat hin zur Globalisierung begriffen. Praktisch haben wir es mit dramatischen Kürzungen, vor allem im Beratungsbereich zu tun. Durch die Steuerausfälle werden derzeit in fast allen Bundesländern zehn bis dreißig Prozent gekürzt, wodurch viele Einrichtungen in ihrem Bestand bedroht sind.

Bereits seit Beginn der 1990er Jahre sind sozialstaatliche Politikziele aus dem Katalog der amtlichen Regierungspolitik weitgehend verschwunden. Seit mehr als 25 Jahren wird der Sozialstaat umgebaut und mit jeder Umbaumaßnahme wird der Konsens über seine Zukunft kleiner. Waren in den 1970er und 1980er Jahren noch relativ große Bindungen an das Sozialstaatsgebot der Bundesrepublik in allen gesellschaftlichen Gruppen auszumachen, so verschwanden diese unter dem Einfluss von struktureller ökonomischer Krise, Staatsdefizit und öffentlicher Kritik am bürokratischen und angebotsorientierten Sozialstaat. Gab es bis in die 1990er Jahre noch einen sozialstaatlichen Grundkonsens, so transformierte sich die Sozialpolitik hin zu einem „Kerngruppenkonsens“: Nur noch die „wirklich Bedürftigen“ sollten sozialstaatliche Leistungen erhalten. Insbesondere die freiwilligen Leistungen, wie etwa für Frauenhäuser, Erziehungsberatung, Jugendzentren etc. wurden eingespart. Gleichzeitig trat an die Stelle des sozialstaatlichen Grundkonsens die Selbstverantwortungsdebatte, die Idee, dass sozialstaatliche Leistungen nur noch der Abwendung unmittelbarer physischer Not dienen sollten.

Die Erschöpfung der Profitabilität des Industriestandortes Deutschland hat heute eine neue Ordnung systemischer Rationalisierung hervorgebracht, die auch die Beschäftigten in den Dienstleistungsberufen betrifft. Die Kultur des schlanken Unternehmens impliziert geradezu die maximale Ausschöpfung der menschlichen Produktivität. Schlanke Produktion heißt vor allem Effektivierung der Prozesse, wodurch auch die so genannten Non-Profit-Organisationen zu einer umfassenden Restrukturierung und Flexibilisierung gezwungen worden sind. Nicht nur die sozialstaatlichen Strukturen, auch Bindungen in den Teams und Gruppen erweisen sich hier häufig als Hindernis. Sie hemmen die flexible und intensive Nutzung der Arbeitskraft. So wie die Gesellschaft als Ganzes verlieren auch die einzelnen Organisationen und Teams an sozialem Zusammenhalt. Die Gesellschaft wird instabiler und in einen Prozess der Segmentierung und der Marginalisierung hineingezwungen.

Als reflexives Beratungsangebot vor allem für soziale Dienstleistungsberufe und so genannte Non-Profit-Organisationen ist Supervision vor allem mit dieser Seite der Modernisierungspolitik befasst. Anders als von der Theorie vorhergesagt, eröffnet sich kein neuer Markt durch Modernisierung. Der Markt für Supervisoren und Supervisorinnen bricht derzeit einfach zusammen, erstens weil aufgrund der aktuellen Sparmaßnahmen „à la Rasenmäher" für Denk- und Reflexionsräume in den Organisationen das Geld fehlt, zweitens weil die Maximalausnutzung der Arbeitskraft in den Unternehmen für solche Spielräume keine Zeit mehr lässt. Supervision findet zunehmend wieder privat statt.

Aus der Sicht einer Kritischen Gesellschaftstheorie handelt es sich bei den gegenwärtigen Prozessen betrieblicher und organisatorischer Modernisierung nicht nur um einen technischen, sondern auch um einen sozialen und psychischen, d.h. in diesem Fall angsterregenden Prozess mit bedrohlichen und identitätsgefährdenden Verlusten. Die soziale Formung der Arbeitskraft im Sinne des „Arbeitskraftunternehmertums" auf der einen Seite heißt praktisch Entwicklung von der Kollegialität hin zur Konkurrenz und Entmoralisierung der Arbeitsbeziehungen. Auf der anderen Seite steht die Proletarisierung durch ein dereguliertes Beschäftigungssystem mit Zeitverträgen, Teilzeitarbeit und Minijobs. Hinzu tritt eine Ästhetisierung der Gemeinheit, was sich in Mobbing-Kulturen, der Normalität der Kränkung und in destruktiver Bemächtigung niederschlägt. Macht und ihre Spiele sind zum Sport geworden.

Die empirische Tatsache der betrieblichen Desintegration verlangt nach einer besonderen Aufmerksamkeit gegenüber der Theorieentwicklung im Zusammenhang mit der Supervision. Bisher hat die Gemeinschaft der Supervisoren und Supervisorinnen vor allem modernisierungstheoretische und systemische Theorien bevorzugt. Nachdem diese Theorien zunehmend weniger Erklärungskraft für die gegenwärtige Krise und die gegenwärtigen Umwälzungen besitzen, haben erstaunlicherweise unter anderem wieder psychoanalytische oder genauer gesagt psychoanalytisch-konstruktivistische Theorien Konjunktur.

4. Die Borderline-Organisation

Stellvertretend für verschiedene Publikationen soll einer dieser neuen Ansätze genauer betrachtet werden. So spricht der Gruppenanalytiker Gerhard Wilke (Wilke 2002) davon, dass durch Modernisierungsprozesse Organisationen klinisch werden. Anlässlich des Heidelberger Kongresses für Gruppenanalyse 2001 zum gruppenanalytischen Blick auf die Organisationen hat Wilke dafür plädiert, bei der Beratung und Analyse von Organisationen verstärkt narzissismustheoretische und klinische Folien zu nutzen. Die Theorien Winnicotts, Bions und Kleins, also insbesondere Theorien über Spaltungen,

Verfolgungsangst und Regressionsphänomene sollten in der Organisationsberatung stärker Berücksichtigung finden. Mit dieser Argumentation befindet sich Wilke in bester Gesellschaft. Borderline- und psychotische Phänomene von Spaltung und Regression werden derzeit von verschiedenen Organisationsberatern hervorgehoben. Zunächst einmal plädiert Wilke für ein phänomenologisches Paradigma in der Organisationsberatung. Die Organisation könne nicht als von der Psyche unabhängige Realität gedacht werden, zwar könne man sich darüber streiten, wie z.B. radikale Konstruktivisten dies meinten, ob die Organisation täglich von ihren Mitgliedern durch Kommunikation und Interaktion, durch Rollen und Arbeit neu erfunden würde. Wilkes Argumentation geht jedoch dahin, Organisationen zum einen als offenes System, zum anderen als Container im Sinne des Bionschen Modells von Container/Contained zu begreifen, also als durch die Psyche ihrer Mitglieder bestimmt. Wilke zählt weiterhin verschiedene theoretische Organisationsbilder auf, die gleichzeitig die Theorieentwicklung wiedergeben: das alte Bild der Organisation als Maschine, welches noch aus den 1940er Jahren stammt, die kybernetische Vorstellung von der Organisation als Organismus oder als Gehirn, systemische Ansätze über die Organisation als Kulturgebilde oder als politisches System und schließlich konstruktivistische Vorstellungen, in deren Mittelpunkt das Psychische steht, die Organisation als ein psychischer Container, die Idee des gebundenen Chaos oder die Vorstellung von der Organisation als Übergangsraum. Gegenwärtig überschnitten sich die Organisationsbilder, so Wilke, es fehle an einem integrierenden roten Faden der Theorie (Wilke 2002, 8). Zwar hat der Leser oder die Leserin bei der Lektüre des Artikels immer wieder den Eindruck, als ginge es Wilke nicht um ein Plädoyer für den Konstruktivismus, sondern vor allem um eine Begründung psychoanalytischer Theorien für die Organisationsberatung. Hin und wieder erweckt der Verfasser das Gefühl, er verirre sich im Gestrüpp der unterschiedlichen theoretischen Positionen zur Organisationsberatung. Nach der Anwendung der freudianischen Theorie der psychosexuellen Entwicklung auf die Organisationen, wie zum Beispiel depressive Organisation oder hysterische Organisation, sind es aber diesmal vor allem die Theorien der englischen Schule (Klein, Bion), die für die Phänomene in den modernen Organisationen vorgeschlagen werden, d.h. Organisationen werden mit der Psyche kleinster Kinder gleichgesetzt.

Wilkes Entscheidung für eine Theorie der Organisation als narzisstisches Gebilde trifft sich dabei mit solchen Organisationstheorien, die besagen, dass es außerhalb der Beziehungen und Interaktionen keine objektiven Strukturen gibt und dass die Mitglieder einer Organisation sich mittels ihrer Rollen, ihrer Arbeit und ihrer Beziehungen die Organisation täglich neu erschaffen. Insofern ist dieser Prozess empfindlich und störanfällig. Zwei Bezugspunkte schlägt Wilke vor, um in diesem „gebundenen Chaos“ einen roten Faden zu haben: das Konzept der „primären Aufgabe“ einer Organisation und die Rolle des Beraters als „Umweltmutter“ (Wilke 2002, 13f.). Er plädiert für Supervision als geschützten Denkraum in der Organisation, um Phänomene der Spaltung und der Regression zu integrieren.

> „Im Kontext von gestörten und sich bewegenden Organisationen, die in einer „als-ob-Borderline-Welt“ fungieren, kann er (der Berater; K.G.) mit dieser Denkweise helfen, den Mitarbeitern aus der Verschmelzung, der paranoiden Abwehr, dem manischen Agieren, und dem Denkverlust heraus zu kommen, um sich aus dem hysterischen Agieren in der präödipalen Haltung in die Triangulierung und in einen Denk- und Übergangsraum zu begeben“ (Wilke 2002, 16).

Beim Lesen dieser Zeilen fragt man sich, welche Erfahrungen der Organisationsberater gemacht hat, dass er von „paranoider Abwehr“, „manischem Agieren“, „hysterischem Agieren“ spricht? Es werden Grenzerfahrungen gewesen sein, viel Wut, viel Angst und viel Verzweiflung.

Wilkes Rezeption der Theorie der Borderline-Organisation ohne haltende Grenzen, bestimmt von Ängsten ihrer Mitglieder und Phänomenen der Auflösung und des Zerfalls kann auch als eine Realbeschreibung von Deindustrialisierung, Globalisierung, Sparmaßnahmen und Strukturkrisen mit den entsprechenden Protesten, dem Zusammenbruch der Arbeitskultur und der Arbeitsgerechtigkeit verstanden werden. Die Verluste von Bindungen und Beziehungen in Organisationen, Leere, Verzweiflung bei den Beschäftigten sind in der Regel Vorboten der Standortschließungen, der Übernahmen, der Fusionen, der Abwicklungen und des Abbaus. Wenn jedoch die Phänomene des Verlusts von Bindungen in Organisationen und die daraus resultierenden Folgen für die institutionelle Matrix ohne jeden Bezug zur Ökonomie beschrieben werden, dann stellt sich die Frage, wie weit eine psychoanalytische, klinische Theorie über Organisationen wirklich Gültigkeit beanspruchen kann und ob Ökonomie, Gesellschaft und Kultur in Analogie zur Entwicklungsperspektive des Kleinkindes wirklich gültig beschrieben werden können. Das, was Gaertner an Gesellschaftskritik formuliert und für eine Theorie der Supervision und Beratung fruchtbar gemacht hat (Gaertner 1999), verschwindet in den Ansätzen „psychodynamischer Organisationsberatung“, wenn sie paradigmatisch, d.h. aus einem phänomenlogisch-konstruktivistischen Verständnis heraus den Bezug zur Gesellschaft nicht mehr herstellen können, weil eine äußere, vom Individuum unabhängige Realität bezweifelt wird. Richtig ist sicherlich, dass phänomenologische, konstruktivistische Ansätze in der Organisationsberatung solche Aspekte der Organisation gültig beschrieben haben, die Castoriadis das „Andere“ der Institution genannt hat (Castoriadis 1984): institutionelle Mythen zum Beispiel, quasireligiöse Rituale, Ideologien, die kaum der sprachlichen Legitimation bedürfen und kollektive Überzeugungen, die sich kaum in Worte fassen lassen. Überall dort, wo Autorität „heilig“ ist, haben insbesondere die phänomenologischen Ansätze wichtige Beiträge zum Verstehen der Institutionen geliefert.

Kennzeichen dieses institutionell Anderen sind Interessenskonflikte, die als solche nicht mehr aufscheinen, weil sie über lange Traditionen unbewusst geworden sind. Unter anderen hat Foucault sich in seinen Arbeiten mit dem Gewaltpotenzial, welches von diesem Anderen der Institution ausgeht, immer wieder befasst und seine Prinzipien als „Überwachen und Strafen" oder als „Pastoratsmacht" oder als „Genealogie des ärztlichen Blicks" beschrieben (Foucault 1980; 1982; 1984). Dies ist aber etwas anderes als die gegenwärtigen Phänomene der Desintegration, deren Ursachen vor allem im New Management liegen und einer Ideologie der Sachzwanglogik folgen.

Die gegenwärtigen Phänomene der Desintegration, des Vertrauensverlustes, des politischen Verstummens auch im Rahmen von Supervisionen verlangen nach Theorie. Plädiert werden soll für einen nicht-klinischen Verstehenszugang und die Wiederberücksichtigung strukturalistischer Ansätze, zum Beispiel aus der Tradition des Soziologen Emile Durkheim. Durkheims Theorie zur Anomie hat eine größere Plausibilität in Bezug auf Phänomene der gegenwärtigen Desintegration in Organisationen gegenüber jeder klinischen Theorie, vor allem dann, wenn es sich bei den Konflikten in Organisationen um Interessenskonflikte mit ökonomischen, manageriellen und sachlichen Kernen handelt, wenn die Verluste, die drohen, Verluste des Arbeitsplatzes, der Beschäftigung sind.

5. Anomie als Phänomen moderner Organisationen

Die Theorie der Anomie geht auf die Soziologen Emile Durkheim und Robert Merton zurück (Durkheim 1895; Merton 1955) und beschäftigt die Soziologie heute vor allem im Zusammenhang mit der Frage nach der Entstehung von verschiedenen Formen personeller Gewalt. Bei Durkheim bedeutet Anomie einen Zustand der Regellosigkeit, ein Fehlen oder Versagen von sozialen Regelungsmechanismen. Anomie ist nach Durkheim typisch für soziale Krisenzustände. Robert Merton, der Durkheims Anomie-These weitergeführt und sich vor allem für den Zusammenhang von Anomie und Kriminalität interessiert hat, sieht die Ursache der Anomie in einem Zusammenbruch von Kultur und sozialer Struktur begründet. Das heißt, die Anomietheorie gründet auf der Vorstellung, dass Menschen zur Befriedigung ihrer Bedürfnisse gewisse stabile Ordnungen brauchen. Kultureller und sozialer Wandel sind insofern nicht nur ein Zuwachs von Chancen, sondern werden in der Perspektive der Anomietheorie auch kritisch betrachtet. Insofern ist die Anomietheorie anschlussfähig an die Institutionstheorie von Arnold Gehlen, der von Institutionen als Instinktprothese gesprochen hat, die im Dienste der Angstbindung stünden. Auch Gehlen ist davon ausgegangen, dass Menschen stabile Strukturen brauchen, die er in Institutionen verwirklicht sah. Zerbrechen Institutionen, so Gehlen, entstünde Angst (Gehlen 1964 nach Bauer/ Gröning 1995).

Anomie entsteht, wenn kulturelle Strukturen zusammenbrechen, also eine alte Kultur zerbricht oder aufgegeben wird und etwas Neues, Anderes entsteht. Neue Ziele und Werte, vor allem aber neue Erwartungen und Anforderungen verunsichern dann die Mitglieder einer Kultur. In der Anomietheorie wird diese Form als einfache Anomie (simple anomia) bezeichnet, als ein soziales Phänomen, welches für moderne Gesellschaften typisch ist. Nach Merton entsteht Anomie auch dann, wenn Kultur und Sozialstruktur in krisenhafte Spannungen zueinander geraten. Auch dies ist ein für moderne Gesellschaften typischer Vorgang. Er bedeutet aber, dass jeder kulturelle Wandel immer auch mit einem Austausch von Eliten einhergeht. Soziale Gruppen, die traditionell bestimmte Positionen in der Gesellschaft innehaben, verlieren diese. Was vorher geachtet war, wird nun entwertet.

Gesellschaftlich erleben wir derzeit eine anomische Situation, z.B. im Gesundheitswesen, die sich vor allem dadurch bemerkbar macht, dass Ärzte und Therapeuten ihre hohe gesellschaftliche Position verlieren, nachdem die so genannten Semiprofessionellen ihr Prestige schon lange verloren haben. Achtung, Ansehen und nicht zuletzt Geld stehen auf dem Spiel. Zwar wird seit mehr als zwanzig Jahren eine „Expertokratiedebatte" geführt, welche die professionellen Privilegien der Ärzteschaft anfragt; indirekt wird den Ärzten seit langer Zeit Missbrauch ihrer gesellschaftlichen Stellung vorgeworfen.

Indessen sind die Eliten auch des Gesundheitswesens heute zunehmend Ökonomen und Bürokraten. Als Geschäftsführer, Krankenkassenvertreter und Berater zentralisieren sie die Entscheidungskompetenz über das ärztliche Handeln und standardisieren die ärztliche Kunst mit den Mitteln des Qualitätsmanagements. Die Ärzteschaft erlebt derzeit jenen Konflikt am eigenen Leib, den vor zehn bis fünfzehn Jahren die Pflege nach einem kurzen Sommer ihrer Professionalisierung hinnehmen musste. Versachlichung, Zerstörung des Charismas, in der Regel durch breite Skandalisierung, Standardisierung durch Übertragung der Logik der Industriearbeit auf soziale Dienstleistungen wie Helfen und Heilen, Ökonomisierung – das sind nur einige Faktoren, die zum Prestigeverlust führen und die gesellschaftliche Verwundbarkeit auch der voll professionellen Ärzte deutlich machen. Keine Arbeit und keine Kunst ist unangreifbar. Ansehen und Status sind letztlich Verhandlungssache und bedürfen des gesellschaftlichen Konsenses. Nach Merton entsteht an dieser Stelle Anomie. Er nennt verschiedene Antworten, welche die Mitglieder einer Kultur entwickeln, um mit anomischer Spannung umzugehen:

– Sie orientieren sich an der neuen Kultur, greifen zur Erreichung der kulturellen Ziele aber auch zu illegitimen Mitteln. Dieses Verhalten betrifft vor allem diejenigen, die aufsteigen wollen.

- Sie ziehen sich zurück. Dieses Verhalten kommt bei den loyalen Mitgliedern einer Gesellschaft vor, die sich mit „früher" identifizieren.
- Sie halten zwanghaft an den alten Strukturen fest und ihr Verhalten ritualisiert sich. Sie berufen sich auf Rechte und Normen und lehnen die neuen kulturellen Ziele ab.
- Sie rebellieren. Die Betroffenen stellen sich gegen die Ordnung und wollen sie durch eine neue ersetzen.

Nun hat die klassische Anomietheorie die Schwäche, sich vor allem innerhalb einer struktur-funktionalen Richtung der Soziologie verortet zu haben, das heißt Gesellschaft wird hier vorwiegend als technischer Zusammenhalt verstanden. Damit werden wichtige Ebenen von Gruppen, Kommunikation und Interaktion, aber vor allem Ebenen der Sozialgefühle vernachlässigt. Will man Anomiephänomene innerhalb von Institutionen verstehen, sind diese sozialpsychologischen Perspektiven jedoch höchst bedeutend.

Wie, so hieße die Frage, entwickeln sich Bindungen in Gruppen und Teams unter dem Einfluss von zerbrechenden Kulturen und neuen Hierarchien? Wie widersprüchlich werden kommunikative Botschaften unter diesen Bedingungen? Und nicht zuletzt, welche Gefühle lassen sich ausmachen?

Es gibt bisher keine Forschungsarbeiten zur institutionellen Anomie, denn die pathologischen Phänomene in Organisationen werden wie beschrieben vor allem klinisch interpretiert. Jedoch könnte eine sozialpsychologische und interaktionistische Perspektive der Anomieforschung, welche die beschriebenen Spannungen auf der Ebene von Gruppen, Kommunikation und Person mit einschließt, für die Forschung über Institutionen im Prozess ihrer Modernisierung interessant sein. Der Anomieansatz begründet sich, weil er gesellschaftliche Veränderung eben nicht nur naiv fortschrittsgläubig, sondern kritisch riskant beschreibt. Dies hat insbesondere der Begründer der Anomietheorie, Emile Durkheim, in seinem Klassiker zum Suizid (Durkheim 1895) beobachtet und beschrieben. In Zeiten rasanter Umbrüche entstehen in der Gesellschaft so viele Spannungen, dass Ängste, die ansonsten durch stabile Institutionen gebunden sind, frei werden und zur Zerstörung und Selbstzerstörung führen: Stichworte sind „kulturelle Apathie", „Entgrenzung", „Entfremdung", „psychische Verwirrung", „Marginalität" in Institutionen und Gesellschaft. Verbunden mit institutionsanalytischen und bindungstheoretischen Erkenntnissen ließe sich die Hypothese aufstellen, dass kompensatorisch zu äußerem Wandel im Inneren einer Institution „gute Bindungen" aufgebaut und erhalten werden müssen, wenn eine Institution Reformprozesse ohne Kohäsionsverlust überstehen wollte.

6. Quo vadis Supervision?

Auflösung von Hierarchien, Teams, Ebenen und Einheiten sind in den letzten Jahren zunehmend Themen in Supervisionsgruppen. Teils aufgrund von Sparmaßnahmen, teils aufgrund von Qualitätsprozessen verschwinden ganze Organisationseinheiten oder werden neu sortiert. Nicht selten übernehmen Unternehmensberatungen dabei direkte unternehmerische Verantwortung. Top-down wird eine neue Ordnung geplant, eingeführt und durchgesetzt. Verantwortlich leitende Mitarbeiter werden einschließlich Geschäftsführungen und Aufsichtsgremien zu Statisten. Kommunikationssperren sind ein wichtiges Merkmal dieser Kultur. Es gibt zwar viele Gerüchte, aber wenig wirklich Verbindliches. Vorgesetzte sind meist nicht zu sprechen, mitgeteilt werden allenfalls Ergebnisse, selten Prozesse. Pierre Bourdieu hat in einem seiner Interviews in den 1990er Jahren einmal davon gesprochen, dass die Eliten sich zunehmend wieder feudalisieren (Bourdieu 1997). Bourdieu sagt dazu, dass die Eliten ihre Macht über Symbole des Reichtums zur Schau stellen, die der Attitüde der feudalen Fürsten und Kirchenführer entspräche. Modernisierung wird damit nicht als reflexiver Prozess im Sinne der „lernenden Organisation“ vollzogen, wie dies noch in den 1980er und 1990er Jahren üblich war, sondern als Prozess demonstrativer Bemächtigung.

Spiegelbildlich dazu entwickeln die Beschäftigten Phantasien der Rechtlosigkeit und sozialen Unterlegenheit. Mittels sozialem und psychologischem Druck wird der Versuch unternommen, eine andere soziale Wirklichkeit herzustellen, ganz im Sinne der „normativen Kraft des Faktischen“. Wut und Scham sind die entsprechenden Spiegelungsgefühle in der Supervision. Sie sind im Spiel, wenn zum Beispiel Jugendamtsleiterinnen in Supervisionssitzungen Kurzvorträge über die Kinderrechte und das Kinder- und Jugendhilfegesetz halten oder Krankenschwestern Mandate für ihre Patienten übernehmen und sich über Patientenentlassungen in ein ungeordnetes Zuhause empören. Supervisionsgruppen sind heute zunehmend weniger Reflexionsgemeinschaften als vielmehr Wertegemeinschaften, in deren Binnenraum Rechte eingeklagt, Kritik geübt und Strategien entwickelt werden. Zusätzlich bekommt die politische Argumentation eine wichtige Bedeutung.

Wie verhält sich nun die Berufspolitik zu diesen Phänomenen? Weitgehend ohnmächtig und wenig geschichtsbewusst bzw. reflexiv! Ursache hierfür ist die ziemlich verkürzte Professionalisierungspolitik und das Fehlen einer systematischen Forschung zur Supervision. Das, was Gaertner (1999) über die Supervision in der Bundesrepublik in den 1960er und 1970er Jahren gesagt hat, trifft gleichermaßen für die Gegenwart zu.

Die eher „hegelianische“ Ausrichtung der Supervision mit den Säulen von Anerkennung, Subjektivität, Selbstreflexion und Gesellschaftskritik ist von einer Mehrheitsposition in eine Minderheitenposition abgerutscht. Sie ist heute weniger als eine Strömung im Pluralismus der Konzepte und Methoden. Gleichwohl sind aber eben auch kybernetische oder konstruktivistische Ansätze keine Wahrheiten, sondern Ansätze. Sie gewinnen ihre Dominanz und Bedeutung nicht durch eine höhere empirische Gültigkeit oder theoretische Plausibilität, sondern durch die Verknüpfung von Erkenntnis und Interesse. Sie passen vermeintlich besser zum kollektiven Aufstiegsprojekt Supervision. Insofern ist die Kernfrage der Supervision eine ethische.

Literatur

Bauer, Annemarie, Gröning, Katharina (Hg.) (1995): Institutionsgeschichten – Institutionsanalysen. Tübingen.

Beck, Ulrich (1986): Risikogesellschaft. Auf dem Weg in eine andere Moderne, Frankfurt a.M.

Beck, Ulrich, Giddens, Anthony, Lash, Scott (1996): Reflexive Modernisierung. Eine Kontroverse. Frankfurt a.M.

Bohle, Hans Hartwig (1973): Anomie und Sozialstruktur. Diplomarbeit an der Universität Bielefeld. Fakultät für Soziologie.

Bourdieu, Pierre (1997): Der Tote packt den Lebenden. Hamburg.

Castoriadis, Cornelius (1984): Gesellschaft als imaginäre Institution: Entwurf einer politischen Philosophie. Frankfurt am Main.

Durkheim, Emile (1895): Le suicide. Paris.

Foucault, Michel (1980): Überwachen und Strafen. Frankfurt a.M.

Foucault, Michel (1982): Die Geburt der Klinik. Frankfurt a.M.

Foucault, Michel (1984): Was ist Kritik. Berlin.

Gaertner, Adrian (1999): Gruppensupervision. Tübingen.

Gröning, Katharina (1993): Beratung in kommunalen Gleichstellungsstellen. Dissertationsschrift. Köln.

Gröning, Katharina (1999): Pädagogische Beratung. Versuch einer Gegenstandsbestimmung. Probevortrag an der Universität Bielefeld.

Merton, Robert (1955): Society and social structure. New York.

Olk, Thomas (1986): Abschied vom Experten. Sozialarbeit auf dem Weg zu einer alternativen Professionalität. Weinheim.

Wilke, Gerhard (2002): Gruppenanalyse in Organisationen. In: Gruppenanalyse. Zeitschrift für gruppenanalytische Psychotherapie, Beratung und Supervision.12 (1), 7-24.

2. Supervisionskonzepte im gesellschaftlichen Flexibilisierungsprozess

Adrian Gaertner

Supervision in der Krise – Expansionismus, Unschärfeprofil und die Ausblendung der Selbstreflexion

1. Anmerkungen zur gierigen Professionalisierung der Supervision in den 1990er Jahren

Der Titel dieses Buches bezeichnet das aktuelle Dilemma der Supervision. Als Frage formuliert lautet es: Haben Flexibilisierung und Expansionismus der Supervision, die seit den 1990er Jahren des vergangenen Jahrhunderts von der DGSv und einigen Ausbildungsstätten zunächst durchaus erfolgreich betrieben worden ist, zu einem nicht-intendierten, paradoxen Ergebnis, zur Beschädigung ihrer Entwicklungsperspektiven geführt? Anders ausgedrückt: Hat die Expansion in angrenzende Beratungs- und Interventionsbereiche ein Unschärfeprofil hervorgebracht, das eine weitgehende Austauschbarkeit der Supervision durch Coaching, OE, QB, QM und andere Kürzel nahe legt und zur Folge hat, dass das Profil der Supervision, sowohl bei den Anbietern als auch auf der Nachfrageseite zunehmend diffus geworden ist?

Einen guten Zugang zur Beantwortung der Frage nach Erscheinungsweisen und Konsequenzen der Flexibilisierung vermitteln die Zeitschriften „Supervision" und das DGSv-aktuell-Magazin. Seit den 1990er Jahren repräsentieren diese beiden Publikationen den Mainstream der Supervisionsdiskussion, in ihnen werden jene Tendenzen proklamiert, die zum gegenwärtigen Dilemma geführt haben. So wurde in den entsprechenden Schwerpunktheften von einigen Autoren Supervision zugunsten der Organisationsentwicklung gänzlich aufgegeben oder mit dieser in Eins gesetzt, andere sehen in ihr ein Verfahren zur Qualitätssicherung oder zur Personalentwicklung, wieder andere wollen die Einzelsupervision durch Coaching und Beratung von Führungskräften ersetzt sehen. Einen breiten Raum nimmt natürlich auch die Positionierung der Supervision im „Profitbereich" ein. Das ist auch verständlich, immerhin locken hier ja Geld, Anerkennung und Image. Zudem ist die Tätigkeit im Profitsektor eine gute Möglichkeit, den Stallgeruch der Herkunft der Supervision aus der Sozialarbeit, einer „bescheidenen Profession", wie Fritz Schütze sie einmal genannt hat, loszuwerden. Eine Konsequenz der Profitorientierung besteht darin, dass man Supervision in den besonders ‚fortschrittlichen' Kreisen heute kaum als besonders bemerkenswerte Methode zum Verständnis und zur Lösung beruflicher Identitäts- und Handlungsprobleme anbietet, sondern lieber auf Coaching, Managementberatung, Organisationsentwicklung, Qualitätsmanagement, Training for Excellence und andere großartige Dinge verweist. Supervision wird durch diese Angebotsstrategien tendenziell entwertet. Mit bemerkenswerter Offenheit hat Weigand die Motive für diese Tendenz benannt. Neben dem Interesse, Supervision möglichst breit (und damit: unspezifisch) zu positionieren, werden die Bedürfnisse nach Erfolg, Macht und Geld als maßgebliche Motive herausgestellt (Weigand 1993).

Die Kehrseite der Flexibilisierung und des Expansionismus ist die Abwendung von einer wissenschaftlich fundierten Weiterentwicklung der Kernbereiche der Supervision. Wahrscheinlich ist durch die Abwendungsbewegung sogar eine Kompetenzerosion auf den Gebieten der Einzel-, Team- und Gruppensupervision erfolgt.[1] Symptome der Stagnation sehe ich zunächst darin, dass Supervision nach wie vor kaum erforscht ist. Selbst einfachste Fragestellungen wie die, was in einem Supervisionsprozess über fünfzehn oder dreißig Sitzungen wirklich geschieht, oder wie die einzelnen Methoden sich unterscheiden, sind bis heute empirisch völlig ungeklärt. Natürlich hat die Forschungsabstinenz auch gewisse Vorteile: Meinungen über die Leistungsfähigkeit der jeweils eigenen Methode lassen sich ungeprüft verbreiten und mit PR-Techniken marktgerecht aufpolieren. Insofern ist es auch kein Zufall, dass ich für eine vergleichende Untersuchung von Supervisionsmethoden von zwei Vertretern des ‚Systemischen Ansatzes' keine (bereits vorhandene) Tonbandmitschnitte von Sitzungen zur Verfügung gestellt bekommen habe. Einer der beiden kommentierte seine Absage mit eindrucksvollen Worten: *„Vielleicht kommt ja was dabei heraus, was ich nicht will. Wie soll ich mich dann meinen Kunden verkaufen?"*

Ein weiteres Symptom der Stagnation sind die methodischen Orientierungen der Supervision. Noch immer dominieren Ansätze, die aus psychotherapeutischen Techniken, also aus Systemischer Therapie, Gestalt- oder Gesprächstherapie, Psychodrama, Psychoanalyse etc. abgeleitet worden sind. Problematisch ist diese Anlehnung, weil der Gegenstandsbereich der Supervision sich grundlegend von Psychotherapie unterscheidet. Geht es in der Psychotherapie um seelisches und psychosomatisches Leiden, das sich in Symptomen mit Krankheitswert niederschlägt, so steht im Zentrum der Supervision das professionelle Handeln mit den Dimensionen:

- subjektives Erleben der beruflichen Situation
- Verstehen der Klienten und Umgang mit ihnen
- Kooperation mit relevanten Bezugsgruppen (Team, Hierarchieebenen etc.)
- institutionelle Rahmungen
- Erfahrungen und Wissen in dem vom Supervisanden repräsentierten, spezifischen Tätigkeitsfeld.

---

1 Siehe dazu auch Gaertner 1998

In der Supervision unterstellen wir, dass es sich bei Supervisanden um psychisch durchschnittlich stabile Menschen handelt, die Interesse an der Reflexion und Qualifikation ihrer beruflichen Tätigkeit haben. Natürlich können die Schwierigkeiten mit der Berufsausübung gelegentlich zu tiefgehenden persönlichen Krisen führen, die in der Supervision bearbeitet werden; die Anlehnung der Supervision an psychotherapeutische Techniken lässt sich dadurch aber keineswegs legitimieren, auch dann nicht, wenn man versucht supervisionsspezifische Aspekte in die jeweiligen Methoden zu integrieren. Die Eigenständigkeit des Gegenstandsbereichs der Supervision verlangt nach einer eigenständigen Theorie und Praxis. Anders ausgedrückt: An die Stelle einer mehr oder weniger aus den Psychotechniken oder der Anbiederung an marktgängige Trends abgeleiteten Konzeptualisierung der Supervision sollte eine spezifische, der komplexen Struktur und den Problemlagen des Gegenstandsbereichs angemessene Methodenentwicklung treten. Erst auf der Grundlage einer solchen – durch Forschung und Erfahrung begründeten – *gegenstandsbezogenen Methode* ist es sinnvoll, den Beitrag psychotherapeutischer Ansätze für bestimmte Aspekte in der Supervision zu erwägen.

Mit dem durch Expansionismus und Flexibilisierung erzeugtem Unschärfeprofil sind neben der Stagnation der Kernbereiche auch Identitätsprobleme bei den Supervisoren verbunden, die, wie ich an anderer Stelle gezeigt habe, entweder zu einer tiefen Verunsicherung oder zu megalomaner Abwehr führen. Das Unschärfeprofil, das mit der gierigen Ausweitung des Geltungsbereichs der Supervision entstanden ist, hat aber nicht nur auf der Anbieter-, sondern auch auf der Nachfrageseite beunruhigende Konsequenzen: Potentiell betreffen sie die Selbstabschaffung der Supervision. Dass das keine paranoide Vorstellung ist, zeigt die Entwicklung der Einzelsupervision. In diesem Bereich ist der Prozess der Selbstabschaffung – mit Ausnahme von Weiterbildungszusammenhängen – bereits weit fortgeschritten. Sie wird zunehmend durch Coaching ersetzt. Einer der Gründe ist der Umstand, dass sie in der Supervisionsdiskussion kaum beachtet wurde. Deshalb konnten im Verdrängungswettbewerb mit Coaching weder Methodenargumente noch Image mobilisiert werden. Warum sollte ein Interessent einen Ladenhüter in Anspruch nehmen, wenn er – für mehr Geld – ein hippes, angeblich viel effektiveres Coachingangebot bekommen kann; und warum sollte ein Supervisor einen Einzelsupervisionsprozess anbieten, wenn man auch das trendige, für den eigenen Narzissmus schmeichelhaftere Coaching verkaufen kann? Die Selbstabschaffung betrifft aber nicht nur die Einzelsupervision, auch im Bereich der Teamsupervision sind Substitutionstendenzen beobachtbar.

2. Die paradigmatische Differenz – Supervision versus Coaching

Auf der Grundlage des Unschärfeprofils und der expansiven Professionalisierung der Supervision hat sich ein schleichender Paradigmenwechsel vollzogen, den ich an einem kleinen Beispiel anschaulich machen möchte:

Frau Berger, Dipombetriebswirtin, 36 Jahre alt, arbeitet bei einer Bank im Bereich Controlling. Sie strebt eine Leitungsposition an, am liebsten als Leiterin der Abteilung, in der sie gegenwärtig tätig ist. Gleichzeitig hat sie Zweifel, ob sie ihren Chef, der demnächst andere Aufgaben wahrnehmen wird, beerben kann, oder ob ihr vielleicht ein anderer Kollege aus der Abteilung oder vielleicht jemand von Außen vorgezogen wird. In dieser Situation sucht sie sich einen Coach, der ihr bei der Umsetzung des ehrgeizigen Ziels helfen soll. Ihr wird eine erfolgreiche Kollegin empfohlen, die viele Jahre in der Unternehmensberatung gearbeitet und sich vor einigen Jahren als Coach niedergelassen hat. Diese Kollegin hat ein klares Konzept: Coaching ist Training zur Durchsetzung der eigenen Interessen, Entwicklung von Selbstbehauptungsstrategien, Vermittlung von Winnermotivation und Vorwärtsbewältigung von Niederlagen. In diesem Sinne arbeitet sie mit Frau Berger. Auf der Grundlage einer Analyse von Stärken und Schwächen werden Strategien entwickelt, wie Frau Berger sich beim Vorstand besser in Szene setzen kann. Die Überlegungen gehen soweit, dass neben der Frage, wie sie ihre Arbeitsergebnisse ins rechte Licht rücken und Präsentationen plazieren kann, auch Kleidungsvorschläge für bestimmte Anlässe und Fahrstuhltricks besprochen werden. Ich möchte es kurz machen, nach einem knappen Jahr war Frau Berger Leiterin der Controlling Abteilung.

Damit ist die Geschichte allerdings nicht zu Ende. Ende 2002, knapp fünf Jahre nach dem ersten Coachingprozess, kommt Frau Berger, inzwischen 42 Jahre alt, wieder auf ihren Coach zu. Sie fühlt sich unwohl in ihrer Stelle, die Arbeit und die Mitarbeiter gingen ihr auf die Nerven, die Geschäftsführung sei nicht strategisch ausgerichtet, sondern wurschtele sich in der Krise durch. Sie brauche, so sagt sie, einen Motivationsschub, klagt über Schmerzen, einen nervösen Magen und gelegentliche Migräne. Solche Beschwerden hätte sie früher nicht gekannt. Intuitiv hat die Beraterin den Eindruck, dass es nicht um einen erneuten Coachingprozess geht, sondern um etwas anderes. Sie rät ihr, „einen Supervisor, Therapeuten oder etwas ähnliches" aufzusuchen und hat mich empfohlen.

Im ersten Gespräch wird deutlich, dass eine Psychotherapie für Frau Berger nicht in Frage kommt, sie möchte Supervision, obwohl sie nicht genau weiß, was das ist. Seit Januar 2003 macht sie bei mir eine Einzelsupervison, wöchentlich, einstündig. Der Supervisandin fällt sofort auf, dass „in der Supervision ganz anders gesprochen wird als im Coaching". In der zweiten

Sitzung möchte sie eine Zielformulierung erarbeiten. Als ich sie frage, ob sie Ziele benennen könne, entsteht eine schwierige Situation. Damals wäre das möglich gewesen, da wollte sie die Leitungsposition. Jetzt könnte sie nur sagen, dass ihre Mitarbeiter sie nicht so nerven sollen und dass der Vorstand eine strategische Ausrichtung entwickeln soll, außerdem sollten die Rückenschmerzen weggehen. Ich biete ihr an, dass wir uns Zeit nehmen können, um zu verstehen, was sie in ihrem Beruf so unglücklich und verspannt macht. Kurz vor ihrem 42. Geburtstag kommt es zu einer dramatischen Stunde: Sie setzt sich statt auf den Sessel auf die Couch, schwankt, sagt, sie habe Kreislaufstörungen, es ginge ihr schlecht. Sie habe die ganze Nacht durchgeheult, obwohl es eigentlich keinen Grund gibt. Ihr Freund, mit dem sie seit vielen Jahren eine feste Beziehung hat, hätte ihr nicht helfen können. Er hätte versucht sie zu beruhigen und gesagt, dass doch alles o.k. sei, dass er stolz auf ihre Karriere und ihre Leistung sei, ihre Eltern und ihre Freundin, mit denen sie telefoniert hat, hätten sie auch in diese Richtung unterstützt. Sie frage sich, ob sie undankbar sei. Ich sage an dieser Stelle: Zweifellos sei sie sehr erfolgreich, zuverlässig und enorm fleißig, es könne aber gut sein, dass der Job ihr auch etwas vorenthalten oder genommen habe, was sie sich vielleicht einmal erträumt habe. Auf diese Intervention folgt ein Geständnis, das sie noch nicht einmal ihren Eltern gemacht habe. Sie habe das BWL Studium gehasst, es nur den Eltern zu Liebe gemacht, eigentlich wollte sie nach dem Abitur Kriminalpolizistin werden. Sie hasse auch ihren Job, das Controlling, nur die Leitungsposition habe sie gereizt, aber der Reiz sei jetzt weg. Einige Wochen später schimpft sie auf die Unzuverlässigkeit einer Kollegin. Sie sei schwanger und würde sich jetzt alles erlauben, zwischendrin zum Arzt gehen, die Männer fragen, ob sie ihr ein Paket mit 500 Blatt Papier tragen könnten, die würden sich noch für sie umbringen. Ich sage darauf: Kann es sein, dass das auch so etwas ist, was sie die Karriere gekostet hat? Einfach schwanger werden, Unterstützung bekommen. Sie wird aktuell sehr wütend, ich sollte sie und nicht die fette Wachtel unterstützen. In der nächsten Sitzung entschuldigt sie sich, spricht noch einmal über ihre Beziehung, es wird deutlich, dass es sich um eine Distanzbeziehung handelt. Sie klagt über die frustrierenden Treffen an den Wochenenden und schließlich darüber, dass sie mit 36 den Kinderwunsch „abgehakt“ hätte, jetzt habe sie das Gefühl, dass sie alles Wichtige im Leben falsch entschieden habe...

An dieser Stelle breche ich die Schilderung ab, um die Gemeinsamkeiten, aber auch die paradigmatische Differenz der unterschiedlichen Settings zu charakterisieren. Zunächst handelt es sich bei Supervision und Coaching um Beratungsangebote, die sich von Beratungen im Alltag durch eine, wie Argelander (1980) es nannte, „ungewöhnliche Gesprächssituation“ unterscheiden. Ungewöhnlich ist daran, dass zwei ‚fremde‘ Personen relativ intime Dinge, berufliche Konflikte, Ambitionen etc. miteinander besprechen. Anders als in der Beratung im Alltag finden diese Gespräche in einem klar umrissenen räumlichen, zeitlichen und finanziellen Rahmen statt. Auch die Rollenverteilung ist von vornherein festgelegt. Zwar gibt es auch im Alltag besonders herausgehobene Interaktionstypen zur Klärung intimer Probleme, z.B. die so genannten Problemgespräche. Anders als in der professionellen Beratung setzt man jedoch eine gewisse Vertrautheit der Personen und eine nicht ökonomisch geprägte Symmetrie der Beziehung voraus. Wenn A das Recht hat, B sein Leid zu klagen, dann hat prinzipiell auch B irgendwann einmal das Recht A sein Leid zu klagen, ohne dafür Geld bezahlen zu müssen.

Geregeltes Setting, festgelegte Rollen und die Paradoxie von Intimität und ökonomischem Verhältnis sind also, so können wir festhalten, konstitutiv für professionelle Beratung und Therapie. Die unterschiedlichen Bedingungen in der Alltags- und der professionellen Beratung haben weitreichende Folgen für die thematische Selektivität, also für das, was in den unterschiedlichen Settings angesprochen werden kann. Während in der Alltagskommunikation prinzipiell ein höheres Maß an Kontingenz zu verzeichnen ist, ist professionelle Beratung durch den definierten Beratungsgegenstand, die Settingvariablen und die besondere, asymmetrische Berater-Klient-Beziehung höher strukturiert. Am Beispiel von Supervision und Coaching kann man sagen, dass das berufliches Erleben und Handeln selektiv focussiert werden. Durch die Focussierung wird erreicht, dass das thematische Spektrum gegenüber der Alltagskommunikation einerseits eingeschränkt, andererseits aber enorm expandiert wird. Anders ausgedrückt: Die Institutionalisierung der Beratung führt zu einer Steigerung der Komplexität in den focussierten Bereichen.

So sehr sich Supervision und Coaching als professionelle Beratungsverfahren ähnlich sind, so sind sie durch eine paradigmatische Differenz unterschieden. Betrachtet man das Beispiel, dann fällt sofort auf, dass sowohl die Gesprächsinhalte als auch die Beratungstechniken und die Wahrnehmungseinstellungen von Coach und Supervisor differieren. Im Fall von Coaching werden Ziele definiert, Umsetzungsschritte bis in einzelne Handlungsanweisungen hinein erarbeitet und kontrolliert. Häufig werden auch formalisierte Fragebögen und Handlungsleitfäden zur Entwicklung von Strategien benutzt. Der Coach hat eine aktive Rolle bei der Unterstützung seines Kunden, nicht selten sieht er sich sogar veranlasst, ihn zu pushen. Gleichgültig, ob eine systemische, gestalttherapeutische oder betriebswirtschaftliche Beratungsmethode als Grundlage des Coaching gewählt wird, immer lassen sich mindestens zwei Grundannahmen herausarbeiten:

- Coaching folgt der Logik instrumenteller Beratung und bewegt sich im Medium bewusster Intentionen, Zieldefinitionen und strategischer Hand-

lungsoptionen. Die Verknüpfung bewusster Dimensionen des Erlebens und Handelns mit unbewussten individuellen und institutionellen Prozessen ist primär nicht Gegenstand des Coaching.
- Coaching ist selbstbezüglich. Klienten, Patienten, Kunden etc. werden nur in Bezug auf die je eigenen strategischen Perspektiven hin berücksichtigt.

Die Logik der Supervision zielt demgegenüber – zumindest wenn sie als selbstreflexiver Prozess angelegt ist – gerade auf die Analyse der handlungsleitenden und erlebnisrelevanten Verknüpfung von bewussten und unbewussten Dimensionen in der beruflichen Interaktion. Der Supervisor unterscheidet sich vom Coach sowohl im Hinblick auf die Wahrnehmungseinstellung als auch in Bezug auf den verstehenden, nicht primär instrumentalistischen Umgang mit dem Material des Supervisanden. Voraussetzung einer selbstreflexiven Supervision ist zunächst, dass die Methode als minimal strukturierter Prozess angelegt ist. Die minimale Strukturierung ermöglicht, dass das berufliche Handeln einerseits und das innere Relevanzsystem des Supervisanden andererseits differenziert zur Geltung gebracht werden können. In der gleichermaßen sachlich *und* emotional vermittelten Darstellung des Erlebens und Handelns und der sich daran anschließenden Durcharbeitung liegt das Geheimnis der Selbsterkenntnis. Die Prozessdimension hat dabei die Aufgabe, einen Entwicklungsprozess zu ermöglichen, in dem allmählich Empathie und Introspektionsfähigkeit, aber auch instrumentelle Kompetenzen entwickelt und verinnerlicht werden können. Auf Seiten des Supervisors gehören eine relativ große Abstinenz einerseits, Einfühlungsvermögen und Aktivität andererseits zu den Voraussetzungen, die schwierige Verknüpfung unbewusster Inszenierungen und bewusster Intentionen auf Seiten des Supervisanden, aber auch bei sich selber zu verstehen und in der Beratung zur Geltung zu bringen. In gewisser Hinsicht handelt es sich bei der selbstreflexiven Supervision, ähnlich wie bei der Psychotherapie, um einen verrückten Diskurs.

Die Focussierung der Verknüpfung bewusster und unbewusster Dimensionen des beruflichen Erlebens und Handelns in der Supervision lässt sich nur dann realisieren, wenn die Übertragungsdynamik berücksichtigt wird. Die von der Psychoanalyse entdeckte Übertragungsdynamik ist zwar ein ubiquitäres Phänomen, sie kann aber nur in einem besonderen Setting, das die erwähnte „ungewöhnliche Gesprächssituation“ ermöglicht, entfaltet und verstanden werden. Voraussetzung dazu ist ein geschützter Raum, in dem sich regressive innere Bewegungen im Medium von Inszenierungen entfalten können.

Hier unterscheiden sich Supervision und Psychotherapie einerseits und Coaching andererseits. Wegen der primär instrumentalistischen Orientierung des Coaching können unbewusste Dimensionen ebenso wenig systematisch berücksichtigt werden wie Übertragungsprozesse. Anders in der Supervision:

In ihr wird ein geschützter Raum für die Thematisierung subjektiver Themen zur Verfügung gestellt, im Unterschied zur Therapie stehen aber nicht regressive Bewegungen, sondern progressive Entwicklungen im Vordergrund. Als Reflexion des beruflichen Handelns können regressive Prozesse allenfalls passagèr berücksichtigt werden. Wenn sie zu sehr wuchern, könnte das einerseits die berufliche Handlungsfähigkeit in Frage stellen, andererseits würde die Grenze zwischen Therapie und Supervision hinfällig, Supervision würde unter der Hand zur schlechten Therapie. An dieser Stelle wird die Frage virulent, wie die Übertragung in der Supervision zu handhaben sei. Die Antwort ist einfach; was den Umgang mit der Übertragung in der Supervision allerdings nicht gerade erleichtert. Die Antwort lautet: Der Supervisor sollte die Übertragungdynamik wahrnehmen und möglichst *indirekt*, bezogen auf den Fall ansprechen bzw. deuten.

Der zweite fundamentale Unterschied zum Coaching liegt darin, dass Supervision zumindest in therapeutischen, sozialen und pädagogischen Handlungsfeldern, sensu strictu immer auf den abwesenden Dritten bezogen ist. Damit ist gemeint, dass die schwierige, von wechselseitigen Verständnisproblemen, Missverständnissen und institutionellen Überlagerungen gekennzeichnete Beziehung von Professional und Klient im Zentrum des supervisorischen Aufkärungsprozesses steht. Dieser für die Supervision charakteristische Aspekt hat zur Folge, dass in der beruflichen Arbeit mit Menschen die je eigenen Persönlichkeitsaspekte und Konfliktpotentiale der Professionellen notwendig mit den psychosozialen Problemlagen der Klienten in Berührung kommen. Im Unterschied zur Psychotherapie erfährt das Übertragungsgeschehen durch den Dritten eine wesentliche Komplizierung. Die in der Aktualisierung des Übertragungsgeschehens auftretenden Irritationen erfordern eine Mehrebenenanalyse, die von Kutter (1990) unter dem Begriff des „doppelten Spiegelphänomens" diskutiert worden ist.

Im Unterschied zu instrumentellen Kompetenzen lässt sich die selbstreflexive Haltung in komplexen Übertragungskontexten nicht ein für allemal erlernen. Sie konstelliert sich unausweichlich jeweils neu mit jeder Supervisor-Supervisand, Klient-Behandlerbeziehung. Darüber hinaus ist sie zusätzlich störanfällig durch die je spezifischen Konfliktdynamiken der institutionellen Bedingungen des Arbeitsfeldes und der Kooperationsprobleme in den Teams. Es gehört zu den besonderen Leistungsmerkmalen der Supervision zu versuchen, diese komplexe Problemkonstellation und die Bedrohungen professioneller Identität, die aus den riskanten Beziehungen zu den Klienten und aus den Schwierigkeiten institutioneller Kooperation erwachsen, in berufsbiographischer Perspektive (Einzelsupervision) oder im Kontext der Team- bzw. Gruppendynamik zu thematisieren und praktische Veränderungen zu focussieren. OE, Coaching, PM, QB etc. folgen demgegenüber ganz anderen Interessen. Im Kern geht es bei diesen Techniken heute vor allem darum, dass Effizienz und Effektivität der Organisation gesteigert, Mitarbeiter möglichst zahlreich freigesetzt, Kosten reduziert und das Aufgabenspektrum möglichst verringert werden sollen. Natürlich wird das ideologisch cachiert durch die Lyrik der Managementliteratur, mit der Kooperation, Transparenz, Motivationsförderung, personal empowerment, Achtung vor der Leistung des anderen, corporate identity und ähnliche Desiderate beschworen werden. Die deklarierten Absichten dürfen jedoch nicht darüber hinweg täuschen, dass die zitierten Verfahren unternehmens- bzw. organisationsstrategischen Zielen dienen, die methodisch in entsprechende Techniken umgesetzt werden.

Die paradigmatische Differenz könnte natürlich im Rahmen eines erkenntnistheoretischen Diskurses sehr viel breiter entfaltet werden; ich hoffe aber, durch das Fallbeispiel und die theoretischen Anmerkungen eine gewisse Sensibilität für die Unterschiede zwischen dem polypragmatischen Instrumentalismus eines erfolgreichen Coachingprozesses einerseits und dem selbstreflexiven Prozess in einer auf Verstehen gerichteten Einzelsupervision andererseits geweckt zu haben. Natürlich ist mir klar, dass es zwischen Coaching, OE, QB etc. und Supervision Überlappungszonen gibt, die paradigmatische Differenz wird dadurch jedoch keineswegs hinfällig.

3. Polypragmasie, Kundenorientierung und die Ausblendung der Selbstreflexion

Bis Ende der 1980er Jahre war die Entwicklung der Supervision – grosso modo – dadurch gekennzeichnet, sich als systematische Selbstreflexion des beruflichen Handelns zu legitimieren und für verschiedene Anwendungsbereiche zu spezifizieren. Die Hinwendung zum Profitsektor, zu Organisationsentwicklung und Coaching hat historisch eine völlig andere Entwicklungsdynamik hervorgebracht. Seit den 1990er Jahren gibt es einen Trend, der zunehmend die Supervisionsdiskussion zu beherrschen scheint und Sprache und Denken zu reglementieren beginnt. Vor einiger Zeit bekamen die DGSv-Mitglieder ein Marketingheft mit dem Titel: „Entscheidungshilfen für Kundinnen und Kunden, Supervision – Fragen, Antworten, Anlässe, Zielsetzungen" zugeschickt. In dieser und vielen anderen Texten wird zunehmend der Kundenbegriff benutzt, wenn von Supervisanden die Rede ist. Hintergrund der Verwendung betriebswirtschaftlicher bzw. unternehmensberaterischer Begrifflichkeiten war zunächst die Umstrukturierung der Sozialen Dienste durch Unternehmensberatungsfirmen. Hierdurch fand die BWL-Terminologie Eingang in den Non-Profit Sektor. Aber auch der Flirt mit dem Profitsektor hat zur Veränderung der Sprache beigetragen: Man wollte sich nicht länger als Sozialmuffel typisieren. Schließlich haben auch einige Psychotechniken – vor allem der Systemische Ansatz – den Kundenbegriff propagiert.

Interessant ist, dass im Bereich der Supervision zwar Supervisanden inzwischen häufig als Kunden bezeichnet werden, eine entsprechende Bezeichnung für die Supervisoren steht indes noch aus. Man spricht also bisher nicht vom Supervisionshändler bzw. -verkäufer, auch nicht vom Supervisionslieferanten. Die betriebswirtschaftliche Begrifflichkeit bleibt also vorerst am Supervisanden hängen. Allerdings wird das nicht mehr lange so bleiben. Die von der DGSv betriebene Politik zur Einführung des „Qualitätsmanagements für die supervisorische Praxis" wird über kurz oder lang dazu führen, dass die Sprachregelungen und Verfahren von ISO 9000, 9001, 9004 übernommen werden. Den Grundsätzen des Qualitätsmanagements verpflichtet, werden wir dann eine „Lieferantenbeziehung zum gegenseitigen Nutzen" zu unseren „Kunden" haben, ein „zertifiziertes Produkt" anbieten, das ständig verbessert wird und wir werden permanent Schritte zur Verwirklichung des QM-Systems unternehmen. Selbstverständlich haben wir unsere Weiterbildung als Kunden einer zertifizierten Ausbildung gemacht. In den DGSv-Nachrichten 3/2001 schreibt Beatrix Schiele, dass die Grundsätze der ISO Norm Ansätze enthält, „die für SupervisorInnen der DGSv eine Selbstverständlichkeit darstellen. Die Sprache ist Gewohnheitssache, bzw. gewöhnungsbedürftig" (S.11). Ich kann Frau Schiele nur entgegenhalten, dass für meine Supervisionspraxis kein einziger der Grundsätze der ISO Norm eine „Selbstverständlichkeit" ist, weil ich den Ansatz für völlig unangemessen halte. Deshalb werde ich mich auch nicht an die Begrifflichkeit gewöhnen. Im Verband sieht man das offensichtlich anders, auch wenn man, nach dem Ergebnis einer Umfrage im Jahr 2000, einen „prozesshaften Umgang" mit der Qualitätsthematik bevorzugt. Wie immer der Umgang sich gestaltet, um den Gewöhnungsprozess möglichst bald in Gang zu setzen, schlage ich vor, auf einer der nächsten Mitgliederversammlungen über den Einsatz der modernen Terminologie zu entscheiden und „prozesshaft" nach einem unternehmensberatungstauglichen Begriff für Supervisoren zu suchen. Auf die veralteten Begriffe Supervisand und Supervisor kann man dann, ganz im Sinne der Selbstabschaffung der Supervision, endlich verzichten.

Ich frage mich, ob sich die Vertreter des Kundenbegriffs wirklich über die Implikationen ihrer Begrifflichkeit im Klaren sind, ob sie über den Zusammenhang von Gegenstand und Begriff nachgedacht haben, oder ob sie nur gängigen Trends nachlaufen, immer mit der Angst, der Zeitgeist könnte ihnen entwischen? Ich vermute, dass fast jeder, der einmal einen längeren Supervisionsprozess als Supervisand oder als Supervisor erlebt hat, die Gewissheit erlangt, dass die Rede vom Kunden unangemessen ist. *Mit dem Kundenbegriff wird eine spezifische Eigenart der Supervisionsbeziehung, die konstitutive Paradoxie von Intimität und ökonomischem Verhältnis, verkannt.* Diese Paradoxie wird im Kundenkonstrukt einseitig zugunsten einer ökonomisch bestimmten Beziehung aufgelöst. Sowohl beim Supervisor als auch beim Supervisanden gibt es Erwartungen, die über eine ökonomisch determinierte Beziehung hinausweisen. Ohne die paradoxe Unterstellung einer solchen besonderen Beziehung wäre die Entfaltung einer unzensierten Offenheit und eines authentischen Übertragungsgeschehens nicht denkbar. *Die Alternative zur konstitutiven Paradoxie von Intimität und ökonomischer Beziehung ist die strategische Beziehung.* In der Kundenbeziehung instrumentalisiert der Supervisor den Supervisanden notwendig für die Realisierung seines strategischen Nutzens. In diesem Zusammenhang möchte ich noch einen weiteren Aspekt hervorheben: *Begriffe wie Klient, Patient, Analysand, Mandant, Supervisand sind Ausdruck professionsspezifischer Differenzierungen.* In den Bezeichnungen drückt sich etwas von der besonderen Typik der beruflichen Beziehung und des beruflichen Auftrages aus. Im Fall der Supervision verweist die Begrifflichkeit darauf, dass Supervisor und Supervisand mit der gleichen Sache befasst sind, dass sie ein basales Interesse an der selbstreflexiven Bearbeitung beruflicher Erfahrungen verbindet, welches zentral für das Gelingen des Projekts ist. Das Verhältnis Supervisonsverkäufer und Kunde betont eine andere Interessenlage: den Primat einer auf ökonomischen Nutzen basierenden strategischen Interaktion.

An dieser Stelle möchte ich darauf hinweisen, dass es mir keineswegs um ein Abwertung oder gar Verteufelung von Organisationsberatung, Coaching, Qualitätsmanagement oder Kundenorientierung geht; dazu mache ich selber viel zu gerne Institutionsanalysen oder Coaching. *Meine Argumentation zielt vielmehr auf die Berücksichtigung der Spezifik der Methoden und gegen die Verwischung der Unterschiede.* Bei den einzelnen Beratungsformen handelt es sich um distinkte Methoden, die, wie ich zu zeigen versucht habe, paradigmatische Unterschiede aufweisen. Mit meiner Argumentation wende ich mich gegen die Gefahr der Erosion des supervisorischen Arbeitsgegenstandes und der supervisorischen Methode; positiv ausgedrückt: Es geht mir um die Präzisierung eines angemessenen Supervisionsverständnisses. Gegen den polypragmatischen Instrumentalismus des Mainstreamdiskurses gilt es, ein Supervisionsverständnis stark zu machen, das sich weder von monomethodischen oder integrativen therapeutischen Ansätzen noch von Unternehmensberatungs- oder Qualitätsmanagementmethoden herleitet.

4. Forschungsgestützte, gegenstandsbezogene Supervision als Ausweg aus der Krise

Nach meiner Einschätzung wäre es sinnvoll, der gegenwärtigen Krise zunächst durch die Selbstvergewisserung über die Fehlentwicklung der Supervision zu begegnen. *In einem zweiten Schritt ginge es dann um die Herausarbeitung eigenständiger, wissenschaftlich begründeter Supervisionsmethoden für die Bereiche Einzel-, Team- und Gruppensupervision.* Natürlich bin ich mir bewusst, dass eine solche selbstkritische Anwendung der Reflexion auf die Entwicklungen und Illusionen der vergangenen Jahre nicht einfach ist. Sehr viel verlockender sind demgegenüber projektive Abwehrbewegungen, z.B. Klagen über die Reduzierung der Nachfrage oder agierende Strategien in Form von Diskussionen über allfällige Marketingaktivitäten.

Grundlage für die Herausarbeitung der Supervision als eigenständiger Beratungsform ist die Gegenstandsorientierung. Damit ist gemeint, dass die Analyse der supervisionsspezifischen Themen und Problemlagen der Methodenentwicklung vorgelagert ist. Einige Prinzipien habe ich bereits im Abschnitt „Paradigmatische Differenz" angedeutet. *Unverzichtbar ist zunächst, dass die Erfahrungs- und Erkenntnisgenerierung in einem minimal strukturierten Setting stattfindet.* Nur auf dieser Grundlage ist es möglich, dass das Relevanzsystem des bzw. der Supervisanden und die Dimensionen der Problemlagen *ohne Überlagerungen durch psychotechnische Verfahrensstrukturierungen* zur Geltung kommen. Für den Supervisor wie für die Supervisanden ist die Minimalstrukturierung Voraussetzung zur Entwicklung *spezifischer Wahrnehmungseinstellungen und innerer Resonanzräume,* um die Mitteilungen als Verknüpfung von bewussten und unbewussten Bedeutungsebenen verstehen zu lernen.

Die zweite Voraussetzung ist die Orientierung der Supervision an der Falldynamik. Sie stiftet die Einheit des supervisorischen Gegenstandes. Durch die Zentrierung der Analyse auf die Falldynamik werden die institutionellen, die team- und prozessbezogenen sowie die berufsbiographischen Dimensionen zu Projektionsflächen der Fallproblematik, die als solche und nicht als autonome Gegenstände in der Supervision behandelt werden. So konstellieren sich beispielsweise Teamkonflikte bei der Behandlung der Fälle und können in diesem Kontext indirekt bearbeitet werden (natürlich beinhaltet die fallbezogene Orientierung keine Dogmatik derart, dass dominante Gruppenkonflikte oder besondere Situationen nicht auch einmal zum „Fall" werden könnten). Mit einem solchen Konzept verändern sich die Anforderungen an die Supervisoren. In der fallanalytischen Supervision sind einschlägige Erfahrungen, Fachkompetenz und allgemeines Wissen über das professionelle Handeln und die Arbeitsfelder der Supervisanden Voraussetzungen des Verstehens und Intervenierens. Je höher der Professionalisierungsgrad der Gruppenmitglieder, umso größer sind die Anforderungen in Bezug auf Wissen, Können und Erfahrungen des Supervisors im entsprechenden Arbeitsfeld.

In gewisser Hinsicht führt die Orientierung an der Falldynamik zu einer Begrenzung der möglichen Arbeitsfelder für Supervisoren, gleichzeitig wird ihre Identität gestärkt, weil sie bessere kognitive und emotionale Voraussetzungen haben, das Fremde, das die Supervisanden präsentieren, zu verstehen. Die supervisorische Identität wird also nicht, wie gegenwärtig oft zu beobachten, durch ebenso überdimensionierte wie diffuse Anforderungen untergraben. Wenn man sich die Angebotspalette in den Flyern mancher Kollegen anschaut, wird vielleicht deutlich, was ich meine: Viele Flyer sind von grassierendem Größenwahn infiziert. Ein fallanalytisches Anforderungsprofil legt die Frage nahe, ob und wie diese Kompetenzen erlernt bzw. erworben werden können. Zur Beantwortung möchte ich *den Aspekt der Kompetenzanreicherung* hervorheben. Naturgemäß findet die Kompetenzanreicherung *nach* der Weiterbildung zum Supervisor statt. Voraussetzung ist, dass mehrere längere, zwei- bis dreijährige Supervisionsprozesse durchgeführt, dokumentiert und möglichst mit Hilfe langfristiger Kontrollsupervision durchgearbeitet werden. Auf dieser Grundlage entsteht Sicherheit im Umgang mit dem handlungsschematischen Ablauf, den Themen und in der Bewältigung der Interaktionskrisen. Diese Sicherheit schafft die Möglichkeit, allmählich innere Spielräume für die Wahrnehmung der Fallstruktur zu entwickeln. Die besondere Schwierigkeit der fallanalytischen Supervision besteht nun darin, in der Sitzung selber zu einer *Fallhypothese zu gelangen*, die die Verknüpfung von bewussten und unbewussten Beziehungsaspekten zwischen Therapeut und Patient, Helfer und Klient und deren Spiegelung in der Gruppe entschlüsselt.

Die dritte Voraussetzung zur Entwicklung gegenstandsbezogener Supervisionsmethoden ist der Forschungsbezug. Da mir dieses Thema für die Zukunft der Supervision besonders wichtig erscheint, möchte ich die Forschungsorientierung am Konzept einer niederschwelligen, fallrekonstruktiven Supervisionsforschung etwas differenzierter diskutieren. Hintergrund meiner Überlegungen sind Erfahrungen, die wir mit der Einrichtung des ersten universitären Supervisionsstudiengangs an der Gesamthochschule Kassel gemacht haben. Zusammen mit Dieter Eicke habe ich ein Forschungsprojekt zur Untersuchung von Supervisions- und Balintgruppen mit dem etwas komplizierten Titel: „Erforschung interaktioneller Vorgänge in ausbildungs- und berufsbegleitenden Supervisions- und Balintgruppen" entwickelt. Anders als bei Balint, der als Begründer der Supervisionsforschung gelten kann, beruhte es aber nicht auf der Analyse von Protokollen, sondern von Tonbandtranskripten. Aus diesem Projekt sind zahlreiche Veröffentlichungen und weiterführende Studien vor allem von Michael Giesecke, Hermann Müller, Kornelia Rappe-Giesecke und mir hervorgegangen.[2] Ziel der Untersuchung war es zunächst, verallgemeinerbares, orientierungsrelevantes und handlungsleitendes Wissen über den Ablauf, die Interaktionsformen und die Themenbearbeitung in minimal strukturierten Supervisions- und Balintgruppen zu generieren. Darüber hinaus sollte auch – das war zumindest meine Intention – eine erfahrungsnahe, niederschwellige Untersuchungsmethode entwickelt werden, die auch von nicht-spezialisierten Untersuchern, also

2 Literaturhinweise zu den wichtigsten Studien, die aus diesem Projekt hervorgegangen sind, finden sich in: Gaertner 1999

etwa von den Supervisoren selber oder von Gruppenteilnehmern zur retrospektiven Erforschung der Interaktionsphänomene und der Themenprozessierung in Gruppen eingesetzt werden kann.

Wichtig ist zunächst, dass auch qualitative Methoden den Kriterien wissenschaftlicher Rationalität genügen. Sie sollten:

- gegenstandsadäquat,
- methodisch-systematisch,
- intersubjektiv nachvollziehbar und
- anschaulich sein.

Rekonstruktive Fallstudien auf der Grundlage von Transkripten von Supervisionsprozessen sind eine Möglichkeit, diese Kriterien zu erfüllen. Die Textanalyse von Supervisionstranskripten hat in den vergangenen zwei Jahrzehnten an Bedeutung gewonnen: Schütze, Oevermann, Clemenz, Graf-Deserno, Overbeck und andere untersuchen Supervisionstranskripte mit höchst unterschiedlichen Fragestellungen und Methoden.[3] Grundsätzlich lassen sich dabei zwei Untersuchungsperspektiven unterscheiden:

- Supervisionssitzungen und Supervisionsverläufe als Untersuchungsgegenstand mit dem Ziel, Interaktionsphänomene, Prozessverläufe, Form und Dynamik der Themenbearbeitung, Übertragungs- und Widerstandsphänomene etc. zu erforschen,
- Supervisions- und Balintgruppen als Forschungsinstrument für die Untersuchung externer Gegenstandsbereiche, z.B. professioneller Strategien, von Patientenkollektiven, Institutionen etc.

Während Balint die Gruppe als Forschungsinstrument für externe Fragestellungen – z.B. nach der Wirkung der Droge Arzt – eingesetzt hat, haben wir uns in unseren Forschungszusammenhängen mit den Struktureigenschaften von Supervisionsprozessen selber beschäftigt. Dieses Interesse resultierte aus dem Umstand, dass mit dem ersten Supervisionsstudiengang an einer Hochschule die Frage nach dem wissenschaftlichen Standard und der Legitimation der Beratungsmethode virulent wurde. Mit unserer Untersuchung ist es uns gelungen, den handlungsschematischen Ablauf und die Prozessierung von Themen in minimal strukturierten Supervisions- und Balintgruppen zu dechiffrieren. Auch das Desiderat einer niederschwelligen, an

---

3 Vor allem: Schütze 1984; 1992; 1994; Oevermann 1993. An die letzte Publikation schloss sich eine Tagung an, auf der das von Oevermann objektiv-hermeneutisch analysierte Sitzungsprotokoll der Supervision eines Therapie-Teams einer polyzentrischen Analyse, unter anderem aus der Perspektive der Metaphernanalyse (Buchholz) und der der psychoanalytischen Hermeneutik (Damasch, Metzger, Overbeck) unterzogen wurde. Siehe dazu: Buchholz/Hartkamp 1997

praxisrelevanter Erkenntnisgenerierung interessierten Forschung ließ sich mit der von uns entwickelten Methode der Transkriptanalyse konzeptualisieren.

Mit der Wahl der rekonstruktiven Fallstudie als Leitmethode wird bereits deutlich, dass wir das so genannte Adäquationsproblem, also die Angemessenheit von Methode und Gegenstand, durch die forschungsmethodische Orientierung am interpretativen Paradigma gelöst haben. Im Unterschied zum wahrscheinlichkeitstheoretisch begründeten Szientismus bezieht sich die Geltung des interpretativen Paradigmas ja bekanntlich auf jene Bereiche kommunikativen Handelns, die nur über Akte des Sinnverstehens und der Bedeutungsrekonstruktion erschlossen werden können. Diese Leistung ist es, und darüber herrscht in den Kultur- und Sozialwissenschaften inzwischen weitgehend Konsens,[4] die die interpretative Methodologie für die grundlagentheoretische Erforschung sozialen Handelns und für die Generierung von Hypothesen unverzichtbar erscheinen lässt. Neben dem heuristischen Stellenwert ist aber auch noch eine weitere Eigenschaft dieses Paradigmas ausschlaggebend für die methodologische Rahmung der Supervisionsforschung. Oevermann hat mit Blick auf die objektive Hermeneutik nachdrücklich darauf hingewiesen, dass das interpretative Paradigma eine unhintergehbare Voraussetzung zur Analyse der Subjektivität in ihrer sozialen Verfasstheit darstellt.[5] Diese Hinweise zur methodologischen Rahmung mögen ausreichen, um die paradigmatische Positionierung der Transkriptanalyse zu verdeutlichen.

Als nächstes wende ich mich nun der Frage nach der forschungsmethodischen Ausrichtung[6] von Transkriptanalysen im Bereich der Supervision zu. Innerhalb des interpretativen Paradigmas haben sich zahlreiche Varianten ausgebildet, wobei das Spektrum von der „teilnehmenden Beobachtung“, der „Inhalts-“ und „Diskursanalyse“ über die „kommunikative“ und „rekonstruktive Sozialforschung“ bis zur „psychoanalytischen“ und „objektiven Herme-

4 Aus der beinahe unübersehbaren Literatur, die seit den 1960er Jahren zu diesem Topos erschienen ist, seien in diesem Zusammenhang neben der klassischen theoretischen Studie zur „Theorie des kommunikativen Handelns“ von Habermas, wiederaufgelegt 1997, zwei neuere Veröffentlichungen erwähnt, die als Orientierung dienen können und weiterführende Literaturhinweise enthalten. Es handelt sich um eine Publikation von Bohnsack (1993) und Jung/Müller-Dohm (1993).

5 Wenn ich mich an dieser Stelle auf Oevermann (1993) beziehe, dann in dem Bewusstsein, dass der Autor den subjekttheoretischen Geltungsanspruch ausschließlich für die „Objektive Hermeneutik“ reklamiert. Mutatis mutandis gilt seine Argumentation jedoch ebenso für den übergreifenden Zusammenhang der interpretativen Methodologie.

6 In der Diskussion über Forschung führt die Verwendung der Begriffe „Methodologie“ und „Methode“ häufig zu Missverständnissen: Während „Methodologie“ den erkenntnistheoretischen Reflexionsrahmen focussiert, bezeichnet der Begriff „Methode“ die forschungspragmatische Seite, also die Verfahren und Techniken, die in den Studien angewandt werden.

neutik“ reicht. Mit den unterschiedlichen Ansätzen sind natürlich auch höchst unterschiedliche Erkenntnisinteressen und Geltungsniveaus der Forschungsresultate verbunden. Hier reicht die Varianz von phänomenologischen Deskriptionen über verallgemeinerbares typologisches Wissen bis zur Generierung von Strukturgeneralisierungen.

In dem Prospekt unterschiedlicher Ansätze möchte ich vor allem auf die von Glaser und Strauss (1967; 1979) entwickelte Methode der „grounded theory“ hinweisen, weil sie mir wegen ihrer ethnographischen Perspektive für die Rekonstruktion der Interaktionsphänomene in Supervisions- und Balintgruppen besonders geeignet erscheint. Wichtige Anregungen für die sequenzielle Analyse von Supervisionstexten lassen sich auch der Methode der objektiven Hermeneutik Oevermanns und – natürlich – der psychoanalytischen Hermeneutik entnehmen. Mit diesen methodischen Anleihen ist allerdings nicht gemeint, dass wir bei der Analyse des Fallmaterials auf vorausgesetzte Theoriesysteme, wie zum Beispiel den Symbolischen Interaktionismus, den Strukturalismus oder die Psychoanalyse rekurrieren. Grundlage meines Ansatzes ist vielmehr die Generierung der Methode aus dem Fallmaterial selber. Voraussetzung dazu ist, dass eine künstlich hergestellte, „naive“ Wahrnehmungseinstellung eingenommen wird, bei der das Vorwissen bewusst zurückgestellt wird. Wir sprechen in diesem Zusammenhang von einer nicht-theoriegeleiteten Forschungsmethode. Im Sinne einer „logic of discovery“ hat eine solche Orientierung den entscheidenden Vorteil, dass die Präformationskraft vorausgesetzter Theorien für den Untersuchungsgegenstand eingeschränkt wird.[7]

Die forschungspraktische Annäherung an Transkripte erfolgt in vier Schritten: Zunächst wird der Textkorpus gelesen, wobei Auffälligkeiten markiert werden. Die Markierungen werden nicht systematisch, sondern in vorwissenschaftlicher Einstellung angebracht. Im Interesse einer „naiven“ Wahrnehmungseinstellung sollten lange Überlegungen bei dieser ersten Auswertungsaktivität vermieden werden. Mit der Markierung sind intuitive Interpretationsleistungen verbunden, die freilich noch nicht expliziert werden. Allgemein kann man sagen, dass die Unterstreichungen diejenigen Worte

7 Hier liegt ein Dilemma gerade auch der psychoanalytischen Forschung. Als theoriegeleitete bewegt sie sich in einem Bezugssystem, das nicht transzendiert werden kann. Für ihre wissenschaftliche Produktivität und ihre Stellung im wissenschaftlichen Diskurs leiten sich daraus ernstzunehmende Schwierigkeiten z.B. mit den Kriterien der Kommunizierbarkeit, der intersubjektiven Nachvollziehbarkeit der Forschung und des Geltungsanspruchs ihrer Erkenntnis ab. Damit ist natürlich nicht gesagt, dass theoriegeleitete Orientierungen nicht auch außerordentlich produktiv sein können, wie ich am Beispiel des Buches „Supervision in der psychoanalytischen Sozialarbeit“ deutlich zu machen versucht habe. Das dritte Kapitel meiner Untersuchung zur Fallsupervision beruht im Übrigen ebenfalls weitgehend auf dem psychoanalytischen Methoden- und Fallverständnis.

oder Passagen betreffen, die dem Leser aufgrund mangelnder Plausibilität des Textes (sprachliche Brüche, Widersprüche, logische Inkonsistenzen etc.), besonderer Gestaltungen (Verdichtungen, Wiederholungen, Metaphorik etc.) oder aufgrund eigener lebensgeschichtlicher Sensitivitäten besonders auffallen. Bereits an dieser Stelle wird ein methodisches Erfordernis rekonstruktiver Forschung deutlich: Die Auswertung sollte möglichst nicht als monologischer Akt, sondern im diskutierenden Kontext einer Forschungsgruppe erfolgen. Am Beispiel der Markierungen lässt sich dieses Postulat leicht verdeutlichen: Durch mehrere Untersucher, von denen teils homologe, teils divergente Signierungen vorgenommen werden, erhöht sich die Zahl der Perspektiven. Die Explikation der Wahrnehmungen und Annahmen, die bei den einzelnen Mitgliedern der Forschungsgruppe zu den jeweiligen Markierungen geführt haben, ist nicht nur ein wichtiger Interpretationsschritt, sie trägt wesentlich dazu bei, dass die für die Textrekonstruktion notwendige prozessuale Forschungsdynamik in Gang gesetzt wird.

In einem zweiten Schritt wird der Textkorpus segmentiert. Damit ist gemeint, dass eine Untergliederung in sinnvolle Einheiten vorgenommen wird. Die Möglichkeit zur Segmentierung verweist auf die Sinnstrukturiertheit von Texten, die ihrerseits gleichermaßen Voraussetzung und Resultat menschlicher Interaktion ist. Um die überkomplexe, kontingente Realität bewältigen zu können, haben sich im Verlauf der Evolution „Ordnungen" herausgebildet, die Sozialität allererst konstituieren und die von alltagspraktischen Habitualisierungen über Institutionalisierungen bis zu hochspezialisierten kulturellen Aktivitäten reichen. Diese werden in Sozialisationsprozessen vermittelt und repräsentieren als internalisierte Muster ein Set unbewusster Orientierungen, mit denen Handeln in sozialen Situationen möglich wird.[8]

Wenn wir einen vorliegenden Text segmentieren, rekonstruieren wir Ordnungs- und Orientierungsschemata, die die Interaktanten in der Supervisionssitzung selber aktivieren, um handlungsfähig zu sein. Bei den Aktivitäten, die zur Herausbildung der Strukturmuster führen, handelt es sich um internalisierte Schemata, die den Handelnden nicht bewusst sind, sondern in Handlungssituationen quasi automatisch abgerufen werden. Wir können also von einer Aktivierung von Strukturmustern als Ausdruck der Regelhaftigkeit sozialen Handelns sprechen. Diese, von Oevermann mit dem Begriff der „latenten Sinnstrukturen" bezeichnete objektive Strukturiertheit des Handelns wird in der Analyse des Textes rekonstruiert. Die qua Bedeutungsrekonstruktion gewonnenen „latente(n) Sinnstrukturen sind objektiv gegebene Reali-

8 Dieser konstitutionstheoretische Zusammenhang ist von den unterschiedlichen Schulen, sei es konstruktivistisch, (z.B. Berger/Luckmann 1969), sei es strukturalistisch (Oevermann 1993) diskutiert worden. Die für eine praktische Sozialwissenschaft folgenreichen Konstrukte sind trotz unterschiedlicher Wissenschaftssprachen und trotz ausgeprägter Abgrenzungsrituale erstaunlich konvergent.

täten genau insofern, als sie von objektiv geltenden Regeln im Sinne von Algorithmen generiert werden und als solche mit Anspruch auf objektive Gültigkeit durch Inanspruchnahme genau jener Regeln im Interpretationsakt rekonstruiert werden können, die schon bei der Erzeugung der zu interpretierenden protokollierten Wirklichkeit operierten" (Oevermann 1993, 115).

Für die Herstellung der Segmentierung können verschiedene Systematiken herangezogen werden. Während Oevermann zur Rekonstruktion der latenten Sinnstrukturen sequenzanalytisch vorgeht und die aufeinander folgenden Redebeiträge als Einheiten wählt, wobei vor allem die „initialen Interaktionssequenzen" besondere Aufmerksamkeit erfahren, arbeiten die Ethnomethodologen, aber auch die Diskurstheoretiker (Flader 1982) zunächst die formale Strukturiertheit der Texte heraus. Für unsere Fragestellungen ergänzen sich die beiden Perspektiven. Forschungspraktisch verfahren wir so, dass einerseits deutlich abgrenzbare kommunikative Aktivitäten, wie zum Beispiel die Falleinbringung, die durch die Verwendung eines speziellen Kommunikationsschemas, der Erzählung nämlich, und durch Anfangs- und Abschlussmarkierungen von anderen Passagen abgehoben sind, als Segmente definiert werden. Andererseits werden thematisch abgeschlossene Einheiten für die Segmentierung herangezogen.

Der dritte Schritt der Textrekonstruktion besteht in der sequenziellen Analyse der Bedeutungsstruktur der Segmente. Während die Beschreibung der Segmente die Gesamtformung des Textes repräsentiert, erschließt die sequenzielle Analyse dessen Binnenstruktur. Bei der sequenziellen Analyse der Segmente sind großflächige Interpretationen von kleinräumigen zu unterscheiden. Vor allem Stellen mangelnder Plausibilität, wie zum Beispiel die Eingangsszene in unserem Transkript, werden einer extensiven Bedeutungsrekonstruktion unterzogen. Auf dieser Ebene arbeiten wir, ähnlich wie Oevermann, mit der Generierung von Lesarten. Im Fortgang der Untersuchung werden die Lesarten nach Sinn- und Evidenzkriterien zu einer kohärenten Version verdichtet. Auf diese Weise entsteht ein Text über einen Text: im gelungenen Fall die Entzifferung der latenten Bedeutungen.

Auf der Grundlage dieses neuen Textes wird im vierten Auswertungsschritt eine Typologie entwickelt. In einer ersten Annäherung kann man die Typenbildung als Formulierung von „Überschriften" verstehen, die den latenten Bedeutungsgehalt des interaktionellen Geschehens in kondensierter Form erfassen. Der Geltungsanspruch der Typenbildung geht aber weit über die Qualität von Überschriften hinaus. Grundlagentheoretisch repräsentieren sie Strukturgeneralisierungen, die, wie sich am Beispiel der Strukturmuster für den handlungsschematischen Ablauf einzelner Sitzungen in der minimal strukturierten Gruppen- und Teamsupervision deutlich machen lässt, durchaus den Status sozialer Gesetzmäßigkeiten für sich in Anspruch nehmen und die Grundlage einer allgemeinen Theorie bilden können.

Durch die Textförmigkeit der Datenbasis, die gleichsam geronnenes Handeln repräsentiert, sind die Erkenntnisse, die mit der Bedeutungsrekonstruktion generiert werden, in spezifischer Weise praxisrelevant. Der handlungsleitende und orientierungsrelevante Charakter typologischen Wissens resultiert konstitutionslogisch aus jenem weiter oben zitierten referentiellen Bezug der Methode auf die „objektiv geltenden Regeln" (Oevermann) des Handelns. In ihrer Praxisrelevanz ist das interpretative dem szientistischen Paradigma eindeutig überlegen. Das gilt auch für einen anderen Zusammenhang: Validität und Reliabilität der Resultate interpretativer Forschungsstudien werden von den Vertretern der so genannten „harten" Methoden zu Unrecht in Zweifel gezogen. *Die Geltung der Aussagen und damit der Wahrheitsanspruch rekonstruktiver Forschung beruht wesentlich auf der Transparenz der Erkenntniskonstitution.* Der intersubjektiv nachvollziehbare Forschungsprozess bringt also selber die Reliabilität und Validität der Interpretationen hervor. Dabei bleibt die Komplexität des Untersuchungsgegenstandes in einem weit höheren Maße erhalten, als dies bei der notwendig reduktionistischen Operationalisierung auf messbare Untersuchungsdimensionen der Fall ist. Die Validierung der Ergebnisse erfolgt im Fall der interpretativen Untersuchungen durch die Interpretengemeinschaft, zu der auch die Rezipienten gehören, die den Forschungsprozess nachvollziehen und/oder die Resultate anwenden. Damit ist zwar ein Perspektivismus verbunden, dieser ist jedoch notwendiges Moment jeder Erkenntnis und betrifft auch die Aussagen szientistischer Forschungssettings, in denen er freilich objektivistisch verleugnet oder besser: forschungstechnologisch cachiert wird.

Ein weiterer Einwand von den Vertretern der so genannten „harten Methoden" betrifft die beschränkte Reichweite der Resultate von Einzelfallstudien. Dem ist insoweit zuzustimmen, als aus einem Fall natürlich weder typologische Verallgemeinerungen, noch gar allgemeine Theorien abgeleitet werden können. In Bezug auf unsere Untersuchungen kann diesem Einwand mühelos begegnet werden. Grundlage unserer Studien sind zahlreiche rekonstruktive Analysen von Supervisionstranskripten. *Wenn wir ein Transkript als Einzelfall untersuchen, dann im Kontext einer expandierten, komparativen Kasuistik.* Mit diesem methodischen Hintergrund lassen sich die Bedingungen für eine reliable Typenbildung durchaus erfüllen.

Ich vermute, dass ich den Leserinnen und Lesern mit meinen forschungsmethodischen Überlegungen viel, vielleicht zu viel zugemutet habe. Das klingt weder niederschwellig noch erfahrungsnah. Deshalb will ich abschließend noch einmal kurz über Erfahrungen berichten, die ich mit der niederschwelligen Untersuchungsmethode im Rahmen der Fortbildung für Supervisoren gemacht habe. Bei den Experimenten sind wir so vorgegangen, dass Balintgruppensitzungen mit den Fortbildungsteilnehmern durchgeführt und auf Tonträger aufgezeichnet worden sind. Die Aufnahmen wurden verschriftet und bei einer späteren Fortbildungseinheit segmentiert und einer sequenziellen Analyse unterzogen. Besonders eindrücklich war es zu beobachten, dass die sequenzielle Analyse, bei der man von der Textoberfläche und den Interaktionsphänomene ausgeht, zumeist nur schleppend in Gang kam, während die Suche nach verborgenen Bedeutungen lebhaftestes Interesse fand. Die allmähliche Annäherung an die veränderte Perspektive führte zu einer Umstrukturierung der Wahrnehmung, die, nach dem Zeugnis der Teilnehmer, gewinnbringend in der eigenen Praxis umgesetzt werden konnte. In den feed backs haben die TeilnehmerInnen hervorgehoben, dass die Untersuchung des Textes eher lustvoll und interessant, also alles andere als verbissen wissenschaftlich war. In den vergangenen Jahren haben sich einige Studiengruppen gebildet, die die Durchführung von eigenen kleinen Untersuchungen in Angriff genommen haben und dadurch einen großen Erkenntnis- und Kompetenzgewinn erzielt haben. Für eine wissenschaftliche Fundierung und Weiterentwicklung der Supervision reichen solche kleinen Ansätze allerdings nicht aus, dazu bedarf es einer Neuorientierung der Verbandspolitik und kooperativer Bemühungen der an den Hochschulen tätigen SupervisorInnen.

5. Epilog

Möglicherweise kommt die Selbstvergewisserung über den Weg der Supervision zehn Jahre zu spät, vielleicht ist die Supervision ja schon derart im polypragmatischen Instrumentalismus aufgegangen, dass eine kritische Perspektive die Verschärfung krisenhafter Entwicklungen nicht mehr aufhalten kann und als Nestbeschmutzung aufgefasst wird. Vielleicht ist jetzt aber auch ein guter Zeitpunkt, die Fehlentwicklungen der Supervision mitsamt den megalomanen Vorstellungen der 1990er Jahre selbstkritisch zu analysieren. Viele dieser Größenphantasien sind inzwischen zerplatzt, in den nächsten Jahren dürften durch den Nachfragerückgang weitere Desillusionierungen zu erwarten sein. Meine Hoffnung wäre, dass die Desillusionierung dazu beiträgt, dass der Verband der trennscharfen, forschungsgestützten Weiterentwicklung der Supervision absolute Priorität einräumt und eine radikale Umschichtung der Themenschwerpunkte und des Budgets vornimmt. Q-Projekt und Ethik-Diskurs sowie die Anbiederung an den Profitsektor gehören – meiner Meinung nach – nicht zu den vordringlichen Themen, wohl aber die forschungsgestützte Auseinandersetzung über Konzepte der Gruppen-, Team- und Einzelsupervision, komparative Strukturanalysen von Arbeitsfeldern, Studien über institutionelle Dynamiken, Untersuchungen von Identitätsproblemen und Legitimationsforschung in Form von katamnestischen Untersuchungen. Auf diese Weise ließen sich nicht nur eigenständige Supervisionsmethoden entwickeln, es wäre vielmehr auch möglich, das Profil der Supervision zu schärfen und zukunftsfähig zu machen. Auf einer solchen wissenschaftlichen Grundlage wäre dann auch ein Qualitätsdiskurs sinnvoll.

Literatur

Argelander, H. (1980): Die Struktur der Beratung unter Supervision. In: Psyche 5, 54-77.
Balint, M. (1957): Der Arzt, sein Patient und die Krankheit. Stuttgart.
Becker, H. (1995): Psychoanalyse und Teamsupervision. Einführende Bemerkungen. In: Becker, H. (Hg.): Psychoanalytische Teamsupervision. Göttingen, Zürich, 7-25.
Becker, S. (1994): Gedanken über psychoanalytische Supervision. In: Verein für psychoanalytische Sozialarbeit (Hg.): Supervision in der psychoanalytischen Sozialarbeit. Tübingen, 33-50.
Belardi, N. (1992): Supervision. Von der Praxisberatung zur Organisationsentwicklung. Paderborn.
Berger P. L., Luckmann Th. (1969): Die gesellschaftliche Konstruktion der Wirklichkeit Frankfurt a.M.
Berker, P., Buer F. (Hg.) (1998): Praxisnahe Supervisionsforschung. Münster.
Bilitza, K. (1991): „Themroc" oder die unbewußte Seite der Organisation. In: Streeck, U., Werthmann, H.-V. (Hg.): Herausforderungen für die Psychoanalyse. München 1991, 256-269.
Bion, W.R. (1971): Erfahrung in Gruppen und andere Schriften. Stuttgart.
Bohnsack, R. (1993): Rekonstruktive Sozialforschung. Einführung in Methodologie und Praxis qualitativer Forschung. Opladen.
Buchholz, M. B., Hartkamp, N., (Hg.) (1997): Supervision im Focus. Polyzentrische Analyse einer Supervision. Opladen.
Clemenz, M. u.a. (1992): Psychoanalyse in der Weiterbildung. Opladen.
Damasch, F., Metzger, G., Overbeck, A. (1997): „...Es war ja mein Anliegen, die...äh...Patientin...". In: Buchholz, M. B., Hartkamp, N. (Hg.): Supervision im Focus. Polyzentrische Analyse einer Supervision. Opladen.
Diebäcker, H. (1995): Chance und Risiko der Personalentwicklung. In: Supervision: Sonderheft, 21-36.
Elsler, G., Gerhards, K. (1998): Wandel des Supervisionsmarktes, Statement: Jugendhilfe. In: Supervision, 34, 37-40.
Fatzer, G. (1990): Rollencoaching als Supervision von Führungskräften. In: Supervision, 17, 42-49.
Flader D. et al. (1982): Psychoanalyse als Gespräch. Frankfurt a.M.
Gaertner, A. (1998): Professionalismus und Dequalifizierung der Supervision – Kritische Anmerkungen zur Entwicklung einer jungen Profession. In: Forum Supervision 6 (12), 86-114.
Gaertner, A. (1999): Gruppensupervision – Theoriegeschichtliche und fallanalytische Untersuchungen. Tübingen.
Gaertner, A. (2001): Szenen verstehen in der Supervision – Praxis cum research. In: Forum Supervision 9 (18), 31-50.
Giesecke, M., Rappe-Giesecke, K. (1997): Supervision als Medium kommunikativer Sozialforschung. Frankfurt a.M.
Glaser, B., Strauss, A. (1967): The Discovery of Grounded Theory. Chicago.

Glaser, B., Strauss, A. (1979): Die Entdeckung gegenstandsbezogener Theorie: Eine Grundstrategie qualitativer Sozialforschung. In: Hopf, C., Weingarten, E. (Hg.): Qualitative Sozialforschung. Stuttgart.

Graf-Deserno, S., Deserno H. (1998): Entwicklungschancen in der Institution – Psychoanalytische Teamsupervision. Frankfurt a.M.

Habermas, J. (1997): Theorie des kommunikativen Handelns, 2 Bd., Frankfurt a.M.

Jung, Th., Müller-Dohm, S. (Hg.) (1993): Wirklichkeit und Deutungsprozeß, Verstehen und Methoden in den Kultur- und Sozialwissenschaften. Frankfurt a.M.

Kutter, P., (1990): Das direkte und das indirekte Spiegelphänomen. In: Pühl, H.: Handbuch der Supervision. Berlin, 52-62.

Oevermann, U. (1993): Struktureigenschaften supervisorischer Praxis. Exemplarische Sequenzanalyse des Sitzungsprotokolls der Supervision eines psychoanalytisch orientierten Therapie-Teams im Methodenmodell der objektiven Hermeneutik. In: Bardé, B., Mattke, D. (Hg.): Therapeutische Teams. Göttingen, 141-269.

Oevermann, U. (1993a): Die objektive Hermeneutik als unverzichtbare methodologische Grundlage für die Analyse von Subjektivität. In: Jung, Th., Müller-Dohm, S. (Hg.): Wirklichkeit und Deutungsprozeß, Verstehen und Methoden in den Kultur- und Sozialwissenschaften. Frankfurt a.M., 106-189.

Rappe-Giesecke, K. (1990): Theorie und Praxis der Gruppen- und Teamsupervision. Berlin.

Schiele, B. (2001): DGSv aktuell, 2, 12.

Schüning, G. (1993): Herkunft Sozialbereich: Erfahrungen eines Supervisors, der in Profitorganisationen arbeitet. In: Supervision, 24, 41-52.

Schütze, F. (1984): Zur Relevanz kommunikativer Sozialforschung für die Supervision. In: Beiträge zur Supervision, Bd. 3, Kassel, Gesamthochschulbibliothek, 262-389.

Schütze, F. (1992): Sozialarbeit als bescheidene Profession. In: Dewe, B., Ferchhof, W. (Hg.): Erziehen als Profession. Opladen, 132-170.

Schütze, F. (1994): Strukturen des professionellen Handelns. Biographische Betroffenheit und Supervision. In: Supervision, 26, 10-39.

Staigle, W. (1994): „Supervision und Krise“. In: Verein für psychoanalytische Sozialarbeit (Hg.): Supervision in der psychoanalytischen Sozialarbeit. Tübingen, 139-157.

Supervision (1995): Sonderheft: Supervision – ein Instrument der Personalentwicklung. Frankfurt a.M.

Verein für psychoanalytische Sozialarbeit (Hg.) (1994): Supervision in der psychoanalytischen Sozialarbeit. Tübingen.

Weigand, W. (1993): Die Faszination des Geldes und des fremden Feldes – Supervision in Wirtschaftsunternehmen. In: Supervision, 24, 3-11.

Astrid Schreyögg

Der Coach als Dialogpartner von Führungskräften

Wenn Führungskräfte beraten werden, spricht man meistens nicht von „Supervision", sondern von „Coaching". Diese im Bereich der Personalwirtschaft entstandene Beratungsform gilt dort als „Maßnahme der Personalentwicklung". Und als solche dient sie im Verständnis dieser Milieus primär zur Förderung der Funktionsfähigkeit einer Führungskraft. Da sich die Aufgabenkomplexität und -fülle von Führungskräften in den letzten Jahren in allen Typen von Organisationen erheblich gesteigert haben, erhält Personalentwicklung – darunter auch Coaching – einen zunehmenden Stellenwert. Im Zuge dieser Prozesse zeigt sich allerdings, dass eine ausschließliche Förderung der Funktionsfähigkeit oft nicht ausreichend ist. Wie etwa Berglas (2003) anmahnt, erzeugen solche Coachings oft kontraproduktive Effekte. Durch rein funktionale Beratungen, wie sie etwa die meisten Sportcoaches durchführen, werden Führungskräfte vielfach eher verunsichert, und gelegentlich nehmen sogar die Firmen Schaden. Aus diesem Grund scheint es sinnvoll, Coaching nicht nur als Maßnahme der Personalentwicklung zu verstehen. Es sollten vielmehr, wenn es der Kontrakt mit dem Klienten und/oder mit der Firma erlaubt, auch Elemente von „Personenentwicklung" (Neuberger 1994) integriert werden. Wie mehrfach postuliert, folgt daraus, dass Coaching auch als „Dialogform für Freud und Leid im Beruf" (Schreyögg 2002; 2003), psychotherapeutische Elemente, wie es für die meisten Supervisionsansätze typisch ist, beinhalten sollte. Durch solche „Einsprengsel" erhält dann der Coach die Rolle eines relativ umfassenden Dialogpartners, der zwar schwerpunktmäßig für's Funktionale, bei Bedarf aber auch für's Personale zuständig ist. Das bedeutet, er benötigt breite „Landkarten" für die Personalentwicklung *und* solche für die Bearbeitung personaler Phänomene.

Im nachfolgenden Beitrag möchte ich zeigen,

- welcher Unterschied zwischen Personen- und Personalentwicklung besteht, sodann
- dass heute in *allen Organisationstypen Changeprozesse* an der Tagesordnung sind. Diese müssen vielfach auch gegen den Änderungswiderstand der Mitarbeiter von den Führungskräften durchgesetzt werden.

- Das stellt höhere Anforderungen an ihre Managementqualifikationen, weshalb sie heute vermehrt *Maßnahmen der Personalentwicklung* – so auch Coaching – in Anspruch nehmen.
- Höhere Anforderungen in den organisatorischen Systemen aktualisieren aber bei vielen Führungskräften auch Irritationen ihrer individuellen Befindlichkeit. So tauchen in den Coachings immer häufiger Fragestellungen auf, die dem Bereich der *„Personenentwicklung"* zuzurechnen sind. Diese lassen sich allerdings nur dann bearbeiten, wenn es der Kontrakt mit dem Klienten und/oder der *Kontrakt* mit der Firma erlaubt.

1. Zur Differenz zwischen Personen- und Personalentwicklung

Wie Neuberger (1994) aufmerksam macht, sollte zwischen Personen- und Personalentwicklung unterschieden werden. Bei „Personal" handelt es sich um einen Aggregatbegriff aus der Managementdebatte. Dabei geht es ohne Ansehen des einzelnen Menschen um die Mitarbeiterschaft einer Organisation, die qua Arbeitsvertrag verpflichtet ist, die Ziele des organisatorischen Systems möglichst optimal zu realisieren. In diesem Verständnis handelt es sich bei „Personal" vergleichbar den Maschinen eines Unternehmens um ein Produktionsmittel. Im Gegensatz aber zu Maschinen erweist sich das „Produktionsmittel Personal", das ja aus unterschiedlichen Menschen besteht, als „sperrig", denn es verfügt über „Eigensinn und Eigenwert" (Neuberger 1994, 14). Aus diesem Grund muss es entsprechende Entwicklungsprozesse durchlaufen. Das bedeutet, es muss durch Maßnahmen der Personalentwicklung für seine jeweilige Aufgabenerfüllung sozialisiert werden. Erst auf diese Weise wandeln sich die Mitarbeiter zu optimalen Funktionsträgern. Bei Personalentwicklung handelt es sich genau genommen um einen Teilbereich des Personalmanagements. Personalmanagement ist wiederum eine Managementfunktion, die sich mit Personalbelangen befasst wie der Besetzung von Stellen in Organisationen, der zielgerechten Leistungserstellung, der Personalbeurteilung, der Bezahlung – und eben der Entwicklung des Personals bzw. der „Belegschaft" einer Organisation (Schreyögg 2003).

Bei „Personenentwicklung" handelt es sich demgegenüber um Anstöße zur Entwicklung individueller menschlicher Potentiale, wie es etwa besonders markant in Selbsterfahrungsgruppen geschieht. Oder es handelt sich um Unterstützung bei der Bewältigung individueller Komplikationen, wie es im Rahmen psychotherapeutischer Maßnahmen üblich ist. Zur Differenz von Personen- und Personalentwicklung lässt sich also als generelle Leitlinie formulieren: Personalentwicklung akzentuiert die Förderung menschlicher Funktionsträger, Personenentwicklung dagegen akzentuiert die Entwicklung der Personen selbst.

Trotz etlicher Überschneidungen lässt sich behaupten, dass durch die Traditionen von Supervision auf der einen Seite und von Coaching auf der anderen beide Beratungsformen auch unterschiedliche Schwerpunktsetzungen aufweisen. Böning (2002) zeigt anhand der Geschichte von Coaching, dass es in unterschiedlichen Stadien seiner Entwicklung jeweils als personalwirtschaftliche Maßnahme in Unternehmen begriffen wurde. Es sollte prinzipiell zur Erhöhung der Funktionsfähigkeit von Führungskräften dienen. Das zeigt sich auch darin, dass Coaching häufig von firmeneigenen Beratern aus Personalentwicklungsabteilungen durchgeführt wird oder dass es im Falle von organisationsexternem Coaching von Firmen eigens angefragt und dann auch finanziert wird.

Im Gegensatz dazu ist die Geschichte von Supervision durch eine deutliche Schwerpunktsetzung in Richtung Personenentwicklung charakterisiert. Zwar startete Supervision zu Beginn des 20. Jahrhunderts in den USA ebenfalls bei der Personalentwicklung (Belardi 1992), dass nämlich ehrenamtliche Helferinnen für ihre Funktion als Unterstützerinnen von Armen durch „Administrative Supervision" vorbereitet wurden. Im weiteren Verlauf aber, als sich aus diesen Zusammenhängen die amerikanische Sozialarbeit entwickelte, die zunehmend Anschluss an psychotherapeutische Konzepte fand, änderten sich auch die basalen Intentionen von Supervision. In Analogie zur Ausbildung von Psychotherapeuten trat jetzt im Sinne von „Clinical Supervision" die Persönlichkeit der Professionellen in den Vordergrund. Supervision diente seit den 1950er und 1960er Jahren immer häufiger zur „Personenentwicklung". Unter Hinweis darauf, dass die Person des Professionellen in der Interaktion mit Klienten als entscheidendes Medium der Veränderung zu werten ist, zielte Supervision seit dieser Zeit auf die persönliche Entwicklung eben dieser Professionellen (Stoltenberg/Delworth 1987). Diese Tendenz dokumentiert sich auch im deutschsprachigen Raum darin, dass die Mehrzahl aller Supervisionskonzepte bis heute auf psychotherapeutische Modelle rekurriert (Pühl 1991; 1994; 2000; Gaertner 1999; Buer 1999; Rappe-Giesecke 2003 u.a.).

2. Changeprozesse in unterschiedlichen Organisationstypen

Personalentwicklung erhält heute in den meisten Organisationen ein erhebliches Gewicht. Große Unternehmen leisten sich eigene Personalentwicklungsabteilungen, kleine beauftragen einschlägige Firmen mit der entsprechenden Funktion. In diesem Rahmen werden Trainings, Assessment Center, Seminare – und Coachings – angeboten. Ursache für die große Nachfrage sind fraglos die gestiegenen Anforderungen an Mitarbeiterinnen und Mitarbeiter. Wir finden heute in allen Organisationstypen, also in Unternehmen, Verwaltungssystemen und sozialen Dienstleistungseinrichtungen breit angelegte Changeprozesse. Und zur Begleitung dieser Prozesse benötigt auch der Coach entsprechende „Landkarten“ für seine Arbeit:

Seit Beginn der Industrialisierung beobachten wir bis heute einen geradezu atemberaubenden Wandlungsprozess von arbeitsweltlichen Systemen. Am Anfang des 20. Jahrhunderts tauchte ein neuer Typ von Sozialsystemen auf. Im Gegensatz zu traditionellen Familienbetrieben, in denen der Patriarch nach Gutdünken Anweisungen gab, entwickelten sich jetzt große soziale Gebilde, in denen Willkürherrschaft durch viele personenunabhängige Regeln ersetzt wurde. Der Einzelne war nun vor den Launen seines Arbeitgebers geschützt und hatte eine Position inne, die durch spezifische Aufgaben, spezifische Weisungsbefugnisse und sogar durch spezifische Beschwerdewege charakterisiert war. Diese von Max Weber als „Bürokratie“ beschriebene Organisationsform (Weber 1921) setzte sich in der Folgezeit in sämtlichen Systemen von Wirtschaft und Verwaltung durch und bildete sogar das übliche Muster für Dienstleistungssysteme wie Kliniken und Schulen. Die Bürokratie avancierte zum organisatorischen Prototyp ihrer Epoche in allen westlichen Industrienationen und fast noch ausgeprägter in sozialistischen Ländern. Denn sie ersetzte ja zumindest auf formaler Ebene die Willkürherrschaft von einzelnen durch strukturelle, rational bestimmte Macht (Bosetzky/Heinrich 1994).

Der „gesellschaftliche Fortschritt“, der dem Bürokratiemodell innewohnte, musste aber nun „durch den potentiellen Freiheitsentzug des Einzelnen erkauft“ (Habermas 1981, 477) werden. Menschen sahen sich nämlich jetzt in ein Prokrustesbett gezwungen. Diese Perspektivität führte im Verlauf der 1970er Jahre zur „Human-Ressource-Bewegung“. Ihr Ziel bestand in der humanen Gestaltung von Organisationen. In den 1980er und deutlicher in den 1990er Jahren trat aber in den Vordergrund, dass bürokratische Strukturen vergleichsweise ineffizient sind. Jetzt setzte sich die Meinung durch, dass stark bürokratisierte Organisationen viel zu unbeweglich sind für die Anforderungen einer globalisierten Welt. Ihre Muster sind nämlich immer dauerhaft gedacht, so dass Wandlungsprozesse jeweils als problematische Ausnahmesituation betrachtet werden.

Die neuen antibürokratischen Positionen, wonach Changeprozesse einen Dauerzustand darstellen, führten seit Ende der 1980er Jahre in den USA und ein Jahrzehnt später auch in Europa zu umfassenden Umbauten in Organisationen. Sie fanden zuerst in Wirtschaftsunternehmen statt, im weiteren Verlauf in der öffentlichen Verwaltung und in den letzten Jahren auch zunehmend im sozialen Dienstleistungsbereich.

Changeprozesse in Wirtschaftsunternehmen

Strukturelle Korrekturen führten in der Wirtschaft zur fortlaufenden Flexibilisierung von Organisationen. Die Soziologen Lash und Urry (1987) sprechen vom „flexiblen Kapitalismus“ als einer weltweiten Entwicklung. Im Gegensatz zu seinem Vorgänger, dem „organisatorischen Kapitalismus“, befördere das aktuelle Wirtschaftswachstum nur noch schwach formalisierte Systeme. Nach Sennett (1998) sind diese durch drei Merkmale charakterisiert:

- durch Re-engeneering,
- durch Flexibilisierung aller Arbeitsprozesse und
- durch Dezentralisierung.

(1) *Re-engeneering* beinhaltet den Totalumbau von Firmen. Zu diesem Zweck werden meistens Unternehmensberaterinnen und -berater von traditionellen Beratungsunternehmen wie McKinsey oder Boston Consulting engagiert. Sie verheißen dem Unternehmen eine neue, nun effizientere formale Struktur. Dafür werden alle Strategien im Hinblick auf verzichtbare Routinen durchforstet. Und es werden in der Regel auch eine Reihe von Mitarbeiterinnen und Mitarbeitern „freigesetzt“. Im Verlauf eines solchen Prozesses wird in dem entsprechenden System immer viel Energie gebunden, denn die neue Struktur muss ja mit neuem Leben gefüllt werden. Die Entlassungswellen erzeugen bei den Verbleibenden Gefühle von Irritation und Frustration. Die qualifiziertesten unter ihnen verlassen das Unternehmen allerdings vielfach schon von sich aus, weil sie eine rigorose Umstrukturierung als „strukturelle Kränkung“ erleben. Dadurch geht aber wertvolles Expertenwissen verloren, das durch neue Mitarbeiterinnen und Mitarbeiter erst langsam wieder aufgebaut werden muss.

(2) Die *Flexibilisierung* von Arbeitsprozessen als weiteres Charakteristikum des „neuen Kapitalismus“ hat ihre Vorläufer in der Automobilindustrie, wo alle überflüssigen Routinen abgeschafft wurden, man selbststeuernde Arbeitsgruppen bilden ließ und im Weiteren Arbeitsplätze schuf, die jeden Mitarbeiter und jede Mitarbeiterin zu maximaler Effektivität zwingen. Eine zusätzliche Flexibilisierungsmaßnahme ist die Auslagerung von Teilen an Zulieferbetriebe, die aufgrund ihrer geringen Größe meistens erheblich preiswerter – und flexibler fertigen können.

(3) Ein weiteres Merkmal betrieblicher Umstrukturierungen ist die *Dezentralisierung* durch Lean Management. Seit ausgeprägte Hierarchien als Effizienzblockaden identifiziert wurden, versuchte man sie zu reduzieren. In führenden Publikationen (z.B. Corsten/Will 1993) wurde seit den 1990er Jahren allen Führungskräften nahe gelegt, ihre Organisationen von unnötigen Hierarchie-Ebenen zu befreien und nun endlich auch unteren Rängen mehr Entscheidungsspielräume zu eröffnen. Das Ergebnis derartiger Kampagnen

ist allerdings, dass jetzt auch hochrangige Führungskräfte ihren Arbeitsplatz verlieren – und sich viele Organisationsmitglieder auf den unteren Rängen mit ihren neuen Aufgaben überfordert fühlen.

Changeprozesse in Organisationen der öffentlichen Verwaltung

Verwaltungssysteme wie Bundes- und Landesbehörden sowie kommunale Verwaltungen galten mit ihren ausgeprägt bürokratischen Mustern zu Beginn des 20. Jahrhunderts noch als Modell für die Gestaltung von Unternehmen. Heute finden wir ein umgekehrtes Verhältnis. Derzeit liefern nämlich Entwicklungen in Firmen die Folie für die Umgestaltung von Verwaltungssystemen. Changeprozesse in der öffentlichen Verwaltung sind heute durch drei Aspekte charakterisiert: Durch

- die Reduktion der „bürokratischen Sozialisation" der Organisationsmitglieder,
- das „New Public Management" und
- neue Formen der Personalarbeit.

(1) In Verwaltungssystemen führten bürokratische Strukturen zu Organisationskulturen, die Deformationen der Organisationsmitglieder nach sich zogen. Bosetzky und Heinrich (1994, 113) sprechen von einer *„bürokratischen Sozialisation"*, die sich in „bürokratischen Persönlichkeiten" und im Extremfall im „Büropathen" manifestiert. Als typische Merkmale nennen die Autoren Rigidität, Ambiguitätsintoleranz, Dogmatismus, niedrige Kreativität usw. Schon Merton (1968) machte im Zusammenhang mit anomietheoretischen Positionen darauf aufmerksam, dass typische Tugenden von Bürokraten wie Disziplin und Regeltreue im Verlauf eines langen Berufslebens häufig zum Selbstzweck geraten.

In Behörden, in denen immer eine Vielzahl von entsprechend sozialisierten Personen tätig ist, finden wir dann kollektive Verdichtungen dieser Tendenzen zu „bürokratischen Kulturen". Diese sind traditionell, hierarchisch und unbeweglich (Brody 1993). Die MitarbeiterInnen folgen im Sinne gemeinschaftlich etablierter Muster möglichst umfassend vorgegebenen Regeln, vermeiden Risiken und halten Leitlinien für wichtiger als neue Ideen. Dadurch entsteht eine Starrheit, die jede Innovation verhindert. Wenn Verwaltungssysteme in den nächsten Jahrzehnten funktionsfähiger werden sollen, muss diese „bürokratische Sozialisation" unbedingt durch gegenläufige Förderungen aller Mitarbeiterinnen und Mitarbeiter reduziert werden.

(2) Weil sich bürokratische Strukturen in Verwaltungssystemen zunehmend als ineffizient erwiesen, bemüht man sich heute in fast allen diesen Systemen starre formale Strukturen abzubauen und sie in bürgernahe umzuwandeln.

Diese „postmoderne Verwaltung" (König 1997) stellt unter dem Begriff „New Public Management" (NPM) eine internationale Erscheinung dar (Schedler/ Proeller 2000). Sie dient als Sammelbegriff für unterschiedliche Reformansätze, die eine Antithese zu traditionellen bürokratischen Strukturen bilden sollen. Sie lassen sich unterschiedlichen Typen zuordnen (Budäus 1998):

Der *erste Typ* resultiert aus einer wachsenden Skepsis gegenüber den Kompetenzen des Staates für Problemlösungen. Er resultiert besonders aus Zweifeln, dass die bisherigen Strukturen und Verfahrensweisen finanzierbar sind. Der Staat soll zurück gedrängt werden zu Gunsten von privat finanzierten Lösungen. Daraus erwachsen neue Organisationsformen, die nun die Kooperation zwischen privaten und öffentlichen Trägern vorsehen. In diesen Typ von Modellen fallen Entwicklungen, bei denen staatliche Instanzen lediglich gewährleistenden Charakter haben. Jugendämter etwa fungieren hier nur noch als Instanzen für die Kostenabrechnung privater Träger. In solchen Modellen ist ein Rollenwechsel erforderlich: Die Ämter haben in erster Linie strategische Bedeutung. Sie konzipieren Zielsetzungen, die von privaten Organisationen möglichst kostengünstig realisiert werden sollen.

Ein *zweiter Typ* von Modellen des New Public Management beinhaltet Konzepte, die den öffentlichen Sektor im Sinne grundlegender volkswirtschaftlicher Konzepte reformieren sollen. Sie beziehen sich auf Strukturreformen, die an amerikanische Vorbilder angelehnt, breite Wahlmöglichkeiten für die Nutzer vorsehen, aber auch deren stärkere finanzielle Beteiligung. Das sind Deregulierungskonzepte, die etwa bei der Alters- und Krankenvorsorge eine hohe Eigenbeteiligung vorsehen.

Der *dritte*, in Deutschland häufigste *Typ,* zielt auf Binnenreformen, für die man sich betriebswirtschaftliches Wissen zu Nutze macht. Unter dem Begriff „Neues Steuerungsmodell" werden solche Reformelemente angestrebt wie Dezentralisierung, globale Budgetierung, Controlling, Bürger- bzw. Kundenorientierung sowie Kosten- und Leistungsorientierung. Dabei werden „harte" Reformelemente wie die Einführung von Kostenrechnung von „weichen" wie die Entwicklung von kundenorientierten Leitbildern unterschieden.

(3) Außerdem werden in der öffentlichen Verwaltung erstmalig neue Formen der Personalarbeit entwickelt. Das bisherige Verständnis entsprach den kulturellen Mustern der bürokratischen Ära. Oechsler und Vaanholt (1998, 154) beschreiben es als „technokratisch-administrativ". Trotz der vielerorts angelaufenen Reformbemühungen werde das Personal in den meisten Fällen lediglich verwaltet. Angesichts mancher Reformprojekte, die beispielsweise Anreizsysteme beinhalten, sei aber in den nächsten Jahren ein umfassender Reformstau zu erwarten. Die Autoren fordern, dass die gesamte Personalarbeit als „weicher" Faktor gleichlaufend mit der Korrektur „harter" organisatorischer Parameter eine umfassende Neuausrichtung erfährt. Das gelte für die Personalplanung, Personalgewinnung, -beurteilung und -entwicklung.

Bislang dominierte der bürokratische Grundsatz, dass die „Amtstreuepflicht“ dem Amtsinhaber mit „Gewährung einer gesicherten Existenz“, d.h. mit einer entsprechenden „Alimentierung“ vergolten wurde. Diese formaljuristische Bestimmung verliert aber heute an Bedeutung. Die aktuelle Reformdiskussion wird immer weniger von JuristInnen und VerwaltungswissenschaftlerInnen bestimmt als von ÖkonomInnen. Heute geht es um die Entwicklung zu mehr Kundenorientierung und zu mehr Effizienz, was durch entsprechende Konzepte für die Personalarbeit zu begleiten ist. Die Mitarbeiterschaft soll auch hier in Analogie zu Unternehmen als wichtiges Potential betrachtet werden, das es zu fördern gilt. In diesem Fall muss die Personalarbeit als integraler Bestandteil aller Reformstrategien gesehen werden.

Deshalb sollte die Personalplanung schon an den neu zu gestaltenden Stellenplänen ausgerichtet sein. Mit neuen organisatorischen Strukturen gehen nämlich auch neue Anforderungen an die Organisationsmitglieder einher. Eine besonders wichtige Forderung wäre, dass die Personalplanung nicht mehr wie bisher zentral erfolgt, sondern auf Führungskräfte verlagert wird, die eine unmittelbare Verantwortung für die Personalplanung tragen. Diese Planung, die bislang nur nach starren Laufbahngesichtspunkten erfolgte, sollte in Zukunft flexibel geregelt sein. Die Stellenbesetzung erfolgte bis dato fast ausschließlich intern und war kaum zu revidieren. Das entsprach natürlich dem Prinzip der Alimentierung von BeamtInnen. Bei den Angestellten konnte man schon flexibler verfahren. Eine neue, nun strategische Personalauswahl sollte aber unbedingt nach einschlägigen Fachkompetenzen vorgenommen werden.

Die Personalbeurteilung im Sinne von Leistungsbeurteilung und Potentialeinschätzung kommt nach Meinung von Oechsler und Vaanholt (1998) heute ebenfalls noch zu kurz. Sie erfolgte nur bei Angestellten. BeamtInnen wurden immer noch entsprechend den Verwaltungsvorschriften beurteilt. Das heißt, die Beurteilungen dienen bislang lediglich dem Vergleich untereinander und für die Bestenauslese. Wenn zukünftig das Einkommen oder bestimmte Zulagen nach Leistungsstufen vergeben werden sollen, müssen völlig neue Beurteilungssysteme entwickelt werden.

Ein entscheidender Punkt ist auch hier die Personalentwicklung. Sie soll einerseits zur Aktualisierung und Erweiterung fachspezifischer Kenntnisse führen, sie soll andererseits dem Erwerb genereller Fähigkeiten wie z.B. der Lern-, Team-, Konflikt-, Kommunikations- und Entscheidungsfähigkeit dienen.

Changeprozesse in sozialen Dienstleistungssystemen

Bei sozialen Dienstleistungssystemen handelt es sich um Organisationen, deren Ziel darin besteht, Menschen zu verändern, d.h. zu fördern, zu heilen usw. (Hasenfeld 1992). Die Veränderungsziele lassen sich differenzieren nach

- dem Merkmal, das verändert werden soll,
- der Zielgruppe und
- dem Veränderungsprozess im Sinne von kurz- oder langfristig und im Sinne von ambulant oder stationär.

Die Veränderung somatischer Merkmale erfolgt beispielsweise in Kliniken, die kognitiver Merkmale in Schulen und Universitäten, die Veränderung emotionaler Merkmale in psycho-sozialen Beratungsstellen oder psychosomatischen Kliniken. Jede Organisation ist auf eine bestimmte Zielgruppe gerichtet. Altenheime richten sich beispielsweise auf alte Menschen, Kinderheime auf Kinder usw. Außerdem kann die Veränderung lang- oder kurzfristig sowie stationär oder ambulant angelegt sein (Schreyögg 2004).

Historisch entwickelten sich diese Organisationen als karitative Einrichtungen der Kirchen. Im fortschreitenden Säkularisierungsprozess wurde eine Vielzahl durch staatliche Instanzen übernommen, um heute zu großen Teilen erneut in die Hand von Kirchen zu gelangen oder in anderer Weise privatisiert zu werden. Ob sie sich aber nun in staatlicher, halbstaatlicher oder in privater Hand befinden, sie sind heute ebenfalls zum Wandel gezwungen. Dieser ist vorrangig durch drei Aspekte charakterisiert: Durch

- eine generelle „Ökonomisierung des Sozialen“,
- neue Formen des Qualitätsmanagements und
- das „Sozialmanagement“ als neue Aufgabe der Führungskräfte dieses Systemtyps.

(1) In allen westlichen Industrienationen zeichnet sich heute ein Trend zur „*Ökonomisierung des Sozialen*“ ab. Sei es im Gesundheitswesen oder im Bereich der Bildung, heute steht deutlicher als früher die Effizienz sozialer Dienstleistungen auf dem Prüfstand. Genauer gesagt, auch hier wird derzeit jede Maßnahme und jede Aktivität daraufhin befragt, ob sie „ihr Geld wert“ ist. Auch hier entlarvt man neuerdings bürokratische Verkrustungen etwa in Schulen oder in Kliniken als Effizienzblockaden. Und auch hier fahndet man nach „Zeit fressenden“ Ritualen, die für KlientInnen oder PatientInnen keinerlei Effekte erbringen.

Im Zuge der Globalisierung und einer damit einher gehenden Konkurrenz zwischen Industrienationen müssen die nationalen Ressourcen sorgfältiger als bisher kalkuliert werden. So versucht man etwa die Kosten der Gesundheitssysteme in einem Rahmen zu halten, der für ArbeitnehmerInnen und -geberInnen im internationalen Vergleich noch tragbar ist. Das heißt, die in einer Nation anfallenden Sozialabgaben müssen dem internationalen Vergleich standhalten.

So selbstverständlich solche Anforderungen auf Außenstehende wirken mögen, für die Mitglieder dieser Systeme bilden sie einen Herd massiver Beunruhigung. Wenn wir uns deutlich machen, dass ein wesentlicher Teil dieser Einrichtungen wie etwa die Alten- oder Krankenpflege sozial-orientierte Kulturen aufweist (Brody 1993), die teilweise bis ins Mittelalter zurück reichen, wird schnell deutlich, dass sie die modernen ökonomischen Anforderungen nur mühsam integrieren können. Viele Schulen und Kliniken weisen dagegen bislang bürokratische Kulturmuster auf, die mit Effizienz orientierten Handlungsweisen ebenfalls nicht kompatibel sind.

(2) Die Ökonomisierung sozialer Arbeitsfelder zog auch Anforderungen in Richtung *Qualitätsmanagement* nach sich. Seit Mitte der 1990er Jahre finden wir, angestoßen durch Reformbestrebungen in der öffentlichen Verwaltung, auch im Bereich sozialer Dienstleistungen eine breit angelegte Qualitätsdebatte. Während es bis dato lediglich um die Erfüllung von Aufgaben ging, was oft eher einem „Durchwursteln“ glich, wird heute zielbewusste Arbeit gefordert. Sie soll bestimmten Qualitätsstandards genügen, die zu bestimmen, offen zu legen und – wenn möglich – zu operationalisieren sind. Idealerweise findet eine Kontrolle im Sinne regelmäßiger Evaluationen statt. Die Organisationsmitglieder sollen kostenbewusst arbeiten und ihre Leistungen kostenmäßig erfassen. In manchen Bereichen wie der Altenarbeit oder der Kinder- und Jugendhilfe ist die Qualitätssicherung heute sogar schon gesetzlich vorgeschrieben.

Welche Modelle zur Qualitätskontrolle herangezogen werden, steht allerdings im Belieben der jeweiligen Träger. Sie entwickeln im Allgemeinen eigene Systeme der Qualitätssicherung, orientieren sich aber meistens an traditionellen Mustern wie dem TQM oder dem EFQM. Ein sehr bekannter Leitfaden stammt beispielsweise von Marianne Meinhold (2000, 21). Sie beschreibt fünf Phasen der Qualitätsarbeit:

- Zuerst wird eine Zielbestimmung der Dienstleistung vorgenommen, dann
- erfolgt eine Verständigung auf zentrale Dimensionen der Leistungsqualität,
- danach muss die Formulierung zugehöriger Kriterien, Merkmalsbereiche und Standards stattfinden.
- Daran anschließend soll eine Konkretisierung von Qualitätsindikatoren vorgenommen werden und schließlich folgen
- Maßnahmen zur Qualitätsverbesserung.

(3) Aus dem Bisherigen ergibt es sich fast von selbst, dass die Steuerung dieser Systeme heute ganz neue Anforderungen im Sinne von *„Sozialma-*

nagement" stellt. Während sich SchulleiterInnen früher darauf berufen konnten, dass sie ihre Position wegen ihrer Verdienste als „besonders gute" LehrerInnen erhielten, und sich ChefärztInnen noch in ihrem Ruf als „besonders gute ÄrztInen" sonnen konnten, reicht das für eine Führungsposition heute nicht mehr aus. Neben der fachlichen Expertenqualifikation müssen Führungskräfte im sozialen Dienstleistungsbereich heute über ein zusätzliches Expertentum als „SozialmanagerIn" verfügen. Dazu gehört die Wahrnehmung von Managementfunktionen wie etwa die Planung, die Führung oder die gezielte Kontrolle des Geplanten. Dabei stellt besonders die Führung einen neuralgischen Punkt dar. Wenn LehrerInnen oder PsychologInnen eine Führungsposition übernehmen, neigen sie im Allgemeinen dazu, diese so wahrzunehmen, wie sie früher mit SchülerInnen oder KlientInnen interagierten. Das aber führt nicht selten zur Verärgerung der Unterstellten, weil sie sich dann in inadäquater Weise angesprochen fühlen. Außerdem müssen Führungskräfte des sozialen Dienstleistungsbereichs heute in reflektierter Weise Managementrollen wie etwa die des „Ressourcenzuteilers" oder des „Verhandlers" (Mintzberg 1975, 49) realisieren. Neben technischen Managementkompetenzen wie etwa Qualifikationen für die Budgetverwaltung benötigen sie heute neue soziale Kompetenzen, die sie zur Entwicklung innovativer und stärker unternehmerisch geprägter Kulturmuster befähigen.

3. Personalentwicklung für Führungskräfte

Derzeit haben sich also alle Führungskräfte neu zu orientieren und die entsprechenden Changeprozesse in ihren jeweiligen Organisationen durchzusetzen. Dazu benötigen sie Managementfunktionen, -rollen, und -kompetenzen. Da sie in ihren Grundberufen als Juristin oder Ingenieur aller Voraussicht nach keine Kenntnisse im Bereich Management erworben haben, ist es sinnvoll, dass sie durch Maßnahmen der Personalentwicklung solche erwerben. Führungskräfte – besonders hochrangige – wurden bis weit in die 1980er Jahre hinein selten von Programmen der Personalentwicklung erfasst. Lediglich in Großunternehmen wie etwa bei Procter & Gamble hatte bereits in den 1970er Jahren der neu rekrutierte Führungskräftenachwuchs Trainee-Programme zu absolvieren. Zu dieser Zeit besuchten auch etliche Führungskräfte gruppendynamische Veranstaltungen oder Selbsterfahrungsseminare. Dies geschah in der Regel auf eigene Faust und sollte der Entwicklung sozialer Kompetenzen dienen.

Heute, im Zeitalter erhöhter Managementanforderungen, finden wir vielfältige Angebote für Führungskräfte. In den meisten Fällen handelt es sich um Seminarserien mit Managementthemen, die eigens für Fachleute aus den Ingenieurwissenschaften, aus der Medizin usw., also für Personengruppen ohne Managementvorbildung, angeboten werden. Sie erfreuen sich auch bei den Firmen großer Beliebtheit. So fordert etwa die Firma BMW, dass sich jede Nachwuchskraft im Bereich des Managements beschulen lässt. Bei solchen Programmen handelt es sich in aller Regel um rein kognitiv orientierte Seminarserien, in denen Führungskräfte grundlegende technische Managementkompetenzen erwerben. Auch zur Fortentwicklung ihrer konzeptionellen Managementkompetenzen (Katz 1974), d.h. ihrer Fähigkeit, alle Systembedingungen aus einer Metaperspektive betrachten zu können und bei Bedarf neu zu konzipieren, sind diese Seminare gut geeignet.

Zur Entwicklung sozialer Kompetenzen und ihrer konkreten Umsetzung reichen aber Seminare und Trainings vielfach nicht aus. Dazu bedarf es Maßnahmen „near the job" (Conradi 1983), wie es Mentoring und Coaching sind. Während beim Mentoring eine erfahrene Führungskraft aus dem jeweiligen System einem Newcomer für einige Zeit zur Seite steht, handelt es sich bei Coaching um professionelle Beratung für Führungskräfte. Die Coachingfunktion kann dabei von organisationsexternen BeraterInnen wahrgenommen werden oder von organisationsinternen aus der Personalentwicklungsabteilung einer jeweiligen Firma.

Coaching ist für alle Führungskräfte empfehlenswert, die durchschlagende Changeprozesse zu exekutieren haben. Derartige Prozesse lassen sich nämlich selten völlig reibungslos realisieren. Meistens sind sie durch einen mehr oder weniger starken Änderungswiderstand der Organisationsmitglieder begleitet. Führungskräfte sollten dann über ein gutes Konfliktmanagement verfügen. Konflikte treten hier entweder als Ausdruck von Resistance to Change auf, oder im Falle „vergreister" Organisationen müssen sie von der Führungskraft sogar eigens „stimuliert" werden (De Dreu/van de Vliert 1997). Denn um nachhaltige Veränderungen einzuleiten, haben Führungskräfte prinzipiell das Bestehende in Frage zu stellen. Das wiederum erzeugt bei den Geführten mindestens Irritation. Und in solchen Fällen haben die Führungskräfte dafür zu sorgen, dass die Konflikte nicht unnötig eskalieren und zu unproduktiven Komplikationen innerhalb der Organisation führen. Aus diesem Grund wird bei Changeprozessen häufig Konfliktcoaching (Schreyögg 2002) angefragt. Die Führungskraft wird dabei unterstützt, die Organisation durch „turbulente Gewässer" zu leiten.

4. „Personenentwicklung" für Führungskräfte

In Anbetracht der beschriebenen Anforderungen an Führungskräfte versteht es sich fast von selbst, dass im Coaching auch immer wieder Themen anfallen, die traditionelle Ziele der Personalentwicklung überschreiten, die sich vielmehr auf eine individuelle personelle Förderung richten. Dabei sind allerdings immer formale und/oder implizite Kontrakte zu beachten:

- Bei „*Einfach-Kontrakten*" (Schreyögg 2003), wenn sich ein Coaching-Klient oder eine Klientin den Coach selbst aussucht und vor allem selbst bezahlt, lässt sich je nach dem Bedürfnis von Klient oder Klientin und je nach den Kompetenzen des Coach die gesamte Breite von Themen zwischen Personal- und Personenentwicklung ausschöpfen. Im Sinne eines impliziten Kontraktes erwarten die KlientInnen zwar – zumindest auf rationaler Ebene – meistens Personalentwicklung, die in Tipps, sachlicher Belehrung und eventuell noch in Übungs-zentrierter Arbeit besteht. Erst wenn sie mehr Vertrauen zum Coach gefasst haben, bringen sie auch personen-nahe Themen mit oft intimen Gehalten zur Sprache. Wenn es sich um sehr persönliche Themen handelt, sollte der Coach mit Klient oder Klientin eine Änderung des Kontraktes vereinbaren, etwa in der Weise: „Mir scheint, dass Sie jetzt eher persönliche Fragestellungen verhandeln wollen, die mit Ihrem Beruf nur indirekt in Beziehung stehen. Sind Sie damit einverstanden?" Dann fungiert Coaching als kuscheliger Ort, der ein hohes Maß an Intimität aufweist. Dabei geht es vielfach um das „persönliche Aufrüsten" hinter dem Rücken von Vorgesetzten und Unterstellten. In diesem Rahmen bringen KlientInnen oft „Geheimnisse" wie Ängste oder Kompetenzdefizite zur Sprache, die sie sonst niemandem anvertrauen.
- Komplizierter stellt sich die Lage bei „*Dreieckskontakten*" (ebd.). In dieser Situation ist der Coach von der Firma der Klientin oder des Klienten beauftragt und wird von dieser Firma auch honoriert. Der Coach fungiert dann im Auftrag der Organisation als Personalentwickler, der die Funktionsfähigkeit der zu beratenden Führungskraft stärken oder verbessern soll. Wenn sich Coach und Klient thematisch sehr weit von beruflichen Fragestellungen entfernen, dass sie etwa vielfältige biographische Themen durcharbeiten, lässt sich das mit dem basalen Kontrakt im Sinne von Personalentwicklung kaum vereinbaren. Denn eine Firma wird kaum daran interessiert sein, ihren Organisationsmitgliedern breit angelegte Selbsterfahrung oder Psychotherapie zu finanzieren. Da aber in einer qualifizierten Personalentwicklung manchmal auch personen-nahe Fragestellungen thematisiert werden müssen, ist es für externe Berater empfehlenswert, sich vor Beginn ihrer Arbeit bei den zuständigen Instanzen ein Plazet einzuholen, das sie im Bedarfsfall zu einer vertieften Arbeit berechtigt. Im anderen Fall fühlen sich Berater zu sehr eingeschränkt.
- In den letzten Jahren finden wir immer häufiger „*Viereckskontrakte*". Dabei handelt es sich um Kontrakte zwischen zwei Firmen, von denen die eine potentielle KlientInnen, die andere potentielle Coaches angestellt hat. Im Zuge von breit angelegten Changeprozessen engagieren heute viele Unternehmen Personalberatungsfirmen, die dann das Coaching der Führungskräfte organisieren und durchführen. Die so geschlossenen Kontrakte beziehen sich ausschließlich auf die Personalentwicklung. Themen mit

sehr persönlichen Gehalten aktueller oder biographischer Art sind in diesen Rahmen kaum integrierbar. Die Klienten und Klientinnen bringen sie hier auch selten vor und von den Coaches werden sie auch meistens nicht evoziert. Entsprechend dem sehr formalen Charakter solcher Kontrakte bleibt die Beziehung zwischen Coach und Klient eher geschäftsmäßig. Der Coach wird deutlicher als bei den anderen Kontraktformen als Agent der eigenen Firma attribuiert.

So treten also Themen, die traditionelle Fragestellungen der Personalentwicklung überschreiten, am ehesten bei Einfachkontrakten, manchmal bei Dreiecks- und selten bei Viereckskontrakten auf. Diese Themen lassen sich nach dem Ausmaß der persönlichen Intimität sortieren. Sie betreffen

- die Selbstpräsentation bzw. das Selbstmarketing,
- die so genannte Work-Life-Balance,
- berufliche Krisen und Konflikte mit einem hohen persönlichen Anteil,
- ethische Fragestellungen sowie
- biographisch relevante Themen mit psychologischen und/oder soziologischen Gehalten.

(1) Selbstpräsentation bzw. Selbstmarketing
Heute melden immer häufiger Führungskräfte Coachingbedarf an, weil sie durch Feedback von anderen oder von sich aus den Eindruck haben, dass ihre Selbstdarstellung mit ihrer Position nicht kongruent ist oder dass sie aus anderen Gründen nicht passt. Sie beklagen beispielsweise, dass sie zu wenig aus sich herausgehen können, dass sie in Gestik, Mimik oder Stimme inadäquate Muster reproduzieren usw. Hier ist zunächst immer zu ermitteln, ob sich Klient oder Klientin im Sinne übertriebener Selbstanforderungen grundsätzlich nicht genügt, oder ob die Selbstpräsentation tatsächlich korrekturbedürftig ist. So wird es in vielen Fällen um eine Stärkung der Selbstakzeptanz gehen, in vielen anderen aber um reale Korrekturen. So lässt sich beispielsweise eine zu hohe Piepsstimme bei Frauen, die immer zur Bagatellisierung der Betreffenden führt, bis zu einem gewissen Grad durch Atem- und Entspannungsübungen, durch eine veränderte Sitzhaltung usw. korrigieren (Ammon 2002).

Derartige Fragestellungen sind von großer Bedeutung, denn die Selbstpräsentation stellt heute einen wesentlichen Karrierefaktor dar. Das gilt nicht nur für die Auswahl von Führungskräften oder für Vortragssituationen von WissenschaftlerInnen. Es gilt im Sinne „transformationaler Führung" (House 1987) ganz generell für jede Führungssituation. Vorgesetzte sollen nämlich ihre unterstellten Mitarbeiterinnen und Mitarbeiter „mitreißen". Das aber gelingt ihnen nur, wenn sie die Ziele des organisatorischen Systems in überzeugender Weise kommunizieren. Und dabei ist relevant, inwieweit ihr gesamter Habitus dies zu unterstreichen vermag.

(2) Work-Life-Balance
Ein anderes wichtiges Thema der Personenentwicklung im Coaching ist die so genannte Work-Life-Balance. Wie einschlägige Autorinnen und Autoren (Cassens 2003; Fritz 2003 u.a.) anmerken, ist Stress keineswegs nur unangenehm oder schädlich. Für viele wirkt er als „Eustress“ geradezu vitalisierend. Oft weist die Arbeit von Führungskräften geradezu suchtartige Züge auf. Wie Kasper et al. (2002) zeigen, ist Arbeit bei vielen von ihnen geradezu „erotisiert“. Und Arlie Hochschild (2002) berichtet auf der Grundlage umfassender Interviews, dass es für viele Führungskräfte keineswegs eine attraktive Vorstellung ist, zu Hause mit ihrer Familie besonders viel Zeit zu verbringen. Die Zeit zu Hause ist nämlich voller Unwägbarkeiten und voll von mehr oder weniger unangenehmen Überraschungen, wenn etwa die kleinen Kinder trotzen oder die Partnerin bzw. der Partner unvorhergesehene Anforderungen stellt. Zeit im Beruf ist dagegen immer gut strukturierte, übersichtliche Zeit. So wird die Firma „zum Zuhause“, weil „zuhause nur Arbeit wartet“ (Hochschild 2002).

Bei vielen Klientinnen und Klienten, die in ein Coaching eintreten, hat sich allerdings die Arbeit mit ihrem jeweiligen beruflichen Stress dann doch langsam zum „Disstress“ mit oft stark negativen Konsequenzen für das psychische und physische Wohlbefinden ausgewachsen. Im Sinne eines „mens sana in corpore sano“ wird nun der Coach Klient oder Klientin in einem ersten Schritt anregen, zu untersuchen, welche Lebensbereiche in ihrem oder in seinem tagtäglichen Handeln welchen zeitlichen Raum mit welchem subjektiven Stellenwert einnehmen. Zu diesem Zweck lässt sich das Konzept von den „Säulen der Identität“ (Petzold 1993) nutzen. Dabei werden KlientInnen gebeten, graphisch darzustellen, welche der fünf Säulen ihres Daseins,

- Arbeit und Leistung,
- materielle Werte,
- das soziale Netz,
- die Leiblichkeit und
- übergeordnete Werte

welchen subjektiven und welchen quantitativen Stellenwert in ihren Lebensvollzügen einnehmen. Daran anschließend finden Dialoge darüber statt, wie sie ihrem Leben mehr Ausgewogenheit verleihen können. Derartige Gespräche können sich über eine ganze Reihe von Sitzungen hinziehen, weil es oft erheblicher Anstrengungen bedarf, dass Klienten ihre Lebensschwerpunkte umschichten.

(3) Berufliche Krisen und Konflikte mit einem hohen persönlichen Anteil
Berufliche Situationen sind immer auch soziale Situationen. Dementsprechend können hier allerlei Krisen und Konflikte auftreten. Sie bilden den

häufigsten Anlass für Coaching. In diesem Zusammenhang berichten KlientInnen beispielsweise häufig von Kränkungen, die sie als „strukturelle Kränkungen" durch Fusionen oder Reorganisationen erfahren. Dann sind sie etwa gezwungen, ihre Entscheidungen im Sinne einer Doppelspitze laufend mit einer anderen Führungskraft abzustimmen. Oder sie müssen von einem neu installierten Vorgesetzten alle ihre Entscheidungen „absegnen" lassen. In solchen Situationen evoziert die soziale Konfliktsituation meistens auch intrapsychische Konflikte. Externe und interne Konflikte bilden dann oft ein Konglomerat aus aktuell und biographisch erfahrenen Kränkungen, die mit Psychotherapie orientierten Methoden angegangen werden müssen. Zentrale Aufgabe des Coachs besteht hier darin KlientInnen zu unterstützen, dass sie die aktuell irritierende Situation immer umfassender verstehen, sie also nicht einfach personalisieren, sondern ihren multifaktoriellen Charakter in dem jeweiligen sozialen und ökologischen Kontext erkennen.

Viele dieser Situationen münden in Sinnkrisen von Führungskräften, die besonders in späteren Lebensstadien zu Erscheinungen von Burnout führen können. Dann geht es in der Beratung oft um Sinngespräche, die sogar den üblichen psychotherapeutischen Rahmen überschreiten.

(4) Ethische Themen und Religiosität

Themen mit ethischen und/oder religiösen Gehalten fragen allerdings nicht nur Führungskräfte in beruflichen Krisen an. Manche von ihnen gelangen gerade angesichts eines sehr erfüllten Berufslebens zu solchen Auseinandersetzungen. Derartige Themen stellen sich auch, wenn eine berufliche Krise gerade erfolgreich bewältigt ist, daran anschließend aber vielleicht ein Schicksalsschlag im Privatleben die soeben zurück gewonnene Sicherheit erschüttert. Hier geht es seitens des Coachs immer um eine Stabilisierung des Klienten mit dem Ziel adäquater Sinnfindung. Die zentrale Aufgabe eines Coachs besteht hier meistens im passiven und aktiven Zuhören.

(5) Biographische Themen mit psychologischen oder soziologischen Gehalten

In der Rubrik „Personenentwicklung" treten aber am häufigsten biographische Themen psychologischer oder soziologischer Art auf. Nun fällt vielen Führungskräften der Gang zum Coach leichter als der zum Psychotherapeuten, so dass bei manchen Coaching-KlientInnen eine Präzisierung der beiden Formate notwendig wird. Selbst wenn aber, wie im Coaching vorgesehen, der Fokus auf beruflichen Fragestellungen bleibt, müssen besonders bei der Bearbeitung problematischer Interaktionen mit Mitarbeiterinnen, Vorgesetzten oder Kollegen oft „biographische Exkurse" stattfinden. Dann geht es vielfach um Übertragungen, also um die „Verwechslung" (Richter 1969) aktueller Beziehungspartner mit biographisch relevanten Personen. Dann gilt es die beiden Beziehungserfahrungen aufzudecken, ihre Gemeinsamkeiten und Unterschiede erlebbar zu machen, um eine möglichst umfassende „Entwechslung" einzuleiten. Bei vielen anderen Klienten finden sich Leistungshemmungen, die aus Rollenzuschreibungen der Eltern im Sinne narzisstischer Projektionen (ebd.) resultieren. Auch in solchen Fällen sind „biographische Exkurse" notwendig. Durch Rekonstruktion der jeweiligen Beziehungsdynamik wird man auch hier versuchen, Klient oder Klientin von „Altlasten" zu befreien. Methodisch sind dabei besonders dramatherapeutische Verfahren wie die Gestalttherapie und das Psychodrama geeignet.

Neben der Psychogenese kann es aber auch um die Soziogenese gehen. So begegnet uns bei Führungskräften, die Arbeitermilieus entstammen, gar nicht selten ein verdecktes sich Schämen für die eigene Herkunft. Wenn sie immer wieder ein Gefühl beschleicht von „ich gehöre eigentlich gar nicht hier her", dann ist es notwendig, relevante Teile ihrer Berufsbiographie zu rekonstruieren, damit sie ein positionsadäquates Selbstverständnis erwerben. Hier reicht häufig schon das Erkennen und Verstehen der jeweiligen Zusammenhänge, um die passenden Handlungsmuster anzuregen.

5. Das Kompetenzprofil von Coaches

Aus dem Bisherigen ergibt es sich fast von selbst, dass der Coach, um als adäquater Dialogpartner fungieren zu können, über ein relativ breites Repertoire an Theorien und Methoden verfügen muss. Er sollte zum einen über Fachwissen aus der Arbeits- und Organisationspsychologie sowie aus der Klinischen Psychologie verfügen, zum anderen über Wissen aus der Managementlehre. Coaching besteht zwar in erster Linie in Prozessbegleitung, ein Coach benötigt aber auch eine breite Allgemeinbildung, damit er die inhaltlichen Themen von Führungskräften möglichst nahtlos „beantworten" kann. Bei Bedarf sollte er sich sogar um eine vertiefte, zu seiner Klientel passende Feldkompetenz bemühen.

Literatur

Ammon, Ingrid (2003): Die Macht der Stimme. Persönlichkeit durch Klang, Volumen und Dynamik. Frankfurt a.M., Wien.

Belardi, Nando (1992): Von der Praxisberatung zur Organisationsentwicklung. Paderborn.

Berglas, Steven (2003): Wenn der Trainer falsche Tipps gibt. In: Harvard Business Review 1, 99-103.

Bosetzky, Horst, Heinrich, Peter (1994): Mensch und Organisation. Aspekte bürokratischer Sozialisation. 5. Aufl., Köln.

Böning, Uwe (2002): Der Siegeszug eines Personalentwicklungs-Instruments. Eine 10-Jahres-Bilanz. In: Rauen, Christopher (Hg.): Handbuch Coaching. 2. Aufl., Göttingen, Bern, Toronto, Seattle, 21-45.

Brody, Ralph (1993): Effectively Managing Human Service Organizations. London, Thousand Oaks, New Delhi.
Budäus, Dietrich (1998): Von der bürokratischen Steuerung zum New Public Management – Eine Einführung. In: Budäus, Dietrich, Conrad, Peter, Schreyögg, Georg (Hg.): New Public Management. Managementforschung 8. Berlin, 1-11.
Buer, Ferdinand (1999): Lehrbuch der Supervision. Münster.
Cassens, Manfred (2003): Work-Life-Balance. Wie Sie Berufs- und Privatleben in Einklang bringen. München.
Conradi, Wilhelm (1983): Personalentwicklung. Stuttgart.
Corsten, Hans, Will, Thomas (Hg.) (1993): Lean Production. Schlanke Produktionsstrukturen als Erfolgsfaktor. Stuttgart, Berlin, Köln.
De Dreu, C., van de Vliert, E. (1997) : Using Conflict in Organization. London, Thousand Oaks, New Delhi.
Fritz, Hannelore (2003): Besser leben mit Work-Life-Balance. Wie Sie Karriere, Freizeit und Familie in Einklang bringen. Frankfurt a.M..
Gaertner, Adrian (1999): Gruppensupervision. Theoriegeschichtliche und Fallanalytische Untersuchungen. Tübingen.
Habermas, Jürgen (1981): Theorie kommunikativen Handelns, Bd. 1, Frankfurt a.M.
Hasenfeld, Yeheskel (Hg.) (1992): Human Services as Complex Organizations.Newbury Park, London, New Delhi.
Hochschild, Arlie (2002): Keine Zeit. Wenn die Firma zum Zuhause wird und zu Hause nur Arbeit wartet. Geschlecht und Gesellschaft, Bd. 29. Opladen.
House, Robert.J. (1987): Führungstheorien – Charismatische Führung. In: Kieser, Alfred, Reber, Gerhard, Wunderer, Rolf (Hg.): Handwörterbuch der Führung. Stuttgart, 735-747.
Kasper, Helmut, Scheer, Peter, J., Schmidt, Angelika (2002): Managen und Lieben. Führungskräfte im Spannungsfeld zwischen Beruf und Privatleben. Wien.
König, Karl (1997): Modernisierung von Staat und Verwaltung: Zum neuen öffentlichen Management. Wiesbaden.
Meinhold, Marianne (2000): zitiert nach v. Spiegel, Hiltrud: Innensichten DBSH Baden Würtemberg: Mythos Qualität. Erfahrungsberichte aus der sozialen Arbeit.
Mintzberg, Henry (1975): The Manager's Job: Folklore and Fact. In: Harvard Business Review 53, 45-49.
Merton, Ralph, K. (1968): Sozialstruktur und Anomie, in: Sack, Fritz, König, René (Hg.): Kriminalsoziologie. Frankfurt a.M.
Neuberger, Oswald (1994): Personalentwicklung. Stuttgart.
Oechsler, Walter, Vaanholt, Silke (1998): Human Resource Management – Auswirkungen des New Public Management auf ein zeitgemäßes Personalmanagement in der öffentlichen Verwaltung. In: Budäus, Dietrich, Conrad, Peter, Schreyögg, Georg (Hg.): New Public Management. Managementforschung 8. Berlin, 151-191.
Petzold, Hilarion (1993): Integrative Therapie. Paderborn.
Lash, Scott, Urry, John (1997): The End of Organized Capitalism. Madison.
Pühl, Harald (Hg.) (1991): Handbuch der Supervision. Berlin.
Pühl, Harald (Hg.) (1994): Handbuch der Supervision 2. Berlin.
Pühl, Harald (Hg.) (2000): Supervision und Organisationsentwicklung. Opladen.
Rappe-Giesecke, Kornelia (2003): Supervision für Gruppen und Teams. 3. Aufl., Berlin, Heidelberg, New York, Hongkong.
Richter, Horst-Eberhard (1969): Eltern, Kind, Neurose. Reinbek.

Schedler, Kuno, Proeller, Isabella (2000): New Public Management. Bern, Stuttgart, Wien.
Schreyögg, Astrid (2002): Konfliktcoaching. Frankfurt a.M., New York.
Schreyögg, Astrid (2003): Personalentwicklung – was ist das? In: Schreyögg, Astrid, Lehmeier, Heinz (Hg.): Personalentwicklung in der Schule. Bonn, 13-31.
Schreyögg, Astrid (2004): Supervision – Ein integratives Modell. Lehrbuch zu Theorie und Praxis. 4. Aufl., Opladen.
Sennett, Richard (1998): Der flexible Mensch. Die Kultur des neuen Kapitalismus. Berlin.
Stoltenberg, C.D., Delworth, U. (1987): Supervising councelors and therapists. San Francisco.
Weber, Max (1976): Wirtschaft und Gesellschaft. Grundriss der verstehenden Soziologie. 2. Halbbd. Tübingen (Orig. 1921).

Annemarie Bauer

„Lieber mit den Wölfen heulen als mit den Schafen blöken?" Anmerkungen zur Kontroverse: Supervision oder Coaching

Viele SupervisorInnen erleben derzeit eher Anfragen nach Coachings als nach Supervisionen – das mag den ersten Grund in der Unkenntnis von Nachsuchenden haben, es könnte ein Modewort sein, zu dem „Supervision" nie geworden ist, oder aber: Es könnte auch mit einer anderen Erwartungshaltung verknüpft sein als das an Supervision der Fall wäre – vielleicht: schneller, effizienter, ohne „Psychokram"... . Von daher ist die Frage angemessen: Ist Supervision angesichts von Coaching nicht eine längst überholte Form der Beratung? Ist Supervision eine therapieähnliche Methode für MitarbeiterInnen in sozialen Organisationen? Ist Teamsupervision ein caritativer Akt für Teams? Gehört sie nicht einfach gestrichen und ersetzt durch Organisationsberatung, Coaching, oder ist dies wiederum nur der modische Schnickschnack, der neue Wein in alten Schläuchen, der höhere Honorare einbringt, weil er eben in einen neuen Schlauch gepresst wurde?

Um diese Fragen zu beantworten, werde ich folgende Themen aufgreifen:

1. Schon immer gab es eine Kompetenzdebatte in der Supervision, die nun durch die Debatte um Supervision versus Coaching wieder neu ausgelöst wird.
2. Was passiert derzeit in Organisationen und wie kann man das verstehen?
3. Welche Aufgaben haben Coaching bzw. Supervision in diesem Kontext?

1. Die alte Debatte: Brauchen wir Feldkompetenz oder Beratungskompetenz in der Supervision?

Die Kompetenzdebatte ist nicht neu und die Coaching-Supervisions-Debatte wird nicht verwundern: Jede neue Form der Beratung muss ihr Profil scharf darstellen, damit sie auf dem Markt wahrgenommen wird; sie muss sich ihren Teil des Kuchens sichern, indem sie sich als die allein zuständige Form herausstellt. Erst dann – das zeigt die Psychotherapieeffizienzdebatte – können sich die Vertreter der einen Richtung den Blick über den Tellerrand leisten und Merkmale der anderen Richtungen, die sie bisher verteufeln mussten, um die eigene herauszustreichen, aufnehmen, ihr Arbeitskonzept damit anreichern und Formen der Integration finden.

Bezüglich der Geschichte und Entwicklung der Supervision lassen sich drei Strömungen ausmachen, die zeitlich aufeinander folgen, gleichzeitig aber auch Konzepte und Ansätze von Supervision markieren:

- Supervision als Aufsicht, als Form der Anleitung, der Praxisberatung und Arbeitskontrolle, die an Berufserfahrung gekoppelt ist und nicht selten durch einen Vorgesetzten durchgeführt wird. Die Basis dieses Supervisionsverständnisses ist letztendlich Praxis- oder Feldkompetenz.
- Supervision als Form der Selbsterfahrung im Beruf bzw. der berufsbezogenen Selbsterfahrung. Dies ist ein eher therapeutisches Verständnis von Supervision und wird deshalb vielfach von Psychotherapeuten und im Kontext von therapeutischem Handeln durchgeführt.
- Supervision als berufsrollenorientierte Selbstreflexion im Kontext eines Teams, des Klientenkontaktes und – das wurde im Laufe der Zeit immer wichtiger – der Organisation, ihres Auftrages und ihrer Strukturen etc. Fokus ist die Reflexion eigenen Handelns, die Beziehung zu dem Klientel, die Regulierung von Nähe und Distanz, der eigene Umgang mit dem Feld, der Nähe und Distanz etc.

Supervision hat sich von der Sozialarbeit, aus der sie historisch entstanden ist – ihre Anfänge gehen auf die Anleitung der ehrenamtlichen Helferinnen im Bereich der Armen- und Obdachlosenfürsorge in den USA zu Beginn des 20. Jahrhunderts zurück – weit entfernt. Ob sie allerdings bereits bei einem eigenen Berufsprofil angekommen ist, wird eher kritisch gesehen (Lehmenkühler-Leuschner 1993). Aber, das ist klar: Sie ist nicht eine Methode der Sozialarbeit, sondern eine Methode von Beratungsarbeit.

Die Frage nach der Feldkompetenz meint, inwieweit der/die SupervisorIn im speziellen Berufsfeld der SupervisandInnen berufserfahren ist. Feldkompetenz richtet sich auf den Herkunftsberuf des Supervisors und begrenzt seine mögliche Praxis. Supervision, in deren Mittelpunkt Feldkompetenz gestellt wird, ist immer auch Anleitung und Führung innerhalb einer Institution. Über die Frage nach der Feldkompetenz wird der Supervisor/die Supervisorin festgeschrieben auf ihren Erstberuf und ihre Erstausbildung und hat „Zusatzwissen" in Beratung erworben, das sie im Bereich des Erstberufs anwenden kann.

Die mit der kritischen Diskussion der Feldkompetenz einhergegangene Forderung nach Beratungskompetenz hat eine Erweiterung geschaffen, die es auch ermöglichte, Supervision als Beratungsmethode zu etablieren und eigene Ausbildungsgänge zu gründen. Diese Debatte entwickelt sich seit Anfang der 1980er Jahre als programmatische Formel. Sie geht einher mit Überlegungen und Forderungen zur Professionalisierung der Supervision.

Für die Beratungskompetenzdebatte bedeutsam – und für mein Verständnis von Supervision – sind die Überlegungen zum supervisorischen Verstehen. Wellendorf (1996) bezeichnet das, was der Supervisor versteht, als nur einen blassen Abglanz dessen, was in der supervisorischen Szene geschieht. Der Supervisor muss sich darauf einrichten, dass bedeutendes Material unverstanden bleibt oder in seiner Bedeutung erst im Nachhinein erkannt wird. Zur Beratungskompetenz gehöre demnach zuerst einmal das Bewusstsein über das Nicht-Verstehen und der Verstehenswunsch des Supervisors/der Supervisorin. Das Nicht-Verstehen und seine Bedeutung müssen untersucht werden. Gleichzeitig liegt in jedem Verstehen eine Verführung, in jedem Nicht-Verstehen ein mögliches Problem des Geheimnisses oder des Tabus.

Während Eicke (1982) ein stringent theoriegeleitetes Modell des Verstehens auf der Basis der Psychoanalyse entwickelt, das für die psychoanalytische Beratung, Sozialarbeit und Psychotherapie ebenfalls Geltung beanspruchen kann, entfaltet Lehmenkühler (1982) ein supervisorisches Verstehensmodell auf der Basis der Rollentheorie. Supervisorische Beratungskompetenz bedeutet bei ihr, über Theorien und Modelle Vorverständnisse zu entwickeln und diese für den Aufbau eines Hypothesenrahmens, bezogen auf die Szene, zu nutzen. Die innere Aktualisierung von Wissensvorräten über Berufs- und Institutionskulturen baut eine Matrix des Verstehens auf, die sich ständig differenziert und erweitert. Beratungskompetenz bezeichnet entsprechend die Fähigkeit zum Suchprozess. Sozialpsychologische Beratungskompetenz beziehe sich auf Rollen- und Normenstrukturen. Als weitere wichtige Bausteine supervisorischer Beratungskompetenz lassen sich die Fähigkeit zur Introspektion und zur Gegenübertragungsanalyse nennen.

Die Beratungskompetenzdebatte markiert wie die Feldkompetenzdebatte eine berufspolitische Auseinandersetzung um die Frage des Umganges mit institutioneller Macht, vor allem in der Verbindung von Leitungs- und Beratungsrollen.

Auch der Ansatz der Beratungskompetenz als Herzstück supervisorischen Könnens wurde kritisiert: Während sich die Kritik an der Feldkompetenzforderung schnell zusammenfassen lässt (vgl. Wittenberger 1984): – Orientierung an Trägerinteressen, zerrissen zwischen Anleitung und Beratung, zu wenig sensibel für Widersprüche in Institutionen –, gestaltet sich die Kritik an der Beratungskompetenzdebatte schwieriger. Ebenso wie einst der feldkompetente Supervisor in der Vorgesetztenrolle oder mit einer festen Anstellung beim Träger trifft heute der beraterisch kompetente Supervisor als Experte für Konflikte im Kollegenkreis und bei Vorgesetzten auf ein kulturelles Unbehagen. In der Feldkompetenzdebatte lässt sich dieses kulturelle Unbehagen an der herrschaftssichernden Politik der Wohlfahrtsorganisationen ausmachen, die z.B. Konflikte in Gruppen und zwischen Vorgesetzten und Teams, aber auch den Reflexionsbedarf von hierarchischen Strukturen in ihrem Binnenraum mit als Supervisoren zusatzqualifizierten Vorgesetzten zu lösen suchte. Das Unbehagen gegen die Beratungsexperten dagegen richtete sich zunächst einmal auf ein Phänomen, das mit dem kritischen Schlagwort der „Therapiegesellschaft“ gekennzeichnet wurde: die Kritik an der Psychologisierung von Lebens- und Problemlagen, die soziologische Faktoren wie Milieu- und Schichtfaktoren, Arbeits- und Kapitalmärkte, familiensoziologische Erkenntnisse und Geschlechtsrollenfolgen u.a. aus dem Blick verloren und der Psychologisierung opferten. Darüber hinaus aber kommt ein anderes Unbehagen aus einer ganz anderen Richtung und kann mit dem Schlagwort der „Kolonisierung von Lebenswelten“ benannt werden (Habermas 1982), womit Habermas die Durchdringung und dadurch zerstörende Normierung sog. „eigensinniger Lebenswelten“ durch die Sozialwissenschaften insgesamt und durch den Beratungsboom im Besonderen kennzeichnet.

Der Unterschied also ist wichtig: Eine ausschließlich psychologische Beratungskompetenz kann zu einem Konzept führen, das nicht Institutionen, sondern nur Beziehungen anerkennt, diese thematisiert, analysiert und damit Wege zu neuen Handlungen in ihnen eröffnet. Dagegen sollte eine supervisorische Identität einen anderen Fokus legen: z.B. auf das Zusammenspiel von Person und Organisation, das Entgegenkommen von biographisch prägenden Ereignissen und Personen für berufliche Situationen und Ausgestaltung beruflicher Rollen, oder auf die Teamdynamik als möglicher Spiegel der Dynamik des Klientels, oder wenigstens auf die Kenntnis der Resistenz und Begrenzung bewusstseinsverändernder Strategien Institutionen gegenüber, mit dem Ziel, wenigstens um sie zu wissen, sie aber nicht hinzunehmen.

Die Therapeutisierung von Beratung und Supervision zeigt an beiden Beispielen – „Therapiegesellschaft“ wie „Kolonialisierung von Lebenswelten“ – Fehlentwicklungen im Handlungsfeld Supervision auf. In beiden Fällen wird deutlich, dass diese Fehlentwicklungen im Zusammenhang stehen mit missglückten Professionalisierungsbestrebungen von Beratern, die eigentlich lieber Therapeuten wären. Sie lösen ihren Konflikt, indem sie sich in beraterischen Institutionen wie Therapeuten verhalten. Die Ratsuchenden bekommen auf diese Weise die Rückmeldung, dass ihre Probleme mit ihrer Person und Lebensgeschichte, nicht aber mit Effekten der Gruppendynamik in Teams, Macht- und Entscheidungsstrukturen in Organisationen, also mit institutionellen Strukturen und Kulturen zusammenhängen.

2. Die neue Debatte: Brauchen wir Supervision oder brauchen wir Coaching?

Wo liegen eigentlich die Unterschiede zwischen beiden Ansätzen? Um Coaching zu charakterisieren, beziehe ich mich auf zwei repräsentative Publikationen.

Befragen wir zunächst einmal das „Handbuch Coaching" von Christopher Rauen (2002), dann zeigt sich: Die Beratungsform Coaching kann anhand der folgenden Charakteristika definiert werden:

- Coaching ist ein interaktiver, personenzentrierter Beratungs- und Betreuungsprozess, der berufliche und private Inhalte umfassen kann. Im Vordergrund steht die berufliche Rolle bzw. das damit zusammenhängende aktuelle Anliegen des Klienten. Interaktiv bedeutet, dass auf „Augenhöhe" zusammengearbeitet wird.
- Coaching ist individuelle Beratung auf der Prozessebene, d.h. der Coach liefert keine direkten Lösungsvorschläge, sondern begleitet den Klienten und regt dabei an, wie eigene Lösungen entwickelt werden können.
- Coaching findet auf der Basis einer tragfähigen und durch gegenseitige Akzeptanz und Vertrauen gekennzeichneten, freiwillig gewünschten Beratungsbeziehung statt, d.h. der Klient geht das Coaching freiwillig ein und der Coach sichert ihm Diskretion zu.
- Coaching zielt immer auf eine (auch präventive) Förderung von Selbstreflexion und -wahrnehmung, Bewusstsein und Verantwortung, um so Hilfe zur Selbsthilfe zu geben und die Selbstwahrnehmung zu fördern, blinde Flecken auszuschalten und neue Wege zu finden.
- Coaching arbeitet mit transparenten Interventionen und erlaubt keine manipulativen Techniken, da ein derartiges Vorgehen der Förderung von Bewusstsein prinzipiell entgegenstehen würde. Zudem sollte das Konzept dem Gecoachten soweit transparent gemacht werden, dass Manipulationen ausgeschlossen werden können.

In ihrer Untersuchung über professionelles Coaching unterscheiden Heß und Roth zwischen Struktur-, Prozess- und Ergebnisqualität im Coaching als gleichberechtigte Qualitätsdimensionen (2001, 63):

- Die Strukturqualität umfasst die Ausstattung (personell, materiell, räumlich) des Coachings und ist dabei unterteilt auf den Coach, den Klienten, ihre Beziehung zueinander und die Rolle des Unternehmens des Klienten. Grundfrage für diese Qualitätsdimension ist: WAS brauchen wir für das Coaching?
- Die Prozessqualität bezieht sich auf alle Handlungen, die notwendig erscheinen, um ein bestimmtes Ziel zu erreichen. Grundfrage: WIE machen wir es?
- Die Ergebnisqualität bezieht sich auf den Grad des erreichten Erfolges einer Coaching-Maßnahme, z.B. anhand eines Vorher-Nachher-Vergleichs. Grundfrage: WAS soll dabei herauskommen?

Die drei Qualitätsdimensionen sind unabhängig voneinander bedeutsam. Im Coaching ist daher eine mehrdimensionale Qualitätsperspektive für den jeweiligen Fall auszuhandeln. Dies ist ohne übertriebenen Entwicklungs-, Durchführungs- und Evaluationsaufwand bewältigbar.

Auf den ersten Blick ist die Supervision dem Coaching in vielerlei Hinsicht sehr ähnlich, z.B. in der Art der vorhandenen Settings; jedoch begrenzte sich die Zielgruppe in der Supervision ursprünglich klar auf erklärte Beziehungsarbeiter, wie z.B. Therapeuten, Sozialarbeiter usw., auch wenn die Deutsche Gesellschaft für Supervision e.V. (DGSv) eine Fachgruppe für Supervision in der Wirtschaft gegründet hat. Insgesamt gesehen gibt es durch die Weiterentwicklung der Supervision mittlerweile formal keine Beschränkung mehr auf bestimmte Zielgruppen. Man kann z.B. die Praxis des Coaching als eine Art „Management-Supervision“ betrachten, den Begriff Supervision aber vermeiden, da er im Kontext von Management und Unternehmung nicht anschlussfähig ist. Außerdem ist Supervision primär als „Beratung für Berater“ zu verstehen (daher wird Supervision auch als Beratung von Coachs in Anspruch genommen) und Coaching als „Beratung für Manager“. Zudem unterscheidet sich der Coach in Abgrenzung zum klassischen Supervisor auch durch seine wirtschaftlichen Fachkenntnisse und seine Feldkompetenz, da hier der Schwerpunktbereich des Coaching liegt. Gerade die Kombination von fachlicher und psychologischer Beratung macht das Coaching für die Zielgruppe der Führungskräfte attraktiv. Das bedeutet: Dieselben betriebwirtschaftlichen Kenntnisse und – so höre ich heraus – dieselbe Grundausrichtung an wirtschaftlichem Erfolg, betriebswirtschaftlicher Effizienz, Überleben am Markt … sind sozusagen die Feldkompetenz, die der Coach mit seinem zu Coachenden teilt.

Also keine oder kaum Unterschiede? Das liest sich so klar, einfach und schlicht, wie es nicht ist. Um Überlegungen zu Unterschieden geht es im Folgenden.

Supervision versteht sich im aufklärerischen Sinn als Instrument der Reflexion, nicht als Instrument der Anpassung. Damit ist nicht gesagt, dass Coaching ausschließlich als Instrument der Anpassung zu verstehen ist; damit ist auch nicht gesagt, dass ich den Begriff der „Aufklärung“ – zumindest wenn man darunter eine Bewusstseinshaltung, Philosophie oder Ethik versteht – ganz passend finde: Ich finde ihn, neben allen guten Implikationen, etwas anmaßend. Warum anmaßend? Wenn man Immanuel Kant (1724-1804) folgt, dann bedeutet „Aufklärung“:

> „Aufklärung ist der Ausgang des Menschen aus seiner selbstverschuldeten Unmündigkeit. Unmündigkeit ist das Unvermögen, sich seines Verstandes ohne Leitung eines anderen zu bedienen. Selbstverschuldet ist die Unmündigkeit, wenn die Ursache derselben nicht aus Mangel des Verstandes, sondern der Entschließung und des Mutes liegt, sich seiner ohne Leitung eines anderen zu bedienen.“

Warum anmaßend? Die Idee, dieses Konzept, diese Philosophie auf den Umgang des Einzelnen mit seiner Rolle, seiner Profession, seiner Organisation oder Institution zu beziehen, ist weder anmaßend noch unsinnig; anmaßend aber ist die Idee, dass das in „15 Sitzungen“ – so der Standard in der Supervision – auch nur annähernd erreicht werden kann. Für bedeutsam dagegen halte ich die Haltung der Supervision, sich diesem Anspruch zu verpflichten – und darin sehe ich einen großen Unterschied zum Coaching.

Die Wurzeln der Supervision aus der Sozialarbeit, die Anreicherung durch Soziologie und Psychologie finden in dieser Idee des aufklärerischen Arbeitens in der Supervision ihren Niederschlag.

Objekte der Reflektion sind:

- Das Individuum in seiner Rolle
- Das Individuum mit seiner Biografie in seiner Rolle
- Die berufliche Aufgabe und deren Relevanz für die KlientInnen
- Die Rollenangebote einer Organisation und die Qualifikation dafür
- Die Gruppe in ihrer Dynamik
- Ethische Reflektionen des Umgangs miteinander und Ethik des Führens
- Die Wirkungen der Organisation auf das Individuum und sein Leben bzw. seine Biografie
- Gesellschaftliche und Organisationsprozesse in ihrem Zusammenspiel
- Sichtbare, heimliche und unbewusste Prozesse in Organisationen und ihre Wirkungen.

Die Kombination von Psychologie und Betriebswirtschaft beim Coaching verweist auf einen etwas anders gelagerten Prozess: nicht die Organisationen und das Handeln der Menschen, sondern die Funktionalität der Handlungen in den Organisationen in den Blick zu nehmen.

Aus der Perspektive der Supervision bedeutet das nicht, dass Coaching ausschließlich der Anpassung dient, aber Coaching nimmt nicht das Gesamt einer Organisation in den Blick, schon gar nicht unter dem Anspruch des „aufklärerischen" Analysierens oder Verstehens. Zwar werden Fragen der Gruppendynamik und der Ethik des Führens ebenso gestellt wie in der Supervision, aber eher mit dem Fokus – so verstehe ich es –, dass der wirtschaftliche Erfolg einer Organisation der zentrale Fokus des Coachings von Leitungs- und Führungskräften ist und bleibt.

Was – meiner Meinung nach – das spezifische Andere der Supervision ist, wird im Folgenden begründet mit einem Exkurs über derzeitige Entwicklungen in Organisationen und Unternehmen.

3. Was passiert derzeit in Organisationen? Überlegungen aus der Sicht einer (psychoanalytisch orientierten) Supervision

An einem ausgewählten und derzeit brisanten Thema versuche ich herauszuarbeiten, was den supervisorischen Blick vom Coaching-Blick unterscheidet: am Thema von Veränderungsprozessen in Organisationen.

„Nichts ist so stabil wie die Pflicht zur Veränderung". Das ist das Motto, das derzeit über Organisationen steht, die sich in der sich ständig verändernden Gesellschaft mit verändern müssen.

Gründe gibt es viele: Finanzielle Probleme und Ressourcenknappheit, neue Konzepte, schlankere Organisationen, neue Leitungs- und Führungsverständnisse, soziale Veränderungen und politische Entscheidungen. Aber: Trotz aller Beratungen und neuer Konzepte hat man den Eindruck, dass Organisationen widerständig sind oder Widerstand zeigen, dass sie sperrig sind oder sich sperren, und dass die Funktionalisierung nicht so leicht gelingt. Warum sind Veränderungsprozesse in Organisationen oft schwierig, sperrig, widerständig? Für die Suche nach einer Antwort auf diese Frage nehme ich die Psychoanalyse zu Hilfe, um mit ihr nach verborgenen oder heimlichen oder unbewussten Inhalten zu suchen.

Institutionen sind Ordnungsgestalten für Aufgaben einer Gesellschaft, die versuchen, die anstehenden Aufgaben sinnhaft zu lösen, wobei sie entweder durch Tradition oder durch Recht abgesichert sind. Organisationen entwickeln Kulturen, darunter sind zu verstehen spezifische Denk- und Lebensmuster, Verhaltens- und Erlebensweisen, die in zirkulärer Weise durch Organisation und Individuum entstehen und gestaltet werden. Institutionen und Organisationen haben aber auch mit Gefühlen zu tun, Gefühlen, die an den jeweiligen Auftrag gebunden sind und Gefühlen, die die Organisation selbst beim Individuum entfacht und entfaltet. Eine Organisation ist eine Großgruppe von Gruppen und Einzelpersonen, die durch Strukturen und Ablaufprozesse geregelt wird, die über Normen und Interaktionsmuster verfügt, in die sich Neuankömmlinge einpassen, einpassen sollten oder mit denen sie in Konflikt geraten oder stehen. Organisationen stehen in der Regel unter dem Druck, Leistungen in möglichst effizienter Form zu erbringen.

Ich möchte hier nur einen Blick einnehmen: Ich will mich mit dem Unbewussten in Organisation beschäftigen und hinter die Forderung der Flexibilität schauen und hinter die Euphorie der Organisationsentwicklung oder Organisationsveränderung blicken und dabei einen kritischen Blick auf die Euphorie des „Coachens" und des „Nicht-Supervidierens" lenken.

An anderer Stelle haben wir (Bauer/Gröning 1995) auf die psychoanalytisch vorgegebenen Zugänge zum Unbewussten in Organisationen hingewiesen. Wir sehen diese vor allem in Ritualen, in Mythen, aber auch, wie ich weiter unten zeigen werde, in der Beachtung von Sprache und Metaphern. Dies soll an dieser Stelle nicht wiederholt werden, aber einige Spuren möchte ich später genauer verfolgen: das Konzept der Angstbindung durch Institutionen und Organisationen und die Frage, ob Organisationen nicht auch Ängste produzieren und warum sie dies tun.

Die Idee, dass Institutionen ein Unbewusstes haben, findet sich bereits bei Freud in seinem Werk „Massenpsychologie und Ich-Analyse". In seinen Überlegungen geht es vor allem darum, dass und wie Gewalt, Macht und Aggression unbewusst gemacht werden sollen, indem Menschen ein positives Gefühl für eine Institution angeboten wird, ein Gefühl, in dem sie ihr Größenselbst stabilisieren und unangenehme Gefühle abwehren können. In einer stark affektiven Bindung geschieht die institutionelle Übertragung, die durch institutionelle Mythen, wie Pühl (1995) es nennt, Mythen, die die Mitglieder einer Organisation von der Reflexion abhalten, entsteht.
Bourdieu arbeitet mit dem Begriff des Habitus (1979, 280), worunter er ein System von sozialen Stilen und sozialen Grenzen versteht. Zum Träger des Habitus wird eine Person durch Inkorporation, sie schreibt etwas in ihren Körper ein, das durch diese Einschreibung unbewusst wird. Diese Einschreibungen geschehen durch Identifikation mit oder durch Identifikationsforderungen von in der Regel hoch besetzten Menschen, Rollen, Aufgaben und ähnlichem. Habitus als unbewusste Einschreibung von unbewusst gemachten Inhalten erlaubt, sich in Organisationen adäquat bewegen zu können.
Goffman (1983) spricht von der „Vorderbühne", dem offiziellen Programm einer Organisation, und der „Hinterbühne", wobei für unsere Überlegungen hier die Hinterbühne der interessantere Teil ist. Diese „Hinterbühne" beinhaltet das Verborgene, das Heimliche, das Abgewehrte und das Unbewusste.

Institutionen sind gleichzeitig Orte der Angstbindung – diese Idee verfolgt vor allem Harald Pühl (1988; 1994), wie aber auch Orte der Angstproduktion – diese Idee finden wir vor allem bei Obholzer (1997). Die Angstbindung läuft über das Zurverfügungstellen von genormten Verhaltensweisen, wie das Konzept des Habitus diesen Vorgang beschreibt, oder durch Zurverfügungstellen von Ritualen und Mythen, die die Ängste, Schuldgefühle, Schamgefühle, Versagensgefühle etc. der Mitglieder einer Organisation binden. „Binden" heißt in diesem Kontext: sie nicht in die (individuelle oder gruppendynamische) Dynamik und Virulenz zu (ent-)lassen. Die Angstbindung wie auch die Angstproduktion werden wir im Folgenden noch genauer beachten.

Organisationen als Orte der Angstbindung – in aller Kürze

Weil die These, Organisationen seien Orte der Angstbindung, bereits von Harald Pühl (1988; 1994) und Annemarie Bauer/Katharina Gröning (1995b) u.a. herausgearbeitet wurde, werde ich mich an dieser Stelle auf nur knappe Verweise konzentrieren.

Während Arnold Gehlen (1961) Institution vor allem unter dem Aspekt ihres Instinktersatzes und damit nur indirekt unter dem Aspekt der Angstbefriedigung betrachtet, sieht Harald Pühl (1988; 1994) sie explizit unter dem Aspekt der Angstbindung. Ein Versuch der Angstbindung geht über die *Familisierung*. Warum werden im Erleben vieler Mitglieder Institutionen familisiert? Gerade soziale Institutionen neigen dazu. Oft reproduzieren Organisationen familiale Kulturen, in denen klassische Familienbilder vorherrschen: den pater familias gibt es ebenso wie die Mutter usw.; Liebe, Geborgenheit und Wärme sollen von der Organisation gespendet werden. Das aber sind Formen der Regression und somit Abwehrmechanismen, die sich gegen eine unüberschaubar gewordene und die Identität des Individuums brüchig werden lassende Komplexität richten.

Mentzos' Theorie der *institutionalisierten Abwehr*:
Nach Mentzos bieten Organisationen den Menschen Platz, ihre persönlichen Abwehrbedürfnisse und damit den Umgang mit ihren persönlichen Ängsten über Organisationen zu bearbeiten bzw. an diese Organisationen zu binden. Möglich ist im Denksystem der Psychoanalyse aber auch, dass Menschen sich für ihre Probleme Orte erschaffen, Organisationen, an denen diese be- und verarbeitet werden können. Organisationen sammeln die Befürchtungen und Ängste, beherbergen sie in einem familienähnlichen Schoß und stellen spezifische und in der Regel ausreichende Abwehrmöglichkeiten zur Verfügung.

Erdheims *Produktion von Unbewusstheit*:
Mario Erdheim spricht davon, wie Gesellschaften mithelfen, Unbewusstheit herzustellen. Erdheim (1984) findet diesen Vorgang v.a. bei Wahrnehmungen aus der sozialen Realität: Diese Wahrnehmungen werden mit Gefühlen des Wahrnehmenden durchsetzt und in der Regel dadurch interpretiert und verändert. Abwehrformen und geforderte Anpassungsformen, z.B. die Identifikation mit einer Rolle, spiegeln in einem Individuum das Unbewusste der Institution bzw. der Organisation und bestätigen das Unbewusste einer Organisation in seiner Existenz: Je mehr Mitglieder dieses Unbewusste tragen und managen, um so stabiler bleibt es erhalten.

Sozialisationsprozesse durch Organisationen:
Eine andere wichtige Frage allerdings ist die nach der unbewussten Sozialisation durch Organisationen. Nicht nur Personen prägen Organisationen, sondern auch umgekehrt: Jede/r neue Mitarbeiter/in kommt in eine vorhandene Kultur, in Interaktionsstile und -rituale, kommt als Neuling in eine Organisationsgeschichte, die sie nicht kennt, die aber die Organisation bestimmt.

Die Ethnopsychoanalyse untersucht u.a., welche Formen psychischer Abwehr ein Individuum aufgrund von und gleichzeitig gegen die Einwirkungen gesellschaftlicher, kultureller und sozialer Bedingungen, Vorgänge und Prozesse entwickelt und welche Anpassungsvorgänge es unternimmt – diese Spur verfolgt vor allem Paul Parin (1978) – um in der Organisation Fuß zu fassen und sich zu integrieren. Ziel dieser Anpassungsvorgänge ist der Versuch, einigermaßen konfliktfrei in der Organisation leben und arbeiten zu können. Abwehrmechanismen, Anpassungsmechanismen und die äußeren Einflüsse bilden ein Ensemble, die nicht nur typisch für eine Person, sondern auch typisch für eine Organisation ist.

Als Coachs und SupervisorInnen kennen wir in der Begleitung von Neustartern in Organisationen typische Krisen, die oft nach einigen Monaten der Zugehörigkeit auftreten, Krisen, die manchmal eher latent, manchmal aber auch sehr heftig sein können. Auch wenn die Lern- und Anpassungsbereitschaft groß ist, gibt es oft einen Punkt, an dem die Forderungen nach noch mehr Anpassung zu groß werden; es kann auch sein, dass der neue Mitarbeiter auf Ereignisse, Verhaltensweisen, Kulturen etc. stößt, die er nicht mittragen kann, die ihn aber überraschen, dass es sie gibt, wie mächtig sie sind oder ähnliches. Dies führt zu Widerstand, zu Widerstand gegen die Identitätsveränderung – das haben Gröning und ich mit dem Begriff des „Identitätswiderstandes" (1995, 56 f.) bezeichnet, den wir uns von Erik Erikson entliehen haben. Die Heftigkeit solcher Krisen deutet auf sehr affektive Prozesse und Widerstände, die uns vermuten lassen, dass die Sozialisationsvorgänge weit über die kognitive Erfassung der Gepflogenheiten einer Organisation oder die Wege des Sich-Einfügens in eine Organisation hinausgehen. Sie sind – so vermute ich – deshalb so stark bis heftig, weil sie unbewusst verlaufen und auf das Unbewusste eines Menschen treffen.

Als SupervisorInnen kennen wir auch Menschen, die zurückschrecken vor den Veränderungen, die sie, seit sie in einer Organisation sind, an sich selbst wahrnehmen oder von wichtigen Menschen gespiegelt bekommen. „Bis zur Unkenntlichkeit ...". Diese Anpassungsvorgänge sind Teil der Rollenübernahme, ohne die eine Mitarbeit in einer Organisation nicht gelingen kann. Eine Überanpassung kann geschehen aus Angst, z.B. vor dem Klientel. Die Angst zwingt die Mitarbeiter dazu, sich keine Angst anmerken zu lassen, „cool" und überlegen zu sein, zumindest aber zu wirken.

Die Rückseite der Angstbindung: Produktion von Angst in Organisationen

Organisationen sind Orte der Angstbindung – aber auch der Angstproduktion – das ist die These. Nachdem wir nun einige Ideen zusammengetragen haben, wie und warum Angstbindung geschieht, fragen wir nach den Vorgängen und Gründen für die Angstproduktion – wieder aus supervisorisch-psychoanalytischer Sicht.

Nichts ist so stabil wie die Pflicht zur Veränderung. Warum machen diese Veränderungen so viel Angst und was geschieht um diese Veränderungen herum derzeit in Organisationen?

„Es geht nicht um Qualität, es geht nur noch um Ökonomie". Ein Standardsatz für SupervisorInnen, aber auch für MitarbeiterInnen in (sozialen) Organisationen, z.B. in sozialpsychiatrischen Einrichtungen, in Einrichtungen der Behinderten-, der Altenhilfe, der Familienberatung etc. Viele Umstrukturierungs- und Veränderungsprozesse in Organisationen, die als solche tituliert werden, aber in der Regel Kürzungs- und Verkleinerungsprozesse sind, vermitteln diesen Eindruck.

Um einer von vielen möglichen Facetten dieser Veränderung in Organisationen nachzugehen, beziehe ich mich auf einen Artikel von Howard F. Stein (1999). Stein geht in seinen Überlegungen davon aus, dass organisatorische Schrumpfungsprozesse, „downsizing-Prozesse", so gestaltet werden, dass sie als Destruktion von beruflichen Laufbahnen und Zerstörung persönlichen Lebens empfunden werden. Er fragt, warum das „Top-Management" vieler Organisationen bei Problemen im Bereich von Gewinn und Verlust, Produktivität und des globalen Wettbewerbs, immer wieder einen massiven Personalabbau als erste, einzige und zumeist auch „End-Lösung" (ein vom Top-Management häufig gebrauchter Begriff) vorschlagen und schließlich auch umsetzen (Stein 1999, 157).

Nun ist es klar, dass auch Organisationen und nicht nur Gesellschaften von ständigen Veränderungsprozessen betroffen sind, sie gestalten müssen, um wieder in ein Gleichgewicht zu geraten, das dann wieder durch irgendwelche Veränderungen in ein Ungleichgewicht gerät usw. Die tiefgreifenden Veränderungen in der Arbeitswelt sind vielfach diskutiert worden: Sie beziehen sich auf den Wandel der Arbeitsformen und Arbeitsinhalte, sie beziehen sich auf den Wandel der Professionen und der Organisationen und führen damit zu veränderten Arbeits- und Berufsbiographien. Wenn wir davon ausgehen, dass Organisationen offene Systeme sind und in der ständigen Interaktion mit dem Umfeld stehen, so müssen sie sich in ihrer Struktur, in ihrer Gestalt und ihren Aufträgen immer wieder verändern; sie müssen sich verändern, umstrukturieren und anpassen, um ihre zentrale Aufgabe, nämlich sich selbst zu erhalten, zu erfüllen.

Nach Doppler und Lauterburg (1994, 17) gibt es drei Rahmenbedingungen, die weitgehend über Erfolg und Misserfolg von Unternehmen entscheiden: die Verknappung der Ressourcen Zeit und Geld sowie die dramatische Steigerung der Komplexität. Diese Steigerung der Komplexität führt dazu, dass der permanente Wandel und die Anforderung einer permanenten Veränderungsfähigkeit fast zur einzig sichtbaren stabilen Variable im Leben von Organisationen geworden sind.

Lernende Organisationen sind auch darauf angewiesen, dass ihre Mitglieder mitspielen oder, im besten Falle, ein Interesse an Veränderungsprozessen selber aufweisen.

Gleichzeitig wissen wir aber, dass Wandlungsprozesse immer Angst machen und zunächst einmal die persönliche Stabilität, wenn nicht sogar die persönliche Identität bedrohen. Von daher muss in allen organisatorischen Wandlungsprozessen mit Angst und Abwehr gerechnet werden. Sennett (1998, 25) hat beschrieben, wie „flexibel" Menschen sein müssen, was einerseits ein positives Gefühl von immer neuen Entdeckungen, immer neuen Rollen, immer neuen Aufgaben etc. erzeugen, andererseits aber auch gewonnene Stabilität bedrohen kann. Wenn Organisationsentwicklungsprozesse bislang weitgehend untersucht wurden unter der Frage, wie man Strukturen schaffen kann, um die Effizienz einer Organisation zu steigern bei gleichzeitiger Beibehaltung oder Erhöhung der Humanität der Arbeitsbedingungen, so scheint es derzeit so zu sein, als würden andere Organisationsentwicklungsprozesse ablaufen.

Steht Dein Name auf Schindlers Liste? Frage von Howard Stein

Mit dem Psychoanalytiker und Organisationsberater Howard Stein kehre ich zurück zur Frage, welche unbewussten Vorgänge derzeit im Kontext von Umstrukturierungen Schrumpfungsprozesse (nicht Veränderungsprozesse!) bestimmen. Die Idee, dass auch unbewusste Steuerungsprozesse in Organisationen geschehen und Folgen haben, ist nicht neu, auch wenn sie in den gängigen Organisationsentwicklungslehrbüchern und in der Literatur zum Coaching eher selten einbezogen werden. Die Frage ist aber, warum ausgerechnet im professionellen ebenso wie im organisatorischen Handeln – und dazu muss man Organisationsentwicklung zählen – diese unbewussten Anteile unseres Denkens und Handelns nicht stattfinden sollen, wenn wir anerkennen, dass sie in anderen Lebensbereichen durchaus stattfinden.

Howard Stein geht der Spur nach, in wieweit rationale Handlungen wie Verkleinerungsprozesse, downsizing-Prozesse, von unbewussten Motiven angetrieben sein können. Eine seiner Überlegungen führt dahin, dass langfristige soziale und wirtschaftliche Folgekosten vermieden werden könnten, wenn diesen unbewussten Motiven in den Veränderungsprozessen mehr Aufmerksamkeit beigemessen werde. „Es liegt jedoch gerade in der Natur der unbewussten Abwehr – und hier insbesondere derjenigen, die durch einen Gruppenkonsens untermauert wird – sich einer Realitätsprüfung zu entziehen, um psychologische – und damit auch organisatorische – Strukturen aufrecht erhalten zu können" (Stein 1999, 156). Stein geht davon aus, dass „downsizing" und ähnliche Maßnahmen euphemistische Referenzsysteme darstellen, die wie kulturelle Rahmen zu verstehen sind, durch die wir uns in bestimmte Richtungen dirigieren lassen. Die vorgeblich „unternehmerische(n) Konzepte" beinhalten Werthaltungen: Arbeiter werden als Maschinen betrachtet oder als entbehrliche Produktionseinheiten und Veränderungsprozesse werden mit aggressiven Vokabeln konnotiert. Er betrachtet die „downsizing"-Euphorie im Kontext der Aggression, die nach der Beendigung des Ost-West-Konfliktes und damit des Untergangs des „Reich des Bösen" und des kalten Krieges ungebunden ausgebrochen sei. Historisch deutet er „downsizing" als eine Manifestation des internen Feldzugs gegen die anwachsende Flut innerer Bedrohung und interner Antagonisten. Der Wegfall der Sowjetunion als dem Bösen, was in Amerika lange und bewährt als Fokus für die abgespaltenen Aggressionen diente, kehre nun zurück. Das Verdrängte sei in das Innere der eigenen Gesellschaft zurückgekehrt und zeige sich in Lagern von Verbündeten und Gegnern in Wirtschaft und Sozialwesen. „Downsizing" sei der interne Feldzug gegen die innere Bedrohung. Steins Artikel ist im Jahre 1999 auf Deutsch erschienen – weshalb ich mir die Anmerkung erlaube, dass Afghanistan und Irak diese These bestätigen und rechtfertigen können.

Howard Stein erläutert an fünf Fallvignetten, wie sich das Unbewusste in diesen Verkleinerungsprozessen in Institutionen in der Sprache zeigt: in der Sprache der Vernichtung.

Er wählt den Film „Schindlers Liste" als Parabel für die Kultur des „downsizing". Die Entbehrlichkeit des Menschen in Arbeitsprozessen wird zu einer der größten Bedrohungen für genau diesen Menschen. In der Phantasie, so Stein, sind wir alle Juden, die durch Firmenflure, Universitäten und soziale Einrichtungen wandeln. Sogar das Top-Management ist von dieser Bedrohung nicht ausgeschlossen, obwohl ihm in der Phantasie eher die Rolle der Nazifolterer zukommt (ebd., 163). Es gibt kein Verstecken und es gibt kein Entkommen, keiner kann sich sicher sein. Diese Botschaft: *Jeder ist gefährdet* – das sei die eigentliche Kultur der downsizing-Prozess-Euphorie. Die Statistiken und die Gewinn- und Verlustrechnungen sind die Symptome, die den Deckmantel zur entpersonalisierten Lösung tragen. Stein schlägt vor, auf die Bilder, Worte und Metaphern zu achten, die Menschen verwenden, wenn sie ihren Gefühlen Ausdruck geben, wenn sie über die Veränderungsprozesse, von denen sie betroffen sind, reden.

Die Verwendung von Holocaustmetaphern wird nur dann unzutreffend und falsch, wenn wir die Metapher wörtlich verstehen: Selbstverständlich wird kein Mord begangen, aber es werden Biographien zerstört. Howard Stein besteht darauf und sagt, es sei eine Illusion zu glauben, dass die Hauptmotive für „downsizing-Prozesse" ökonomischer Natur seien und dass nur diejenigen, die ihre Stelle verloren haben, als Opfer zu betrachten sind (ebd., 164). Der eigentliche Verlust sei ein sich vollziehender kultureller Wandel, der – ich drücke es in meiner Sprache aus – mit dem Umgang mit Menschen zu tun hat, mit seiner Verwertbarkeit. Das heißt, die Sprache verweist auf Veränderungen im Menschenbild und damit auf Veränderungen in den Grundlagen der Ethik des Menschen.

Im Erleben von MitarbeiterInnen in Organisationen gibt es Täter, Opfer und Überlebende; vor allem aber gibt es sehr viel Angst, Angst, die sich darauf bezieht, selbst gefeuert zu werden, selbst zum Schrumpfungspotenzial der Organisation beitragen zu müssen, selbst ausgesondert zu werden. Die Angst hat eine Rückseite: Es entstehen vermehrte Anpassungs- bis hin zu Unterwerfungsgesten, Schweigen und Nicht-Auffallen-Wollen – Untugenden, die für aufgeklärte Menschen in aufgeklärten Arbeitsbeziehungen und Organisationen beschämend sind und in der Regel auch so erlebt werden. Es ist der Versuch, sich durch Anpassung zu retten und dafür sorgen zu wollen, dass man nicht auf die Liste kommt. Und es gibt auch die Versuchung, Organisationen durch persönliche Opfer zu retten, indem man z.B. Stellenstreichungen auf die Stellenanteile der vorhandenen Mitarbeiter umlegt, um zu vermeiden, dass eine einzelne Person die Folgen der Kürzungen allein tragen muss.

Selbst wenn man es für sehr gefährlich halten kann, mit Howard Stein Vernichtungs- und Holocaustmetaphern für Organisationsprozesse einzusetzen, so tauchen in vielen Institutionen, auch kirchlichen Institutionen, Formen „ritualisierter Entwertung" auf. Auch soziale und kirchliche Einrichtungen passen sich den Gesetzen des Marktes an – das scheint die ökonomische Situation zu erzwingen, aber sie scheinen sich auch gezwungen zu fühlen, die Kultur der ritualisierten Entwertung zu übernehmen. Was aber geschieht, und deshalb beziehe ich mich trotz aller kritischen Überlegungen doch auf den Artikel von Howard Stein, ist, dass in vielen Organisationen diese Veränderungsprozesse moralisch konnotiert werden mit einer Abwertung der MitarbeiterInnen, die schon fast zu einer ritualisierten Abwertung geworden ist. Hier wird nicht Mitarbeitern mit Bedauern mitgeteilt, dass ihr Arbeitsgebiet verändert werden muss oder dass ihr Arbeitsgebiet nicht mehr haltbar sein wird, sondern es passiert immer und immer wieder, dass den MitarbeiterInnen gesagt wird, ihr Arbeitsgebiet sei altmodisch und längst überholt, ihre Art zu arbeiten entspreche nicht den neuesten wissenschaftlichen Erkenntnissen – was immer diese sind.

Mit „ritualisierter Entwertung" meine ich folgende Vorgänge: Einerseits geht es um Entwertungen, in denen die Arbeit einer Person oder auch die Person selbst als unfähig, unflexibel, altmodisch oder nicht anpassungsbereit beschrieben wird, um sie dann entlassen zu können. Der Veränderungsbedarf einer Organisation wird also an eine Person oder an Personengruppen delegiert, die dadurch nicht nur ökonomisch, sondern auch persönlich beschädigt werden. „Ritualisiert" wird diese Entwertung durch die standardisierte Inszenierung und Wiederholung, die zeremonielle und emotionsbindende Ordnung einer Kombination von Ausgrenzung, Entwertung und Aussonderung.

Manchmal entsteht der Eindruck, dass soziale Organisationen einen Nachholbedarf haben in rüdem Verhalten, was sie offenbar als betriebswirtschaftlich organisiertes oder der Kultur der Betriebswirtschaft entsprechendes Verhalten verbuchen möchten. Auch Pfarrer und Sozialarbeiter in Leitungspositionen schwingen sich manchmal zu Verhaltensweisen auf, die ihrer Ursprungskultur nicht entsprechen, sondern entlehnt sind einer vermeintlichen

Kultur der Wirtschaft, ohne diese Kultur der Wirtschaft zu kennen. Die Übernahme eines Habitus und die Entwicklung entwürdigenden und entehrenden Führungsverhaltens macht aber keine soziale Organisation zu einem wirtschaftlichen Unternehmen, ebenso wie Nadelstreifen noch keinen Top-Manager ausmachen.

In vielen Organisationen fällt eine weitere Diskrepanz auf: Umstrukturierungsprozesse inkl. „ritualisierter Entwertung" laufen oft gleichzeitig mit Profilierungsbemühungen. Leitbilder und Leitsätze, Aussagen zu Menschenbildern der Organisation, über die Moral und Ethik professionellen Handelns, über den Umgang untereinander und mit den KundInnen oder KlientInnen werden nicht selten mit klangvollen Sätzen publiziert, die manchmal im krassen Kontrast zur hausinternen Praxis stehen. Ich verstehe in solchen Situationen die Gleichzeitigkeit eines Leitbildprozesses mit einem entwertend geführten Umstrukturierungs- bzw. Schrumpfungsprozess als Abwehrbemühungen einer Organisation – nicht nur der darin arbeitenden Menschen. Die Aggressionen, mit denen die Veränderungen durchgeführt werden, werden abgewehrt und kaschiert durch die gleichzeitige Publikation von Leitlinien etc.

Die Psychoanalyse lehrt, dass es nicht ausreicht, Ereignisse nach ihrer äußeren Erscheinung zu verstehen und zu bewerten, sondern die symbolische und unbewusste Bedeutung in den Blick zu nehmen. Auffallend ist die Gleichzeitigkeit von Entwertung – der MitarbeiterInnen und ihrer Arbeit – und Idealisierung – der Ziele, der Kultur und der Werte einer Organisation –, sie ist zu verstehen als zwei Seiten derselben Medaille.

Idealisierungen und Entwertungen gehören eng zusammen: Je größer das eine wird, umso größer wird auch das andere.

Die narzisstische Verklärung der Organisation als ein Versuch, die Organisation vor dem Untergang zu bewahren, indem man z.B. ihre Ziele und Merkmale mit überschwänglichen Begriffen preist und die ethischen Grundwerte auf Hochglanzpapier druckt, geht – manchmal – einher mit der destruktiven Entwertung von MitarbeiterInnen, mit ihrer Nicht-Verwertbarkeit und damit ihrer absoluten Entbehrlichkeit. Nicht zuletzt bekommen die MitarbeiterInnen über diese Entwertung prophylaktisch die Schuld zugesprochen, wenn die Organisation scheitern sollte.

Beide Prozesse, die eng miteinander verbunden sind, dienen der Angstabwehr und gleichzeitig produzieren sie die Angst bei denen, die nicht auf Schindlers Liste stehen.

„Psychosis Unlimited" – Anmerkungen zur „psychotischen Organisation" (B. Sievers)

Burkhard Sievers spricht in mehreren Artikeln von „Psychotischen Organisationen", ein Begriff, den er aus der Psychoanalyse Melanie Kleins entlehnt. Er wählt diesen Begriff einer ontologisch frühen Entwicklungsphase, die einen Zwischenzustand zwischen der psychotischen und der depressiven Position oder besser: der Struktur der Psyche beschreibt, in der es – so nehmen Melanie Klein und andere Objektbeziehungstheoretiker an – die Ungeschiedenheit von Innen und Außen, von Subjekt und Objekt noch nicht gibt. Die vermutlich unklaren und verschwimmenden und damit angst- und panikmachenden Wahrnehmungen nennt Melanie Klein halluzinatorisch-illusorisch, die Reaktion des Kindes darauf gehe einher mit narzisstischer Wut und Hass, aber auch mit Versuchen, die Mutter als Erfüllungsgehilfin für die eigenen Bedürfnisse zu beherrschen. Es gebe (noch) keine Beziehung der Gegenseitigkeit, der Anerkennung anderer Wünsche als der eigenen, es gebe nur oder fast nur die Instrumentalisierung. Was er mit Melanie Klein ausdrücklich nicht teilt, ist deren Einschätzung, dass mit zunehmendem Fortschritt der Zivilisation sich psychotische Ängste reduzierten (1999, 22) – diesen Optimismus hat er nicht, im Gegenteil – aber das ist hier nicht Thema.

Dieses Konzept – psychotische Organisation – überträgt Burkhard Sievers unter folgenden Foki auf Organisationen:

- Auf die innere Welt von Organisationen,
- auf die Beziehungen zwischen Organisationen und
- auf den globalen Kontext, „innerhalb dessen ... Unternehmen in einer Optimierung des Shareholder Value ... gefangen zu sein scheinen" (1999, 22).

Er untersucht organisatorische Dynamiken und ihr mögliches Entstehen durch unbewusste psychotische Reaktionen auf die Organisation – klarer ausgedrückt: Psychotischen Reaktionen liegen in der Regel Ängste zugrunde, die durch Ereignisse in Organisationen entstehen und sich wieder auf Ereignisse in Organisationen auswirken.

Ich kann und will hier nur in gebotener Kürze seine Ideen zur „psychotischen Organisation" auflisten:

- Ähnlich wie Patienten mit schweren Persönlichkeitsstörungen, die oft zunächst durchaus stabil wirken, können auch vor allem gewinnorientierte Unternehmen in dem verzweifelten Versuch gefangen sein, den enormen Druck von Märkten und Mitbewerbern abzuwehren und gleichzeitig zu versuchen, diese Umwelt mit Aggressivität und Destruktivität zu beherrschen. Es sei das Verhaftetsein an einem Zustand analog zur paranoid-schizoiden Position, die „keinen Raum für die Erfahrung von Schuld, das Verlangen nach Liebe, Trauer oder Wiedergutmachung ..." zulasse (1999, 27f.).

- Sievers zitiert ein Beispiel aus der Literatur: Die radikalen Veränderungen im Gesundheitssystem vergleicht er mit einem Chirurgen, der versucht, die Gesundheit eines Patienten herzustellen, indem er Teile des Körpers entfernt und amputiert. Analog dazu werde das Management häufig mit der Rolle des Retters identifiziert, was dieses auch gern annehme – aber damit werde der Weg zu einer totalitären Organisation geebnet. Dabei würden z.B. die Fähigkeiten zu denken eingeschränkt und Qualitätsvorstellungen aufgegeben. Die Realität werde auf Gewinn und Verlust reduziert, weil die Rollenträger ihre Aufmerksamkeit auf das eigene Überleben richteten (1999, 29).

Diese knapp referierten Überlegungen Sievers' sollen an dieser Stelle genügen, um den Begriff der „Psychotischen Organisation" zu erklären. Dabei lasse ich bewusst seine hochinteressanten Überlegungen zum Kapitalismus und zur Shareholder Value weg, die er mit dem Titel „Psychosis Unlimited" überschreibt. Sein Artikel endet mit dem Rückgriff auf Edgar Allen Poes Erzählung, die „Maske des Roten Todes": Prinz Prospero will sich mit seinen Freunden dem Wüten der Pest entziehen und schließt sich ein, um den Tod auszugrenzen und ein endloses Fest zu feiern, das jäh zu Ende geht, weil eine neue, nicht geladene Gestalt, der Rote Tod, doch in die abgeschlossene Wirklichkeit eindringt und alle(s) vernichtet. Prinz Prospero versucht ihn zu töten, aber er fällt in sein eigenes Schwert und zerstört sich selbst.

Auf eine Organisation übertragen bedeutet das: Zwanghafte Kontrollwünsche werden eingesetzt, um Unvorhersehbarkeit, Unsicherheit und den Tod auszugrenzen. „Von ihrer eigenen Todesangst getrieben, ließen sie jede weitere Anteilnahme für die guten Objekte ihrer inneren und äußeren Welt vermissen" (1999, 43). Und was bekommen sie? Die für einen psychotischen Zustand oft typischen Formen von Aggression, Destruktivität und Selbstdestruktivität.

Burkhard Sievers bezieht zum Schluss seines Artikels folgende Position: Der Wunsch, sich selbst in Sicherheit zu bringen, könnte dazu führen, zu völlig unzureichenden Lösungen zu greifen, die letztendlich mehr zerstören als gesunden lassen.

Die – in der Theorie Melanie Kleins – der psychotischen Organisation nachfolgende Position, die depressive Position, sei ein möglicher „Weg aus den gegenwärtigen Verwüstungen..." (Sievers 1999, 45); aber Verzweiflung als Gegenübertragung sei nicht nur beim Umgang mit psychotischen Patienten ein sehr schwieriges Gefühl, sondern auch für Berater oder Manager, die die Fähigkeit entwickeln müssten, diese zu diagnostizieren, zu interpretieren und zu containen.

4. Supervision oder Coaching?

Käme der am Coaching orientierte Berater doch auf den Begriff „Psychotische Organisation"? Ja, vielleicht; er würde die Ärmel hochkrempeln und anfangen aufzuräumen, um seinem Gecoachten das Gefühl zu vermitteln, den Kopf wieder über Wasser zu haben und das Chaos managen zu können.

Und der supervisorische Berater, der an den unbewussten Themen einer Organisation interessiert ist und ihren heimlichen Funktionen und Auswirkungen auf die Menschen? Er würde versuchen zu helfen, die Produktion von Chaos zu verstehen, z.B. als Ausdruck einer zermalmenden Komplexität. Er würde versuchen, die Angst und die Rettungsversuche, wie sie sich in Teamdynamiken niederschlagen können in Formen heilloser Rivalität und Vernichtungsdynamiken, wie sie sich aber auch in Kulturen nicht der Broschüren, wohl aber des faktischen Umgangs auch in sozialen Organisationen zeigen können, zu deuten, zu containen und einem Team oder einer Leitung zurückzuspiegeln.

Wahrscheinlich ist der Unterschied zwischen Coaching und Supervision dann am größten und deutlichsten, wenn man einen psychoanalytischen Blick einnimmt und diesen auf die unbewussten Handlungen und Denkgebäude, Affekte und den Umgang mit ihnen in Teams und Organisationen anwendet. Und: Dieses Denken, die Anwendung psychoanalytischer Theoreme und Theorien, die uns für die Arbeit mit Individuen und Familien, Gruppen und Teams zu Verfügung stehen, ist noch nicht sehr weit entwickelt und gibt die Hoffnung, dass wir noch vieles besser verstehen können, was wir derzeit nur coachen können.

Coaching muss von seinem Selbstverständnis her keinen aufklärenden Anspruch haben, arbeitet aber ebenso an der Rolle und an dem Profil eines Klienten wie SupervisorInnen das auch tun. Supervision hat den Anspruch entwickelt, derartig komplexe Organisationszusammenhänge, wie sie sich nun entwickelt haben, zu verstehen nicht nur in Bezug auf ihre Mechanismen, sondern auch in Bezug auf ihre heimlichen und unbewussten Implikationen und Folgen. Wenn der Fokus des Coachs darauf gerichtet ist, seinen Klienten erfolgreich werden zu lassen und Dynamiken von Organisationen im Kontext von Umweltdynamiken so weit zu verstehen, dass er darin überleben und erfolgreich sein kann, dann wird der Supervisor/die Supervisorin, vor allem mit einer psychoanalytischen Orientierung, sich darum bemühen, die Komplexität zu durchschauen und zu verstehen, vor allem unter dem Aspekt, was mit den Menschen geschieht, welche Formen von Wertewandel auftauchen, wie sie sich symbolisieren und welche Bedrohungen von ihnen ausgehen.

Modernes Coaching – altmodische Supervision? Coaching als Anpassung – Supervision als Aufklärung?

Sind die einen die heulenden Wölfe, die Täter, die sich auf die Seite der Macht stellen und Menschen im Namen des Marktes zerstören – und sind die anderen die blökenden Schafe, die auf der Seite der Opfer stehen und – hochmoralisch – deren Vernichtung verhindern wollen? Wenn man das so sähe, würde es sich bei einer solchermaßen geführten Debatte um nichts anderes als um eine weitere Variante von Spaltungs-, Polarisierungs- und Entwertungsprozessen handeln. Und dann wären wir wieder beim Thema!

Literatur

Bauer, Annemarie (1996): Verborgene Institutionskulturen in sozialen und klinischen Organisationen und ihre Bedeutung für das Verstehen von Supervisionsprozessen. In: Forum Supervision 8, 5-22.

Bauer, Annemarie, Gröning, Katharina (Hg.) (1995a): Institutionsgeschichten – Institutionsanalysen. Tübingen.

Bauer, Annemarie, Gröning, Katharina (1995b): Institutionskonzepte in der Supervision. In: Bauer Annemarie, Gröning, Katharina (Hg): Institutionsgeschichten – Institutionsanalysen. Tübingen, 17-69.

Bauer, Annemarie, Grohs-Schulz, Mechthild (2002): Menschen in Organisationen. In: Bauer, Annemarie, Katharina Gröning, Mechtild Grohs-Schulz (Hg.): Psychoanalytische Perspektiven. Ein Lesebuch. Frankfurt a.M., 63-78.

Becker, Hansjörg (1998): Psychoanalyse und Organisation. In: freie Assoziation 1 (1-2), 81-100.

Bourdieu, Pierre (1979): Die Feinen Unterschiede. Frankfurt a.M.

Brauner, Klaus (2001): Wenn Organisationen sich verändern..." Zur Dynamik organisationalen Wandels und den Folgen für die Supervision. In: Wege zum Menschen 53, 507-522.

Doppler, Klaus (2003): Der Change Manager – Sich selbst und andere verändern – und trotzdem bleiben, wer man ist. Frankfurt a.M.

Doppler, Klaus, Lauterburg, Christoph (1994): Change Management. Den Unternehmenswandel gestalten. 3. Aufl., Frankfurt a.M.

Eicke, Dieter (1982): Verstehen aus supervisorischer Sicht. In: Supervision. Materialien für berufsbezogene Beratung in sozialen, pädagogischen und therapeutischen Arbeitsfeldern 1, Reprint 1992, 21-30.

Erdheim, Mario (1984): Die gesellschaftliche Produktion von Unbewusstheit. Eine Einführung in den ethnopsychoanalytischen Prozess. Frankfurt a.M.

Freud, Sigmund (1921): Massenpsychologie und Ich-Analyse.

Gehlen, Arnold (1964): Urmensch und Spätkultur. 2. Aufl., Frankfurt a.M.

Goffman, Erving (1973): Asyle. Frankfurt a.M.

Goffman, Erving (1983): Wir allen spielen Theater. Die Selbstdarstellung im Alltag. München.

Gröning, Katharina (2002): Was man in Institutionen nicht wissen darf – Psychoanalytische und soziologische Ansätze für das Andere in Institutionen. In: Gruppenanalyse 12 (2), 103-112.

Habermas, Jürgen (1982): Zur Theorie des kommunikativen Handelns. Frankfurt a.M.

Heß, Tatjana, Roth, Wolfgang L. (2001): Professionelles Coaching. Eine Expertenbefragung zur Qualitätseinschätzung und -entwicklung. Heidelberg.

Lehmenkühler, Angelika (1982): Verstehen aus sozialpsychologischer Sicht. In: Supervision. Materialien für berufsbezogene Beratung in sozialen, pädagogischen und therapeutischen Arbeitsfeldern 1, Reprint 1992, 31-46.

Lehmenkühler-Leuschner, Angelika (1993): Professionelles Handeln und Supervision. Eine Einführung in professionssoziologische Grundlagen. In: Forum Supervision 2 (1), 8-34.

Menzies, Isabel (1969): Die Angstabwehr-Funktion sozialer Systeme – ein Fallbericht. In: Gruppendynamik 1974, 183-216.

Mentzos, Stavros (1988): Interpersonale und institutionalisierte Abwehr. 2. Aufl., Frankfurt a.M.

Obholzer, Anton (1997): Das Unbewusste bei der Arbeit. In: Eisenbach-Stangl, Irmgard, Ertl, Michael (Hg.): Unbewusstes in Organisationen. Wien, 17-38.

Parin, Paul (1978): Das Ich und die Anpassungsmechanismen. In: Parin, Paul: Widerspruch im Subjekt. Ethnopsychoanalytische Studien. Frankfurt a.M., 78-111.

Pühl, Harald (1995): Der institutionelle Mythos. In Bauer, Annemarie, Gröning, Katharina (Hg.): Institutionsgeschichten – Institutionsanalyse. Tübingen, 70-79.

Pühl, Harald (1994): Angst in Gruppen und Institutionen. Der Einzelne und sein unbewusstes Gruppennetz. Hille.

Pühl, Harald (1988): Angst in Gruppen und Institutionen. Frankfurt a.M.

Rauen, Christopher (Hg.) (2000): Handbuch Coaching. 2. erw. Aufl., Göttingen.

Skogstad, Wilhelm (2002): Kein Platz für Angst und Schmerz. Psychoanalytische Bebachtungen von psychiatrischen und medizinischen Einrichtungen. In: Freie Assoziation 5, 143-157.

Sievers, Burkhard (1997): Verrücktheit in Organisationen. In: Freie Assoziation 1 (1u2), 113-133.

Sievers, Burkhard (1999): „Psychotische Organisation" als metaphorischer Rahmen zur Sozio-Analyse organisatorischer und interorganisatorischer Dynamiken. In: Freie Assoziation 2 (1), 21-52.

Stein, Howard F. (1999): Todesvorstellungen und die Erfahrung organisatorischen Downsizing. Oder: steht Dein Name auf Schindlers Liste? In: Freie Assoziation 1 (2), 155-185.

Wellendorf, Franz (1996): Überlegungen zum „Unbewussten" in Institutionen. In: Pühl, Harald (Hg.): Supervision in Institutionen. Eine Bestandsaufnahme. Frankfurt a.M., 173-186.

Wittenberger, Gerhard (1984): Supervision zwischen Psychoanalyse und Sozialarbeit. In: Supervision. Materialien für berufsbezogene Beratung in sozialen, pädagogischen und therapeutischen Arbeitsfeldern 6, Reprint 1992, 3-37.

Heinz J. Kersting

Anregungen für systemisches Denken und Handeln in der Supervision im Kontext hochkomplexer Gesellschaften

1. Systemische Supervision in Deutschland

Es gibt in der Deutschen Gesellschaft für Supervision (DGSv) eine Reihe von Ausbildungsstätten, die sich selbst zuschreiben, dass sie Supervison nach systemischen Konzepten anbieten. Die erste Supervisionsausbildung in Deutschland, die sich ausdrücklich als systemisch bezeichnete, bot die Diakonische Akademie seit Anfang der 1980er Jahre in Stuttgart an (Krüger 1991). Diese Akademie befindet sich heute in Berlin und ist der systemischen Ausrichtung treu geblieben. Seit 1985 führt das Institut für Beratung und Supervision (IBS) in Aachen eine konstruktivistisch-systemische Ausbildung durch (Kersting 2001; Kersting/Hamann 2003). Weiter kamen in der zweiten Hälfte der 80er Jahre zwei dezidiert systemische Ausbildungen hinzu, die Weiterbildung Supervision am Berliner Institut für Familientherapie (BIF) (Haye/Linke 2003) und eine Supervisionsausbildung an der Evangelischen Fachhochschule Freiburg, die Anfang der 1990er Jahre an das neugegründete BTS Gesellschaft für Organisationsberatung, Training und Supervision in Mannheim verlegt wurde (Neumann-Wirsig 2003). Seit Ende der 1990er Jahre wird die Supervisionsausbildung an der Evangelischen Fachhochschule Freiburg wieder als systemische durchgeführt. Seit Anfang des Jahrhunderts versteht sich auch die Supervisionsausbildung des Erzbistums Köln als eine systemische. Masterstudiengänge für Supervision mit einem systemischen Konzept richteten im Jahr 2001 die Katholische Fachhochschule NW und im Jahr 2004 die Evangelische Fachhochschule Freiburg ein. Letztere ist der erste in Deutschland akkreditierte Masterstudiengang Supervision (zu beiden vgl. jeweils die Prüfungs- und Studienordnungen auf den Homepages: www.efh-freiburg.de, bzw. www.kfhnw.de).

Weiter gibt es zwei von der DGSv zertifizierte Ausbildungsgänge, die systemische Elemente aufweisen, der Diplomstudiengang Supervision an der Universität Kassel (Buchinger/Ehmer 2004) und der Diplomstudiengang Supervision und Organisationsberatung an der Evangelischen Fachhochschule Hannover (www.efh-hannover.de). Seit den 90er Jahren gibt es ca. zehn systemische Supervisionsausbildungen, die von der Systemischen Gesellschaft, dem Deutschen Verband für systemische Forschung, Therapie, Supervision und Beratung (SG) zertifiziert worden sind (z.B. die Weiterbildung in Heidelberg: Ebbecke-Nohlen 2003).

Heike Hercher und der Verfasser untersuchten in einem Forschungsprojekt des Louis-Lowy-Instituts Aachen (Hercher/Kersting 2003) die von Ulrike Eckhardt, Hans-Gerd Schulte und Kurt Richter 1997 aufgestellte These, dass sich in systemischen Supervisionsausbildungen in der DGSv trotz ihrer Bezüge „zu anderen Bereichen systemischer Praxis (z.B. zur systemischen Therapie bzw. Familientherapie oder Gruppenanalyse) ... [die systemische Supervision; HJK] ... schon seit langem eigenständig entwickelt und Elemente aus der Einzel- und Gruppenarbeit, der Gestaltarbeit, der Kommunikations- und Systemtheorie, dem sozialen und kulturellen Konstruktivismus u.a. adaptiert bzw. auf ihnen gründet" (Eckardt/Richter/Schulte 1997, 10). Aus ihren Untersuchungen geht für die im Rahmen der DGSv organisierten Ausbildungen hervor, dass die systemischen Ausbildungen tatsächlich nicht im Anschluss an Weiterbildungen in systemischer Familientherapie entwickelt worden sind, wie das für die Supervisionsausbildungen der Institute in der Systemischen Gesellschaft bis auf die Ausbildungen der beiden Institute (IBS und BIF), die ebenfalls Mitglieder in der DGSv sind, der Fall ist. Fast alle Mitglieder der Ausbildungsleitungen in den DGSv-Instituten sind keine systemischen TherapeutInnen (Hercher 2003). Nur in der Leitung der Ausbildung am BIF gibt es ein Mitglied, das auch systemischer Therapeut ist. Ausdrücklich wird aber von der Kursleitung diese Supervisionsausbildung von den therapeutischen Ausbildungen unterschieden. Als eine wichtige Wurzel werden von ihr die von Odilia Bode bereits in den 1970er Jahren in der sozialpädagogischen Fortbildungstätte Haus Koserstraße in Berlin durchgeführten Supervisionsausbildungen angesehen, Ausbildungen, die eindeutig für die soziale Arbeit bestimmt und bereits damals systemisch orientiert waren (Haye/Linke 2003, 174 und 193).

Der Nährboden, aus dem sich die ältesten Ausbildungen in systemischer Supervision in Deutschland speisten, war die Sozialarbeit/Sozialpädagogik. Die Anregungen zur Supervisionsausbildung kamen von nord-amerikanischen KollegInnen in den 1970er Jahren zu einer Zeit, als sich in den USA weitgehend die Systemtheorie als wissenschaftliches Paradigma in der Universitätsausbildung zum Social Worker durchgesetzt hatte (Lowy 1974; Kersting 2004).

Weiter zeigte sich in der Untersuchung, dass das Systemische für diese Institute weniger ein Methodenrepertoire darstellt, als vielmehr eine „philosophy", eine Haltung oder eine Art, die Welt wahrzunehmen. Auch das war eine Bestätigung der von Eckardt, Richter und Schulte 1997 aufgestellten These. Systemische SupervisorInnen scheinen in der Lage zu sein, mit Hilfe dieser Einstellung so gut wie alle Methoden und Veränderungsstrategien, die in der Supervision bisher angewandt wurden, für ihr interventionistisches Handeln nutzbar zu machen. Der Prospekt des IBS drückt es so aus: „In der

Supervision verwenden wir darum unterschiedliche Strategien, die wir unter dem Gesichtspunkt auswählen, ob sie in der Lage sind, eingefahrene Wahrnehmungs,- Deutungs- und Handlungsabläufe so zu unterbrechen, dass die Komplexität menschlicher Erfahrungsmöglichkeiten wieder sichtbar und andere, vielleicht brauchbarere Wirklichkeiten konstruiert werden können ... Interventionen aus Beratungskonzepten werden von uns danach ausgewählt, ob sie in der Lage sind, brauchbar zu irritieren" (Institut für Beratung und Supervision 1995).

In der Tat ist die systemische Therapie selbst nicht anders vorgegangen. Als einzige eigenständige Methode gilt das „zirkuläre Fragen", das von den Mailänder SystemikerInnen entwickelt worden ist. Vermutlich ist bei dieser Methode bis auf die Bezeichnung ebenfalls nichts besonders neu. Ich erinnere mich, dass der Adlerianer Rudolf Dreikurs Anfang der 1960er Jahre bei seinen öffentlichen Familientherapien im Alfred-Adler-Institut Aachen diese Methode – ohne sie eigens zu benennen – aufs trefflichste anzuwenden verstand. Als Beobachtungsinstrument war das zirkuläre Fragen als „Interpersonal Perception Method" (IPM) theoretisch und praktisch bereits 1966 von Ronald D. Laing, H. Phillipson und A. R. Lee (1971, 173-209) ausgearbeitet worden.

Es sind also das systemische Denken und die systemische Weltschau der SupervisorIn, die eine Supervision als systemische qualifizieren. Dabei kann (und darf!) systemisch – und das ist bereits ein wichtiges Faktum der systemischen Weltschau – in unterschiedliche Richtungen gedacht werden. Es gibt nicht nur *eine* Systemtheorie und *eine* systemische Supervisionsausbildung, sondern so viele, wie es systemisch denkende und in Ausbildungen lehrende Menschen gibt. Die Mehrperspektivität der Systemtheorie wird auch auf die Theorien selbst angewandt.

Wenn ich mich nun im Folgenden auf einige ausgewählte Elemente der Systemtheorie von Niklas Luhmann stütze, um mir und anderen plausibel zu machen, dass das systemische Denken gerade für die Supervision in hochkomplexen und riskanten Informationsgesellschaften äußerst anregend ist, so tue ich das, weil die Luhmannsche Systemtheorie die am ausführlichsten ausgearbeitete ist und in sie systemtheoretische Elemente eingegangen sind, die in anderen Bereichen, u.a. in der Biologie (z.B. von Maturana, Varela), in der Anthropologie (z.B. von Bateson), in der Psychologie (z.B. von Piaget, Watzlawick), in der Kybernetik (z.B. von von Foerster) und in der Logik (z.B. von Spencer Brown) entwickelt wurden.

Obschon Luhmann die Supervision nirgendwo explizit behandelt, scheint es mir sinnvoll zu sein, am Beispiel einer Systemtheorie, die von einem Soziologen angeboten wird, die Nützlichkeit des systemischen Denkens für die Supervision darzustellen. Supervision wird manchmal beschrieben als die Beratung von Menschen in ihrer Arbeit. Systemtheoretisch ist sie eine Kommunikation, die im sozialen System Arbeit stattfindet. Supervision passt meiner Meinung nach daher eher in einen soziologischen systemtheoretischen Kontext als in den der systemischen Familientherapie, wie er z.B. vorzüglich von Arist von Schlippe und Jochen Schweitzer (1996) ausgearbeitet wurde.

Für Luhmann selbst wäre die von mir soeben gemachte Unterscheidung vermutlich ohne größere Bedeutung, da für ihn alle gesellschaftlichen Systeme, ob Arbeitssysteme oder Familiensysteme, als Umwelt der Gesellschaft zu Themen der Soziologie werden können. Ich folge bei der Unterscheidung von Arbeits- und Familiensystemen pragmatisch lieber den von Heiko Kleve für den Umgang mit Familien vorgeschlagenen lebensweltlichen Differenzierungen (Kleve 2004).

Selbstverständlich kann ich im Folgenden nicht alle Begriffe des riesigen Werkes von Niklas Luhmann für die Supervision fruchtbar machen. Ich beschränke mich auf einige Konstrukte, von denen ich meine, dass mit ihrer Hilfe eine systemische Supervison beschrieben werden kann, die in der Lage ist, die Probleme von Arbeit angemessen zu reflektieren, die innerhalb einer hochkomplexen und riskanten Gesellschaft aktuell sind. Für mich sind folgende Konstrukte der Systemtheorie von Bedeutung: die Universalität der Systemtheorie, der Konstruktivismus, die Beobachtungen erster und zweiter Ordnung, die Frage nach Einheit und Differenz, das Unterscheiden, die Autopoiese, das Problem der Informationsüberflutung und die Möglichkeit, trotz alledem in der Fülle von Informationen Vertrauen, Glaubwürdigkeit und Aufrichtigkeit zu ermöglichen. Ich verweise in diesem Zusammenhang auch auf das inzwischen schon umfangreiche Schrifttum zur systemischen Supervision (zur Einführung vgl. z.B. Kersting 2002; Schneider 2002; Hercher 2003).

2. Systemtheoretische Konstrukte

Wissenschaftlich gewinnt die Systemtheorie zur Beobachtung von sozialen Systemen bei Soziologen und Kommunikationswissenschaftlern immer mehr an Bedeutung. Viele Disziplinen nutzen die Konstrukte der Systemtheorie zur Beschreibung ihrer Gegenstände. Der Systembegriff eignet sich dazu gut: Die Psychotherapie beschäftigt sich mit Familiensystemen, die Biologie befasst sich mit Zellen und Organismen, die Ökologie mit Biotopen, die Psychologie mit Bewusstseinssystemen, die Naturwissenschaft mit Synergien in und zwischen Systemen, die Kybernetik mit rückbezüglichen, sich selbst organisierenden Systemen usw. Auch in anderen Bereichen als der Wissenschaft spricht man von Systemen und ist das systemische Denken geradezu eine Modeerscheinung geworden, so z.B. in den Medien, in der Werbung, in der Kunst und in der Politik.

Systemtheorie beansprucht Universalität

Systemtheorie erhebt einen Anspruch auf Universalität (Luhmann 1984, 33). Darunter versteht Luhmann mehr als nur die Addition aller systemtheoretisch vorgehenden Wissenschaften. Er behauptet, dass seine soziologische Systemtheorie selbst universell sei, d.h. in der Lage ist, „den gesamten Bereich der Wirklichkeit abzudecken" (Luhmann 1987, 163). Einbezogen ist der gesamte Bereich des Sozialen, was nicht besonders aufregend klingt, da die Soziologie sich immer schon mit dem Sozialen beschäftigt hat. Darüber hinaus sieht er jedoch auch „die gesamte Welt" einbezogen. Da soziale Systeme nur existieren können, wenn sie sich von ihrer Umwelt abgrenzen, sich von ihr unterscheiden, ist in der Theorie die „gesamte Welt" als „Umwelt" von sozialen Systemen mitenthalten. Außerdem ist die Theorie (wie eigentlich jede Theorie) eine soziale Konstruktion (ebd., 164).

In diese Universalität ist schließlich noch die Systemtheorie selbst mit einzubeziehen. Sie muss auf sich selbst angewandt werden, denn sie beschreibt sich als Soziologie der Gesellschaft. Als Selbstbeschreibung der Gesellschaft ist sie selbst Teil der Gesellschaft. Es ist wichtig diese paradoxe und zirkuläre Beschreibung zu beachten, denn daraus ergeben sich viele Folgen für die Theoriekonstruktion selbst. Ebenso wie die Systeme in Luhmanns Theorie selbstreferenziell – auf sich selbst bezogen – sind, ist auch die Systemtheorie selbstreferenziell (Luhmann 1984, 30 und 1997, 1128ff.).

Universell bedeutet jedoch *nicht*, dass die gesamte Realität durch die Theorie widergespiegelt wird. Das ist weder möglich noch beabsichtigt. Außerdem – und das ist Luhmann ganz besonders wichtig – erhebt die Systemtheorie gegenüber anderen Theorien keinen absoluten Wahrheitsanspruch. Sie ist kritisierbar, veränderbar und ersetzbar, wenn sie nicht mehr zur Beschreibung des Sozialen taugt (Luhmann 1987, 163f.).

Die Rolle des Beobachters

Systemtheorie ist aber für Luhmann nicht bloß eine Betrachtungs- und Beobachtungssmethode. Die Realität weist wirklich Systeme auf. Es geht um eine „Analyse realer Systeme in der wirklichen Welt" (Luhmann 1984, 30). Luhmann behauptet also, dass es eine Realität gibt und in dieser Realität Systeme. Nun ist Luhmann nicht nur Systemiker, sondern auch Konstruktivist. KonstruktivistInnen stellen infrage, die äußere Realität abbilden zu können. Realität, so meinen sie, kann man nicht erkennen, sondern nur konstruieren. Das scheint ein Widerspruch zu der Realitätsbehauptung von Systemen zu sein. Die Spielart seines Konstruktivismus nennt Luhmann ausdrücklich einen „operativen Konstruktivismus" (Luhmann 1991, 73 Anm. 20; 1988; 1990). „Tatsächlich steht der Realismus des Konstruktivismus auf sicheren Beinen, denn weder Jean Piaget noch Heinz von Foerster, weder Humberto Maturana noch Ernst von Glasersfeld lassen den geringsten Zweifel daran, dass es sich um Konstruktionen real operierender Systeme handelt" (Luhmann 1990, 9).

Luhmann zweifelt nicht, „dass die Außenwelt existiert", er stellt nur den Zusammenhang zwischen Welt und Erkenntnis in Frage (ebd, 40). Erkenntnisse sind *Beobachtungen* der Realität. Sie sind vom Beobachter konstruierte Konstrukte. Beobachtung ist nur möglich, wenn von einem Beobachter Unterscheidungen getroffen werden. Der Beobachter tastet beim Beobachten die Welt ab nach Unterscheidungen. Die getroffenen Unterscheidungen sind so in der äußeren Realität nicht vorhanden, sie sind Konstrukte des Beobachters. Eine „Beobachtung" bedeutet immer, dass „eine Unterscheidung benutzt wird, um etwas als dies, und nicht als das, zu bezeichnen" (Luhmann 1992, 138). Sie könnte vom Beobachter so aber auch ganz anders vorgenommen werden. Andere Beobachter können anders unterscheiden. Beobachtungen als Realitäts*aussagen* kann man mit den Beobachtungen anderer Beobachter vergleichen, man kann sie aber nicht mit der Realität selbst vergleichen.

Konstruierte Realitäten sind keine „beliebig konstruierbare Behauptungen über Realität". Es ist nach Luhmann „absurd ..., dem operativen Konstruktivismus ein Bekenntnis zur Beliebigkeit der Erkenntnis ... zu unterstellen" (Luhmann 1994, 8). Alle Konstruktionen müssen realitätsangemessen sein. Sie müssen sich auf ihre Konsistenz hin überprüfen lassen (vgl. Luhmann 1996, 158ff.; 1997, 1126f.). Es stellt sich jedoch nicht mehr die Frage, *ob* konstruiert wird, sondern *wie* konstruiert wird (1990, 14). „Unweigerlich stellen wir die Frage: Warum diese Kategorie [zur Unterscheidung benutzt wurde; HJK] und nicht andere? Das Problem ist nicht, die Welt als Beobachter erster Ordnung zu beschreiben, sondern das System fortzuführen, das die Welt durch die Beobachtung von Beobachtern [als Beobachter zweiter Ordnung; HJK] beschreibt" (Luhmann 1993, 40).

Darum ist für Luhmann die Rolle des Beobachters so wichtig. Beobachten, ich erinnere noch einmal daran, ist Unterscheidungen treffen. Als Soziologe stellt er sich die Frage, mit welchen Unterscheidungen sich die Gesellschaft heute beobachtet. Er unterscheidet die Beobachtung der Realität (Beobachtung erster Ordnung) von der Beobachtung der Beobachter, die die Realität beobachten (Beobachtung zweiter Ordnung), in der die Ergebnisse der Beobachtung verglichen werden. Es bleibt jedoch immer ein „blinder Fleck", etwas, was der Beobachter – selbst der Beobachter zweiter Ordnung – nicht sieht, weil er selbst stets Teil des zu Beobachtenden ist (Luhmann 1991, 64ff.; 1997, 1061).

Autopoietische Systeme

Ein weiteres Basismerkmal der Luhmannschen Systemtheorie ist die Autopoiesis. Luhmann kennzeichnet seine Systemtheorie als „Theorie der sich selbst herstellenden Systeme“ oder als „Theorie autopoietischer, selbstreferentieller, operativ geschlossener Systeme“ (1984, 28; 1997, 79). Autopoietische Systeme erzeugen sich selbst (wie z.B. eine biologische Zelle oder, so Luhmann, „soziale Systeme“). Sie sind nach Heinz von Foerster „nichttriviale Maschinen“ im Unterschied zu den „trivialen Maschinen“ (von Foerster 1988). Eine Uhr z.B. wäre eine triviale Maschine, sie ist von einem Uhrmacher gemacht worden und ihr Regelwerk kommt von außerhalb der Uhr. Ein autopoietisches System produziert und reproduziert sich selbst (Luhmann 1995, 56 und 12; 1997, 97).

Autopoietische Systeme müssen operieren und weiter operieren, sonst existieren sie nicht. Sie operieren so, dass sich weitere Operationen anschließen können. Luhmann nennt das die „Anschlussfähigkeit“ des Systems.

Die Notwendigkeit der ständigen Selbstreproduktion „geht über ein bloßes Ersatzbeschaffen für absterbende Teile weit hinaus und ist auch mit Hinweis auf Umweltbeziehungen nicht zureichend erklärt. Es geht um die Anpassung, es geht nicht um Stoffwechsel, es geht um einen eigenartigen Zwang zur Autonomie, der sich daraus ergibt, daß das System in jeder, also in noch so günstiger Umwelt aufhören würde zu existieren, wenn es die momenthaften Elemente, aus denen es besteht, nicht mit Anschlussfähigkeit ... ausstatten und so reproduzieren würde“ (Luhmann 1984, 28). Denn „autopoietische Systeme können ihre Strukturen nicht als Fertigprodukte aus ihrer Umwelt beziehen. Sie müssen sie durch eigene Operationen aufbauen und das erinnern – oder es vergessen“ (Luhmann 1995, 12).

3. Systemische Supervision

Im Folgenden möchte ich aus diesen drei behandelten Themen eine systemische Supervision konstruieren, die einerseits *theoretisch* in der Lage ist, den Anforderungen einer immer riskanter werdenden, hochkomplexen Gesellschaft zu entsprechen, andererseits aber entsprechend den wechselnden und vielfältigen Situationen, in die sich die praktizierende SupervisorIn gestellt sieht, *praktisch und einfach* hand zu haben ist.

Der *Anspruch der Universalität* der Systemtheorie, so sahen wir eben, bedeutet nicht, dass die gesamte Realität widergespiegelt wird. Als selbstreferenzielle Theorie bezieht sie sich *nur* auf die zu *beobachtenden Gegenstände* und *ihre Zusammenhänge in der Realität.* Sie erhebt keinen Wahrheitsanspruch und nimmt *Abschied vom Absoluten.* Das praktisch brauchbare

Ergebnis für eine systemische Supervision ist *Mehrperspektivität* und *Multiempathie.*

Die Supervision ist selbst eine in ein Arbeitssystem installierte *Beobachtung zweiter Ordnung.* Die Beobachtung der SupervisorInnen, wie die SupervisandInnen selbst die Welt beobachtend unterscheiden, eröffnet die *Möglichkeit für andere Unterscheidungen*, die möglicherweise *brauchbarer* sind als die bisherigen, die zu unmöglichen Lösungen und Problemen geführt haben.

Der Respekt vor der *Autopoiese des Systems* kann die SupervisorInnen sensibel machen für die Problematik „trivialer und nichttrivialer" *Interventionen* und sie vertrauen lassen auf die *eigenen Ressourcen* ihrer SupervisandInnen.

Systemische Supervision nimmt Abschied vom Absoluten und erleichtert die Beobachtung gesellschaftlicher Komplexität.

Wer sich auf systemtheoretisches Denken für sein Supervidieren eingelassen hat, lässt sich auch auf den Universalitätsanspruch der Theorie ein. Da die Universalität sich *nur* auf die zu beobachtenden Gegenstände und Zusammenhänge in der Realität bezieht, verliert sie den absoluten Wahrheitsanspruch, den wissenschaftliche Theorien bisher in der Regel für sich reklamierten. Systemische Supervision benutzt also eine Theorie, die möglicherweise ihr eigenes Verfallsdatum bereits in sich trägt.

Wenn diese Theorie nicht mehr tauglich ist zur Beschreibung der Gesellschaft und ihrer selbst, erübrigt sie sich. Zu einer der wichtigsten Kompetenzen der systemischen SupervisorIn wird so die Fähigkeit des Nichtwissens. Dieser Abschied vom Absoluten eröffnet für die systemische Supervision eine Mehrperspektivität der Anschauungen, die befreiende Veränderungen bei den SupervisandInnen auslösen und das Aussondern von unbrauchbaren Weltsichten möglich machen kann. Emotional eröffnet sie eine Multiempathie zu allen im Arbeitssystem Agierenden.

Weiterhin erlaubt die Universalität das „Denken in Zusammenhängen" (Buchinger/Ehmer 2004, 8) und erleichtert brauchbar die Beobachtung der gewaltig zugenommenen riskanten Komplexität und die immer stärker fortschreitende Ausdifferenzierung in autonome gesellschaftliche Funktionssysteme. Der Blick für die Unterscheidung von System und Umwelt, der als Kontextbezug in der sozialen Arbeit bereits Ende des 19. Jahrhunderts als hilfreich erkannt worden war, macht Bezüge ansichtig, die als Synergien, Vernetzungen und/oder Differenzen konstruiert werden können.

Systemische Supervision konstruiert das Supervisionssystem als eine Beobachtung zweiter Ordnung.

Am Anfang der Theorie steht nicht die Einheit (oder die einzige Wahrheit), sondern die Differenz (Luhmann 1987, 127; vgl. auch 1984, 115f. und 122; 1995, 27). Systemische SupervisorInnen beobachten, *wie* die Mitglieder von Arbeitssystemen die Welt beobachten. Die Beobachtung zweiter Ordnung – gleichsam aus der Vogelperspektive – ist Super-Vision. Die systemische Supervision ist die in ein Arbeitssystem eingebaute Beobachtung zweiter Ordnung. Diese sieht keineswegs „besser", sie beobachtet nur anders. Sie kann aufzeigen, *wie* die SupervisandInnen die Welt beobachten (in erster Ordnung), d.h. wie die Agierenden unterscheiden, wie sie ihre Beobachtungen erzählen, wie sie in ihrem Berichten begründen und erklären, moralisch oder ästhetisch bewerten und legitimieren, wie sie mit Zeit umgehen und wie sie versuchen den Kommunikationsprozess des sozialen Systems auf Zeit hin zu beenden, indem sie entscheiden.

Als Intervention versucht die systemische Supervision den fortdauernden Kreislauf der Beobachtung erster Ordnung zu unterbrechen, stört ihn und regt das System an, andere – auch mögliche – Unterscheidungen, Begründungen usw. vorzunehmen, damit neue Beschreibungen der Wirklichkeit entstehen und andere Entscheidungen getroffen werden können. Systemische Supervision hofft, dass die so initiierten neuen Sichtweisen für das weitere Agieren – zumindest auf Zeit hin – brauchbarer sind als die Wirklichkeitskonstruktionen, wegen deren Unbrauchbarkeit die Mitglieder des Arbeitssystems Supervision in Anspruch genommen haben (vgl. ausführlicher Kersting 2002, 17ff.). Susanne Ehmer und Kurt Buchinger illustrieren das an einem schönen Beispiel:

> „Nehmen wir den genannten Sachverhalt, dass systemtheoretisches Denken ein Denken in Zusammenhängen ist und dass das Verhältnis System – Umwelt eine zentrale systemische Kategorie darstellt: Die Aufmerksamkeit darauf hält davon ab, einen vorgelegten Fall – also etwa eine Arbeitssituation, in der es gilt, die Beziehung von Supervisanden zu seinem Klienten zu verstehen – entweder für sich, isoliert von seiner relevanten Umwelt, in den Blick zu nehmen oder aus einem der ‚Teile' abzuleiten. Ein Teil kann sein einer der beteiligten Interaktionspartner, dessen Charakterstruktur oder lebensgeschichtliche Prägung. Die relevanten Umwelten können die Organisation sein, in der die Arbeit stattfindet, oder die Interaktionspsychologie der Beteiligten oder der Auftrag der Arbeit. Sie alle müssen herangezogen werden, um ein angemessenes Verständnis des Falles miteinander zu entfalten.
> Die unmögliche Aufgabe liegt darin, der Komplexität des Falls, der man nicht wirklich gerecht werden kann, weil sie immer die Möglichkeiten, sie zu erfassen, übersteigt, dennoch gerecht zu werden, indem man sie reduziert (dies aber nicht durch Isolierung einer der Variablen, die dem Beobachter als die bestimmende erscheint, sondern durch Herausarbeiten von Mustern), die Reduktion als handlungsleitende Hypothese formuliert, das darauf basierende Handeln hinsichtlich seiner unvorher-

sehbaren Auswirkung beobachtet und den Vorgang auf diese Weise fortsetzt, d. h. sich auf einen Prozess einlässt" (Buchinger/Ehmer 2004, 9).

Systemische Supervision beachtet die Autopoiese des Systems und interveniert ressourcenorientiert.

In systemtheoretischer Sicht sind soziale Systeme, also auch die Arbeitssysteme in der Supervison, „operativ geschlossene Systeme" (Luhmann 1984, 28; 1997, 79). Alles, was in einem System geschieht, sind Operationen des Systems. Diese Operationen werden durch das System selbst konditioniert. Das meint die Systemtheorie mit der Autopoiese des Systems. Das System kann sich, um als System zu existieren, in seinen Operationen nur auf sich beziehen. Gleichwohl kann es seine Umwelt beobachten, also fremdreferenziell operieren. Diese Beobachtungen können dann Anlass für systemeigene Operationen sein, sei es im Sinne einer Bestätigung oder einer Ablehnung (vgl. auch Willke 1994). Selbst wenn es also dem/der SupervisorIn gelingt, ein brauchbares Modell darüber zu erstellen, wie das Arbeitssystem operiert und selbst wenn es ihm/ihr gelingt, die Genese seines Problems zu rekonstruieren, so ist damit überhaupt noch nicht klar, wie das System damit umgehen wird, d.h., ob es bereit ist, aufgrund dessen Veränderungen vorzunehmen oder abzuweisen.

Das System entscheidet darüber, ob es die Intervention annimmt oder nicht. „Im strengen Sinne", sagt die systemische Familientherapeutin Lynn Hoffman (1987, 90), „kann man keine *Menschen* beeinflussen – man beeinflusst nur den Kontext, und von diesem kann man vielleicht auch nur den eigenen beeinflussen." Soziale Systeme sind in der Sprache von Heinz von Foerster (1988, 19) „nicht-triviale Maschinen", die man zwar von außen stören kann, die aber Input und Output nicht linear miteinander verrechnen, sondern intern, d.h., auf systemeigene Art und Weise verarbeiten. Systemische SupervisorInnen nennen darum die Intervention in der Beratung manchmal vorsichtig die „Störung unbrauchbarer Wirklichkeiten" oder eine „geplante Irritation" (Kersting 1991), die die Autopoiese des Systems anregt, mit seinen eigenen Kräften die Störung zu verarbeiten.

Das Konstrukt der Autopoiese erinnert die systemische Supervision an die Haltung der Ressourcenorientiertheit, die bereits in vorsystemischen Zeiten als die hervorragende Kategorie der sozialen Arbeit im Umgang mit ihren Klientsystemen galt. Die Selbstorganisation sozialer Systeme verbietet es, nach Defiziten und Fehlern zu fahnden. Alle Beobachtungen der SupervisorInnen entpuppen sich in der systemischen Supervision ohnehin als Beobachtungen von Selbstbeschreibungen der SupervisorInnen. Darum sagen defizitäre Hypothesen eher etwas über die SupervisorIn selbst aus als über das ratsuchende System und dessen Ressourcen.

Supervision als Ort der Aufrichtigkeit

Niklas Luhmann gilt als einer der schärfsten Beobachter der Gesellschaft. Nachdem die Evolution irgendwann einmal in Gang gekommen ist, so meint jedenfalls Luhmann, läuft sie, wie sie läuft, ohne Plan und Ziel. „Es geschieht, was geschieht", sagt er (1997, 200) und an anderer Stelle: „Die Evolution hat immer schon in hohem Maße selbstdestruktiv gewirkt" (Luhmann 1992, 149). Luhmann ist jedoch beileibe kein Moralist, schon gar nicht ein Kulturpessimist. Er hält es zwar für „wahrscheinlich, daß die Menschen als Lebewesen wieder verschwinden" (1992, 149), will jedoch keine konkreten Voraussagen machen. Heinz von Foerster legt Niklas Luhmann nach dessen Tod folgende Worte in den Mund: „‚Ja, ja', wirst Du sagen, das hätte Euch so gepasst, von mir ein ABC-Buch für die Zukunft zu bekommen. Ihr wisst doch, ich habe immer für die Gegenwart geschrieben, und die ist immer gegenwärtig. Lest doch endlich einmal, was ich geschrieben habe!' " (von Foerster 1999, 13).

Luhmann beschreibt nicht die Zukunft. Das passt nicht zu einer systemischen Theorie, die die Realität beobachten will. Die Gesellschaft kann mit Gewissheit nur über die Vergangenheit sprechen, „über die Zukunft [spricht sie; HJK] nur im Modus der Unsicherheit" (Luhmann 2001, 96). Was wir heute entscheiden, bestimmt die Zukunft der Gesellschaft. Wie zu entscheiden ist, liegt völlig im Ungewissen. „Entscheidungen sind die einzigen uns noch verbliebenen Zukunftsbeschreibungen. Das mag erklären, weshalb wir Zukunft heute vor allem unter dem Gesichtspunkt eines Entscheidungs- oder Unterlassungsrisiko wahrnehmen: eines Risikos auf alle Fälle" (ebd., 98).

Weiterhin fehlt uns eine letzte Instanz, an die wir uns wenden könnten: „Überhaupt gibt es für ‚Besserwissen' und damit auch für ‚Autorität' keine ontologisch oder auch nur gesellschaftlich ausgezeichnete Position mehr" (Luhmann 1991, 71). Es gibt nur noch eine bezweifelbare „nicht konsenspflichtige Realität" (1996, 169). Es werden zwar Entwürfe seitens der Wissenschaften, Massenmedien, Religionen, künstlerischer oder intellektueller BeobachterInnen angeboten, doch „keiner der gewählten Anschnitte kann Letztgültigkeit oder richterliche Funktion über alle anderen beanspruchen". Die Entwürfe lassen sich zwar vergleichen, aber auf „Weltgewissheit" müssen wir verzichten (1997, 1132 und 494).

Gleichzeitig beschleunigen sich die Prozesse des Wandels: „Die Gesellschaft kann sich gegen das Tempo nicht wehren, ... das ihr durch die Funktionssysteme diktiert wird" (Luhmann 1997, 565). Wesentlich trägt dazu bei die Informationsflut der Informationsgesellschaft. „Information ist also ein zutiefst ambivalenter Sachverhalt. Sie enthält gewissermaßen einen Gegenbegriff. Sie reproduziert, und dies von Moment zu Moment immer neu, Wissen und Nichtwissen" (1997, 1092). Dabei zeichnet sich die Informationsgesellschaft „durch ihre strukturelle und chronische Uninformiertheit aus“ (1997, 1093).

Nach Luhmann ist derzeit alles kommunizierbar – ausgenommen die Aufrichtigkeit. „Die moderne Gesellschaft scheint eine Grenze erreicht zu haben, an der nichts mehr nicht kommunizierbar ist – mit der einen alten Ausnahme: der Kommunikation der Aufrichtigkeit“ (Luhmann 1997, 311). Bei der bloßen Wahrnehmung kann man eine Identität empfinden zu dem, was ist: So ist es! Ich sehe und höre das unmittelbar. Bei einer Mitteilung aber wird ein Unterschied, eine Differenz empfunden: Der Sprecher sagt zwar, dass es so ist. Aber vielleicht irrt er, meint etwas ganz anderes und hält seine Meinung zurück. Diese Differenz bleibt sogar dann bestehen, wenn der Sprecher für sich ganz aufrichtig ist. Aufrichtigkeit lässt sich nicht sicher übermitteln, lässt sich selbst nicht kommunizieren. Je mehr ich versuche meine Aussagen als aufrichtig zu bekräftigen, umso mehr gerate ich in den Verdacht der Unaufrichtigkeit. „Man braucht nicht zu meinen, was man sagt (zum Beispiel, wenn man ‚guten Morgen‘ sagt). Man kann gleichwohl nicht sagen, dass man meint, was man sagt. Man kann es zwar sprachlich ausführen, aber die Beteuerung erweckt Zweifel, wirkt also gegen die Absicht“ (1984, 207f.).

Es ist also verzwickt. Sobald wir anfangen zu kommunizieren, setzen wir die Empfindung dieser Differenz in Gang. Für mich als psychischem System besteht in der Wahrnehmung diese Differenz nicht. Psychen jedoch können nach der Systemtheorie Luhmanns nicht miteinander kommunizieren. Niemand kann einem Menschen ins Hirn oder ins Herz schauen. Herzen und Hirne können nicht unmittelbar miteinander kommunizieren. Wir müssen den Umweg über die Mitteilungen in ein soziales System hinein nehmen. Dieser Umweg über die Kommunikation bringt den Zweifel an der Aufrichtigkeit der Mitteilung in die Welt.

Im Unterschied zum herkömmlichen Denken, das in der Kommunikation auf das „communis“ abzielt, auf die Verständigung, die Einheit und den Konsens, betont Luhmann die Differenz. In jeder Kommunikation bleibt das Empfinden der Differenz. Denn das, was der andere mir mitgeteilt hat, hätte auch ganz anders sein können. Dadurch wird es grundsätzlich bezweifelbar. „Vertrauen“ bedeutet darum für Luhmann folgerichtig: „ein Mechanismus der Reduktion sozialer Komplexität“ (1984, 179).

In der derzeitigen Informationsgesellschaft erleben wir, dass die Massenmedien der ständigen Manipulation verdächtigt werden. Sie müssen sich permanent anstrengen, diesen Verdacht durch Zeichen der Glaubwürdigkeit, durch Beteuern von Objektivität und Beweise der Unbestechlichkeit auszuräumen. Letztlich können sie dem Problem aber nicht entkommen, da sie immer wieder aufs Neue kommunizieren müssen und so den Verdacht ständig regenerieren. Sie „scheinen ihre eigene Glaubwürdigkeit zugleich zu pflegen und zu untergraben“ (Luhmann 1996, 78f.).

Was für die Massenmedien gilt, trifft auf jegliche Kommunikation zu. Sie muss immer wieder in Gang gesetzt werden, kann über alles kommunizieren – außer über ihre eigene Aufrichtigkeit. „Wenn jetzt *alles*, jenseits der Sprache, ein möglicher Gegenstand der Kommunikation wird, und wenn *nichts* ausgenommen bleibt, dann kann es sein, dass die Kommunikation ihre spezifische Funktion, etwas der Welt hinzuzufügen, verliert. ... Wie können wir angemessene Kriterien für Selektion und Verantwortung finden, wenn der ganze Prozeß eine totalisierende Zirkularität besitzt?" (Luhmann 1989, 15).

Die systemische Medien- und Kommunikationswissenschaftlerin Margot Berghaus (2003, 276f.; vgl. auch 1999, 186ff.) ist dagegen der Meinung, dass die von Luhmann rhetorisch gestellte Frage nach den fehlenden Selektionsmustern bereits ihre Antwort gefunden habe. Menschen orientieren sich, wenn alles zum Gegenstand der Kommunikation werden kann und in der Gesellschaft Kriterien der Selektion fehlen, an den primären Gruppen ihres Umfelds, an der Familie und dem Freundeskreis, in der Interaktion unter Anwesenden. Im Zweifelsfall, so meint sie, dient diese ältere Kommunikationsform als Kontroll- und Orientierungsinstanz über die jüngeren Formen der heutigen Informationsgesellschaft. Die alte interpersonale Kommunikationsform als Interaktion unter Anwesenden würde darum in Zeiten der globalisierten, universellen Kommunikationserweiterung und Informationsüberflutung als Selektionsinstanz immer wichtiger.

Wenn die Aufrichtigkeit in Worten nicht mehr kommunizierbar ist, weil jede sprachliche Beteuerung zu noch mehr Zweifel führt, dann ist praktisch das evolutionär ältere, *nonverbale* Ausdrucksverhalten die Rettung. In den evolutionär älteren Kommunikationssystemen vertrauter Personen, unter anwesenden Verwandten und Freunden, geschehen die Selektionen. Dort wird selektiert und verhandelt, z.B. welcher Film sich lohnt, welcher Schauspieler gut ist, welcher Musiker klasse spielt, was man wann und wo trägt, welcher Politiker vertrauenswürdig ist, welche Therapie hilft, welche Medizin heilt und welche Theorie brauchbar ist.

Die heutige Situation ist vergleichbar der Situation, in der die ersten Sozialarbeiterinnen in Nordamerika jenes neuartige Reflexionsinstrument kreierten, das sie später Supervision nannten. Es war der gesellschaftliche Kontext, der sie herausforderte und der in ihnen den Wunsch weckte, mit einer neuen Praxis eine Antwort zu geben. Die herkömmlichen Systeme administrativer und karitativer Hilfeleistung waren in der Zeit der industriellen Revolution unbrauchbar geworden. Die Situationen, in denen Menschen sich befanden, waren undurchschaubar und die Probleme diffuser und komplexer. Die bisherigen Erfahrungen zur Lösung und das damalige theoretische Wissen waren nicht in der Lage, schnelle und stituationsnahe Antworten zu geben. Für mich ist das Erstaunlichste, dass diese Frauen vor der scheinbaren Übermacht der gesellschaftlichen Komplexität nicht kapitulierten, sondern sich in der Supervision ein Instrument schufen, diese Komplexität machtvoll zu nutzen und zu managen. Die Supervision wurde damals *der* Ort, an dem im Reflektieren und Kommunizieren neues Wissen für die Praxis konstruiert wurde (Kersting 2004). Sicherlich war das genauso wie heute ein riskantes Wissen, das schnell veraltete, so wie sich die hochkomplexen Situationen auch damals schon immer wieder schnell veränderten. Aber es war ein Wissen, das nahe an den Situationen dran war und vor allem handlungsbezogen eingesetzt werden konnte. Produziert werden konnte es jedoch nur, weil in den Supervisionssystemen vertraute Kolleginnen face to face verbal und nonverbal mit einander kommunizierten. Dort wurde verhandelt und selektiert, was in der jeweiligen Praxis brauchbar, vertrauenswürdig und verantwortbar war. In diesen Interaktionssystemen konnte sich Aufrichtigkeit ereignen.

Bei aller Erweiterung globaler und universeller Kommunikation verliert somit die alte, nahe und interpersonelle Kommunikation – als die direkte Interaktion zwischen Anwesenden – nicht ihre bisherige Bedeutung, sie wird vielmehr als die vielleicht einzig verbliebene Selektionsinstanz besonders wichtig. In der Supervision kann diese interpersonelle Kommunikation der Nähe auch heute noch ihren angemessenen Raum finden. Wenn das in der Supervision geschieht, kann von ihr zu recht in doppelter Bedeutung gesagt werden: „Supervision macht Sinn“ (Möller 2004, 1).

Literatur

Berghaus, Margot (1999): Wie Massenmedien wirken. Ein Modell zur Systematisierung. In: Rundfunk und Fernsehen 47 (2), 181-199.

Berghaus, Margot (2003): Luhmann leicht gemacht. Eine Einführung in die Systemtheorie. Köln, Weimar, Wien.

Buchinger, Kurt, Ehmer, Susanne (2004): Vom Nutzen systemischen Denkens für die Supervision. In: DGSv aktuell 4, 8-10.

Ebbecke-Nohlen, Andrea (2003): „Immer dann, wenn wir in Bewegung sind, sind wir auch erfolgreicher in unserem Tun und im Erweitern unserer Möglichkeiten“. In: Hercher, Heike, Kersting, Heinz J. (Hg.): Systemische Supervision im Gespräch. Entwicklungen und Konzepte im deutschen Sprachraum. Aachen, 139-169.

Eckhardt, Ulrike-Luise, Schulte, Hans-Gerd, Richter, Kurt (1997): Vorwort. In: Eckhardt, Ulrike-Luise, Schulte, Hans-Gerd, Richter, Kurt (Hg): System Lehrsupervision. Aachen 7-14.

Evangelische Fachhochschule Freiburg (2004): Studien- und Prüfungsordnung der Evangelischen Fachhochschule Freiburg – Hochschule für Soziale Arbeit, Diakonie und Religionspädagogik – staatlich anerkannte Fachhochschule der Evangelischen Landeskirche Baden für den Masterstudiengang Supervision. In: Homepage der Evangelischen Fachhochschule Freiburg, http://www.efh-freiburg.de.

Foerster, Heinz von (1986): Abbau und Aufbau. In: Simon, Fritz B. (Hg.): Lebende Systeme. Wirklichkeitskonstruktionen in der systemischen Therapie. Berlin, Heidelberg, New York, 19-33.

Foerster, Heinz von (1999): An Niklas Luhmann. In: Bardmann, Theodor M., Baecker, Dirk (Hg.): „Gibt es eigentlich den Berliner Zoo noch? Konstanz, 13-15.
Hamann, Barbara, Kersting, Heinz (2003): „Perspektiven und Möglichkeiten vermehren". In: Hercher, Heike, Kersting, Heinz J. (Hg.): Systemische Supervision im Gespräch. Entwicklungen und Konzepte im deutschen Sprachraum. Aachen, 203-242.
Haye, Britta, Linke, Jürgen (2003): Systemische Supervision heißt in der Beobachtung zweiter Ordnung eine Metaperspektive einnehmen". In: Hercher, Heike, Kersting, Heinz J. (Hg.): Systemische Supervision im Gespräch. Entwicklungen und Konzepte im deutschen Sprachraum. Aachen, 171-201.
Hercher, Heike (2003): Systemische Supervison im deutschen Sprachraum „Neuer Wein in alten Schläuchen?". In: Hercher, Heike, Kersting, Heinz J. (Hg.): Systemische Supervision im Gespräch. Entwicklungen und Konzepte im deutschen Sprachraum. Aachen, 9-136.
Hercher, Heike, Kersting, Heinz J. (Hg.) (2003): Systemische Supervision im Gespräch. Entwicklungen und Konzepte im deutschen Sprachraum. Aachen.
Hoffman, Lynn (1987): „Jenseits von Macht und Kontrolle..." In: Zeitschrift für Systemische Therapie 5, 76-93.
Institut für Beratung und Supervision (1995): Fortbildung Supervision. Schriften des Instituts für Beratung und Supervision. Band 11, 1. Aulf., Aachen.
Katholische Fachhochschule NW (2002): Masterprüfung für den Weiterbildungsstudiengang an der Katholischen Fachhochschule Nordreihn-Westfalen (KFH NW). Vom 02. Juli 2001. In der Fassung vom 8. Juli 2002. In: Homepage der Katholischen Fachhochschule NW, http://www.kfhnw.de/muenster/fortbildung.
Kersting, Heinz J. (1991): Intervention: Die Störung unbrauchbarer Wirklichkeiten. In: Bardmann, Theodor M., Kersting, Heinz J., Vogel, Hans-Christoph, Woltmann, Bernd: Irritation als Plan. Konstruktivistische Einredungen. Aachen, 108-133.
Kersting, Heinz J. (Hg.) (2001): Supervision und Qualität. Das Aachener Modell der Supervisionsausbildung. Aachen.
Kersting, Heinz J. (2002): Zirkelzeichen – Supervision als konstruktivistische Beratung. Aachen.
Kersting, Heinz J. (2004): Die Macht der Komplexität. Supervision systemisch gewendet. In: Online-Journal für systemisches Denken und Handeln: „Das gepfefferte Ferkel" (Januar 2004), http://www.ibs-networld.de/ferkel.
Kleve, Heiko (2004): Die intime Grenze funktionaler Partizipation. Ein Revisionsvorschlag zum systemtheoretischen Inklusions/Exklusions-Konzept. In: Merten, Roland, Scheer, Albert (Hg.): Inklusion und Exklusion in der Sozialen Arbeit. Opladen (in Vorbereitung).
Krüger, Diedrich (1991): Die Bedeutung des systemischen Denkens für die Supervision. In: Sozialpädagogik 1, 242-248.
Laing, Roland D., Phillipson, Herbert, Lee, A. Russel (1971): Interpersonelle Wahrnehmung. Frankfurt a.M.
Lowy, Louis (1973) Supervision: ein agogischer Lehr- und Lernprozeß. In: Haus Schwalbach (Hg.): Supervision – ein berufsbezogener Lernprozeß. Wiesbaden, 8-18.
Luhmann, Niklas (1984): Soziale Systeme. Grundriß einer allgemeinen Theorie. Frankfurt a.M.
Luhmann, Niklas (1987): Archimedes und wir. Interviews. Herausgegeben von Dirk Baecker und Georg Stanitzek. Berlin.
Luhmann, Niklas (1988): Erkenntnis als Konstruktion. Bern.

Luhmann, Niklas (1989): Kommunikationsweisen und Gesellschaft. In: Rammen, Werner, Bechmann, Gotthard (Hg.): Technik und Gesellschaft, Jahrbuch 5. Frankfurt a.M., New York, 11-18.

Luhmann, Niklas (1990): Soziologische Aufklärung 5, Konstruktivistische Perspektiven. Opladen.

Luhmann, Niklas (1991): Wie lassen sich latente Strukturen beobachten? In: Watzlawick, Paul, Krieg, Peter (Hg.): Das Auge des Betrachters. Beiträge zum Konstruktivismus. Festschrift für Heinz von Foerster. München, Zürich, 61-74.

Luhmann, Niklas (1992): Universität als Milieu. Kleine Schriften. Herausgegeben von Andre Kieserling. Bielefeld.

Luhmann, Niklas (1993): Die Form der Schrift. In: Gumbrecht, Hans Ulrich, Pfeiffer, K. Ludwig (Hg.): Schrift. München, 349-366.

Luhmann, Niklas (1994): Der „Radikale Konstruktivismus" als Theorie der Massenmedien? Bemerkungen zu einer irreführenden Debatte. In: Communicatio Socialis 27, 7-12.

Luhmann, Niklas (1995): Soziologische Aufklärung 6. Die Soziologie und der Mensch. Opladen.

Luhmann, Niklas (1996): Die Realität der Massenmedien, 2. erweiterte Aufl., Opladen.

Luhmann, Niklas (1997): Die Gesellschaft der Gesellschaft. Erster und zweiter Teilband. Frankfurt a.M.

Luhmann, Niklas (2001): Short Cuts. Short Cuts 1. Herausgegeben von Peter Gente, Heidi Paris und Martin Weinmann. 3. Aufl., Frankfurt a.M.

Möller, Monika (2004): Supervision macht Sinn. In: DGSv aktuell 4, 1-5.

Neumann-Wirsig, Heidi (2003): „Mein Wort für Supervision ist Leichtigkeit". In: Hercher, Heike, Kersting, Heinz J. (Hg.): Systemische Supervision im Gespräch. Entwicklungen und Konzepte im deutschen Sprachraum. Aachen, 243-281.

Schlippe, Arist von, Schweitzer, Jochen (1996): Lehrbuch der systemischen Therapie und Beratung. Göttingen.

Schneider, Klaus (2002): Warum ein Floh taub wird – Konstruktivistisch-systemische Supervision. In: Pfeifer-Schaupp, Ulrich (Hg): Systemische Praxis: Modelle – Konzepte – Perspektiven. Freiburg, 229- 248.

Willke, Helmut (1994): Systemtheorie II: Interventionstheorie. Stuttgart, Jena.

3. Perspektiven der Professionalisierung von Supervision

Ferdinand Buer

Über die professionelle Kompetenz, Professionalität kompetent darzustellen. Und welche Rolle die Supervision heute dabei spielt

Supervision operiert in einem sozialen Raum, in dem es um „Professionalität" geht. Was aber „Professionalität" bedeuten soll, bleibt in den aktuellen Diskursen oft vage und nebulös: In diesem Raum taucht zum einen der *Profi* auf, der mit der gehörigen Coolness auf höchstem sozialtechnologischen Niveau seine Arbeit möglichst profitabel durchführt. Er grenzt sich ab vom dilettierenden *Amateur*, der sich aus Enthusiasmus einem für ihn wichtigen Anliegen widmet. Zum anderen tritt der *Professionelle* als wissenschaftlich hochqualifizierter Angehöriger einer Profession auf, der zur Einhaltung hoher fachlicher Standards („state of the art"), und anspruchsvollen berufsethischer Normen wie dem Anspruch des „Gemeinwohls" verpflichtet ist und sich zur Qualitätssicherung fachlicher wie gesellschaftlicher Kontrolle unterwirft. Dafür möchte er aber auch anständig alimentiert werden. Er grenzt sich ab vom *Laien*, der eben über dieses Wissen und Können nicht verfügt, auf das sein Wohlergehen doch angewiesen ist. *Profis* wie *Professionelle*, beide beanspruchen jedoch „Professionalität".

Sozialhistorisch betrachtet tritt Supervision in diesen Raum, als der Wohlfahrtsstaat dazu überging, Professionalierungsbestrebungen bestimmter Gruppen von BeziehungsarbeiterInnen in der Absicht zu fördern, durch dieses Format der sanften „Überwachung" die Arbeit mit schwierigem Klientel sozialintegrativ steuern zu lassen. Das galt zunächst vor allem für SozialarbeiterInnen und PsychotherapeutInnen, die durch Supervision ihrer Tätigkeit in einem kontrollfreien Raum ihre Autonomie demonstrieren wollten. Mit der Etablierung einer spezifischen beruflichen Tätigkeit als SupervisorIn und entsprechendem Marketing hat sich gegenwärtig die Nachfrage nach Supervision jedoch erheblich ausgeweitet und differenziert. Zugleich hat sich aber der Wohlfahrtsstaat zurückgezogen und die autonomen Spielräume vieler BeziehungsarbeiterInnen eingeschränkt und damit auch die Finanzierung von Supervision aus Transferleistungen reduziert.

Zudem haben sich Konkurrenzformate am Markt etabliert, die scheinbar Gleiches oder Ähnliches anbieten. Das geht von Counselling über Consulting, von Coaching über Personalberatung bis hin zu Teamentwicklung, Organisationsberatung oder Change Management. Da der Kunde oft genug Laie ist, wendet er sich mit einem Beratungsanliegen an irgendjemanden auf diesem Markt, in der Hoffnung, dass ihm schon das Richtige angeboten wird. Der Einsatz all dieser Formate erfordert aber unterschiedliche Kompetenzen. Und oft genug erliegen manche Anbieter der Verführung, einen Auftrag anzunehmen, den sie gar nicht seriös bedienen können. Und dann wird etwas Supervision genannt, was aus fachlicher Sicht gar keine Supervision ist. Und die Verwirrung ist dann groß. Hinzu kommt, dass sich in diesem Marktsegment viele Berufsgruppen tummeln, die mit dem Verkauf dieser Formate ihr Auskommen sichern wollen: IngenieurInnen, Kaufleute, BetriebswirtInnen, SozialarbeiterInnen, LehrerInnen, ErwachsenenbildnerInnen, SozialwissenschaftlerInnen, PhilosophInnen, TheologInnen, PsychologInnen, ÄrztInnen, PsychotherapeutInnen usw. All diese bringen nun ihre eigenen Begriffe mit oder haben ein unterschiedliches Verständnis gemeinsamer Begrifflichkeiten. Und Orte der Festlegung, die bindend wären, gibt es nicht. All das hat den Trainings- und Beratungsmarkt unübersichtlich werden lassen. Und die Supervision agiert mitten drin und ist insofern von all diesen Prozessen tangiert.

Um nun aber überhaupt über Supervision reden zu können, werde ich im *ersten Teil* darlegen, was heute unter Supervision verstanden werden sollte. Dabei vertrete ich die These, dass Supervision dazu dient, Professionalität in einem anspruchsvollen Sinn zu sichern. Was aber Professionalität heute sein könnte, ist ebenfalls neu zu bestimmen angesichts des eminenten Wandels der Arbeitsgesellschaft.

Dann wird sich zeigen, dass jeder Professionelle, der sich heute am Markt angesichts der unendlichen Konkurrenz etablieren will, darauf angewiesen ist, Aufmerksamkeit zu erregen. Und da die Kompetenz des Anbieters einer personenbezogenen Dienstleistung erst im Vollzug spürbar festgestellt werden kann, müssen vor dem Kauf Zeichen gesetzt werden, an denen der Kunde die Haltbarkeit des Qualitätsversprechens glaubwürdig ablesen kann. Diesem Zwang zur Selbstinszenierung unterliegen gerade heute all diese professionellen Beziehungsberufe. Damit wird aber das Grunddilemma einer jeden professionellen Beziehungsarbeit verschärft: Auf der einen Seite müssen Professionelle kongruent, authentisch, echt, wahrhaftig, glaubwürdig sein, damit sich die Ratsuchenden ihnen überhaupt in ihrer Unsicherheit und Hilflosigkeit mit ihren für sie selbst allzu oft peinlichen Anliegen anvertrauen. Auf der anderen Seite muss diese Beziehung von beiden Seiten als Arbeitsbeziehung gesehen werden, in der und durch die ein begrenzter Arbeitsauftrag möglichst effizient und effektiv erledigt werden soll.

Ob das aber angemessen geschieht, ist von einem Laien kaum überprüfbar. Daher ist der Professionelle gezwungen, alles zu vermeiden, was Zweifel in seiner Kompetenz auslösen könnte. Im Gegenteil: Er muss gezielt Zeichen setzen, die Vertrauen einflößen. Denn ohne Vertrauen kann er die Ratsuchenden nicht dazu bewegen, sich auf riskante und manchmal auch schmerzhafte Erkenntnis- und Lernprozesse einzulassen. Gerade diese gezielte, aber durchaus notwendige Selbstinszenierung kann aber wiederum vom Kunden als Täuschungsmanöver wahrgenommen werden. Das löst dann Misstrauen aus. Und schon ist das Vertrauensverhältnis gestört, wenn nicht gar zerstört. Vor diesem Hintergrund scheint es mir sinnvoll zu sein, mit Michaela Pfadenhauer (2003) Professionalität heute als „institutionalisierte Kompetenzdarstellungskompetenz" zu fassen. Wie das alles genauer zu verstehen ist, damit befasst sich der *zweite Teil.*

Wenn das so ist, dann ist die Herstellung von „Professionalität" eine besondere Aufgabe: Das muss geübt werden. Und genau das ist der geheime Sinn des Trainings- und Beratungsmarktes: Hier kann jede/r Professionelle auf einer Hinterbühne seine bzw. ihre Darstellungskompetenz testen, einüben und nachbessern, bevor er/sie auf die Vorderbühnen der Leistungserbringung und des Marktes geht. Neben dieser *individuellen* Professionalisierungsstrategie, die auf die einmalige performance setzt, wird aber häufig auch eine *kollektive* Strategie eingesetzt: die Präsentation von Professionalität durch das Agieren in Fach- und Berufsverbänden. Auch hier soll durch eine ansprechende Inszenierung das Vertrauen potenzieller KundInnen in die Kompetenz der Mitglieder geweckt und gesichert werden. Supervision ist von all diesen Prozessen unmittelbar betroffen: Zum einen wird sie von den KundInnen direkt oder indirekt mit dem Auftrag konfrontiert, an der Verbesserung der eigenen Kompetenzdarstellungskompetenz mitzuwirken. Zum anderen muss sie selbst ihre eigene Dienstleistung kompetent gegenüber potenziellen KundInnen in einem unübersichtlichen Marktsegment darstellen. Supervision wird also gebraucht nach dem Spiel, um die Schwächen des Auftritts zu analysieren, und vor dem Spiel, um einen besseren Auftritt zu gewährleisten. Das alles wird en detail plausibel gemacht im *dritten Teil.*

Am Ende werden Lage und Aufgabe der Supervision genauer bestimmt sein. Und daraus lassen sich dann durchaus Perspektiven entwickeln, wie sich Supervision profilieren sollte, um ihre spezifische Aufgabe auch in der heutigen Zeit noch angemessen wahrnehmen zu können.

1. Die Supervision nach dem Erdrutsch

Die Supervision auf der Suche nach ihrem gesellschaftlichen Ort

Supervision wurde zu einem gesellschaftlich relevanten Phänomen in der BRD, als in den 1970er und 1980er Jahren der Wohlfahrtsstaat expandierte und einen Professionalisierungsschub von sozialen Dienstleistungsberufen auslöste. Hier nun setzte die Doppelstrategie der Supervision an: Zum einen wurde von ihren ProtagonistInnen aufgezeigt, dass eine Professionalisierung hin zu einer weitgehend autonomen Fachtätigkeit nur über eine supervisorische Begleitung möglich sei, die erst die Gewinnung eines eigenständigen Standpunkts nicht nur gegenüber der Klientel, sondern auch gegenüber den Auftraggebern ermögliche. Zum anderen müsse sich die Supervision selbst professionalisieren, um unabhängig von Weisungen und Abhängigkeiten eben diese professionelle Autonomie bei ihrer Kundschaft fördern zu können. Das führte zu verstärkten Bemühungen um Akademisierung, Verwissenschaftlichung und Verberuflichung der Supervision (Belardi 2002).

Was zunächst als ein Epiphänomen der Professionalisierungsbemühungen von Sozialarbeit und Psychotherapie begann, wurde schnell auf alle professionellen Tätigkeiten ausgeweitet. So stellte 1984 der Professionsforscher Fritz Schütze, der damals in den Studiengang Supervision an der Gesamthochschule Kassel involviert war, die These auf, „daß die Kernprobleme professionellen Handelns sich in den letzten hundert Jahren in den Professionen so entwickelt haben, daß zumindest hartnäckige Grundproblembereiche nicht mehr zureichend in einsamer Auseinandersetzung mit sich selbst oder aber im Diskurs mit Kollegen und/oder biographisch Nahestehenden geklärt werden können (...). (Vielmehr sei) jetzt eine dritte Instanz – nämlich Supervision – nötig, um die Probleme des bereichsspezifischen professionellen Handelns bearbeitbar zu machen“ (Schütze 1984, 263).

Damit war der Anspruch auch theoretisch untermauert, Supervision als eigenständige Profession zu etablieren (Deutscher/Jamnig 1997; Gaertner 1999). Dieser Anspruch war Grundlage der 1989 erfolgten Gründung der Deutschen Gesellschaft für Supervision. Er kulminiert 2003 in der Veröffentlichung einer Broschüre der DGSv: „Berufsbild Supervisor/in DGSv“, die von der Mitgliederversammlung verabschiedet wurde. Hier wird daran festgehalten, dass Supervision einen eigenständigen Beruf begründe. Was aber die ganz spezifische gesellschaftlich relevante Aufgabe sei, die kein anderer Beruf übernehmen könne, bleibt vage: „Supervision beschäftigt sich mit einer Vielfalt von Arbeitsbereichen, Zielgruppen, Problemsituationen und Potenzialen. Sie dient als Beratungsinstrument für alle beruflichen Tätigkeiten im Spannungsfeld Person – Rolle – Organisation/Arbeitsfeld – Klienten-/ Kundensystem“ (DGSv 2003, 4).

Und tatsächlich taucht heute Supervision nicht nur im Wohlfahrtssektor auf, sondern auch im Öffentlichen Dienst, in der Wirtschaft, im Sport und in der Beratung freier Berufe. Ihr werden – z.B. von Belardi (2002, 49ff.) – Funktionen zugeschrieben wie: Monitoring, Fortbildung, Personalentwicklung, Qualitätssicherung, Training, Teamentwicklung, Konfliktmanagement, Moderationstraining, Coaching, Counselling, Mentoring, Krisenintervention, Burn-out-Prophylaxe und -bearbeitung, Mobbingbekämpfung, Stressreduktion, Psychohygiene. Durch eben diesen Verberuflichungsprozess hat eine Ausweitung von Aufgaben stattgefunden, die grenzenlos zu sein scheint. Gerade dadurch gerät aber die Professionalisierung der Supervision in ein Dilemma: Auf der einen Seite muss sie klare Grenzen formulieren, um ein Territorium zu markieren, für das nur sie allein zuständig ist. Denn ohne eigenständiges Aufgabengebiet keine Basis für Professionalisierung! Auf der anderen Seite muss sie aber das Aufgabenfeld ständig erweitern, damit die einmal ausgebildeten SupervisorInnen genügend zu tun haben, zumal wenn sie von Supervision allein ihren Unterhalt bestreiten wollen.

So ist die Professionalisierung der Supervision in Deutschland erst in den 1990er Jahren so recht in Gang gekommen, zu einem Zeitpunkt, als in der übrigen Gesellschaft schon längst die Durchökonomisierung der Gesellschaft eingeleitet war, auch in der BRD. Daher ist auch im aktuellen Supervisionsdiskurs immer weniger von einer *Profession* die Rede, eher von *Professionalität* oder von *Professionalisierung*. Dahinter wird aber der *Profi* sichtbar, der sich eben nicht an fachliche und professionsethische Standards bindet, sondern seine gesamten Bemühungen darauf richtet, seine Arbeitskraft individuell zu profilieren, um so einen Wettbewerbsvorteil zu erringen. Dieses Changieren zwischen „professionell" und „profihaft" scheint sich auch auf das Supervisionsverständnis zu übertragen. So bezeichnen etwa Buchinger und Ehmer den Supervisor neuerdings auch schon mal als „Profi" (Buchinger/Ehmer 2004, 8).

Auch der professionspolitischen Organisierung der Supervision scheint gegenwärtig der Boden entzogen zu werden: Die Nachfrage nach den 2-3-jährigen, von der DGSv standardisierten Supervisionsweiterbildungen nimmt ab. Die Zahl der Mitglieder in der DGSv steigt kaum noch an. Sie könnte bald sinken, wenn weniger ausgebildet wird und mit der Diffundierung des Marktes eine Mitgliedschaft immer weniger lohnend erscheint. Aber auch die Nachfrage nach den Formaten, die nicht aus dem Wohlfahrtsstaat geboren sind, sondern aus der Wirtschaft, wie Training, Unternehmensberatung, Coaching, scheint gegenwärtig an eine Grenze zu stoßen (Wimmer u.a. 2003).

Daher plädiere ich dafür, die Reichweite der Supervision nicht – je nach Kassenlage – auszuweiten. Wenn sie ein professionelles Profil behalten will, dann muss sie sich auf ein Kerngeschäft konzentrieren. Diese Definition (= Begrenzung) muss zum einen die oben beschriebene Empirie berücksichtigen, weil sie sonst illusionär wäre. Sie muss aber auch einem normativen Anspruch genügen, der kontrafaktisch einem Anliegen entspricht, das legitimer Weise zur Sicherung des Gemeinwohls erhoben werden sollte.

Dann ist Supervision ein Format, das in den Kommunikationsmodi von Beratung, Experiment und Diskussion gemeinsam mit den am Prozess Beteiligten Antworten sucht auf die

- unvermeidlichen Dilemmata professioneller Beziehungsarbeit, wie sie etwa von Schütze (1984; 1992; 1994; 1997; 2002) beschrieben werden, in den Kontexten von:
- Flexibilisierung professioneller Dienstleistungen, wie sie etwa mit dem Schlagwort „ArbeitskraftunternehmerIn" von Pongratz und Voß (2003) gekennzeichnet wird, und der

- Dynamisierung der Arbeitsorganisationen, nach der jede/r MitarbeiterIn, vor allem aber jede Führungskraft zum/r „internen UnternehmerIn" (Faust u.a. 2000) werden soll.

Supervision will also in dieser Perspektive gerade auch angesichts der Flexibilisierung personenbezogener Dienstleistungen und der Dynamisierung der Arbeitsorganisationen *die Professionalität der Arbeit mit Menschen sichern und weiterentwickeln* (Buer 1999; 2004b, 2004c).

Mit dieser Definition knüpfe ich an ein Supervisionsverständnis an, wie es in der BRD etwa von Belardi (1992; 1996; 2002), Denner (2000), Möller (2001), Petzold (1998; u.a. 2003), Rappe-Giesecke (2003) oder Schreyögg (2004) vertreten wird. International sehe ich Übereinstimmung in der Grundorientierung mit Scala/Grossmann (1997) aus Österreich, mit Bernler/Johnson (1993) aus Schweden, mit Holloway (1998) in den USA, mit van Kessel (1998) und Regouin (1999) in den Niederlanden und mit Pritchard (1995) und Feltham/Dryden (2002) aus Groß-Britannien.

Der Wandel der Arbeitsgesellschaft, die Professionalität und die Supervision

Der Historiker Eric Hobsbawm (1999) konstatiert in seiner Analyse des 20. Jahrhunderts für die Zeit nach dem Zweiten Weltkrieg weltweit ein Goldenes Zeitalter, das durch wirtschaftliche Prosperität, wohlfahrtsstaatliche Absicherung und tendenzielle Vollbeschäftigung gekennzeichnet war. Dem entsprach das Modell Deutschland. Mitte der 1970er Jahre setzte die Globalisierung (Altvater u.a. 1999; Beck 1997) ein, die dann in den 1990er Jahren auch in der BRD dieses Goldene Zeitalter mehr oder weniger abrupt beendete. Das Modell Deutschland mit der sozialen Marktwirtschaft hält gegenwärtig dem globalen Druck nicht mehr stand. Das verändert die gesamte Arbeitswelt, die sozialstaatliche Versorgung, ja fast alle Formen des Zusammenlebens (Beck 1986; Glotz 1999; Bauman 1996; 2003). Hobsbawm spricht von einem Erdrutsch. Der Zukunftsforscher Opaschowski (2002) sieht für die kommenden Jahre neben der Globalisierung neun weitere Trends, die unsere Lebens- und Arbeitsverhältnisse in der BRD bestimmen werden:

- Dienstleistungsorientierung: Zum einen werden die unternehmensbezogenen wie die personenbezogenen Dienstleistungen weiter zunehmen. Zum anderen werden sich alle Wirtschaftsunternehmen wie auch der Öffentliche Dienst der Kundenorientierung verschreiben müssen.
- Leistungsorientierung: Effektivität und Effizienz werden zu zentralen Richtgrößen für kollektives Handeln.
- Mediatisierung: Zunahme der indirekten Kommunikation durch Medien aller Art zu Ungunsten einer direkten Begegnung von Mensch zu Mensch.

- Überalterung: Immer weniger junge sollen immer mehr alte Menschen versorgen.
- Vereinzelung: Feste soziale Bindungen werden weniger. Einsamkeit nimmt zu.
- Individualisierung: Ich-AG als Lebensform wird zum propagierten Modell. Solidarität wird zum Luxus erklärt.
- Mobilisierung: Immer mehr Menschen werden zu Globetrottern, Vaganten, Nomaden, Migranten. Das Zusammenleben und -arbeiten mit Fremden wird alltäglich.
- Erlebnissteigerung: Mit der Erosion religiöser bzw. ideologischer Weltbilder setzt ein Sinnverlust ein. Lebensplanung wird zunehmend von Zufällen abhängig und führt zu Zukunftsängsten. Diese Verunsicherung wird durch Erlebniskonsum im Hier und Jetzt überdeckt.
- Schnelllebigkeit: Ein verschärfter Wettbewerb, eine immer kürzer werdende Befriedigungsdauer, die Zunahme an attraktiven Erlebnismöglichkeiten beschleunigen das Leben spürbar.

All das führt in der Arbeitswelt, auf die ich mich hier konzentrieren will, zu einer umfassenden Flexibilisierung der Arbeitsverhältnisse und -prozesse (Sennett 1998). Immer mehr Arbeitskräfte werden zu „ArbeitskraftunternehmerInnen". Dieser Typus wird vor allem für die Dienstleistungsberufe nach einer Studie von Pongratz und Voß zum Leittypus werden. Er ist gekennzeichnet durch (2003, 24):

- „Selbst-Kontrolle: Verstärkte selbständige Planung, Steuerung und Überwachung der eigenen Tätigkeit,
- Selbst-Ökonomisierung: Zunehmende aktiv zweckgerichtete ‚Produktion' und ‚Vermarktung' der eigenen Fähigkeiten und Leistungen – auf dem Arbeitsmarkt wie innerhalb von Betrieben,
- Selbst-Rationalisierung: Wachsende bewußte Durchorganisation von Alltag und Lebensverlauf und Tendenz zur Verbetrieblichung von Lebensführung."

Von diesem Trend werden nicht nur professionelle DienstleisterInnen in Organisationen erfasst. Immer mehr Professionelle machen sich selbstständig oder gründen ein kleines Unternehmen als Praxis, Institut oder als Service-Agentur (Rothfischer u.a. 2000). Zeiten der Beschäftigung wechseln immer häufiger mit Zeiten der Erwerbslosigkeit ab. Phasen des Aufstiegs werden von Phasen des Abstiegs unterbrochen (Doehlemann 1996). Auch die klassischen Professionen sind von diesen Umbrüchen tangiert (Allert 1998b): Ärzte, Juristen, Geistliche, Wissenschaftler werden jetzt zunehmend beratungsbereit, da auch sie die Unsicherheiten, die mit diesen Prozessen verbunden sind, zu spüren bekommen (Allert 1998a). Insofern findet gegenwärtig ein Deprofessionalisierungsprozess statt: Die professionelle Autonomie wird zunehmend eingeschränkt durch ökonomische Abhängigkeiten, sei es von der geringer und differenzierter werdenden Nachfrage, sei es von restriktiven rechtlichen Vorgaben. Der Professionelle soll immer mehr zum Profi werden, der nur noch für das Berechenbare Zeit hat.

Auf der anderen Seite werden immer mehr Tätigkeiten professionalisiert, von der Ausrichtung von Kindergeburtstagen bis hin zur Versorgung alter Menschen. Damit werden aber keine neuen Professionen im traditionellen Sinn etabliert: Alltägliche Tätigkeiten, die bisher von Haushaltsangehörigen oder von Freunden und Nachbarn erledigt wurden, werden jetzt zur Erwerbstätigkeit ausgebaut und „profimäßig“ durchrationalisiert. In diesen neuen Dienstleistungsbereichen werden vor allem Frauen eingesetzt, die oft mangels Alternative diese Arbeiten übernehmen (Gildemeister 1998). Hier aber ernsthaft von Professionalisierung zu sprechen, ist ein Euphemismus. Zwar wird diesen Dienstleisterinnen große Autonomie in der Erledigung ihrer Aufgaben gewährt. Da aber keine großen Qualifikationen vorausgesetzt werden, tritt hier oft schnell eine Überforderung ein, so dass die erforderliche Balancierung von Nähe und Distanz in der Beziehungsarbeit gar nicht durchgehalten werden kann. Ähnliches gilt für den Einsatz von ehrenamtlichen HelferInnen.

Auch die Professionalisierung von Führungskräften stellt sich doppeldeutig dar. Auf der einen Seite werden sie zunehmend in speziellen Management-Studiengängen, Schulungen und Trainings on the job für diese Aufgabe qualifiziert (Malik 2001). Ihnen wird auch ein größerer Entscheidungsspielraum zugestanden, damit allerdings auch mehr Verantwortung zugemutet (Faust u.a. 2000). Wenn sich dann aber der Erfolg nicht messbar einstellt, wird dieses schlechte Ergebnis allzu oft nicht den Umständen, sondern der Führungskraft direkt zugeschrieben. Das weist darauf hin, dass hier Professionalität eben in den meisten Fällen nicht als höchst anfällige Kunst der Beziehungarbeit verstanden wird, sondern als Sozialtechnologie, die nur das triviale Ursache-Wirkungsdenken kennt (Buer 2002).

Supervision als gesellschaftlich relevante Größe ist ein Produkt des Goldenen Zeitalters. Sie hatte sich darauf konzentriert, Professionalität zu fördern. Leitbild waren die klassischen Professionen mit ihrer Autonomie, ihrer sozialintegrativen Wertorientierung und ihrem Anspruch auf hohe Honorierung. Sie war damit einer *Professionslogik* verpflichtet, in der die Fachlichkeit im Dienst an der Menschheit erste Priorität eingeräumt wird. Diese Professionslogik wurde zunächst reklamiert gegenüber einer *Bürokratielogik*, von der die großen Wohlfahrtsverbände, öffentlichen Dienstleistungsorganisationen, aber auch die großen Wirtschaftsunternehmen geprägt waren (Buer 2000b, 92). Heute jedoch ist die *Unternehmenslogik* zur Leitwährung geworden. Hier zählt primär der ökonomische Erfolg am Markt. Dem hat sich die bürokratische Organisation der Arbeit wie ihre professionelle Durchführung unterzuordnen. Das heißt nun aber nicht, dass nicht eine zweckmäßige, überschaubare Verwaltung wichtig wäre. Allein, es geht nicht mehr nur um die korrekte Umsetzung von Gesetzen und Vorschriften. Das Ganze muss auch die angestrebten Wirkungen effizient und effektiv erzielen. Ebenso soll die Arbeit in allen wichtigen Bereichen wie bisher professionell erledigt werden. Allerdings wird hier eine strengere Qualitätskontrolle und regelmäßige Evaluation implementiert und damit die Autonomie z.T. erheblich eingeschränkt. Der Professionelle wird damit unter Druck gesetzt, immer mehr zum Profi zu mutieren.

Wenn sich nun Supervision nach wie vor auf die Absicherung und Förderung von Professionalität richten will, dann muss sie die geänderten Rahmenbedingungen grundlegend in ihr Selbstverständnis aufnehmen (Siller 2001). Dann kann Professionalität nur dann zum Thema der Supervision werden, wenn zugleich die Auswirkungen der Flexibilisierung der Beziehungsarbeit wie die Dynamisierung der Organisationen, die diese Tätigkeiten durchdringen, aufgegriffen werden. Das muss nun eine Supervision leisten, die sich von der Vision einer Profession „Supervision" als eines eigenständigen Berufes verabschiedet hat, durch den allein der Unterhalt angemessen gesichert werden kann. Supervision heute ist eine Teilzeitbeschäftigung, die zusätzlich zu anderen Tätigkeiten beruflich ausgeübt wird. Leittypus ist (zumindest implizit) der Arbeitskraftunternehmer, der verschiedene Tätigkeiten miteinander kombiniert. Wenn der Supervisor selbstständig ist, treten häufig Formate wie Fortbildung, Psychotherapie, Coaching, Organisationsberatung, Training, Mediation zur Supervisionstätigkeit hinzu. Das gilt auch für abhängig beschäftigte SupervisorInnen. Supervision als nebenberufliche Tätigkeit wiederum kann aber auch mit anderen Dienstleistungsberufen wie ErwachsenenbildnerIn, SeelsorgerIn, SozialarbeiterIn, LehrerIn, PersonalberaterIn u.ä. kombiniert werden. Supervision muss also nicht nur ihren Blick erweitern, sie muss sich auch selbst als Erwerbstätigkeit flexibilisieren.

Damit wird deutlich: Supervision ist Teil eines ausufernden Trainings- und Beratungsmarktes und damit auch dessen Gesetzen und Konjunkturen unterworfen. Sie kann sich eben nicht wie eine klassische Profession weitgehend marktunabhängig machen wollen. Dann aber ist auch sie gezwungen, sich einerseits für die potentiellen Kunden zurecht zu machen, dabei aber andererseits nicht ihre Vertrauenswürdigkeit aufs Spiel zu setzen.

2. Professionalität als Inszenierung

Professionalität und die Macht der Selbstinszenierung

Professionalität bedeutet, dass der Professionelle einem Laien klarmachen kann: Er hat die Kompetenz, die von ihm erwartete Dienstleistung auch fachlich korrekt und moralisch verantwortbar durchführen zu können. Der Laie als

Laie ist nun eben kein Fachmann. Er kann daher gar nicht wissen, was die angemessene Kompetenz alles umfasst. Er weiß nur, dass diese Arbeit höchst anspruchsvoll und risikoreich ist. Er ist aufgefordert, dem Professionellen Vertrauen zu schenken. Nur dann ist ein Arbeitsbündnis gegeben, das einen Arbeitserfolg verspricht. Misstrauen würde dieses Vertrauensverhältnis so gefährden, dass die Zusammenarbeit wahrscheinlich abgebrochen werden muss. Wie das funktioniert, kann man gut sehen, wenn wir uns hier kurz den Fall „Gert Postel" vor Augen führen. Ich stütze mich dabei auf dessen Buch: „Doktorspiele. Geständnisse eines Hochstaplers" (2001) und auf zwei kritische TV-Features.

> Gerd Postel (geb. 1958) war von Beruf Briefträger, als er auf die Idee kam, Ansehen, Macht und Geld durch Hochstapelei zu erwerben. Dazu begab er sich in den Raum, der mit „Professionalität" überschrieben ist: Er wirkte nämlich auf juristischem, theologischem und medizinischem Gebiet, also in professionellen Kernbereichen. Auf den letzteren möchte ich mich hier aus didaktischen Gründen konzentrieren. Nachweislich arbeitete er als Arzt in den Jahren zwischen 1981 und 1997 in der Clemens-August-Klinik, einer Fachklinik für psychotherapeutische Medizin in Oldenburg (wenige Wochen), beim Reichsbund Berufsbildungswerk in Bremen (mehrere Wochen), beim Gesundheitsamt der Stadt Flensburg (rund ein halbes Jahr), als Begutachtungsarzt für die Erstellung von sozialmedizinischen Gutachten im Berufsförderungswerk Berlin-Brandenburg (rund in halbes Jahr) und als Oberarzt in der Psychiatrischen Abteilung des Sächsischen Krankenhauses Zschadraß (rund 1,5 Jahre). Wahrscheinlich hat er zwischendurch noch als Dermatologe gearbeitet, der die Aufgabe hatte, Haare in die Kopfhaut zu verpflanzen. Daneben hätte er noch mehrere andere Arztstellen antreten können, etwa als Stabsarzt bei der Bundeswehr, als Assistenzarzt in der Psychiatrie der Universität Kiel oder als Chefarzt im Maßregelvollzug der Psychiatrie in Arnsdorff, wenn er nicht jeweils zuvor hätte untertauchen müssen.

Postel beschränkte seine medizinische Tätigkeit möglichst auf gutachterliche Stellungnahmen. Bei der patientenzentrierten Tätigkeit konzentrierte er sich auf „Gespräche", deren Ablauf von außen nicht kontrolliert werden konnten und deren Wirksamkeit keiner überprüfte. Von Seiten der PatientInnen drohte ihm also kaum Gefahr, entlarvt zu werden. Als in einem seltenen Fall einmal eine Patientin mit seiner Behandlung unzufrieden war – das war in der Psychiatrie in Zschadraß –, hat er seine Machtposition ausgenutzt und ihr schlimme Konsequenzen angedroht, falls sie sich weiter beschweren würde. Auch die einstellenden Gremien wie die FachkollegInnen haben nie ein solches Misstrauen entwickelt, dass sie an seiner Kompetenz ernsthaft gezweifelt hätten. Entlarvt wurde er nur durch Zufälle: So hatte er in Flensburg seine zwei Pässe verloren, einer war ausgestellt auf Gerd Postel und ein zweiter auf Dr. Dr. Bartholdy. Als beide gefunden wurden, entstanden Fragen. In Zschadraß ist er dann doch geflohen, als ihm bekannt wurde, dass sich eine Krankenschwester aus der Klinik plötzlich an einen Zeitungsartikel erinnerte, in dem über seinen „Hochstapler-Prozess" in Flensburg berichtet wurde.

Postel hatte eine sehr hohe Kunst der Selbstinszenierung entwickelt. Er vermied Aktivitäten, die seine Kompetenz hätten in Frage stellen können.

Und er jonglierte sehr eindrucksvoll mit Zeichen, die als signifikant für seine ärztliche Kompetenz angesehen wurden: Er legte sich die nötige Berufsbiographie zu. Dazu fälschte er höchst trickreich Urkunden. Er trat telefonisch als sein eigener Vorgesetzter auf, der ihn dann wärmstens für eine Stelle empfahl. In einer Passage in seinem Buch unter der Überschrift „Exkurs über das Telefonieren als Verbrechensinstrument" schreibt er:

> „Heute brauche ich, um einen Universitätsprofessor mit angeschlossener Klinik darzustellen, nur noch ein Telefon und etwas soziale Intelligenz, also ein Gespür dafür, wie jemand in der Position, die er vorgibt, sprechen würde. Dabei müssen falsche Töne unbedingt vermieden, das Sachgebiet des Gesprächsthemas muß allgemein beherrscht werden (Halbbildung reicht aus). Der Gesprächsfluß muß ähnlich wie in der Gesprächstherapie durch affirmative, aber inhaltsleere Wiederholungen am Laufen gehalten werden. Werden ungewöhnliche Wünsche vom telefonierenden Betrüger geäußert, so muß gerade das Ungewöhnliche situativ plausibel erklärt werden" (Postel 2001, 28).

Postel bewegte sich zudem im Rahmen des üblichen medizinischen Diskurses, den er geschickt aus den vorgefundenen Diskursen aufgriff. So ließ er bei Visiten zunächst die anderen ÄrztInnen Gespräche führen, um dann das Gehörte zusammenzufassen. Oder er ließ sich die vorliegenden Berichte und Gutachten geben, um sie dann einfach weiterzuspinnen.

Über Postels „kriminelle Energie" oder seine „narzisstische Persönlichkeit" brauchen wir hier gar nicht zu spekulieren. Er war jedenfalls geschickt genug, genau die geheimnisvolle black box für sich auszunutzen, die Professionalität schützen muss: die Vertrauensbeziehung. So berichtet er von der Befragung des Zeugen Dr. Gutfreund, seinem Vorgesetzten in Zschadraß, während seiner Verhandlung vor dem Landgericht Leipzig im Jahre 1999:

> „Mein Verteidiger Becker fragte ihn (..) recht suggestiv: Sagen Sie, Dr. Gutfreund, sind Sie nicht vor allem persönlich enttäuscht über Herrn Postel? Sie hatten doch ein so gutes Verhältnis zu ihm und er hat Sie doch so schmählich hintergangen!
> Gutfreund roch den Braten und parierte mit einer Antwort, die meine volle Hochachtung verdiente: ‚Wissen Sie, Herr Verteidiger', sagte er, ‚ich bin nicht enttäuscht. Das wirklich Schlimme ist die Enttäuschung, die Herr Postel bei unseren Patienten hinterlassen hat. Ich meine den Vertrauensverlust bei unseren psychisch Kranken.' (...) Hocherhobenen Hauptes verließ er unvereidigt den Saal. ‚Der Vertrauensverlust bei den Patienten' sollte von da ab zum Leitmotiv der Anklage werden. Ein feiner Spruch, real nicht belegbar und im übrigen auch falsch, geht er doch von der Annahme aus, die zwangsweise in der Psychiatrie Untergebrachten hätten per se Vertrauen zu ihren Ärzten. Das Gegenteil ist nach meinen Erfahrungen der Fall. Die Patienten fürchten die Ärzte, trauen ihnen das Schlimmste zu, wenn sie mit aufgezogenen, leicht tröpfelnden Spritzen sich ihnen lächelnd nähern und dabei sinnlos beruhigende Worte von sich geben, bevor sie zustechen" (Postel 2001, 116).

Postel hatte es vermieden, Spritzen zu setzen. Er ließ vielmehr die PatientInnen in Ruhe. Dafür ließen sie ihn in Ruhe. Dass Laien ihn also nicht durchschaut haben, war zu erwarten. Dass aber Fachleute nichts Auffälliges gemerkt haben, ist erstaunlich. Genau von der damit verbundenen Depotenzierung der Profession und Kränkung der konkret Beteiligten will ja Dr. Gutfreund ablenken. Aber was sollte ihnen auffallen? Postel verhielt sich ja genau so wie sie. Und dafür benötigte er keinerlei medizinische Kompetenz, höchstens ein wenig medizinisches Halbwissen. Was er aber unbedingt benötigte, war eine außergewöhnliche Fähigkeit, sich in die Interaktionsdynamik professionellen Handelns einzufühlen, und eine gehörige Portion Darstellungsgeschick.

Und genau das möchte ich an diesem Fall zeigen: Offensichtlich ist die Darstellungkompetenz oft viel entscheidender als die fachliche und moralische Kompetenz, einer professionellen Tätigkeit angemessen nachgehen zu können.[1] Aber genau das macht den ambivalenten Charakter von Professionalität aus.

Unter diesem Deckmantel „Professionalität" können viele tätig werden, mit denen KundInnen aber nichts zu tun haben wollen, wenn sie Bescheid wüssten. Sie würden sagen: Hier wurde mein Vertrauen missbraucht. Es lassen sich unterscheiden:

1. *Der Hochstapler*
   Er verfügt wie Gert Postel über keine angemessene Ausbildung und macht seinen Kunden so einiges vor. Er will zwar einen Gewinn machen, sei es in Geldform oder in Form narzisstischer Selbstverherrlichung. Er will aber seine Adressaten nicht unbedingt direkt schädigen. Er will ihnen nichts Böses, nimmt aber einen evtl. eintretenden Schaden billigend in Kauf. Am günstigsten ist es daher für ihn, wenn er schnell verschwindet, bevor ein Misserfolg feststellbar ist und dann seine Qualifikation genauer überprüft wird. Zumal wenn eine Berufsbezeichnung nicht geschützt ist und die Qualifikationsprofile diffus sind, hat der Laie kaum Chancen, juristisch gegen ihn vorzugehen.
2. *Der Scharlatan*
   Er ist ein Hochstapler, der zudem eindeutig böse Absichten verfolgt. Er will Macht ausüben auf Kosten anderer. Gerade die Arbeit mit Mächtigen als Arzt, Anwalt, Seelsorger, Psychotherapeut, Wissenschaftler, aber auch als Coach, Unternehmensberater, Supervisor könnte ein besonderer Anreiz für Scharlatane sein. Dieser Typ ist sicher zahlenmäßig weniger verbreitet, richtet aber oft großen Schaden an, wenn er Menschen dazu verführt, Dinge zu tun, die sie bei klarem Verstand niemals getan hätten.
3. *Der Guru*
   Er ist meist kein Hochstapler. Denn er verfügt in der Regel über einschlägige Qualifikationen. Aber er ist ein Dogmatiker: Er hat Grundüberzeugungen, über die er nicht mit sich reden lässt. Und er fühlt sich als Mis-

1 Das scheint mit den Ergebnissen der Placebo-Forschung übereinzustimmen. Danach ist die Wirkung einer therapeutischen Handlung weniger der Fachlichkeit des Therapeuten, sondern mehr einer Suggestion zuzuschreiben, die vom Patienten wie vom Therapeuten erzeugt wird.

sionar. Er missbraucht das Vertrauen, das ihm entgegen gebracht wird, um seine Anhänger in seinem Sinn zu manipulieren. Da er aber eine Fan-Gemeinde braucht, kann er nicht einfach verschwinden. Eventueller Kritik von seinen KlientInnen wird daher vorgebeugt durch Gehirnwäsche. Kritik von außen wird nicht beachtet oder als seiner unwürdig zurückgewiesen. Da von ihm eine große Faszination ausgeht, lassen sich auch so manche Professionelle verführen, ihm „anzuhängen“[2].

4. *Der Mitläufer*
   Er verfügt zwar über die nötigen Zeugnisse und Zertifikate. Er hat aber kein ausgeprägtes professionelles Bewusstsein: Maßstab seiner fachlichen Kompetenz ist nicht, sich kontinuierlich das beste Wissen und Können („state of the art“) anzueignen und sich damit für das Wohl seiner Schutzbefohlenen (= clientes) bis an die Grenzen seiner Kapazitäten zu engagieren. Stattdessen bewegt er sich im Üblichen und sorgt dafür, dass sein Nicht-Wissen und seine Kunstfehler nicht entdeckt werden.

Während der Scharlatan in böser Absicht handelt, der Hochstapler bei geringen Investitionen in Qualifizierungsmaßnahmen eine hohe Rendite erzielen will, hat der Guru sogar die besten Absichten. Alle drei Typen haben jedenfalls ein Gewissen: Der Scharlatan und der Hochstapler wissen, dass das, was sie tun, moralisch falsch ist. Der Guru meint, seinem Gewissen auch bei Kritik folgen zu müssen. Allein der Mitläufer ist vollends gewissenlos. Er hält sich eben nur an die Konventionen. Ein Gewissen macht er sich jedenfalls nicht. Dieser Typ ist aber der sicher am weitesten verbreitete. Er macht das übliche Spiel mit, lässt sich nicht in seine Karten gucken, kratzt nicht am Image der KollegInnen und erwartet, dass nicht an seinem gekratzt wird.

KundInnen wollen aber nichts mit diesen vier Typen zu tun haben, da sie nicht sicher sein können, dass das jeweils Beste für sie getan wird. Professionelle müssen daran interessiert sein, diese Gruppen als unseriös von den seriösen Professionellen zu trennen, weil sonst der gesamte Berufsstand in Misskredit geraten könnte und damit auch diejenigen, die sich an professionsethische Standards halten. Allerdings ist eine solche Scheidung nicht einfach durchzuführen: Die Maßstäbe sind nicht vereinheitlicht, weil es keine von allen anerkannten Instanzen der Festlegung gibt. Es ist schwierig, signifikante und klar feststellbare Indizien für ein Fehlverhalten festzulegen. Das Fehlverhalten ist oft kaum direkt beobachtbar; es kann nur indirekt durch Zeugenaussagen erschlossen werden. Und hier ist die Glaubwürdigkeit der ZeugInnen ein zentrales Problem: Sind frustrierte ZeugInnen wirklich glaubwürdig? Zudem sind alle fachlichen KritikerInnen selbst angreifbar. Auch sie werden trotz allen Bemühens immer wieder Fehler machen. Sie könnten im

---

2 „Guru“ verwende ich hier als eine soziologische Kategorie. „Original-Gurus“ (aus Indien) sind nicht gemeint.

Gegenzug zum Objekt des Misstrauens und der Überprüfung werden. Und schon auf Grund eines vagen Verdachtes bleiben dann plötzlich die KundInnen weg. Außerdem sind viele selbstkritische Diskurse für viele Laien nicht nachvollziehbar. Sie verunsichern eher. Da erfordert es dann der Korpsgeist der Profession, zusammenzuhalten und nicht vorschnell den Beschwerden der KundInnen und der Fachkritik Recht zu geben.

Oft auch geht es bei personenbezogenen Dienstleistungen um Themen, die den Professionellen nur offengelegt werden, wenn sich diese zum Schweigen verpflichten. Werden Privatgeheimnisse anvertraut unter dem Siegel der Verschwiegenheit, gilt Vertrauensschutz. Auch aus diesem Grund ist das, was in der Beziehung zu den KlientInnen wirklich geschieht, selten Gegenstand öffentlicher Diskurse. Auch können KlientInnen nicht einfach Beschwerden öffentlich machen, wenn sie sich nicht eine Anzeige wegen Rufschädigung einhandeln wollen.

Um nun dem berechtigten Interesse der KundInnen an Professionalität von DienstleisterInnen nachzukommen, fordert die öffentliche Fachdiskussion von ihnen, Qualitätskriterien zu genügen. Üblich sind heute: Kontext- (oder Struktur-)Qualität, Prozess-Qualität und Wirkungs- (oder Ergebnis-) Qualität. Zwar können KundInnen im Verlaufe der Dienstleistung feststellen, ob es ihnen besser geht, und sie können auch diese Verbesserung auf eben diese Dienstleistung zurückführen. Sie wissen aber nie, ob das der optimale professionelle Standard war. Daher wird die Wirkungsqualität, die die KundInnen nicht umfassend beurteilen können, und die Prozessqualität, die sie aber nur dann einigermaßen einschätzen können, wenn sie selbst vom Fach sind oder viele Erfahrungen mit Angehörigen der gleichen Profession haben, ergänzt um die Kontextqualität. Hier werden dann Bedingungen angegeben, die die KundInnen etwa nach Checklisten zur Auswahl des geeigneten Anbieters auch als Laie überprüfen können: Qualifikationsnachweise, Referenzen von anderen KundInnen, nachlesbare und nachvollziehbare Publikationen, Mitgliedschaften in einschlägigen Fachverbänden, geeignete Räumlichkeiten, nachvollziehbare, klare Verträge, Einbindung in Fallkonferenzen bzw. Fallsupervisionen usw. Die Angebote müssen verständlich und umfassend dargestellt sein. Sie müssen spezifisch indiziert sein und auch eine Ablehnung durch die KundInnen zulassen. Die informierten KundInnen müssen angstfrei kritisch nachfragen können. Die Kontextqualität untermauert jedoch nur ein Versprechen. Ob es auch gehalten werden kann, bleibt offen.

Letztlich entscheiden sich die KundInnen vermutlich für das Angebot desjenigen Anbieters, in dessen fachliche Kompetenz und moralische Seriösität sie das größte Vertrauen setzen können. Vertrauen schenken und Vertrauen aufbauen, scheint der zentrale Mechanismus von Professionalität sein, ohne den kein Veränderungsziel erreicht werden kann.

Professionalität im Dilemma zwischen Authentizität und Show

Eine Vertrauensbeziehung zwischen einem/r Professionellen und einem/r Klienten/in umfasst mehrere Aspekte (Busse/Schierwagen 1990):

- Vertrauen ist eine positive Erwartung, die sich auf die Zuverlässigkeit, Glaubwürdigkeit und Wohlgesonnenheit des/r Professionellen bezieht. Es wird davon ausgegangen, dass diese/r „nach bestem Wissen und Gewissen" handelt. Folglich kann man sich auf seine/ihre professionelle Kompetenz (Otto u.a. 2002) verlassen. Diese Zuschreibung wird gestützt durch die feststellbare Kontextqualität der Dienstleistung wie durch Befragung von glaubwürdigen Personen, die diese Kompetenz bezeugen können.
- Jede professionelle Beziehung birgt ein Risiko: Ein positiver Ausgang kann nicht hundertprozentig garantiert werden. Es kann sogar schief gehen mit schmerzhaften Auswirkungen. Das subjektive Tragen dieses Risikos der Ungewissheit ist Vertrauen, das damit immer ein Wagnis einschließt. Das Eingehen von Wagnissen trotz aller Unsicherheiten ist aber gerade heute eine professionelle Anforderung (Buer 2004a).
- Vertrauen ist trotz oder wegen der eingeschränkten Gewissheit und Kalkulierbarkeit vernünftig und rational, da es zum einen eigene Handlungsmöglichkeiten erweitert und zum anderen wieder Vertrauen schafft. Vertrauen schenken ist auch unter ökonomischen Gesichtspunkten sinnvoll, weil dadurch die Transaktionskosten niedrig gehalten werden, die sonst für Kontrollaktivitäten anfallen würden (Ripperger 2003).
- Vertrauen ist als moralische Norm ein Grundwert menschlichen Handelns. Erst recht wird Angehörigen einer Profession unterstellt, dass sie Vertrauenspersonen sind. Sie sind dazu da, dass man sich ihnen anvertrauen kann. Ihre Klienten genießen Vertrauensschutz (Barabas 2003, 248ff.).
- Vertrauen ist das vernünftige Maß zwischen ‚blindem' Vertrauen und Misstrauen. Es liegt in der Verantwortung des Klienten, nicht jedem/r professionelle Kompetenz zuzuschreiben. Denn in jeder Geschäftsbeziehung muss der Käufer damit rechnen, dass ein Angebot geschönt ist. Ferner kann es für den Fortgang der Beziehungsarbeit wichtig sein, die Entwicklung dem Klienten positiver zu beschreiben, als ein kritischer Beobachter das einschätzen würde. Der Kunde sollte daher informiert, also kundig sein und nicht blind vertrauen. Tiefes Misstrauen jedoch würde jede professionelle Beziehung zerstören.

Ein solches Vertrauensverhältnis ist aber nicht nur zwischen KlientIn und Professionellem/r wichtig. Es ist auch zwischen MitarbeiterInnen anzustreben. Insbesondere sollte die Beziehung zwischen Führungskraft und MitarbeiterInnen von gegenseitigem Vertrauen gekennzeichnet sein (Malik 2001, 135ff.). Generell ist eine Vertrauenskultur auch aus ökonomischer Sicht von Vorteil: „Soziale Systeme, denen es gelingt, eine Vertrauenskultur aufzubauen, können die in diesem System erzielbaren Kooperationsgewinne maximieren und besitzen damit einen möglicherweise entscheidenden Wettbewerbsvorteil gegenüber konkurrierenden Systemen, die durch eine eher opportunistische Kultur gekennzeichnet sind. Soziale Investitionen in den Schutz von Vertrauen machen sich in diesem Sinne in gesellschaftlicher, volkswirtschaftlicher und betriebswirtschaftlicher Hinsicht bezahlt"' (Ripperger 2003, 271). Setzt dagegen eine Vertrauenserosion ein (Beckert u.a. 1998), kann dieser Prozess nur schwer gestoppt werden (Geramanis 2002). Die Arbeitsmotivation sinkt und die Transaktionskosten steigen.

Nun besteht aber in jeder Geschäfts- oder Arbeitsbeziehung die Möglichkeit, dass der eine den anderen übervorteilen will. Diese Frage entsteht im professionellen Raum vor allem dann, wenn für ein und dieselbe Leistung von unterschiedlichen Anbietern ganz unterschiedliche Honorare verlangt werden. Die Beurteilung, ob hier noch das Preis-Leistungsverhältnis stimmt, dürfte dem Laien schwer fallen. Daher gibt es für viele professionelle Tätigkeiten Gebührenordnungen. Je stärker aber die Professionslogik von der Unternehmenslogik überlagert wird, desto eher bestimmt das Marktgesetz von Angebot und Nachfrage den Preis. Angehörige von Professionen wollen zwar anständig honoriert (= geehrt) werden, aber nicht direkt über ihre Leistung oder ihren Marktwert, während der Profi sich marktkonform verhält und seinen Wert an der Höhe des erzielten Gewinns festmacht. Dementsprechend unterliegen Professionen oft einem Werbeverbot für ihre Leistungen, während Profis gerade Profis im Marketing sind.

So müssen die Adressaten professioneller Dienstleistungen zunächst als KundInnen angesprochen werden. In einem Erstkontakt geht es dann darum, aus KundInnen KlientInnen zu machen. Als KlientInnen sollen sie dann nicht mehr weiterhin das Angebot kritisch prüfen und Alternativen erwägen. Sie sollen jetzt ein Arbeitsbündnis eingehen und sich vertrauensvoll auf das einlassen, was vorgeschlagen wird. Hier kann es aber zu einer Kollusion zwischen KlientIn und professionellem/r DienstleisterIn kommen: Der/die KlientIn begibt sich meist gern in eine Abhängigkeit, da er/sie sich ja im Moment in dieser Sache nicht selbst helfen kann. In diesem Zustand ist er/sie aber sehr gut ausbeutbar. Haben wir es bei den Professionellen mit HochstaplerInnen, Gurus, Scharlatanen oder MitläuferInnen zu tun, dann wird das Abhängigkeitsverhältnis stabilisiert, denn beide Parteien profitieren davon. Es gehört daher zum professionellen Ethos einer Profession, alles zu tun, dass dieses Stadium der Subjekt-Objekt-Beziehung nicht ausgenutzt und am Ende zugunsten einer Subjekt-Subjekt-Beziehung verändert wird.

Bezogen auf professionelle Beziehungarbeit hat wohl am prominentesten Carl Rogers Merkmale herausgestellt, die eine professionelle Qualität sichern sollen: Einfühlendes Verständnis (Empathie), Wertschätzung (bedingungsfreies Akzeptieren) und Echtheit (Kongruenz) (Rogers 1988a, 22ff.; 1988b, 20ff.). Dadurch soll eine Vertrauensbeziehung garantiert werden, in der gegenseitige Wahrhaftigkeit möglich wird: Der Klient soll über sich Auskünfte geben, die er jedenfalls nicht bewusst verfälscht. Ebenso soll der Gesprächspartner offen und ehrlich seine Meinung sagen (Mutzeck 1996, 60ff.). Dieses Ideal unterstellt Egalität, die es aber in der sozialen Wirklichkeit so gar nicht geben kann. Denn professionelle Beziehungarbeit ist immer asymmetrisch, weil der Professionelle ja gerade wegen seiner Überlegenheit vom Laien aufgesucht wurde. Totale Offenheit des Professionellen kann sogar kontraindiziert sein. Daher ist zwar Authentizität auch des Professionellen gefordert, aber nur eine selektive, wie schon Martin Buber oder Ruth Cohn festgestellt haben. Das heißt, er muss nicht alles äußern, was in ihm hoch kommt. Er muss es filtern. Und er muss nicht auf alles antworten, was der Klient gern von ihm wissen möchte. Das, was er äußert, muss dann aber authentisch sein. Darauf hat der Klient ein Recht. Der Klient dagegen muss sich nur um Authentizität bemühen. Er muss sie nicht (schon) verkörpern. Das ist eben sein Vorrecht. Aber auch er hat ein Recht, nicht alles zu jeden Zeitpunkt auf den Tisch zu legen. Er kann verlangen, dass auch seine Zurückhaltung respektiert wird. Wenn er aber nicht nur sich (unbewusst), sondern auch seinen Berater (bewusst) täuscht, wird es für den Berater schwierig. Die Selbsttäuschungen, Fassaden, Selbstinszenierungen des Klienten sind ja explizit Thema, während die Darstellungen des Professionellen nicht Thema sind, jedenfalls nicht im gleichen Prozess. Die Rolle des Professionellen und die Rolle des Klienten können eben nicht getauscht werden.

Da die Professionellen ihre Tätigkeit beruflich ausüben, sind sie aber nicht nur ihrem Gewissen, so wie den fachlichen und ethischen Anforderungen ihrer jeweiligen „Profession" (Schach 1987) verpflichtet, sondern auch ökonomischen Zwängen ausgesetzt. Sie müssen also auf der einen Seite dem ihnen entgegengebrachten Vertrauen durch Authentizität entsprechen. Auf der anderen Seite dürfen sie aber längst nicht immer alles äußern, wenn sie annehmen müssen, dass eben das die Beziehungarbeit behindert. Ferner müssen sie grundsätzlich als kompetent erscheinen, wenn sie denn wirksam sein wollen. Denn der Glaube an ihre Kompetenz kann Berge versetzen. Und darauf kann kein Professioneller verzichten. Erst recht nicht, wenn andere gerade mit Showauftritten arbeiten. So sind alle Professionellen zur Selbstinszenierung veranlasst. Wenn sie das nicht tun, dann wird eben das als inszenierte Masche wahrgenommen. Diesem Zwang kann somit keiner entgehen.

Diese Inszenierung ist sowohl zum Selbstschutz wie zur Förderung der professionellen Beziehung legitim. Problematisch wird es, wenn diese performance zur reinen Show gerät. Nichts gegen gute Unterhaltung. Aber wenn z.B. manche Motivationstrainer ihre Aufführungen mit dem Versprechen verbinden, dadurch die Arbeitsmotivation des Publikums wirksam verbessern zu können, so ist das einfach unseriös. Wenn manche KundInnen gern viel Geld ausgeben wollen, um an unseriösen events teilzunehmen, ist das zu akzeptieren. Wenn hier aber offensichtlich HochstaplerInnen, Gurus oder

Scharlatane auftreten, dann werden Menschen ausgenutzt, ohne dass sie das noch selbst merken. Allzu oft treten zudem Schädigungen ein, die dann von Professionellen kompensiert werden müssen. Es könnte geradezu Aufgabe von seriösen Professionellen sein, potentielle KundInnen vor der Inanspruchnahme von personenbezogenen Dienstleistungen über die seriösen Möglichkeiten professioneller Hilfe aufzuklären, damit nicht unnötig viel Zeit, Mühe und Geld in unseriöse Angebote investiert wird. Hier gleich von „Klientenprofessionalisierung" zu sprechen, wie Mohe (2003) das mit Bezug auf die Unternehmensberatung tut, halte ich für übertrieben. Es reicht, wenn sich der Kunde gut informiert hat.

Professionalität als Geheimnis

Das bisher beschriebene Dilemma von Authentizität und Show, in das jede/r Professionelle gerät, wenn er/sie seine/ihre Professionalität vor seinen/ihren Adressaten zeigen will, ist aber nur eine aktuelle Variante der grundlegenden Dilemmata professionellen Handelns. Das soll im Folgenden im Rahmen der soziologischen Professionalitätstheorie erläutert werden.

Die soziologische Arbeits-, Berufs- bzw. Professionsforschung in *struktur-funktionalistischer* Tradition hat Professionalität zunächst festgemacht an der Berufsausübung von Professionen (Nittel 2000). Dafür wurden folgende Merkmale festgelegt (Combe/Helsper 2002, 30):

- „eine auf wissenschaftliches Wissen gründende Berufsausübung;
- die freiberufliche Stellung;
- Autonomie bei der Formulierung von Standards der Berufsausübung und Ausbildung;
- eine berufsständische Organisation sowie eine explizit artikulierte Berufsethik, die Standards nach innen und außen kontrolliert und den Bezug zu zentralen gesellschaftlichen Werten offensiv artikuliert;
- und schließlich als besonderes und zunächst ebenfalls deskriptives Klassifikationsmerkmal: die sogenannte Klientenorientierung, die Tatsache nämlich, dass sich die sachlichen Ziele nur im Aufbau einer gelingenden Beziehung zum Klienten realisieren lassen."

Demgegenüber hat der *interaktionistische* Ansatz Professionalität primär an einer bestimmten Art personenbezogener Dienstleistungen (Bauer 2001) festgemacht, in der Version von Fritz Schütze (1984; 1992; 1994; 1997; zusammengefasst nach Buer 1999, 267f.):

- Eine Profession ist ein – von der alltäglichen Laienwelt, aber auch von anderen Expertenwelten – relativ abgegrenzter Orientierungs- und Handlungsbereich, in welchem sowohl wissenschaftlich als auch praktisch ausgebildete Professionelle gesellschaftlich lizensierte Dienstleistungen

für die ihnen per gesellschaftliches Mandat anbefohlende KlientInnen bzw. AbnehmerInnen vollbringen.
- Professionelles Wissen und Handeln ist auch auf einen wissenschaftlich gespeisten Verbund von höhersymbolischen Teil-Sinnwelten ausgerichtet, der sich von den Sinnwelten der KlientInnen unterscheidet, so dass die Professionellen diese anders und tiefer interpretieren können.
- Die Professionellen schließen mit den ihnen anbefohlenen KlientInnen einen stets prekären, immer wieder gefährdeten Vertrauenskontrakt, der sich auf die Beförderung des – von den Professionellen so verstandenen (und stets missdeutbaren) – Wohls der KlientInnen durch den Vollzug der professionellen Arbeit ausrichtet.
- Die Professionellen wenden im Arbeitsverlauf besondere, mitunter sogar mächtige, der Laienwelt in ihrer Systematik jedenfalls nicht ohne weiteres zugängliche Analyse- und Handlungsverfahren auf wissenschaftlicher Grundlage an, die für die KlientInnen z.T. unangenehm oder gar schmerzhaft, auf jeden Fall aber eingreifend in ihre alltagsweltliche Lebenssphäre sind.
- Was der Fall ist, wird in erster Annäherung durch die Handlungsplanung der KlientInnen und die in der Interaktion mit den anderen Beteiligten ausgehandelte handlungsschematische Ablaufstruktur bestimmt. Die Professionellen kommen ins Spiel, wenn bei der Planung oder bei der Abwicklung des Vorhabens im Zuge der Erstellung eines umfassenden Arbeitsbogens Schwierigkeiten oder Störungen auftreten.
- Bei der Anwendung der professionellen Analyse- und Handlungsverfahren auf die konkrete Projekt- bzw. Fallproblematik kommt es immer wieder zu Dilemmata professionellen Handelns, d.h. zu Schwierigkeiten im Arbeitsverlauf, die nicht aufhebbar und nicht umgehbar sind, in die sich also die Professionellen mit Notwendigkeit verstricken.
- Die Abarbeitung an den Dilemmata des professionellen Handelns geschieht sehr häufig fehlerhaft gemessen an den Berufsstandards in dem Sinne, dass die unaufhebbaren Antonomien in den Dilemmata von den Professionellen nicht ausgehalten, sondern ihnen selber und den Klienten verschleiert werden.

Folgende Antinomien[3] sind z.B. gemeint (Buer 2004c):

---

3 Zur Klärung der Begrifflichkeiten: Ich befinde mich in einem *Dilemma*, wenn ich gezwungen bin, mich zwischen zwei gegebenen gleichwertigen und gegensätzlichen Alternativen zu entscheiden. Diese *Alternativen* sind gegensätzlich, weil sie auf *Antinomien* beruhen, also auf Gegensätzen, die als *dialektische Widersprüche* aus ein und demselben sozialen Prozess resultieren. Diese Antinomien können durch unterschiedliche soziale Gruppen vertreten werden: Dann werden sie als *Interessensgegensatz* artikuliert, der zu *sozialen Konflikten* führen kann. Erst wenn diese Gegensätze nicht einfach nur konträr, sondern kontradiktorisch sind, also logisch unvereinbar, sollte man sie *Paradoxien* nennen.

- Identifikation versus Differenz
- Engagement versus Gleichgültigkeit
- Mitmachen versus Abgrenzen
- Unterstützen versus Kontrolle
- Vertrauensvorschuss versus Skepsis
- Umfassende versus kategoriale Sicht.

Diese Antinomien resultieren aus dem Grundwiderspruch: Auf der einen Seite müssen Professionelle und KlientInnen einen persönlichen Kontakt herstellen. Auf der anderen Seite müssen beide die Beziehung strategisch als ergebnisorientierte Arbeit betrachten. Diese Antinomien machen jegliche professionelle Beziehungsarbeit prekär. Das gilt für LehrerInnen (Helsper 1997; Jung-Strauss 2000), SozialarbeiterInnen (Schütze 1992; 1997), ErwachsenenbildnerInnen (Nittel 2000), PsychologInnen (Schorr 2003), PsychotherapeutInnen wie für PfarrerInnen (Karle 2001), ÄrztInnen oder RechtsanwältInnen und ähnliche professionelle Berufe, die mit Menschen arbeiten, aber auch für Führungskräfte mit Anspruch (Schröder 2004; Nagel 2004). *Mit den damit verbundenen Dilemmata umgehen zu können, genau das macht Professionalität aus.* Daher ist die Ausbildung von Professionalität sehr langwierig und erfordert eine tiefgehende Persönlichkeitsbildung. Denn mit jedem Klientenkontakt werden diese Antinomien immer wieder neu wirksam. Deshalb muss am Umgang mit ihnen kontinuierlich gearbeitet werden.

Der Klient weiß im Normalfall von dieser prekären Balancierungsarbeit nichts. Und auch die Öffentlichkeit erfährt nicht, wie der Professionelle damit ganz genau fertig wird. Das alles bleibt ein Geheimnis. Es sei denn, er offenbart sich Vertrauten gegenüber. Oder er macht die Auseinandersetzung damit in der Supervision zum Thema. Da diese Arbeit äußerst intim ist, weigern sich allerdings auch viele Professionelle, sich bei ihrer Arbeit zuschauen zu lassen. Allein WissenschaftlerInnen erhalten gelegentlich die Erlaubnis, diese Abläufe aufzuzeichnen, auszuwerten und mit den Professionellen zu besprechen (für die Supervision z.B. Gaertner 1999; Möller 2001). Das wiederum setzt ein hohes gegenseitiges Vertrauen voraus. Und die Veröffentlichung kann nur selektiv sein, damit die Reputation des/r Professionellen nicht gefährdet wird.

Erst wenn der/die Professionelle mit diesen Dilemmata umgehen kann, kann er/sie die damit notwendig auftretenden Komplikationen und Spannungen so niedrig halten, dass sie nicht nur nicht stören, sondern sogar anregend sein können. Erst dann wird der Vertrauensvorschuss, den er/sie vom Klienten, von der Klientin erhalten hat, gerechtfertigt. Erst dann bleibt das Arbeitsbündnis in Takt. Erst dann kann der/die Professionelle die KlientInnen zur riskanten Mitarbeit bewegen. Lassen sie sich nicht darauf ein, kann die Dienstleistung nicht zustande kommen (Bauer 2001). Basis für den Erfolg ist es, dass diese Beziehung gelingt und nicht durch Fehler in der Beziehungsgestaltung zerstört wird. Erst auf dieser Grundlage kann dann auch das Expertenwissen zur Geltung kommen.

Wenn wir nun meine bisherigen Ausführungen zum professionellen Handeln heute bedenken, dann ist klar: In den genannten soziologischen Theorietraditionen wurde der Zwang zur Selbstinszenierung der Professionellen unterbelichtet. Dieser blinde Fleck wird nun beleuchtet von Michaela Pfadenhauer (1998; 2003) und Ronald Hitzler (1992; 1998) in der Tradition von Erving Goffman (1991; 2001). In dieser *dramatologischen* Perspektive ist Professionalität zunächst „ein Anspruch, den einzelne oder Kollektiv-Akteure für sich bzw. ihr Handeln erheben und für den sie – interagierend und kommunizierend – je situativ um Zustimmung bzw. Anerkennung werben müssen" (Pfadenhauer 2003, 207). Sie müssen in der Lage sein, ihre spezifische Kompetenz überzeugend darstellen zu können. Pfadenhauer definiert daher zu Recht Professionalität als „institutionalisierte Kompetenzdarstellungskompetenz". Für den Professionalitätsanspruch heute sind dann auch noch zwei Komponenten ausschlaggebend: Nach wie vor die Orientierung ihres Handelns an zentralen Werten der Gesellschaft („Gemeinwohl") und die Problemlösekompetenz im Rekurs auf ein exklusives Wissen und Können.

Wesentliche Bedingung für den postmodernen Professionalismus ist heute aber nach Pfadenhauer das Prinzip der Zertifizierung. Dadurch soll die Bereitschaft, Befähigung und Befugnis zur professionellen Tätigkeit sichergestellt werden. Zertifikate werden heute aber nicht nur von Hochschulen oder reputierlichen Berufs- bzw. Fachverbänden ausgestellt. Jeder kommerzielle Anbieter verleiht heute Zertifikate. So lassen sich gegenwärtig in den USA immer mal wieder Schauspieler zum Priester weihen, um „mal eben" ihre Bekannten zu trauen. Das bedeutet: Zertifikate belegen heute nicht in jedem Fall die Einbindung in ein professionelles, sich selbst kontrollierendes Kollektiv. Sie können einfach auch dokumentieren, wie sich ein Arbeitskraftunternehmer individuell weiterqualifiziert hat.

Zudem wird die professionelle Exklusivität in einer Mediengesellschaft ständig durch frei flottierendes Wissen – etwa im Internet – in Frage gestellt. Es gibt also immer mehr „nicht institutionell legitimierte Gegen-Experten" (Pfadenhauer 2003, 209). Und neben den Professionellen tritt der Profi:

> „Im Unterschied zum modernen wie zum postmodernen Professionellen scheint für ihn die Reklamation von Gemeinwohlorientierung bzw. Uneigennützigkeit nicht essentiell zu sein – im Gegenteil: ihn charakterisiert eine ausgeprägte Selbst- bzw. Profitorientierung, die er nachgerade ‚ungeniert' an den Tag legt. Dieser Alltags-Profi verhält und versteht sich als Job-Hopper, d.h. als nicht festgelegt auf bestimmte Betätigungsfelder, sondern (relativ) frei in der Wahl seiner Erwerbsaktivitäten, für die er sich gegebenenfalls das je erforderliche Know-how qua ‚learning by doing' bzw. durch ‚training on the job' aneignet" (ebd., 209).

Für den Profi bleibt die Beziehung zum Kunden eine Geschäftsbeziehung, die er zu seinem Vorteil nutzt. Er macht sich die Mühe eines Professionellen nicht, in dem Kunden einen Klienten (= Schutzbefohlenen) zu sehen und sich entsprechend zu engagieren. Er braucht sich auch nicht mit den Dilemmata professionellen Handelns auseinandersetzen. Wird der Markt jedoch eng, werden wieder Zertifizierungen und die Mitgliedschaften in Fachverbänden wichtig.

Hinzu kommt, dass die Professionellen ständig wissenschaftliches Wissen rezipieren, auswerten und in ihrer Praxis berücksichtigen müssen. Um das zu können, benötigen sie eine wissenschaftliche Grundausbildung. Und sie müssen sich an Diskursen der „professional community" beteiligen. Demgegenüber kann der Profi all das vernachlässigen. Er benötigt keine einschlägige wissenschaftliche Ausbildung. Wenn er etwas publiziert, muss das nicht professionellen bzw. wissenschaftlichen Standards genügen. So verfasst er meist nur Werbe-Schriften. Das alles muss nicht falsch sein, aber die Haltbarkeit lässt sich nur schwer überprüfen. Noch gravierender wird das Problem, wenn wir es mit Gurus zu tun haben. Sie trauen sich im Gegensatz zu HochstaplerInnen, Scharlatanen und MitläuferInnen, ihre Botschaften auch schriftlich unters Volk zu bringen. Zur Tarnung werden diese Schriften oft mit wissenschaftlicher Literatur gewürzt. Wenn diese „Weisheiten" dann auch noch von „wissenschaftlichen" Verlagen veröffentlicht werden, weil sie keine wissenschaftlich qualifizierten LektorInnen mehr einsetzen, die nach begründeten Kriterien aussortieren können, dann muss das jeden Laien verwirren.

Man muss also festhalten: Professionalität hat etwas Schillerndes. Offensichtlich geschieht in der Intimität der Vertrauensbeziehung zum Klienten, zur Klientin etwas Wichtiges. Sonst würden Professionelle nicht immer wieder aufgesucht. Was das aber genau ist, erfährt die Öffentlichkeit nur gefiltert, sei es aus der selektiven Sicht von KlientInnen, von Professionellen oder von akzeptierten ForscherInnen. Professionalität geschieht als solidarische Intimität zwischen Fremden in besonderen Diskretionsräumen. Hier muss es den Professionellen gelingen, die unaufhebbaren Dilemmata des professionellen Handelns so zu balancieren, dass sie zusammen mit den KlientInnen ein angenehmes Klima der Veränderung herstellen. Ob es in fachlicher wie moralischer Hinsicht optimal gelang, weiß nur der Professionelle allein. Letztlich bleibt daher Professionalität ein unerforschliches, großes Geheimnis, mit dem behutsam umgegangen werden muss.

3. Nach dem Spiel und vor dem Spiel: Supervision

Wenn es so ist, dass professionelles Handeln nur dann ankommt, wenn es gut inszeniert ist, dann muss die dazu notwendige Darstellungskompetenz ausreichend trainiert sein. Und sie muss immer wieder nachgebessert werden. Dazu bietet der Trainings- und Beratungsmarkt die unverzichtbaren Probebühnen an. Mit Goffman (2001) können wir hier zwei Sonderrollen entdecken, die für die Vor- und Nachbereitung einer guten performance unverzichtbar sind: die „Ausbildungsspezialisten“ (ebd., 144f.) und die „Wartungsspezialisten“ (ebd., 140ff.). Und als Teil dieses Marktes hat sich hier auch die Supervision zu verorten. Auch sie wird tätig nach dem Spiel wie vor dem Spiel.

Der Trainings- und Beratungsmarkt als Probebühne

Professionelle müssen heute auf drei Bühnen auftreten können:

1. Die intime Bühne der professionellen Dienstleistung
   Das Personal kann von der Dyade bis zur Großgruppe reichen. Allerdings muss jedenfalls der Professionelle einen face-to-face-Kontakt halten können, um noch Beziehungsarbeit leisten zu können. Hier gibt es zwei Rollen, die im Prinzip nicht getauscht werden können: die Professionellen und die KlientenInnen.
2. Die halböffentlichen Bühnen der Kollegialität
   Das reicht von spontanen Auftritten über eingeübte Inszenierungen auf Kongressen und Mitgliederversammlungen bis hin zu schriftlichen Darstellungen in Fachzeitschriften. Offiziell gibt es hier Bühnen (z.B. auf dem Podium) und Zuschauerräume. Inoffiziell kann aber jederzeit und überall jemand eine Bühne eröffnen, so dass alle anderen Anwesenden zu Publikum werden. Beide Rollen können aber auch getauscht werden.
3. Die öffentlichen Bühnen des Marktes
   Das reicht von Werbepublikationen über Auftritten im Internet bis hin zu Präsentationen auf Verkaufsmärkten und Vorführungen bei Bewerbungsvorstellungen in Assessment-Prozessen.

Diese Auftritte verlangen nach einem breiten Darstellungsrepertoire: Auf der *ersten* Bühne geht es um ein Zusammenspiel, bei dem die Professionellen als HelferInnen die Szenerie und die Requisiten bestimmen. Der Organisationsberater Edgar Schein (2000, 140f.) beschreibt diese Situation so:

> „Helfen ist eine darstellende Kunst, die mehr gemein hat mit dem Improvisationstheater als mit dem formalen Drama. (...) Helfen als Improvisationstheater erfordert nicht nur Grundkenntnisse in der Schauspielerei und Publikumsreaktion, sondern auch Improvisationstalent und Spontaneität. (...) So sehen wir, dass der Prozess des Helfens ein komplexes, reziprokes Schauspiel ist, zu dessen Beginn die hilfesuchende Person der Schauspieler und der potentielle Helfer das Publikum ist. Der Klient betritt die Bühne und stellt sein Problem dar, häufig quälend detailliert, während der potentielle Helfer aufmerksam lauscht. Sobald der Klient seinen Text abgeliefert hat, wird erwartet, dass der Helfer die Bühne betritt und seinen dramatischen Text gibt.“

HelferInnen können nun in die ihnen zugeschriebene Rollen von ExpertInnen schlüpfen und mitspielen. Sie können aber auch diese Rollen verweigern und stattdessen die Regie übernehmen, auf dass die KlientInnen ins spontane Spielen geraten und selber Lösungen erspielen müssen.

Auf den *zweiten* Bühnen geht es um Reputation. Jeder Auftritt muss die fachliche Anerkennung erhöhen, darf sie jedenfalls nicht schmälern, auf dass der Nimbus weiter kolportiert wird. Die direkte Resonanz auf einen Auftritt kann noch einigermaßen abgeschätzt werden. Was dann gerüchteweise weitererzählt wird, ist kaum noch steuerbar, kann aber Ruf schädigend sein. Deshalb sind Auftritte hier durchaus riskant. Auf den *dritten* Bühnen geht es um Marketing (Meffert 1997).

Aufgrund der gegenwärtig ungeheuren Zunahme an Darstellungsmöglichkeiten durch die vermehrten Zugänge zu den verschiedendsten Medien und dem damit verbundenen Sog, hier präsent zu sein, kann unsere gegenwärtige Gesellschaft durchaus als „Inszenierungsgesellschaft" (Willems/Jurga 1998) bezeichnet werden. Theatralität wird zu einem zentralen Kennzeichen (Willems 1998; Fischer-Lichte 1998). Dabei muss – wie schon bei der Darstellung von Professionalität gezeigt – grundsätzlich zwischen zwei Spielweisen unterschieden werden: zwischen „solche(n), in denen das Publikum getäuscht werden soll, und solche(n), in denen es von dem überzeugt werden soll, was man selbst für wahr hält" (Hahn/Willems 1998, 194). Für beide Spielweisen braucht man aber die gleiche Darstellungskompetenz. Gerade die ehrliche Absicht kann eine kontrollierte, ja virtuose Präsentation erforderlich machen, „die durch die Kontrolle der Informationen, die man absondert, den Eindruck erweckt, den man entstehen lassen möchte, weil er der Wahrheit entspricht" (ebd., 194).

Die Grenze zur Täuschung und damit zur Lüge wird aber dann überschritten, wenn das Publikum

- bevormundet wird, so dass ihm die freie Entscheidung genommen wird,
- übervorteilt wird, so dass es einen Schaden hat,
- in eine Abhängigkeit gebracht wird, um es manipulieren zu können (Dietz 2003, 142).

Diese ethische Grenzziehung zwischen einer gerechtfertigten Inszenierung und einer inszenierten Täuschung gilt immer; auch wenn die Beziehung zum Kunden nur als reine Geschäftsbeziehung gesehen wird. Auch hier dürfen KundInnen nicht manipuliert werden, selbst wenn sie manipulierbar sind. In der Empirie wird diese Grenze von den DarstellerInnen aber längst nicht immer beachtet.

Um heute einen Platz in der Arbeitswelt zu erringen, ist Karrierepolitik vonnöten. Diese Politik ist vor allem Darstellungspolitik (Hitzler/Pfadenhauer 2003). Einflussreiches Leitbild für das entsprechende Schauspieltraining ist „der Macher". Sein Glaube lässt sich durch vier Grundannahmen kennzeichnen (Gebhardt 2003, 47f.):

- Es gibt „sicheres" Wissen.
- Dieses Wissen kann durch Informationstransfer angeeignet werden.
- Dieses Wissen kann direkt angewandt werden.
- Dieses Wissen schafft automatisch eine „bessere Zukunft".

Dieser Prototyp der „Wissensgesellschaft" möchte das nötige Wissen als möglichst leicht konsumierbar einkaufen. Auf diesen Gläubigen zielen die vielen Fertigprodukte auf dem Weiterbildungsmarkt. Der Macher geht davon aus, dass Karriere machbar ist, wenn er nur genügend Fleiß beim Wissenserwerb eingesetzt hat. Die Forschung zeigt aber, dass genau das weitgehend Illusion ist (Bögenhold 2003). So ist der Soziologe Michael Hartmann in einem größeren Forschungsprojekt „anhand der Lebensläufe von gut 6.500 promovierten Ingenieuren, Juristen und Wirtschaftswissenschaftlern der Promotionsjahrgänge 1955, 1965, 1975 und 1985 der Frage nachgegangen, inwieweit deren berufliche Karrieren durch ihre soziale Herkunft bestimmt worden sind, wie groß also der Spielraum für individuelle Karrierepolitik überhaupt gewesen ist" (Hartmann 2003, 160). Von den Ergebnissen kann hier nur ein Aspekt herausgestellt werden. Bei der Besetzung von Spitzenpositionen in großen Unternehmen spielt die Übereinstimmung mit den Entscheidern die ausschlaggebende Rolle.

> „Es wird bei solchen Besetzungsprozessen (..) sehr viel weniger nach rationalen Kriterien entschieden, als man angesichts der umfangreichen Kriterienkataloge, die es in den meisten Großkonzernen gibt, annehmen sollte. In erster Linie zählt der gleiche ‚Stallgeruch' oder die ‚Chemie', die stimmen muss. Die ausschlaggebende Bedeutung der ‚richtigen Chemie' oder des ‚Bauchgefühls' hängt wesentlich mit dem Bedürfnis zusammen, sich mit Personen zu umgeben, denen man vertrauen kann. *Vertrauen* läßt sich in diesen Spitzenpositionen kaum oder gar nicht durch andere Mechanismen ersetzen, die normalerweise noch zur Verfügung stehen. (...) Maßstab dafür, ob man mit jemandem zurecht kommt, glaubt, ihm vertrauen zu können, ist der Habitus der in Frage kommenden Person. (...) Festgemacht wird das in den Chefetagen der deutschen Großunternehmen an vier zentralen Persönlichkeitsmerkmalen: an der Vertrautheit mit den dort gültigen Dress- und Benimmcodes, einer breiten Allgemeinbildung in einem klassisch-bildungsbürgerlichen Sinne, unternehmerischem Denken (inklusive der aus Sicht von Spitzenmanagern damit notwendigerweise verknüpfen optimistischen Lebenseinstellung) und – als wichtigstes Element – der persönlichen Souveränität in Auftreten und Verhalten" (Hartmann 2003, 163).

Da in diesen Spitzenpositionen fast nur Angehörige des Großbürgertums sitzen, haben Menschen aus anderen Schichten hier kaum Chancen.[4] In der Politik kann jedoch ein Habitus, der dem der zentralen Wählerklientel entspricht, von Vorteil sein. In Justiz und Wissenschaft gelten stärker formale

4 Diese Forschungsergebnisse können auch erklären, warum sich Spitzenkräfte nur von bestimmten BeraterInnen beraten lassen: Diese müssen nämlich die vier zentralen Persönlichkeitsmerkmale mitbringen!

Besetzungsprozeduren. Daher können hier Personen aus verschiedenen Schichten eine Chance haben. Wenn jedoch der Nachwuchs aus dem Großbürgertum in der Wirtschaft wenig Chancen hat, weil es zu wenig freie Posten gibt, kann es ein Ausweichen in andere Bereich geben. Dann werden andere Bewerber leicht verdrängt. Hartmann (2003, 169) fasst zusammen: „Individueller Karrierepolitik sind, zumindest soweit es Spitzenpositionen betrifft, sehr enge sozialstrukturelle Grenzen gezogen."

Trotz alledem werden immer wieder gern verschiedene Karrieretaktiken eingesetzt. In einem Forschungsprojekt mit StudienabgängerInnen der Wirtschaftsuniversität Wien ist herausgefunden worden, dass mindestens folgende vier Taktiken mit Karriereerfolg korrellieren (Schiffinger/Strunk 2003, 302):

- Sich Freunde und Verbündete schaffen
- Kontakte knüpfen und pflegen
- Autorität und Macht demonstrieren
- Eigene Fähigkeiten und Ideen herausstreichen.

Neben „networking" scheint also wichtig zu sein, seine Fähigkeiten und seine Souveränität eindrucksvoll vorführen zu können. Es geht daher um „impression management" (Mummenday 1998). Dabei können dann zusätzlich auch Taktiken der Mikropolitik wie: Bluffen, Bossing, Denunziation, Intrige, Konspiration, Korruption, Kungeln, Mobbing, Opportunismus, Patronage, Belästigung eingesetzt werden (Neuberger 1995; Heinrich/Schulz zur Wiesch 1998). Diese Taktiken tauchen in Fragebögen, die auf Auskünften über sich selbst beruhen, selbstverständlich nicht auf, werden somit in dieser Untersuchung auch nicht erwähnt. Der Einsatz dieser Mittel ist gerade aber auch in Führungskreisen verbreitet (Neuberger 2002, 680ff.), unterstützt durch den Einsatz theatraler Elemente (Neubert 1992). Grundsätzlich ist davon auszugehen, dass Führung nur durch den geschickten Einsatz von Inszenierungsformen wirksam werden kann (Pongratz 2002; 2003).

Wer also professionelle Arbeit machen will und darüber hinaus auch noch Karriere, muss über die nötige Darstellungskompetenz verfügen. Der damit verbundene Bedarf wird heute befriedigt durch den Trainings- und Beratungsmarkt. Hier kann man lernen, wie man aufzutreten hat, um zum einen eine Vertrauensbeziehung als Basis professioneller Beziehungsarbeit herzustellen und zum zweiten, KundInnen zu manipulieren und MitbewerberInnen auszustechen. Die professionelle Darstellungskompetenz kann für beide Ziele eingesetzt werden. Entsprechend bewegen sich die Angebote zwischen diesen beiden Polen: Auf der einen Seite werden sie von Professionellen für Professionelle angeboten, um ihnen die Performanz zu vermitteln, die sie brauchen, um sich und ihre Arbeit so darstellen zu können, dass sie richtig und wahrheitsgetreu wahrgenommen wird. Auf der anderen Seite werden sie von Profis für Profis angeboten, um ihnen die Darstellungskünste beizubringen, die sie brauchen, um sich und ihre Arbeit so inszenieren zu können, dass sie auf jeden Fall gekauft wird. Die erste Angebotssorte ist primär durch die Professionslogik bestimmt, die zweite primär von der Unternehmenslogik. Da aber Anbieter wie Abnehmer sich zwischen diesen beiden Logiken bewegen müssen, sind alle von beiden beeinflusst. Die Frage ist nur, welche Logik dominiert.

Gegenwärtig scheint es jedenfalls so zu sein, dass die Unternehmenslogik Angebot und Nachfrage immer mehr bestimmt. Professionelle Angebote, in denen Menschen auf wissenschaftlicher Basis in langwierigen Prozessen lernen, die Antinomien professionellen Handelns auszutarieren, um so ihren KlientInnen, KundInnen, MitarbeiterInnen zu helfen, selbst kompetent und verantwortlich zu handeln, werden zunehmend verdrängt von Angeboten, die entweder schlicht sozialtechnologisches Standardwissen bereitstellen und das passende Verhalten einüben oder aber in aufwendiger Pose zur Sinnfindung verhelfen wollen durch die Vermittlung von Heilswissen (Prisching 2003; Koppetsch 2003). Beides scheint nur auf den ersten Blick nicht zusammen zu passen. Beides hat jedenfalls mit Wissenschaftlichkeit nichts zu tun: Dogmatisches Heilswissen, von Gurus und Scharlatanen verkündet, sowieso nicht. Aber auch die Annahme, es gebe ein Wissen, das angewendet einfach in eine bessere Zukunft führt, ist ein Glaube, man kann auch sagen, ein Aberglaube. Dieser Glaube wird üblicher Weise „Szientismus" genannt.

Management(hoch)schulen, Trainingscenter, Fortbildungsinstitute, Consultingpraxen sind die Hinterbühnen, auf denen Professionelle wie Profis ihre Auftritte auf den Vorderbühnen proben. Entsprechend wird die Arbeitswirklichkeit in verschiedenen Ansätzen gern als Aufführung, Theater oder Spiel betrachtet (Neuberger 1988; Sievers 1993; Crozier/Friedberg 1993; Küpper/Felsch 2000; Buer 2000c). Und die arbeitenden Menschen sind dann Akteure, die sehen müssen, dass sie sich immer wieder vor Publikum erfolgreich präsentieren können. Aus eben diesem Grund haben Präsentationstechniken seit nunmehr fünfzehn Jahren Konjunktur (Hartmann u.a. 1992).

Der Erwerb der persönlichen Darstellungskompetenz, also der Performanz, ist ein wichtiger Aspekt der *individuellen* Professionalisierungsstrategie. Hier geht es darum, als ArbeitskraftunternehmerIn sich selbst ständig so zu trainieren, dass man auf allen drei o.g. Bühnen mitspielen kann, ob als EinzeldarstellerIn oder im Ensemble etwa einer Praxisgemeinschaft oder eines Fortbildungsinstituts. Der individuellen Professionalisierungsstrategie sind die Profis verpflichtet, während Professionelle sich (auch) an einer *kollektiven* Strategie beteiligen. Sie wissen, um eine Dienstleistung fachlich und ethisch standardisieren zu können, ist eine gemeinsame Organisierung notwendig. Nur sie kann verbindliche Qualitätsnormen setzen und ihre Beachtung überprüfen und sanktionieren. Fachverbänden geht es um die Qualitätssicherung ihres Angebots. Berufsverbände kümmern sich zusätzlich darum, ein bestimmtes Format der Beziehungsarbeit wie Unternehmensberatung,

Karriereberatung, Verkaufstraining, Coaching, Supervision, Organisationsberatung als gesellschaftlich relevante professionelle Tätigkeit durchzusetzen (Daheim 1992; Nittel 2000). Diese Verbände stellen für ihre Mitglieder halböffentliche Bühnen zur Verfügung, auf denen die üblichen Spiele aufgeführt werden, die auch in anderen Organisationen zu finden sind (Mintzberg 1983, 183ff.):

- Spiele, in denen Widerstand gegen Autorität geleistet wird,
- Spiele gegen Widerstands-Spiele,
- Spiele zum Aufbau von Macht,
- Spiele zur Bekämpfung von Rivalen,
- Spiele zur Realisierung organisatorischen Wandels.

Oft werden diese Spiele als eines Verbands von Professionellen unwürdig angesehen. Wenn diese Aufführungen dazu dienen und/oder die Wirkung haben, dass

- bevormundet wird, indem nicht alle Informationen offengelegt und multiperspektivische Diskussionen eingeschränkt werden, so dass die Entscheidungsfreiheit der Mitglieder beschnitten wird,
- einzelne Gruppen andere übervorteilen wollen auf deren Kosten,
- andere machtvoll unter Druck gesetzt werden, um deren Positionen und Entscheidungen manipulieren zu können,

dann ist das allerdings ethisch nicht zu rechtfertigen. Es macht jeden professionsethischen Anspruch unglaubwürdig. Wenn jedoch Aufführungen dazu dienen, eine gute Sache gut vorzustellen, so dass sie angemessen wahrgenommen werden kann, dann ist nicht nur nichts dagegen einzuwenden. Es ist sogar wichtig und wünschenswert. Es bedarf also eines genauen und ethisch informierten Blicks der MitspielerInnen und des Publikums, hier zu unterscheiden und dementsprechend zu intervenieren.

Diese Verbände sind – ökonomisch betrachtet – Nonprofitorganisationen (Badelt 2002). Sie stellen eine Selbstorganisation von bestimmten Professionellen dar, die gegenüber der Gesellschaft durchsetzen will, dass ihre spezielle professionelle Tätigkeit hohes Ansehen genießt und dementsprechend honoriert wird. Um diese Aufgabe umsetzen zu können, müssen sie sich im Inneren so organisieren, dass sich möglichst viele Mitglieder aktiv daran beteiligen. Gerade als Nonprofitorganisation müssen sie daher darauf Wert legen, dass

- eine Vertrauenskultur gelebt wird, in der offen und ehrlich um Entscheidungen gerungen wird, die dann auch von allen beachtet werden (Basisdemokratie),
- alle Teilgruppen entsprechend ihrer Bedeutung angemessen in den Gremien repräsentiert sind (Partizipation),

- alle sich gegenseitig unterstützen bei der Umsetzung der gemeinsamen „Mission“ (Horak/Heimerl 2002) (Solidargemeinschaft).

Das kann aber nur gelingen, wenn zwei Schwachstellen jeder Nonprofitorganisation keine allzu großen destruktiven Wirkungen entfalten können:

1. *Das Trittbrettfahren*
   Für die Profis kann es im Rahmen ihrer jeweiligen individuellen Professionalisierungsstrategie wichtig sein, über ein Zertifikat zu verfügen, das von einem reputierlichen Verband anerkannt ist. Sie verstehen diesen Verband aber nicht als Solidargemeinschaft, in dem ehrenamtliches Engagement gefragt ist, sondern als nützliches Vehikel für ihre individuellen Karrieren. Dementsprechend werden sie sich nur engagieren, wenn sie messbar etwas davon haben. Als TrittbrettfahrerInnen profitieren sie davon, dass die engagierten Mitglieder für sie mitarbeiten. Das kann zu erheblichen Spannungen zwischen diesen beiden Gruppen führen. Da die Profis auch selten an Beschlussfassungen auf Mitgliederversammlungen beteiligt sind und sie sich auch für die konkreten Vorhaben des Verbands wenig interessieren, beteiligen sie sich auch nicht an den entsprechenden Aktivitäten. Die Umsetzung der einmal gefassten Beschlüsse wie die Kampagnenfähigkeit des Verbandes kann dadurch erheblich leiden.
2. *Das „Gegenstromprinzip“*
   Der Schweizer Experte für Nonprofitorganisationen Peter Schwarz (2001, 63ff.) sieht eine zentrale Schwachstelle im Gegenstromprizip der Willensbildung und -durchsetzung in Nonprofitorganisationen: Auf der einen Seite entscheiden die Mitglieder und delegieren die Umsetzung top down an die Organe und die Geschäftsführung. Auf der anderen Seite bereitet die Geschäftsführung zusammen mit den Organen die Willensbildung bottom up vor. Die Mitgliederversammlung und Gremien erhalten also Vorlagen, die schon immer durch viele Vorentscheidungen geprägt sind. Da die Mitglieder meist nicht über die Zeit verfügen, diese Vorlagen ausführlich zu prüfen oder ähnlich ausgearbeitete Alternativen vorzulegen, müssen sie sich auf die Qualität dieser Vorarbeiten verlassen. Das kann Vorstand und Geschäftsführung dazu verleiten, „ihre“ Vorlagen für die einzig möglichen zu halten. Sie versuchen dann nicht mehr, das Wissen der Mitglieder systematisch zu nutzen und sie ausführlich an der Willensbildung zu beteiligen. Da es dann meist nur noch um Zustimmung geht, werden Mitgliederversammlungen langweilig. Sie werden dann oft nur noch von unter 5% der Mitgliedschaft besucht.

Die Auswirkungen beider Schwachstellen können sich gegenseitig verstärken: Profis brauchen sich nicht zu beteiligen, weil ja Profis aus der Geschäftsstelle professionelle Vorlagen machen und die Ergebnisse professionell, d.h. hier: gestylt und geglättet, kommunizieren. Professionelle sind entweder frustriert, weil ihre Kompetenz nicht gefragt ist, und ziehen sich zurück. Oder sie gehören zur Leitungsschicht, deren Mitglieder diese Tätigkeit als wichtige Stufe ihrer Karriereleiter betrachten. Diese professionelle Crew und die TrittbrettfahrerInnen stützen sich gegenseitig: Denn diese stören durch ihre Abwesenheit nicht die Kreise der Crew und sorgen durch ihren Mitgliedsbeitrag zugleich für die nötige Finanzierung der Geschäftsstelle wie der Gremienarbeit. Diese Kollusion ist daher schwer aufzubrechen: Werden TrittbrettfahrerInnen zum Austritt gedrängt, fehlen die nötigen Einnahmen der Mitgliedsbeiträge. Werden Profis und Professionelle zu mehr Engagement motiviert, dann kann das zu Machtverlusst und Mehrarbeit der Leitungscrew führen.

Diese Schwierigkeiten gerade von Nonprofitorganisationen im gegenwärtigen gesellschaftlichen Wandlungsprozess werden meist nicht nach außen kommuniziert. Es wird davon ausgegangen, dass das die Reputation des Verbandes in der Öffentlichkeit wie ihre Attraktivität für die Rekrutierung neuer Mitglieder schmälert. Entsprechend wird die Grenze zwischen Hinterbühne und Vorderbühne kontrolliert. Da aber immer etwas nach außen dringt, die Signifikanz aber wegen der Selektion nicht eingeschätzt werden kann, entstehen Gerüchte, die Misstrauen nähren. Die problemfreie Selbstdarstellung des Verbandes kann dann leicht als Täuschung interpretiert werden. Seine Glaubwürdigkeit wird angezweifelt. Die Mitgliedschaft in einer solchen Organisation, die auch in der Öffentlichkeit mit Misstrauen betrachtet wird, kann dann nachteilig werden. TrittbrettfahrerInnen werden dann sicher schnell austreten. Von engagierten Mitgliedern kann aber nur dann Loyalität in schwierigen Zeiten erwartet werden, wenn Basisdemokratie, Partizipation und Solidarität nachprüfbar praktiziert wird. Nur so kann Vertrauen gewährleistet werden.

Wichtigste Aufgabe eines solchen Berufs- und Fachverbandes ist es aber, die Mitglieder als „Professionelle" auf den Bühnen der Fachöffentlichkeit und der verschiedenen Absatzmärkte attraktiv zu präsentieren. Dabei muss Vertrauen in die Seriösität geweckt werden. Neben der Demonstration der fachlichen Kompetenz ist gerade hier Wert zu legen auf die Wahrhaftigkeit der Darstellung. Das wiederum setzt höchste Darstellungskompetenz gerade bei denjenigen voraus, die für diese Aufführungen von Seiten des Verbandes verantwortlich sind. Und hier ist nicht nur Schauspiel-, es ist auch höchste Regiekompetenz verlangt.

Die Supervision zwischen allen Stühlen

Das Format Supervision erlangte seine höchste Relevanz, als die noch vorherrschende Bürokratielogik in den Organisationen und Einrichtungen des

Wohlfahrtsstaates durch die Professionslogik zurückgedrängt wurde. Nach dem Ende des Goldenen Zeitalters auch in Deutschland ergriff aber die Unternehmenslogik auch diese Felder: Sozialbürokratien wurden in Service-Agenturen umgemodelt, Professionelle wurden zu kundenorientierten DienstleisterInnen gemacht.

Auf Seiten der Wirtschaft setzte eine erhebliche Beschleunigung organisationaler Restrukturierungsprozesse ein, die immer wieder neue Managementmoden hervorbrachten (Gessner 2003). Führungskräfte, die sich als Macher verstehen, kaufen in dieser Lage BeratungsexpertInnen ein, die dann für sie diese Prozesse eher technologisch umsetzen sollen. Das ist das klassische Feld der Unternehmensberatung. Aber auch diese ExpertInnen können oft nicht so schnell die ungeheure Komplexität reduzieren, mit der sie es zu tun bekommen. Ihre Expertisen werden erst gar nicht umgesetzt, wenn doch, dann nur teilweise, oft gegen massiven Widerstand (Doppler u.a. 2002). Oder sie sind schon überholt, bevor ihre Realisierung abgeschlossen werden konnte. Diese Art von Expertenberatung ist daher in die Krise geraten (Mingers 1996; Kieser 1998; Wimmer u.a. 2003). Dagegen versucht Prozessberatung (Schein 2000) nicht, den Ratsuchenden die Steuerungsarbeit abzunehmen. Sie will sie dabei unterstützen, selbst in unübersichtlichem Gelände eigenverantwortlich Wege zu finden, Schritte zu wagen und dabei Richtungen zu setzen (Buer 2004a). Zu diesen Formaten der Prozessberatung im Wirtschaftsbereich sind vor allem Organisationsberatung (Becker/Langosch 1990; Wimmer 1992; Gairing 1996) und Coaching (Schreyögg 1995; Geßner 1999; Heß/Roth 2001; Loos 2002; Rauen 2003) zu rechnen.

Und unter dem label „Prozessberatung“ überschneiden sich beide Linien (Fatzer u.a. 1999): Die Supervision aus dem Wohlfahrtsbereich hält an der Professionslogik fest, bezieht aber die Unternehmenslogik ein. Organisationsberatung und Coaching aus der Wirtschaft orientieren sich zunächst an der Unternehmenslogik, berücksichtigen aber Orientierungen der Professionslogik. Konkret: Anspruchsvolle Organisationsberatung, Supervision und Coaching setzen alle drei als Prozessberatung auf

- eine mehrjährige Ausbildung, bei der die Bildung einer professionellen Persönlichkeit (einschließlich eines professionellen Ethos), die Adaption fachlichen und wissenschaftlichen Wissens, wie die Einübung von Performanz, die dabei durchaus darstellerische Fähigkeiten impliziert, im Mittelpunkt steht,
- Autonomie bei der Berufsausübung,
- Klientenorientierung: Die Ziele lassen sich nur in einer Vertrauensbeziehung mit den Klienten anstreben.

Coaching und Organisationsberatung können sich an Professionelle wenden. Beide richten sich aber auch, vermutlich sogar primär an Nicht-Professionelle. Dann allerdings kann die Sicherung der Professionalität nicht ihr zentrales

Thema sein. Insofern haben beide ein unspezifisches und ungeklärtes Verhältnis zur „Professionalität". Supervision dagegen, so wie ich sie oben definiert habe, wendet sich ausschließlich an Professionelle. Das heißt: Supervision ist für SozialarbeiterInnen, LehrerInnen, ÄrztInnen, PsychotherapeutInnen, JuristInnen, PfarrerInnen, WissenschaftlerInnen u.ä. geeignet. Für Pflegekräfte, ehrenamtliche HelferInnen, Führungskräfte, TrainerInnen nur dann, wenn diese ein professionelles Selbstverständnis haben. Laien, Amateure, aber auch reine Profis sind jedoch nach meinem Verständnis für Supervision ungeeignet, da es hier keine gemeinsame Arbeitsbasis gibt: Denn das Geheimnis der Professionalität ist für sie ein Buch mit sieben Siegeln.

Supervision hat also einen spezifischen Gegenstand: das Geheimnis der Professionalität, das diskrete Ausbalancieren professioneller Antinomien, das Austarieren der Arbeitsbeziehung zwischen Authentizität und Show.

Diese supervisorische Arbeit ist unverzichtbar, weil nur durch sie die unvermeidlichen Fehler im Umgang mit diesen Antinomien (s. Schütze) einigermaßen aufgefangen werden können. Das wiederum ist nötig, damit überhaupt die notwendige Vertrauensbeziehung entstehen kann. Nur auf dieser Basis kann professionelles Handeln gelingen. Und das ist wiederum notwendig, damit eine komplexe Gesellschaft überleben kann. Denn auf Bildung, Heilung, Rechtsprechung, Wahrheitsfindung, Sinnfindung, Sozialintegration, für deren Gelingen die Professionellen zuständig sind, kann sie nicht verzichten. Und genau auf die Bearbeitung dieser „Mission" sind Coaching und Organisationsberatung jedenfalls nicht primär ausgerichtet. Sie sind daher im Gegensatz zur Supervision auch nicht für den Erhalt professioneller Arbeitsqualität unverzichtbar.

Nun sind professionelle Tätigkeiten heute nicht mehr unbedingt an eine Profession als Beruf gebunden. Die Flexibilisierung der Dienstleistungen wie die Dynamisierung der Arbeitsorganisationen lassen vielfältige Formen des „Arbeitskraftunternehmertums" zu: Professionslogik muss zwangsläufig mit Unternehmenslogik verbunden werden. Gerade deshalb ist jeder Professionelle in der Gefahr, zum reinen Profi zu werden und nur noch Geschäftsbeziehungen einzugehen. Dann aber wäre die Basis der Professionalität nicht mehr gesichert. Unsere Gesellschaft müsste auf das Engagement des Arztes, den Einsatz der Lehrerin, die Neugier der Wissenschaftlerin, die Unterstützung des Rechtsanwalts, die Mitleidensbereitschaft des AIDs-Beraters, die Geduld der Pflegekraft verzichten. Statt dessen wären wir nur noch von coolen Machern umgeben. Eine Gesellschaft, die das nicht will, muss eine anspruchsvolle Supervision fördern (Rappe-Giesecke 2002; Wacker 2002; Petzold u.a. 2003). Denn nur dann ist ein kompetentes Auffangnetz gespannt, das Kunstfehler von Professionellen kompensieren kann. Diese Fehler schädigen ja nicht nur die jeweils betroffenen KlientInnen. Sie gefährden auch massiv das gute Funktionieren gesellschaftlichen Zusammenlebens.

Da Supervision also primär der Professionslogik verpflichtet ist, bietet sie auch eine gute Basis für eine kollektive Professionalisierung. Erst durch eine solche Organisation als „Profession“ lässt sich Professionalität weiter absichern durch die:

- Formulierung von verbindlichen Standards der professionellen Tätigkeit und der Ausbildung,
- Festlegung eines verbindlichen Berufsethos, eines Ethikkodex, der Bezug nimmt auf zentrale Werte der Gesellschaft („Gemeinwohl“) und für seine Einhaltung Sorge trägt,
- Verknüpfung der „professional community“ mit der „scientific community“,
- Etablierung supervisorischer Erwerbstätigkeit auf dem Arbeitsmarkt (Fellermann/Leppers 2001) und eine angemessene Honorierung.

Da Organisationsberatung wie auch Coaching (Jüster 2003) primär an der Unternehmenslogik orientiert sind, lassen sie sich nicht auf Dauer mit Erfolg kollektiv professionalisieren. Denn in diesem Feld zählt letztlich die individuelle Professionalisierung, die dazu dient, den einzelnen Anbieter zu qualifizieren, damit er im Wettbewerb genügend Aufträge erhält. Eine Organisierung wäre nur als reine Interessenvertretung, als pressure group, denkbar, die primär den Zweck hat, den Markt für dieses Format zu öffnen. Ein solcher Verband funktioniert dann als Werbegenossenschaft: Die Mitglieder zahlen ein, damit das, was sie allein nicht so gut können, von Profis für sie erledigt wird. Die Mitglieder verstehen sich dann aber nicht als Solidargemeinschaft, die gegenseitiges ehrenamtliches Engagement erfordert. Man fühlt sich nicht zur Loyalität verpflichtet, weil man eben keinerlei gemeinsame „Mission“ teilt. Man bleibt dann nur solange Mitglied, wie man der Meinung ist, die Investition wird sich lohnen. Daher sind solche Interessensverbände ständig von der Auflösung bedroht. Selbst wenn diese Verbände fachliche und ethische Standards setzen, bleibt der Verdacht bei den KundInnen, dass das aus reinem Geschäftsinteresse erfolgt ist.

So wurde in Deutschland 1980 die Gesellschaft für Organisationsentwicklung (GOE) gegründet und schon bald vor allem aus den oben genannten Gründen wieder aufgelöst (Kühl 2001a; 2001b). Selbst Rudolf Wimmer, einer der Protagonisten der Organisationsberatung, sieht heute das Ende einer Organisationsberatung mit professionellem Anspruch gekommen (Wimmer 2004). Anfang 2004 wurde der Deutsche Bundesverband Coaching (DBVC) gegründet. Er will ein „Vier-Säulen-Modell“ organisieren: Hier sollen Coaches, AusbilderInnen, WissenschaftlerInnen und UnternehmensvertreterInnen repräsentiert sein. Damit soll gesichert sein, dass alle, die an Coaching interessiert sind, an einem Tisch sitzen und sich einigen müssen. Auch in der Deutschen Gesellschaft für Supervision (DGSv) waren SupervisorInnen, AusbilderInnen, WissenschaftlerInnen und einige wenige Abnehmer (z.B. der Deutsche

Verein für öffentliche und private Fürsorge) auf spezifische Weise repräsentiert. Genau das wurde in den letzten Jahren geändert, weil die damit verbundenen Interessengegensätze nicht ausgeglichen werden konnten. Auch aus dieser Erfahrung heraus gebe ich diesem ambitionierten Projekt des DBVC keine lange Lebensdauer.

4. Fazit

Meine Analyse hat meine Ausgangsthese untermauert: Supervision ist ein unverzichtbares Format zur Sicherung von Professionalität in unserer Gesellschaft. Zwar wird gegenwärtig Professionalität durch die Ökonomierungstendenz unterhöhlt. Letztlich wird aber keine Gesellschaft auf die verantwortliche Tätigkeit von hochqualifizierten Professionellen verzichten können, wenn sie ihren hohen Lebensstandard erhalten will. Auf dieses Kerngeschäft muss sich Supervision konzentrieren. SupervisorInnen müssen dann aber auch selbst als Professionelle auftreten, nicht als Profis mit „Macherimage" (Dziomba 2000).

Um das leisten zu können, ist eine individuelle Professionalisierung notwendig: Jeder, der Supervision ausübt, muss sein Arbeitsvermögen ständig auf dem neuesten Stand halten und aus einer klaren professionsethischen Haltung heraus (Feltham/Dryden 2002) handeln. Zusätzlich bietet sich im Gegensatz zu anderen Formaten, die primär der Unternehmenslogik unterliegen, der Supervision die Chance einer kollektiven Professionalisierung. Sie kann sie nutzen, auch um die individuelle Professionalisierung abzustützen.

Dabei muss auch die Supervision, wie jede andere professionelle Dienstleistung, ihren Weg finden zwischen Authentizität und Show. Wer sich zu sehr auf das Feld des Kommerzes begibt, kommt in die Gefahr, mehr Schein als Sein zu produzieren. Damit verlässt er aber den Boden, auf den er spezialisiert ist und für das er auch gesellschaftlich gebraucht wird und ein Mandat erringen kann. Auf den Feldern, auf denen die Unternehmenslogik vorherrscht, kann es keine vergleichbaren professionellen Verbände geben. Wer Supervision zu sehr an das Schicksal scheinbar ähnlicher Formate bindet, wie etwa Organisationsberatung oder Coaching, und hier keinen gravierenden Unterschied mehr sieht (wie z.B. Buchinger 2002), handelt sich unnötig die o.g. spezifischen Schwierigkeiten ein. Er wird eine Nonprofitorganisation, die ehrenamtliches Engagement von Professionellen für eine gesellschaftlich wichtige Mission aktiviert, in ein reines Wirtschaftsunternehmen verwandeln, dessen Output nur noch nach ökonomischen Gesichtspunkten bewertet wird. Diese Rechnung kann aber nicht aufgehen, da in einem solchen Kontext das Basiskapital, das professionelle Engagement, schnell versiegen wird.

Bei aller Bereitschaft zur Zusammenarbeit sollte Supervision sich daher klar abgrenzen, und ihr ureigenstes Feld bestellen, das sicher schwierig zu bearbeiten ist und gegenwärtig auf dem Markt eher ins Abseits gestellt scheint. Sicher wird gegenwärtig der Wohlfahrtsstaat radikal umgebaut, aufgelöst wird er nicht.

So herrschen auch für die Supervision keine goldenen Zeiten mehr. Sie muss sich aktiv auf den verschiedenen Bühnen darstellen, auch und gerade auf dem Markt. Insofern ist Professionalität als Kompetenzdarstellungskompetenz vermehrt gefragt. Diese Kompetenz besteht aber gerade darin, keine reine Show zu veranstalten, die nur als arglistige Täuschung wahrgenommen werden kann. Vielmehr muss Authentizität demonstriert werden. Entscheidend dabei sind die Auftritte auf der ersten Bühne: Aber nur der, der mit hoher Fachkompetenz und großem Berufsethos die Dilemmata der eigenen supervisorischen Tätigkeit händeln kann, kann auch glaubwürdig dazu beitragen, den SupervisandInnen zu helfen, mit den Dilemmata ihrer eigenen professionellen Tätigkeit so umzugehen, dass wiederum deren KlientInnen geholfen werden kann. Und das erfordert eine bewundernswerte Darstellungskompetenz. Und eben die kann dann auch in der Supervision von den SupervisandInnen – nach dem Spiel wie vor dem Spiel – geprobt werden. Die Darstellungweisen beider Parteien müssen somit kongruent sein. Eben das macht die Authentizität des Supervisors und der Supervisorin aus. Und diese Vertrauenswürdigkeit muss dann aber auch auf den zweiten und dritten Bühnen demonstriert werden. Das alles ist keine leichte Aufgabe. Aber eine bedeutsame und eine reizvolle allemal.

Literatur

Allert, Tilman (1998a): Braucht jede Profession eine Supervision? Soziologische Anmerkungen zum Supervisionsbedarf und zum Autonomieanspruch professioneller Tätigkeiten. In: Berker, Peter, Buer, Ferdinand (Hg.): Praxisnahe Supervisionsforschung. Münster, 16-45.

Allert, Tilman (1998b): Die Professionen in der Umbruchsituation der Arbeitswelt. In: Supervision 33, 37-47.

Altvater, Elmar, Mahnkopf, Birgit (1999): Grenzen der Globalisierung. Ökonomie, Ökologie und Politik in der Weltgesellschaft. 4. Aufl., Münster.

Badelt, Christoph (Hg.) (2002): Handbuch der Nonprofit Organisation. Strukturen und Management. 3. Aufl., Stuttgart.

Barabas, Friedrich K. (2003): Beratungsrecht. Ein Leitfaden für Beratung, Therapie und Krisenintervention. 2. Aufl., Frankfurt a.M.

Bauer, Rudolph (2001): Personenbezogene Dienstleistungen. Begriff, Qualität und Zukunft. Opladen.

Bauman, Zygmunt (1996): Moderne und Ambivalenz. Das Ende der Eindeutigkeit. Frankfurt a.M.

Bauman, Zygmunt (2003): Flüchtige Moderne. Frankfurt a.M.

Beck, Ulrich (1986): Risikogesellschaft. Auf dem Weg in eine andere Moderne. Frankfurt a.M.

Beck, Ulrich (1997): Was ist Globalisierung? Frankfurt a.M.

Becker, Horst, Langosch, Ingo (1990): Produktivität und Menschlichkeit. Organisationsentwicklung und ihre Anwendung in der Praxis. 3. Aufl., Stuttgart.

Beckert, Jens, Metzner, André, Roehl, Heiko (1998): Vertrauenserosion als organisatorische Gefahr und wie ihr zu begegnen ist. In: Organisationsentwicklung 4, 56-66.

Belardi, Nando (1992): Supervision. Von der Praxisberatung zur Organisationsentwicklung. Paderborn.

Berlardi, Nando (1996): Supervision. Eine Einführung für soziale Berufe. Freiburg.

Belardi, Nando (2002): Supervision. Grundlagen, Techniken, Perspektiven. München.

Bernler, Gunnar, Johnsson, Lisbeth (1993): Supervision in der psychosozialen Arbeit. Weinheim.

Bögenhold, Dieter (2003): Sind die Einzelnen ihres Glückes Schmied? Überlegungen zur Frage des Verhältnisses von Akteur und Struktur und den Schwierigkeiten der Interpretation von Karrieremanagement. In: Hitzler, Ronald, Pfadenhauer, Michaela (Hg.): Karrierepolitik. Opladen, 283-293.

Buchinger, Kurt (2002): Supervision in Wirtschaftsorganisationen. In: Supervision 2, 47-54.

Buchinger, Kurt, Ehmer, Susanne (2004): Vom Nutzen systemischen Denkens für die Supervision. In: DGSv aktuell 1, 8-10.

Buer, Ferdinand (1999): Lehrbuch der Supervision. Der pragmatisch-psychodramatische Weg zur Qualitätsverbesserung professionellen Handelns. Münster.

Buer, Ferdinand (2001a): Zukunft der Arbeit – Zukunft der Supervision. Was wir heute tun können – 60 Thesen. In: Supervision 4, 49-53.

Buer, Ferdinand (2000b): Einführung in die Psychodramatische Supervision. In: Ders. (Hg.): Praxis der Psychodramatischen Supervision. Opladen, 9-27.

Buer, Ferdinand (2000c): Typische Handlungsmuster in Arbeitsorganisationen. Eine soziologisch-soziodramatische Interpretationsfolie für die Supervision. In: Ders. (Hg.): Praxis der Psychodramatischen Supervision. Opladen, 165-190.

Buer, Ferdinand (2002): Führen – eine professionelle Dienstleistung. Oder: Warum Führungskräfte Supervision benötigen. In: Supervision 3, 43-54.

Buer, Ferdinand (2004a): Unsicherheiten im Beratungsdiskurs. Wozu Berater und Beraterinnen Philosophie brauchen. Pragmatismus zum Beispiel. In: OSC 11 (2), 125-150.

Buer, Ferdinand (Hg.) (2004b): Praxis der Psychodramatischen Supervision. Ein Handbuch. 2. Aufl., Wiesbaden.

Buer, Ferdinand (2004c): Psychodrama in der Supervision. In: Ameln, Falko v. u.a. (Hg.): Psychodrama. Heidelberg, 467-483.

Buer, Ferdinand (2004d): Morenos therapeutische Philosophie und die psychodramatische Ethik. In: Fürst, Jutta u.a. (Hg.): Psychodrama-Therapie. Ein Handbuch. Wien, 30-58.

Busse, Stefan, Schierwagen, Christiana (1990): Vertrauen. In: Sandkühler, Hans Jörg (Hg.): Europäische Enzyklopädie zu Philosophie und Wissenschaften. Bd 4. Hamburg, 719-721.

Combe, Arno, Helsper, Werner (2002): Professionalität. In: Otto, Hans-Uwe, Rauschenbach, Thomas, Vogel, Peter (Hg.): Erziehungswissenschaft: Professionalität und Kompetenz. Opladen, 29-47.

Crozier, Michel, Friedberg, Erhard (1993): Die Zwänge kollektiven Handelns. Über Macht und Organisation. Frankfurt a.M.

Daheim, Hansjürgen (1992): Zum Stand der Professionssoziologie. Rekonstruktion machttheoretischer Modelle der Profession. In: Dewe, Bernd u.a. (Hg.): Erziehen als Profession. Opladen, 21-36.

Denner, Liselotte (2000): Gruppenberatung für Lehrer und Lehrerinnen. Eine empirische Untersuchung zur Wirkung schulinterner Supervision und Fallbesprechung. Bad Heilbrunn.

Deutscher, E., Jamnig, S. (1997): Supervision als Profession. In: Luif, Ingeborg (Hg.): Supervision. Tradition, Ansätze und Perspektiven in Österreich. Wien, 101-112.

Deutsche Gesellschaft für Supervision (Hg.) (2003): Berufsbild Supervisor/in. Köln.

Dietz, Simone (2003): Die Kunst des Lügens. Eine sprachliche Fähigkeit und ihr moralischer Wert. Reinbek.

Doehlemann, Martin (1996): Die Kunst des Verlierens. Frankfurt a.M.

Doppler, Klaus, Fuhrmann, Hellmuth, Lebbe-Waschke, Birgitt, Voigt, Bert (2002): Unternehmenswandel gegen Widerstände. Change Management mit den Menschen. Frankfurt a.M.

Dziomba, Günter (2000): Abschied vom Machen. Persönliche Erfahrungen und strukturelle Veränderungen beim Rollenwechsel vom Manager zum Supervisor. In: Forum Supervision 8 (10), 49-65.

Fatzer, Gerhart, Rappe-Giesecke, Kornelia, Loos, Wolfgang (1999): Qualität und Leistung von Beratung. Supervision, Coaching, Organisationsentwicklung. Köln.

Faust, Michael, Jauch, Peter, Notz, Petra (2000). Befreit und entwurzelt: Führungskräfte auf dem Weg zum „internen Unternehmer". München.

Fellermann, Jörg, Leppers, Manfred (Hg.) (2000): Veränderte Arbeitswelt – eine Herausforderung für das Beratungskonzept Supervision. Münster.

Feltham, Colin, Dryden, Windy (2002): Grundregeln der Supervision. Ein Lehr- und Praxisbuch. Weinheim.

Fischer-Lichte, Erika (1998): Inszenierung und Theatralität. In: Willems, Herbert, Jurga, Martin (Hg.): Inszenierungsgesellschaft. Opladen, 81-90.

Gaertner, Adrian (1999): Gruppensupervision. Theoriegeschichtliche und fallanalytische Untersuchungen. Tübingen.

Gairing, Fritz (1996): Organisationsentwicklung als Lernprozeß von Menschen und Systemen. Weinheim.

Gebhardt, Winfried (2003): „Fachmensch ohne Geist, Gemußmensch ohne Herz". Über das Karriereleitbild des „Machers". In: Hitzler, Ronald, Pfadenhauer, Michaela (Hg.): Karrierepolitik. Opladen, 44-52.

Geramanis, Olaf (2002): Soziale und unsoziale Kompetenz. In: Organisationsentwicklung 1, 30-39

Geßner, Andreas (1999): Coaching – Modelle zur Diffusion einer sozialen Innovation in der Personalentwicklung. Frankfurt a.M.

Gessner, Willfried (2003): Wissenschaft oder Mode? Das Dilemma der Managementkonzeptionen. In: Organisationsentwicklung 2, 4-11.

Gildemeister, Regine (1998): Halbierte Arbeitswelten? Gefühlsarbeit und Geschlechterkonstrukte am Beispiele professionalisierter Berufe. In: Supervision 33, 48-59.

Glotz, Peter (1999): Die beschleunigte Gesellschaft. Kulturkämpfe im digitalen Kapitalismus. München.

Goffman, Erving (1991): Techniken der Imagepflege. In: Ders.: Interaktionsrituale. Über Verhalten in direkter Kommunikation. Frankfurt a.M., 10-53.

Goffman, Erving (2001): Wir alle spielen Theater. Die Selbstdarstellung im Alltag. 9. Aufl., München.

Hahn, Alois, Willems, Herbert (1998): Zivilisation, Modernität, Theatralität: Identität und Identitätsdarstellung. In: Willems, Herbert, Jurga, Martin (Hg.): Inszenierungsgesellschaft. Opladen, 193-213.

Hartmann, Martin, Funk, Rüdiger, Nietmann, Horst (1992): Präsentieren. Präsentationen: zielgerichtet und adressatenorientiert. 2. Aufl. Weinheim.

Hartmann, Michael (2003): Individuelle Karrierepolitik oder herkunftsabhängiger Aufstieg? Spitzenkarrieren in Deutschland. In: Hitzler, Ronald, Pfadenhauer, Michaela (Hg.): Karrierepolitik. Opladen, 159-171.

Heinrich, Peter, Schulz zur Wiesch, Jochen (Hg.) (1998): Wörterbuch zur Mikropolitik. Opladen.

Helsper, Werner (1997): Antinomien des Lehrerhandelns in modernisierten pädagogischen Kulturen. Paradoxe Verwendungsweisen von Autonomie und Selbstverantwortlichkeit. In: Combe, Arno, Helsper, Werner (Hg.): Pädagogische Professionalität. 2. Aufl. Frankfurt a.M., 521-569.

Heß, Tatjana, Roth, Wolfgang L. (2001): Professionelles Coaching. Eine Expertenbefragung. Zur Qualitätseinschätzung und -entwicklung. Heidelberg.

Hitzler, Ronald (1992): Der Goffmensch. Überlegungen zu einer dramatologischen Anthropologie. In: Soziale Welt 43 (4), 449-461.

Hitzler, Ronald (1998): Das Problem, sich verständlich zu machen. In: Willems, Herbert, Jurga, Martin (Hg.): Inszenierungsgesellschaft. Opladen, 93-105.

Hitzler, Ronald , Pfadenhauer, Michaela (Hg.) (2003): Karrierepolitik. Beiträge zur Rekonstruktion erfolgsorientierten Handelns. Opladen.

Hobsbawm, Eric (1999): Das Zeitalter der Extreme. Weltgeschichte des 20. Jahrhunderts. 2. Aufl., München.

Holloway, Elizabeth (1998): Supervision in psychosozialen Feldern. Ein praxisbezogener Supervisionsansatz. Paderborn.

Horak, Christian, Heimerl, Peter (2002): Management von NPOs – Eine Einführung. In: Badelt, Christoph (Hg.): Handbuch der Nonprofit Organisation. 3. Aufl., Wien, 181-195.

Jüster, Markus (2003): Coaching – Performanceorientierung und Managererwartung. In: OSC 3, 235-243.

Jung-Strauß, Elfriede Maria (2000): Widersprüchlichkeiten im Lehrerberuf. Eine Untersuchung unter Verwendung der Rollentheorie. Frankfurt a.M.

Karle, Isolde (2001): Der Pfarrberuf als Profession. Eine Berufstheorie im Kontext der modernen Gesellschaft. Gütersloh.

Kessel, Louis v. (1998): Theorie und Praxeologie des Lernes in der Supervision. Einige Bausteine aus niederländischer Sicht. In: Berker, Peter, Buer, Ferdinand (Hg.): Praxisnahe Supervisionsforschung. Münster, 69-88.

Kieser, Alfred (1998): Immer mehr Geld für Unternehmensberastung – und wofür? In: Organisationsentwicklung 2, 62-69.

Koppetsch, Cornelia (2003): Neue Wirtschaftsberater als Sinnstifter der Marktkultur? Zur professionspolitischen Bedeutung neuer Leitbilder wirtschaftlichen Handelns. In: Hitzler, Ronald, Pfadenhauer, Michaela (Hg.): Karrierepolitik. Opladen, 263-280.

Kühl, Stefan (2001a): Von den Schwierigkeiten, aus einem Handwerk eine Profession zu machen. Sieben Szenarien zur Zukunft der Organisationsentwicklung. In: Organisationsentwicklung 1, 4-19.

Kühl, Stefan (2001b): Professionalität ohne Profession. Das Ende des Traums von der Organisationsentwicklung als eigenständiger Profession und die Konsequenzen für die soziologische Beratungsdiskussion. In: Degele, Nina u.a. (Hg.): Soziologische Beratungsforschung. Perspektive für Theorie und Praxis der Organisationsberatung. Opladen, 209-237.

Küpper, Willi, Felsch, Anke (2000): Organisation, Macht und Ökonomie. Mikropolitik und die Konstitution organisationaler Handlungssysteme. Opladen.

Loos, Wolfgang (2002): Unter vier Augen. Coaching für Manager. 5. Aulf., München.

Malik, Fredmund (2001): Führen, Leisten, Leben. Wirksames Management für eine neue Zeit. 10. Aufl., Stuttgart.

Meffert, Heribert (1997): Lexikon der aktuellen Marketing-Begriffe. Frankfurt a.M.

Mingers, Susanne (1996): Bedingungen und Grenzen externer Beratung als Interventionsstrategie. In: Fatzer, Gerhard (Hg.). Organisationsentwicklung und Supervision. Köln, 375-402.

Mintzberg, Henry (1983: Power in and around organizations. Egelwood Cliffs.

Möller, Heidi (2001): Was ist gute Supervision? Grundlagen – Merkmale – Methoden. Stuttgart.

Mohe, Michael (2003): Klientenprofessionalisierung. Strategien und Perspektiven einer professionellen Umgangs mit Unternehmensberatung. Marburg.

Mummenday, Hans Dieter (1998): Impression Management. In: Heinrich, Peter, Schulz zur Wiesch, Jochen (Hg.): Wörterbuch der Mikropolitik. Opladen, 106-108.

Mutzeck, Wolfgang (1996): Kooperative Beratung. Grundlagen und Methoden der Beratung und Supervision im Berufsalltag. Weinheim.

Nagel, Ulrike (2004): Vom sozialstaatlich gezähmten Kapitalismus zur Shareholder-Value-Ökonomie. Über den Erfahrungshintergrund einer Managergeneration. In: Fabel, Melanie, Tiefel, Sandra (Hg.): Biographische Risiken und professionelle Herausforderungen. Wiesbaden, 241-249.

Neuberger, Oswald (1988): Spiele in Organisationen, Organisationen als Spiele. In: Küpper, Willi, Ortmann, Günther (Hg.): Mikropolitik. Opladen, 53-86.

Neuberger, Oswald (1995): Mikropolitik. Der alltägliche Aufbau und Einsatz von Macht in Organisationen. Stuttgart.

Neuberger, Oswalt (2002): Führen und führen lassen. 6. Aufl., Stuttgart.

Neubert, Hansjörg (1992): Inszenierung von Führung. – Zur vergessenen Dramaturgie des Managements. In: Geißler, Harald (Hg.). Neue Qualitäten des betrieblichen Lernens. Frankfurt a.M., 239-248.

Nittel, Dieter (2000): Von der Mission zur Profession? Stand und Perspektive der Verberuflichung in der Erwachsenenbildung. Bielefeld.

Opaschowski, Horst (2002): Wir werden es erleben. Zehn Zukunftstrends für unser Leben morgen. Darmstadt.

Otto, Hans-Uwe, Rauschenbach, Thomas, Vogel, Peter (Hg.) (2002): Erziehungswissenschaft: Professionalität und Kompetenz. Opladen.

Petzold, Hilarion (1998): Integrative Supervision, Meta-Consulting & Organisationsentwicklung. Modelle und Methoden reflexiver Praxis. Ein Handbuch. Paderborn.

Petzold, Hilarion, Schigl, Brigitte, Fischer, Martin, Höfner, Claudia (2003): Supervision auf dem Prüfstand. Wirksamkeit, Forschung, Anwendungsfelder, Innovation. Opladen.

Pfadenhauer, Michaela (1998): Das Problem zur Lösung. Inszenierung von Professionalität. In: Willems, Herbert, Jurga, Martin (Hg.): Inszenierungsgesellschaft. Opladen, 291-304.

Pfadenhauer, Michaela (2003): Professionalität. Eine wissenssoziologische Rekonstruktion institutionalisierter Kompetenzdarstellungskompetenz. Opladen.
Pongratz, Hans J. (2002): Subordination. Inszenierungsformen von Personalführung in Deutschland seit 1933. München.
Pongratz, Hans J. (2003): Die Interaktionsordnung von Personalführung. Inszenierungsformen bürokratischer Herrschaft im Führungsalltag. Opladen.
Pongratz, Hans J., Voß, G. Günter (2003): Arbeitskraftunternehmer. Erwerbsorientierungen in entgrenzten Arbeitsformen. Berlin.
Postel, Gerd (2001): Doktorspiele. Geständnisse eines Hochstaplers. Frankfurt a.M.
Prisching, Manfred (2003): Seelentraining. Über eine neue Dimension der Karrierepolitik. In: Hitzler, Ronald, Pfadenhauer, Michaela (Hg.): Karrierepolitik. Opladen, 53-70.
Pritchard, Jacki (Ed.) (1995): Good Practice in Supervision. London.
Rappe-Giesecke, Kornelia (2002): Die konzeptionelle Entwicklung der Supervision in den letzten zwanzig Jahren. In: Supervision 2, 55-65.
Rappe-Giesecke, Kornelia (2003): Supervision für Gruppen und Teams. 3. Aufl., Berlin.
Rauen, Christoph (2003): Coaching. Göttingen.
Regouin, Willemine (1999): Supervision. Praxishandbuch für Pflege und Gesundheitsberufe. Wiesbaden.
Ripperger, Tanja (2003): Ökonomik des Vertrauens. Analyse eines Organisationsprinzips. 2. Aufl., Tübingen.
Rogers, Carl R. (1988a): Therapeut und Klient. Grundlagen der Gesprächspsychotherapie. Frankfurt a.M.
Rogers, Carl R. (1988b): Die Kraft des Guten. Ein Appell zur Selbstverwirklichung. Frankfurt a.M.
Rothfischer, Doris, Oberlander, Willi, Glahn-Nüßel, Gabriele, Engel, Stefan (2000): Ich mache mich selbstständig im sozialen Bereich. Von der Idee und Marktchance bis zur Finanzierung. Weinheim.
Scala, Klaus, Grossmann, Ralph (1997): Supervision in Organisationen. Veränderungen bewältigen – Qualität sichern – Entwicklung fördern. Weinheim.
Schach, Bernhard (1987): Professionalisierung und Berufsethos. Berlin.
Schein, Edgar H. (2000): Prozessberatung für die Organisation der Zukunft. Köln.
Schiffinger, Michael, Strunk, Guido (2003): Zur Messung von Karrieretaktiken und ihrer Zusammenhänge mit Karriereerfolg und Karriereaspirationen. In: Hitzler, Ronald, Pfadenhauer, Michaela (Hg.): Karrierepolitik. Opladen, 295-312.
Schorr, Angela (2003): Psychologie als Profession. Das Handbuch. Bern.
Schreyögg, Astrid (1995): Coaching. Eine Einführung für Praxis und Ausbildung. Frankfurt a.M.
Schreyögg, Astrid (2004): Supervision. Ein integratives Modell. Lehrbuch zu Theorie und Praxis. 4. Aufl., Wiesbaden.
Schröder, Anja (2004): Biographieanalyse eines Personalmanagers. Psychosoziale Handlungsaufmerksamkeit und Abwehrreaktionen in der Wirtschaft: Das Scheitern eines zunächst Erfolg versprechenden Professionalisierungsprozesses. In: Fabel, Melanie, Tiefel, Sandra (Hg.): Biographische Risiken und professionelle Herausforderungen. Wiesbaden, 217-239.
Schwarz, Peter (2001): Management-Brevier für Nonprofit-Organisationen. 2. Aufl., Bern.
Schütze, Fritz (1984): Professionelles Handeln, wissenschaftliche Forschung und Supervision. Versuch einer systematischen Überlegung. In: Lippenmeier, Norbert (Hg.): Beiträge zur Supervision. Kassel, 262-389.

Schütze, Fritz (1992): Sozialarbeit als „bescheidene“ Profession. In: Dewe, Bernd u.a. (Hg.): Erziehen als Profession. Opladen, 132-170.

Schütze, Fritz (1994): Strukturen des professionellen Handelns, biographische Betroffenheit und Supervision. In: Supervision 26, 10-39.

Schütze, Fritz (1997): Organisationszwänge und hoheitsstaatliche Rahmenbedingungen im Sozialwesen: Ihre Auswirkung auf die Paradoxien des professionellen Handelns. In: Combe, Arno, Helsper, Werner (Hg.): Pädagogische Professionalität. 2. Aufl., Frankfurt a.M., 183-275.

Schütze, Fritz (2002): Supervision als ethischer Diskurs. In: Kraul, Margret u.a. (Hg.): Biographie und Profession. Bad Heilbrunn, 135-164.

Sennett, Richard (1998): Der flexible Mensch. Die Kultur des neuen Kapitalismus. Berlin.

Sievers, Burkhard (1993): Auf der Suche nach dem Theater. Organisationen als Theater für die Dramen der Kindheit und der Arbeit. In: Gruppendynamik 24 (4), 367-389.

Siller, Gertrud (2001): Supervision im Kontext gesellschaftlicher Wandlungsprozesse. In: OSC 8 (2), 171-184.

Wacker, Gerold (2002): Transformation von Organisationen durch lernorientierte Organisationssupervision als prozessbegleitende Beratungsform. Münster.

Willems, Herbert (1998): Inszenierungsgesellschaft? Zum Theater als Modell, zur Theatralität von Praxis. In: Willems, Herbert, Jurga, Martin (Hg,): Inszenierungsgesellschaft. Opladen, 23-79.

Willems, Herbert, Jurga, Martin (Hg.) (1998): Inszenierungsgesellschaft. Ein einführendes Handbuch. Opladen.

Wimmer, Rudolf (Hg.) (1992): Organisationsberatung. Neue Wege und Konzepte. Wiesbaden.

Wimmer, Rudolph (2004): OE am Scheideweg. Hat die Organisationsentwicklung ihre Zukunft bereits hinter sich? In: Organisationsentwicklung 1, 26-39.

Wimmer, Rudolph u.a. (2003): Beratung: Quo Vadis? Thesen zur Entwicklung der Unternehmensberatung und Kommentare dazu. In: Organisationsentwicklung 3, 60-73.

Heinz J. Kersting

Masterstudiengänge Supervision an den Hochschulen
Chancen und Probleme

Der Beginn des Jahres 2004 brachte für die Geschichte der Supervision zwei wichtige Ereignisse, von denen das eine eher das Ende einer scheinbar „unendlichen Verbandsgeschichte“ markiert, während das andere vermutlich bildungspolitisch für die kommenden Jahrzehnte von großer Bedeutung sein wird:

Erstens traten am 1. Januar 2004 die neuen Regelwerke der Deutschen Gesellschaft für Supervision (DGSv) endgültig in Kraft. Diese umfassen die „Standards für die Ausbildung zur/m Supervisor/in und für die Übernahme der Tätigkeit als Lehrsupervisor/in“, die „Aufnahmebedingungen in die DGSv für natürliche Personen und juristische Mitglieder“, außerdem eine „Zertifizierungsordnung“ für Ausbildungen (vgl. Deutsche Gesellschaft für Supervision 2003, 3f.).

Zweitens startete mit Beginn des Sommersemesters 2004 an der Evangelischen Fachhochschule Freiburg, Hochschule für Soziale Arbeit, Diakonie und Religionspädagogik – University of Applied Sciences, zum ersten Mal in Deutschland ein akkreditierter Masterstudiengang Supervision mit 120 Credit Points nach dem ECTS-Verfahren (vgl. Evangelische Fachhochschule Freiburg 2004). Akkreditiert wurde der Studiengang am 12. Februar 2004 von der Akkreditierungsagentur für Heilpädagogik, Gesundheit und Soziales (AHPGS) zunächst für die Dauer von 4,5 Jahren. In dem Verfahren wurde dem Studiengang bescheinigt, dass er SupervisorInnen wissenschaftlich ausbildet, die in der Lage sind, die Praxis der Supervision in der Arbeit mit Gruppen, Organisationen und Einzelnen zu verbinden mit Supervisionsforschung. Der Masterstudiengang Supervision eröffnet den AbsolventInnen mit dem Abschluss der SupervisorInnenausbildung die Möglichkeit, ein Promotionsstudium aufzunehmen. Das Gutachten der Akkreditierungsagentur bestätigte außerdem, dass der Studiengang für den höheren Dienst qualifiziert. Die SupervisorInnen-Ausbildung, die seit mehr als 20 Jahren an der Evangelischen Fachhochschule Freiburg etabliert ist, wurde damit auf eine neue Grundlage gestellt. Das Ministerium für Wissenschaft und Kunst Baden-Württemberg hat inzwischen signalisiert, dass auf Grund des erfolgreichen

Akkreditierungsverfahrens der staatlichen Genehmigung des Masterstudiengangs Supervision nichts mehr im Wege steht.

Während das erste Ereignis einen fast 15jährigen Prozess abschließt, eröffnet das zweite eine neue gesellschaftliche Entwicklung der wissenschaftlichen Ausbildung zur SupervisorIn. Die Mitgliederversammlung der DGSv im November 2003 in Heidelberg hatte das zweite Ereignis offensichtlich vorausschauend registriert, sah es aber als eine – so wortwörtlich – „Hochschulproblematik“ an und beschloss lediglich der Vorlage der Zertifizierungsordnung hinzuzufügen: „Mit Hochschulen können Kooperationsverträge abgeschlossen werden. Die Ziffern B 1 bis B 9 dieser Zertifizierungsordnung werden hierbei analog angewandt“ (Deutsche Gesellschaft für Supervision 2003, 4). Die Mitgliedschaft der DGSv hoffte vermutlich, auf diese Weise ein Problem, das kaum ein Problem der Hochschulen ist, sondern höchstwahrscheinlich in Zukunft ihr eigenes werden könnte, gebannt zu haben.

1. Das Ende eines langen Prozesses in der Deutschen Gesellschaft für Supervision

Das erste Ereignis ist – wie gesagt – das Ende einer schier „unendlichen Geschichte“.

Die Initiative zur Gründung der Deutschen Gesellschaft für Supervision (DGSv) war Ende der 1980er Jahre ausgegangen von VertreterInnen der so genannten Bundeszentralen Fortbildungsinstitute für Supervision, d. h. der Fortbildungsakademie des Deutschen Vereins für öffentlich und private Fürsorge in Frankfurt am Main, der Akademie für Jugendfragen in Münster, dem Burkhardhaus in Gelnhausen, einem Fortbildungsinstitut der EKD, der Diakonischen Akademie in Stuttgart, der Akademie Remscheid für musische Bildung, weiter dem Studienleiter des Diplomstudiengangs der Gesamthochschule/Universität Kassel und einiger VertreterInnen von privaten Instituten, dem Fortbildungsinstitut für Supervision in Münster, dem Institut für Humanistische Psychologie in Eschweiler und dem Institut für Beratung und Supervision in Aachen. Nach Verlegung der Akademie für Jugendfragen nach Altenberg bei Köln kamen noch VertreterInnen der neugegründeten Akademie Münster hinzu, an der sich die DozentInnen der Supervisionsausbildung der Akademie für Jugendfragen inzwischen gesammelt hatten. Aus dem Umkreis der Institute befanden sich unter den GründerInnen auch einige SupervisorInnen und LehrsupervisorInnen der entsprechenden Ausbildungsstätten.

Hauptziel der Gründung war es, die vorhandenen Ausbildungsgänge zur Supervision zu standardisieren und selbsternannte SupervisorInnen ohne

Ausbildung vom Markt zu vertreiben. Dazu sollte eine Gesellschaft gegründet werden, in der die AbsolventInnen von Mitgliedsinstituten, die nach den Standards der Gesellschaft ausbilden, persönliche Mitglieder werden konnten. Zur Gründung brachten die oben genannten Institute als Kapital die Vereinbarung über angeglichene Standards ein. Die Institute erklärten sich außerdem bereit, die Einhaltung der Standards durch die neu zu gründende Gesellschaft überwachen zu lassen.

Die Gesellschaft wurde im Mai 1989 gegründet von Einzelpersonen, die zum größten Teil auch VertreterInnen von Ausbildungsinstituten waren. Diese Gesellschaft von zunächst nur natürlichen Mitgliedern nahm nach und nach die oben genannten Institute auf. Man kann also davon ausgehen, dass der Rechtskonstruktion nach die DGSv von Anfang an in der Mehrzahl eine Gesellschaft von natürlichen Mitgliedern war. Allerdings hatten die Ausbildungsinstitute ein großes Privileg, sie bestimmten indirekt, wer Mitglied in der Gesellschaft werden konnte. Selbstverständlich durfte die Gesellschaft die Standards der Ausbildungen überwachen und überprüfen, doch es war schwer für den Vorstand der DGSv, die Standards zu verändern, solange sich die VertreterInnen der Institute einig waren und es ihnen gelang, in den Mitgliederversammlungen, die allein das Recht zur Veränderung der Standards besitzen, für ihre Ansichten die Mehrheit der Stimmen zu bekommen. So stellte sich auf die Dauer in der DGSv ein ambivalentes Machtgefüge her, das mehr als ein dutzend Jahre hielt. Auf der einen Seite agierte der Ausbildungsausschuss, in dem alle Institute geborene Mitglieder waren, in der Regel für den weitgehenden Erhalt der in den 1980er Jahren vereinbarten Standards. Auf der anderen Seite stand der Vorstand, der aus den unterschiedlichsten Gründen die Standards ändern wollte, sei es, weil er die Akkreditierung der LehrsupervisorInnen in eigener Regie zentral vornehmen, sei es, dass er eine zweiphasige Ausbildung einführen wollte. Über Jahre hin erhielt sich dieses Patt. Auch die Mitgliederversammlungen, in denen gewaltige Redeschlachten geführt wurden, hielten an dieser ambivalenten Balance zwischen Instituten und Vorstand über Jahre hin fest.

Dabei wurde die DGSv nach Außen hin zu einem großen Erfolg. In wenigen Jahren war aus der Gründung der 46 Personen eine Gesellschaft von mehr als 3.400 natürlichen Mitliedern und über 30 Ausbildungsinstituten geworden. „DGSv“ war bei den Kunden von Supervison ein anerkanntes Markenzeichen. Supervision wurde in der deutschen Gesellschaft über den sozialen Sektor hinaus bekannt und nachgefragt. Ein vielfältiges Schrifttum über Supervision entwickelte sich. Inzwischen gibt es vier Fachzeitschriften zur Supervision. Sie selbst wurde zum Gegenstand der Forschung. All das war und ist das große Verdienst der DGSv.

Im Nachhinein könnte man sagen, dass die Satzungsväter und -mütter es versäumt hatten, dieses Machtproblem in vereinsrechtlich geordnete Bahnen zu lenken. Zum Beispiel hätte man ein Zwei-Kammer-System (natürliche

Mitglieder – juristische Mitglieder) installieren können, in dem keine Gruppe die andere zu dominieren vermochte. Doch keiner der GründerInnen ahnte voraus, dass es schon so bald in der Geschichte der DGSv zu diesem Antagonismus zwischen VertreterInnen des Vorstands und den VertreterInnen der Institute kommen würde.

Der Gegensatz zwischen den Kontrahenten bestand in ihren unterschiedlichen Interessen. Das Interesse der VertreterInnen der Institute war die Ausbildung (sei es, weil sie Mitglieder einer Institution waren, deren Bedeutung von erfolgreichen Ausbildungen abhing, sei es, weil sie privatwirtschaftlich als Unternehmer mit der Ausbildung Geld verdienen wollten). Das Interesse der Mitglieder des Vorstands entwickelte sich dagegen allmählich in eine ganz bestimmte Richtung: Aus der DGSv, die 1989 als Fachverband für Supervision mit der zusätzlichen Kontrollaufgabe der Einhaltung von Ausbildungsstandards gegründet worden war, versuchten die Mitglieder des Vorstands einen Berufsverband zu machen. Die Professionalisierung der Supervision wurde proklamiert. Die VertreterInnen der Ausbildung interessierte diese Professionalisierung entweder nicht, denn ihre „Profession" war die Ausbildung von SupervisorInnen und weniger das Erteilen von Supervision, oder sie lehnten die Professionalisierung der Supervision sogar ab, da sie z.B. als PsychologInnen, PastoraltheologInnen, SozialarbeiterInnen/SozialpädagogInnen, PädagogInnen ganz anderen Professionen angehörten und sich diesen gegenüber verpflichtet fühlten.

Im Jahr 2002 entschied sich die Mehrheit der natürlichen Mitglieder auf der Mitgliederversammlung und stimmte für eine Satzungsänderung des Vorstandes, die den Ausbildungsausschuss in seiner bisherigen Form und den Standard-Überprüfungsausschuss ganz auflöste und auf diese Weise die Institute ihrer bisherigen verbandsrechtlichen Einflussnahme auf die Gesellschaft beraubte. Inzwischen muss sich jedes zukünftige natürliche Mitglied persönlich bei der DGSv auf seine Eignung hin überprüfen lassen. Hat das ausbildende Institut – sei es weiterhin juristisches Mitglied der DGSv oder nicht – die entsprechende Ausbildung vorher durch die DGSv zertifiziert, gestaltet sich das Aufnahmeverfahren für das natürliche Mitglied zwar einfacher, grundsätzlich aber kann der Aufnahmeausschuss der DGSv jede AntragstellerIn aus eigener Vollmacht heraus aufnehmen oder nicht.

Ein langer Prozess in der DGSv kam zu seinem Abschluss. Das Inkrafttreten der Regelwerke und der Zertifizierungsordnung am 1. Januar 2004 sind das schriftliche Dokument dafür. Die Gewichte verschoben sich jetzt eindeutig von einem Fachverband hin zu einem Berufsverband. Es verwundert daher nicht, dass nun ein Qualitätsentwicklungsverfahren von Supervision ins Zentrum des Interesses der Mitglieder gerückt werden soll (Lentze 2004, 22).

Allerdings scheint der Anspruch der DGSv inzwischen noch über den eines bloßen Berufsverbandes hinaus zu gehen. Ich beobachte in zunehmendem Maße – besonders in Äußerungen von Vorstandsmitgliedern der DGSv – eine Art Alleinvertretungsanspruch der DGSv für Supervision in Deutschland. Das würde mehr zu einer Berufskammer passen, in der nach dem Muster der Industrie- und Handelskammer sogar eine Pflichtmitgliedschaft aller deutschen SupervisorInnen angestrebt wird. Letzteres würde auch den nicht zu einem Berufsverband passenden Anspruch der DGSv verständlich machen, weiterhin die Standards für die Ausbildung von SupervisorInnen regeln zu wollen, sogar bis in den Hochschulbereich hinein, was in Deutschland in den Augen von autonomen Hochschulkörperschaften ein bisher unerhörtes Ansinnen darstellt. Hier könnten vielleicht von der DGSv neue Quellen für zukünftige Konflikte zum Sprudeln gebracht werden.

2. Supervisionsausbildungen an Hochschulen

Supervisionsstudiengänge an Hochschulen gibt es seit vielen Jahren. Vor Gründung der DGSv begann die Gesamthochschule/Universität Kassel mit einem postgradualen Studiengang mit dem Abschluss DiplomsupervisorIn. Bereits in den 1970er Jahren hatte die Katholische Fachhochschule NW unter der Leitung von Prof. Dr. Dr. h.c. Louis Lowy MSW von der School of Social Work der Boston University mehrmals zweijährige Zusatzausbildungen durchgeführt, die mit einem Diplom in Supervision abschlossen. Seit 20 Jahren bietet die Evangelische Fachhochschule Freiburg regelmäßig Ausbildungen an, in denen ein Zertifikat in Supervision erworben werden kann. Seit den 1990er Jahren führt die Evangelische Fachhochschule Hannover einen Aufbaustudiengang durch, der mit einem Diplom abschließt. Die Evangelische Fachhochschule Ludwigshafen, die Fachhochschule Frankfurt/M., das Institut des Rauen Hauses für Soziale Praxis und das Zentrum für wissenschaftliche Weiterbildung der Carl v. Ossietzky Universität Oldenburg bieten ebenfalls seit den 1990er Jahren Supervisionsausbildungen an, die mit einem Zertifikat abschließen. Seit Beginn dieses Jahrhunderts führt die Katholische Fachhochschule NW einen Masterstudiengang durch, der durch das Wissenschaftsministerium NRW 2001 vorläufig genehmigt wurde. Die vom Ministerium ausgesprochene Auflage, diesen Studiengang durch eine entsprechende Agentur akkreditieren zu lassen, wird zurzeit in Angriff genommen. Bis auf die Katholische Fachhochschule NW sind alle diese Institutionen auch Mitglieder der DGSv. Ihre Ausbildungen (auch die der Katholischen Fachhochschule NW) entsprechen den derzeit gültigen Standards der DGSv.

Innerhalb der deutschen Hochschullandschaft ist seit kurzem eine neue Situation durch die Möglichkeit entstanden, einen „großen" Master (d.h. mit 120 Credit Points ECTS) in Supervision anzubieten. 1990 hatten die europäischen BildungsministerInnen in der so genannten Bologna-Erklärung beschlossen, bis zum Jahre 2010 die Hochschulsysteme europaweit anzugleichen. In seltener Einmütigkeit haben die deutschen Kultur-, Schul- und Wissenschaftsminister in einer Kultusministerkonferenz im Jahr 2003 beschlossen, dass spätestens mit Beginn des Wintersemesters 2005/06 alle Studiengänge (ausgenommen die für LehrerInnen, JuristInnen und MedizinerInnen) nur noch als Bachelor- und Masterstudiengänge angeboten werden dürfen. Das heißt, alle Studiengänge sind in zwei Studienzyklen zu gliedern, in ein Bachelor- und in ein Masterniveau. Die Studieninhalte sind zu Modulen zusammenzufassen, wobei die StudentInnen diese Module an verschiedenen Hochschulen abrufen können, um ihre Mobilität zu steigern. Die Studienleistungen werden in Punkten gefasst, den so genannten Credits, häufig abgekürzt als ECTS = European Credit Transfer System (Klüsche 2003).

In Zukunft prüft nicht mehr das jeweilige Ministerium die Studiengänge. Alle Studiengänge müssen vor der endgültigen ministeriellen Genehmigung, die selbst wiederum nur auf Zeit hin ausgesprochen wird, durch ein Akkreditierungsverfahren, d.h. von einer unabhängigen Kommission, bestehend aus HochschullehrerInnen, PraktikerInnen und Studierenden begutachtet werden. Diese Prüfungen sollen auch für die vorläufig genehmigten Bachelor- und Masterstudiengänge bis zum Jahr 2010 abgeschlossen sein.

Diese politisch vorgegebenen und nicht aus dem deutschen Hochschulsystem selbst stammenden Reformvorschläge treffen nun aber auf eine verbreitete innerdeutsche Stimmung, die das hiesige Hochschulsystem als dringend reformbedürftig ansieht. Es vermengen sich also die europäischen Strukturvorgaben mit dem mehr oder minder ausgeprägten Veränderungswillen an den deutschen Hochschulen, wobei die Kultus- bzw. WissenschaftsministerInnen zurzeit reformwilliger sind als die ProfessorInnen, vor allem diejenigen, die an Universitäten lehren. Das unterscheidet zum Beispiel die Tradition der amerikanischen Hochschulen, von denen diese neuen Studienformen übernommen wurden, eindeutig von der Tradition des deutschen Universitätswesens.

Für die Hochschulen des Fachhochschultyps sind diese inzwischen gesetzlich verankerten Reformen jedoch *die* große Chance, mit Hilfe der Einrichtung von Masterstudiengängen StudentInnen zu echten universitären Abschlüssen zu führen. Der einzige Unterschied zwischen Fachhochschulen und Universitäten ist dann in Zukunft nur noch das fehlende Promotionsrecht der Fachhochschulen. Allein schon aus diesem Grund machten viele Fachhochschulen bereitwilliger als die meisten Universitäten von der Möglichkeit Gebrauch, die Studiengangsreformen in die Tat umzusetzen. Eine Reihe dieser Fachhochschulen nannten sich inzwischen in Hochschulen um. Fast alle führen jetzt die englische Bezeichnung „University of Applied Sciences" im Untertitel. Es war ohnehin immer schon schwer genug, ausländischen KollegInnen klar zu machen, dass die deutschen Fachhochschulen zum Universitätssektor gehören und mehr sind als einfache Berufsschulen. So steht hoffentlich zu erwarten, dass dieser hochschulpolitische deutsche Sonderweg der Unterscheidung in Fachhochschulen und Universitäten, der in der Welt – abgesehen von Österreich und der Schweiz – einmalig ist, auch in Deutschland bald der Vergangenheit angehören wird.

Die meisten Mitglieder der DGSv sind in ihrem Herkunftsberuf SozialarbeiterInnen und SozialpädagogInnen. Das heißt, sie sind AbsolventInnen von Fachhochschulen. Im Unterschied zu den übrigen Fachhochschulstudiengängen gab es bisher für das Studium der Sozialen Arbeit keine echte universitäre Weiterführung. Das ändert sich nun. Für besonders interessierte und qualifizierte StudentInnen bietet sich in Zukunft nach dem Bachelorstudium und einigen Jahren der Berufstätigkeit an, in den zweiten Studienabschnitt einzutreten, die Masterebene. Ein Masterstudium dient entweder der wissenschaftlichen Vertiefung des Erststudiums, z.B. der Sozialarbeitswissenschaft, oder es wird ein das Erststudium ergänzender neuer Studieninhalt gewählt, z.B. ein Sozialmanagementstudium aufgenommen oder ein Spezialgebiet der Sozialen Arbeit vertieft, wie Klinische Sozialarbeit, Schuldnerberatung, Familientherapie und -beratung, Sozialtherapie, Case Management, Schulsozialarbeit, Supervision, Mediation oder Altenhilfe. Oder man wechselt in ein ganz neues Fach, wie Pädagogik, Betriebswirtschaft oder Recht. Dieses Masterstudium, das in der Regel vier Semester umfassen wird, kann berufsbegleitend oder in Vollzeitform studiert werden. Der erfolgreiche Abschluss berechtigt grundsätzlich zur Promotion und eröffnet auch den MasterabsolventInnen der bisherigen Fachhochschulen den Zugang zum höheren Dienst oder zum Angestelltenverhältnis auf BAT II A-Niveau, was eine nicht unwichtige, neue berufsständische Perspektive bedeutet (vgl. Klüsche 2004). Gleichzeitig ist dieser Schritt im Rahmen der Akademisierung der Sozialen Arbeit mit einem deutlichen Zuwachs an Reputation und gesellschaftlicher Anerkennung verbunden (Kersting 2002, 103ff.).

Von den Akkreditierungsverfahren und den regelmäßig wiederkehrenden pflichtmäßigen Evaluationen der Studiengänge verspricht man sich auf die Dauer die Chance, einen Konsens herauszubilden, welche Standards für ein Bachelor- oder Masterstudium unverzichtbar sind. Damit könnte sich auch ein Bewusstsein herauskristallisieren, was das jeweilige Studium ausmacht. Vermutlich werden in Zukunft deutlicher die Fragen im Mittelpunkt stehen:

- Was sollte eine StudentIn heute wissen müssen?
- Wie ist dieses Wissen am besten zu vermitteln? (Hochschuldidaktik)
- Welche Bedeutung hat das Lernen für die spätere Praxis? (Praxisrelevanz)
- Welche eigenen Forschungen der StudentInnen können mit dem Lernen verbunden werden? (Einheit von Forschung und Lehre)
- Kurz: Was studieren wir eigentlich und was werden wir damit machen?

Fragen, mit denen sich in den USA alle Lehrenden an den Universitäten regelmäßig und ausgiebig beschäftigen.

Was heißt das nun für die Ausbildung in Supervision? Vermutlich werden die meisten hochschulischen Supervisionsausbildungen nach der Art der Evangelischen Fachhochschule in Freiburg eine Akkreditierung mit anschließender Genehmigung als Masterstudiengang anstreben. Da alle diese Studiengänge bisher nach den Standards der DGSv ausbilden, würden so die in vielen Jahren gesammelten didaktischen Erfahrungen in der Erwachsenenbildung universitär verankert werden. Das wäre für die universitäre Ausbildung ein großer Gewinn. Denn an nichts krankt das deutsche Universitäts- und Hochschulstudium im Vergleich z.B. zum angelsächsischen, skandinavischen und niederländischen mehr als am Fehlen einer reflektierten, lernfördernden Didaktik. Da andererseits für das Masterstudium ein hohes Maß an wissenschaftlicher Forschungskompetenz gefordert wird, steht zu erwarten, dass die bisher noch recht bescheidene Landschaft der Supervisionsforschung zum Blühen gebracht wird. Allein die zu erwartenden vielen Masterthesen, die wissenschaftlichen Ansprüchen genügen müssen, werden dazu beitragen. Im Akkreditierungsverfahren in Freiburg wurde deutlich hervorgehoben, dass die SupervisorInnen wissenschaftlich ausgebildet und in die Lage versetzt werden sollen, *die Praxis der Supervision* in der Arbeit mit Gruppen, Organisationen und Einzelnen *mit Supervisionsforschung* zu verbinden.

Die Akkreditierungsagentur legte darüber hinaus gesteigerten Wert auf einen verhältnismäßig großen Lehrkörper. Sie verspricht sich davon eine besondere Qualität der Ausbildung. Darum machte sie zur Auflage, dass eine zweite Professur für Supervision neben der bereits bestehenden eingerichtet wird. Wenn das erfüllt worden ist, entspricht das Verhältnis von Lehrenden – zusammen mit den weiteren DozentInnen und LehrsupervisorInnen – zu StudentInnen tatsächlich dem, wie es an den Universitäten Harvard, Yale und Boston University üblich ist.

Am Beispiel des ersten akkreditierten Masterstudiengangs Supervision an der Evangelischen Fachhochschule Freiburg und am Beispiel des voraussichtlich als nächsten akkreditierten Masterstudiengangs Supervision, der an der Katholischen Fachhochschule NW durchgeführt wird, lässt sich zeigen, dass es bei Studiengängen, die in der Tradition der Deutschen Gesellschaft für Supervision (DGSv) stehen, eine glückliche Brücke zu den bisherigen Ausbildungstraditionen in der DGSv geben kann. In beiden vorgenannten Studiengängen ließen sich die Masterstudiengänge weitgehend mit den derzeitigen Standards der DGSv, was Voraussetzungen, Lehr- und Lernsupervisionen, Modularisierungen und Stundenkontingente betreffen, vereinbaren.

Ähnlich wie bei amerikanischen Universitäten kann die Evangelische Fachhochschule gemäß den in der Prüfungs- und Studienordnung verankerten „Allgemeinen Zulassungsvoraussetzungen", die den Richtlinien der DGSv für den Beginn einer Supervisionsausbildung entsprechen, selbst den

Zugang zum Masterstudium regeln. Vergleichbares gilt für die vorläufige Masterstudienordnung der Katholischen Fachhochschule NW (Katholische Fachhochschule NW 2002, 4). Wie in der DGSv bisher üblich wird in einem persönlichen Bewerbergespräch Motivation und Qualifikation geprüft. Am Anfang des Studiums steht also ein Vertrag auf Gegenseitigkeit: Hochschule und StudentIn haben sich für einander entschieden. Das entspricht ebenfalls der Tradition amerikanischer Hochschulen und scheint dort eine wesentliche Voraussetzung für partnerschaftliches Miteinanderarbeiten und eine geringe Abbrecherquote zu sein (Wolff 2004, 38). Das alles ist für Ausbildungen in der Tradition der DGSv nichts Neues, würde aber, wenn es für alle Masterstudiengänge verpflichtend gemacht würde, im deutschen Hochschulwesen eine echte Innovation darstellen.

Einzig bei der von der Europäischen Union geforderten Durchlässigkeit der Module, d.h. die StudentIn kann jedes Modul in jedem beliebigen Studiengang an jeder Hochschule der Europäischen Union absolvieren, gibt es eine Differenz zwischen der Studien- und Prüfungsordnung der Evangelischen Fachhochschule Freiburg zu den Standards der DGSv. Ob aber diese Freizügigkeit des Studierens tatsächlich sehr oft von StudentInnen im Masterstudiengang Supervision in Anspruch genommen wird, bleibt erst noch abzuwarten.

Bei beiden Masterstudiengängen ist es ein Glücksfall für die DGSv, dass die Studienleiter zu den Gründungsmitgliedern der DGSv gehören, also mit den Zielen der DGSv seit deren Bestehen vertraut und identifiziert sind. Prof. Dr. Klaus Schneider, Studienleiter in Freiburg, war Mitglied des ersten Vorstandes der DGSv und danach mehrere Jahre lang Mitglied der Standard-Überprüfungskommission der DGSv. So nimmt es nicht Wunder, dass in § 5 unter den „Allgemeinen Zulassungsvoraussetzungen“ in der Studien- und Prüfungsordnung des Masterstudienganges Supervision der Evangelischen Fachhochschule Freiburg die Deutsche Gesellschaft für Supervision e.V. (DGSv) ausdrücklich erwähnt wird. Auf Veranlassung von Prof. Dr. Schneider wurde von der Akkreditierungsagentur AHPGS der Geschäftsführer der DGSv als Vertreter der Praxis in die Gutachterkommission berufen.

Prof. Dr. Lothar Krapohl war, bevor er Mitglied der Studienleitung des Masterstudienganges an der Katholischen Fachhochschule NW wurde, mehr als 12 Jahre lang Ausbildungsleiter der Supervisionsausbildung am Institut für Beratung und Supervision in Aachen und ist Mitherausgeber der Zeitschrift Supervision. Der Rektor der Katholischen Fachhochschule, Prof. Dr. Peter Berker, der den Studiengang initiierte, gehört ebenfalls zu den Gründungsmitgliedern der DGSv. Als günstig empfinde ich es auch, dass die Katholische Fachhochschule NW die Agentur für Qualitätssicherung durch Akkreditierung von Studiengängen (AQUAS) beauftragen wird, also eine andere als die, die die Evangelische Fachhochschule Freiburg gewählt hatte. So werden die bewährten Traditionen der DGSv verbreitet. In der Regel sind nämlich die ersten Akkreditierungen prägend und stilbildend. Aus langer Hochschulerfahrung weiß ich, dass erfolgreich genehmigte Studien- und Prüfungsordnungen unter einander gerne abgeschrieben werden.

Die DGSv kann nur über diese Wege, die gepflastert sind mit dem guten Willen der entsprechenden HochschullehrerInnen, auf den Prozess der Akademisierung der Supervision – mehr indirekt – Einfluss nehmen. Ich vermute, dass es zu brauchbaren Kooperationen kommen wird. Ob es dazu „Kooperationsverträge" (s.o.) bedarf, bezweifele ich. Regelungen mit Hochschulen lassen sich nur dort treffen, wo man vorher die durch die neuen Hochschulgesetze seitens der Politik noch einmal ausdrücklich gewollte und gestärkte Autonomie der Hochschulen bedingungslos anerkennt. Zurzeit ist das Verhältnis zwischen der DGSv und den Hochschulen, die SupervisorInnen ausbilden, auf Grund der gemeinsamen Tradition und Verbandsgeschichte von gegenseitigem Wohlwollen getragen. Das kann sich aber leicht ändern, wenn Hochschulen, die nicht vertraut sind mit diesen Traditionen, beschließen sollten, Masterstudiengänge für Supervision einzurichten. Das gilt vor allem für die von der DGSv verlangten, meiner Meinung nach äußerst sinnvollen Anforderungen an langfristige Weiterbildungen, fünfjähriger Berufserfahrung und 30 Sitzungen Supervision in den letzten fünf Jahren nach dem Bachelorstudium vor Beginn des Masterstudiums.

Sicher werden wie bisher zunächst DozentInnen aus den Fachbereichen Sozialwesen und Pädagogik aktiv werden, einen Masterstudiengang in Supervision an ihrer Hochschule zu etablieren. Ich bin aber davon überzeugt, dass bald schon z.B. PsychologInnen, SoziologInnen, VertreterInnen von Pflegeberufen, AndragogInnen, TheologInnen, KommunikationswissenschaftlerInnen, GermanistInnen und WirtschaftswissenschaftlerInnen sich für die Errichtung von Masterstudiengängen Supervision interessieren werden. Ich bin gespannt, wann der erste Masterstudiengang in Coaching akkreditiert wird und welchen Einfluss die DGSv darauf noch zu nehmen vermag.

In letzter Zeit bin ich manchmal gefragt worden, ob die allzu enge akademische Anbindung der Supervisionsstudiengänge an Fachbereiche des Sozialwesens nicht ein Rückschritt sein könnte für die Professionalisierung der Supervision, der es – wenn auch nur mühsam – endlich gelungen sei, sich von der Sozialarbeit zu emanzipieren. Abgesehen von meiner Vermutung, dass sehr bald auch andere Disziplinen nach Masterstudiengängen in Supervision und/oder Coaching greifen werden, bin ich davon überzeugt, dass gerade die allgemeine Einführung von Bachelor- und Masterstudiengängen die strengen Grenzen von Fächern und Berufsidentitäten weitgehend auflösen wird (vgl. in weiterem Zusammenhang auch Lyotard 1986, 116). Wie in den USA kann auch in der Europäischen Union nach bestandenem Bachelorstudium jedes x-beliebige Masterstudium studiert werden. Die Fachbereichsgrenzen werden sich ohnehin für die Masterstudiengänge in den nächsten Jahren auflösen. Das im Frühjahr 2004 verabschiedete nordrhein-westfälische Hochschulgesetz sieht bereits jetzt vor, dass sich DozentInnen aus unterschiedlichen Studienrichtungen und Fachbereichen zu Gruppen zusammenschließen können, um neue Masterstudiengänge zu entwickeln.

3. Was wird mit den nichthochschulischen Ausbildungen in Supervision geschehen?

Die nichthochschulischen Ausbildungen stellen zurzeit noch die Mehrzahl der Supervisionsausbildungen in der DGSv dar. Werden sie verschwinden? Ich bin kein Prophet und als Direktor eines Instituts, das eine nichthochschulische Supervisionsausbildung durchführt, selbst ein Betroffener. Zunächst wird sich vermutlich kaum etwas ändern. Die Hochschulen sind in den nächsten Jahren mit der Einführung und Akkreditierung von Bachelorstudiengängen vollauf beschäftigt.

Sicherlich werden die meisten derzeit schon an Hochschulen bestehenden Studiengänge Supervision, wie die der Evangelischen Fachhochschule Freiburg und der Katholischen Fachhochschule NW, eine Akkreditierung als Masterstudiengänge anstreben. Vermutlich wird die Möglichkeit des Erwerbs eines Mastertitels (mit den gesellschaftlichen Folgen: voller akademischer Abschluss, Promotionsberechtigung, Zugang zum höheren Dienst) einen gewissen Marktvorteil für die ausbildende Hochschule gegenüber den nichthochschulischen Ausbildungen darstellen. Ob der Mastertitel aber auf dem Supervisionsmarkt für die AbsolventInnen Marktvorteile bringen wird, muss sich erst noch erweisen. Die bisherigen DiplomsupervisorInnen von der Universität Kassel oder den entsprechenden Fachhochschulen konnten einen solchen bisher kaum für sich verbuchen.

Bis sich weitere Masterstudiengänge Supervision über die bereits existierenden Hochschulausbildungen hinaus etabliert haben, wird vermutlich noch eine gewisse Zeit ins Land gegangen sein. Allerdings scheint mir das Jahr 2010 ein wichtiges Datum zu sein. Bis zu diesem Zeitpunkt müssen alle deutschen Studiengänge akkreditiert sein. Das heißt, danach bekommen die Hochschulen wieder Freiräume, um neue Studiengänge zu entwerfen. Falls sich dann immer noch mit Supervisionsausbildungen Geld verdienen lässt, werden weitere Hochschulen das mit dem Angebot einer Masterausbildung in Supervision versuchen, da in Zukunft der Staat die Hochschulen nicht mehr so freigebig wie zurzeit noch alimentieren wird. Allerdings sind Akkreditierungsverfahren aufwendig und kostspielig, was möglicherweise Hochschulen abschrecken mag.

Was sich vielleicht noch nicht überall herumgesprochen hat, ist die Tatsache, dass die Europäische Union und im Gefolge davon der deutsche Akkreditierungsrat den nichthochschulischen Ausbildungen im Konzert der

Reform der Studiengänge eine eigene Chance eingeräumt hat. Es besteht die Möglichkeit der Kooperation zwischen einer Hochschule und einem nichthochschulischen Ausbildungsinstitut zur Durchführung von Hochschulstudiengängen. Bisher habe ich allerdings noch von keinem erfolgreichen deutschen Modell gehört. Die vom Deutschen Verein für öffentliche und private Fürsorge versuchte Kooperation mit einer Fachhochschule in NRW ist bisher noch nicht zustande gekommen.

Das Institut für Beratung und Supervision (IBS) in Aachen hat im Jahr 2003 dem Fachbereich Sozialwesen der Hochschule Niederrhein, an der ich bis zum Jahr 2000 hauptamtlich als Professor gelehrt habe, ein Kooperationsangebot für einen gemeinsamen Masterstudiengang in Supervision unterbreitet. Vorläufig können meine ehemaligen KollegInnen sich darauf noch nicht einlassen. Dafür habe ich Verständnis, da sie zurzeit damit beschäftigt sind, erst einmal ein Curriculum für einen Bachelorstudiengang in Sozialer Arbeit zu erstellen. Danach steht die Akkreditierung der bereits vorläufig genehmigten Bachelor- und Masterstudiengänge in Kulturpädagogik an. Zur gleichen Zeit muss außerdem noch die Umwandlung des seit mehreren Jahren bestehenden Aufbaustudiengangs Sozialmanagement mit dem derzeitigen Abschluss eines Diploms als SozialwirtIn zu einem Masterstudiengang in Sozialmanagement gemeistert werden.

Ich habe jedoch die Hoffnung noch nicht aufgegeben, dass das IBS irgendwann einmal für eine Masterausbildung in Supervision KooperationspartnerInnen in einer europäischen Hochschule finden wird. Ich selbst bin seit über dreißig Jahren Hochschullehrer und von daher der Meinung, dass die Ausbildung zur SupervisorIn wissenschafts- und praxisorientiert an Hochschulen oder in Kooperation mit einer Hochschule in der Form eines Masterstudiengangs erfolgen sollte. Nur so, davon bin ich überzeugt, wird die Ausbildung zur SupervisorIn auf Dauer hin die meiste gesellschaftliche Reputation an sich ziehen und zur Weiterentwicklung der Wissenschaft und Forschung im Feld der Supervision beitragen können. Gesellschaftlich ließe sich auf diese Weise auch eine Profession Supervision leichter begründen. Ich vermute, dass, selbst wenn es in zehn Jahren noch hier und da einige nichthochschulische Ausbildungen in Supervision geben wird, diese gesellschaftlich und bildungspolitisch nur noch eine marginale Bedeutung haben werden.

Meine bisherigen Lebenserfahrungen als Sozialarbeiter, Hochschullehrer und als Direktor eines privatwirtschaftlichen Weiterbildungsinstituts lehren mich jedoch, dass eine Kooperation zwischen einer nichthochschulischen Organisation und einer Hochschule nur dann von Erfolg gekrönt sein wird, wenn sich innerhalb des Systems Hochschule wenigstens ein Mitglied mit hohem Status findet, das sich mit der Kooperation identifiziert und sie zu seiner Sache macht. Die Traditionen der ursprünglich einmal humboldtschen Universität sind mit Beschlüssen der Europäischen Union in Bologna bzw.

der deutschen Kultusministerkonferenz, mit Begutachtungen durch Akkreditierungsagenturen für Bachelor- und Masterstudiengänge und selbst mit neuen Hochschulgesetzen so schnell und ohne weiteres kaum zu verändern.

4. Eine mögliche Folgeerscheinung für die Deutsche Gesellschaft für Supervision

Möglicherweise wird sich in absehbarer Zeit für die Deutsche Gesellschaft für Supervision (DGSv) ein ganz anderes Problem ergeben, das allerdings mit den Veränderungen im Hochschulbereich einhergeht. Meine Hypothese ist, dass die Erfolgsgeschichte der DGSv vor allem darauf zurückzuführen ist, dass ihre Mitglieder zum größten Teil aus der Sozialen Arbeit kommen. Eine Tatsache, die mit Hilfe der Kreierung einer neuen Profession „SupervisorIn" weitgehend unsichtbar gemacht werden konnte. Viele KollegInnen, die im Grundberuf SozialarbeiterInnen/SozialpädagogInnen waren, verschweigen (schamhaft?), wenn sie einmal SupervisorInnen DGSv geworden sind, ihre Herkunft aus der Sozialen Arbeit. Für SozialarbeiterInnen und SozialpädagogInnen gab es nämlich bis zur Gründung der DGSv so gut wie keine Möglichkeit des gesellschaftlichen Aufstiegs bzw. Ausstiegs aus der Sozialen Arbeit, deren Reputation bisher in Deutschland nicht besonders hoch ist. Mit der Bezeichnung SupervisorIn DGSv konnte man/frau sich eine neue – gesellschaftlich angesehenere – Profession zulegen. Selbst, wenn man nur nebenberuflich einige Supervisionsprozesse durchführen konnte oder gar keine Supervisionen erteilte, war der Zusatz DGSv – zumindest für das eigene Selbstwertgefühl – sein Geld wert.

In Zukunft stehen den SozialarbeiterInnen durch die unterschiedlichen Masterabschlüsse echte, gesellschaftlich legitimierte Aufstiegsmöglichkeiten zur Verfügung. Die DGSv sollte sich darum bemühen, die MasterabsolventInnen in Supervision als Mitglieder für den Berufsverband der SupervisorInnen zu gewinnen. Allerdings werden diese Mitglieder vermutlich genauer hinsehen, was ihnen die Mitgliedschaft in der DGSv bringen wird, denn allein das Kürzel DGSv hinter der Bezeichnung SupervisorIn wird einem Master in Supervision wohl kaum genügen.

Literatur

Deutsche Gesellschaft für Supervision e.V. (DGSv) (2003): Protokoll der Mitgliederversammlung der Deutschen Gesellschaft für Supervision e.V. am 14.11.2003 in Heidelberg. In: DGSv aktuell 4/Beilage 1-24.

Evangelische Fachhochschule Freiburg (2004): Studien- und Prüfungsordnung der Evangelischen Fachhochschule Freiburg – Hochschule für Soziale Arbeit, Diakonie und

Religionspädagogik – staatlich anerkannte Fachhochschule der Evangelischen Landeskirche Baden für den Masterstudiengang Supervision. In: Homepage der Evangelischen Fachhochschule Freiburg, http://www.efh-freiburg.de.

Katholische Fachhochschule NW (2002): Masterprüfung für den Weiterbildungsstudiengang an der Katholischen Fachhochschule Nordreihn-Westfalen (KFH NW). Vom 02. Juli 2001. In der Fassung vom 8. Juli 2002. In: Homepage der Katholischen Fachhochschule NW, http://www.kfhnw.de/muenster/fortbildung.

Kersting, Heinz J. (2002): Heinz J. Kersting * 31.5.1937. In: Heitkamp, Hermann, Plewa, Alfred (Hg.): Soziale Arbeit in Selbstzeugnissen 2., Freiburg, 81-146.

Klüsche, Wilhelm (Hg.) (2003): Modularisierung in Studiengängen der Sozialen Arbeit. In: Schriften des Fachbereichs Sozialwesen der Hochschule Niederrhein, Band 36, Mönchengladbach.

Klüsche, Wilhelm (2004): Quo vadis Soziale Arbeit? Von Bachelor, Master, Modularisierung, Credits und anderen revolutionären Ideen. In: Online-Journal für systemisches Denken und Handeln: „Das gepfefferte Ferkel" (Januar 2004), http://www.ibs-networld.de/ferkel.

Lentze, Annette (2004): Modellverfahren „Qualitätsentwicklung von Supervision". In: DGSv aktuell 1, 22 und Beilage.

Lyotard, Jean-Francois (1986): Das postmoderne Wissen. Ein Bericht. Graz, Wien.

Wolff, Christoph (2004): Freiheit für die Universität. In den Vereinigten Staaten hat es nie eine staatliche Hochschulreform gegeben, die Universitäten verdanken ihre Qualität allein dem Wettbewerb. In: DIE ZEIT Nr. 17 (15. April 2004), 38.

Margrit Brückner

Geschlechterverhältnisse und Doing Gender in Professionalisierungsprozessen – Ihre Bedeutung für die Supervision

1. Einführung: Lässt sich über Geschlecht noch sprechen?

Im gleichen Maße wie Geschlecht in postmodernen Analysen und im Selbstverständnis vieler junger Frauen und Männer als überkommene Kategorie angesehen wird, ist Geschlecht im Gewande von Gender Mainstreaming in aller Munde und gilt als Zeichen für institutionelle Innovationsfähigkeit. Wie passt das zusammen und welche Schlussfolgerungen lassen sich bezogen auf die Relevanz von Geschlecht für Professionalisierungsprozesse daraus ziehen?

Forschungsentwicklungen

Nachdem in den 1980er Jahren des 20. Jahrhunderts die neue Frauenforschung im Anschluss an die Frauenbewegung Frauen öffentlich sichtbar gemacht hatte, stellte ein Teil der Forscherinnen die zumeist auf differenztheoretischen Annahmen beruhenden Erkenntnisse über Männlichkeit und Weiblichkeit in den 1990er Jahren in Frage (Gildemeister/Wetterer 1992). Kritisiert wurde die Festschreibung der sozialen Bedeutung von Geschlecht (Gender) und die Bestätigung der kulturellen Konstruktion einer polar gedachten Zweigeschlechtlichkeit. Eine zeitverzögert, parallel sich entwickelnde Männerforschung ist im deutschsprachigen Raum bisher ohne großen Einfluss geblieben; bis auf wenige Ausnahmen wie die Arbeiten des australischen Männerforschers Robert Connell (2002) und seine Kritik an hegemonialer Männlichkeit als globalisierte Norm. In den letzten Jahren hat sich eine internationale Frauen- und Geschlechterforschung entwickelt, die einerseits Konstanz und andererseits Veränderungen sozialer und psychischer Bedeutungen von Geschlecht untersucht, um „Gender-Paradoxien" (Lorber 1999) einschließlich sozialer Praxen des „Undoing Gender" im (beruflichen) Alltagshandeln zu entschlüsseln.

Geschlechtsbezogene Selbstverständnisse

Eine wachsende Zahl junger Frauen nimmt Geschlechteranalysen als Restriktion und nicht – wie die Generation vor ihnen – als Grundlage des Protestes und Voraussetzung der Überwindung von Geschlechtergrenzen wahr. Entsprechend werden mädchen- und frauenspezifische Angebote von der Mehrheit – bis auf junge Migrantinnen aus dem islamischen Kulturkreis – eher skeptisch bis ablehnend betrachtet. Sie sehen sich als Individuen, die keine geschlechterhierarchischen Strukturen kennen, bzw. diese selbst überwinden werden (Oechsle 2000). In Hochschulen werden feministische Theorien und geschlechtsspezifische Themen – teils vehement – von der Mehrheit verworfen, von einer Minderheit jedoch interessiert aufgenommen. Gleichzeitig steigt der Frauenanteil in weiblich konnotierten Studiengängen wie Soziale Arbeit wieder an. Dieser Widerspruch lässt sich nur schwer auflösen, denn er ruft zumeist Abwehrreaktionen hervor. An jungen Männern sind beide Phasen der Auseinandersetzung mit der eigenen Geschlechtlichkeit – vehemente Kritik an und Leugnung von geschlechtsspezifischen Zumutungen – eher vorbei gegangen, denn der Aufruhr der Geschlechter war und ist eher weiblich. Weiterhin haben nur Frauen in der öffentlichen Wahrnehmung ein Geschlecht (Brückner 2001). Männer sehen sich in gut bürgerlicher Tradition eher als Vertreter der Menschheit, denn als Angehörige eines Geschlechtes mit geschlechtsspezifischen Sichtweisen und Interessen (Eisenbach-Stangl 2002).

Soziale Strukturen

Dennoch haben sich die Geschlechterverhältnisse seit Gründung der alten Bundesrepublik vor gut 50 Jahren durchaus verändert durch rechtliche Gleichstellung, wachsende Teilhabe von Frauen am Arbeitsmarkt, allgemeinen Zugang zu Bildung sowie Vervielfältigung von Geschlechterrollen und Selbstverständnissen (Brückner 2002). Andererseits weist das Geschlechterverhältnis eine bemerkenswerte Konstanz auf: Ungleiche politische und ökonomische Machtverteilung, einseitige Aufteilung bezahlter und unbezahlter Arbeit sowie Überlassung von Erziehungsaufgaben an Frauen. Bezogen auf die Weltgesellschaft scheint es sogar zu einer Reetablierung rigider Geschlechternormen zu kommen. Durch eine neue Legitimation von Kriegen auch in westlichen Demokratien und krisenhafter, ökonomischer Entwicklungen werden männliche Geschlechterbilder wie der soldatische Mann und der hart durchgreifende Wirtschaftsführer wieder virulent. In manchen Fällen können diese Funktionen durchaus von Frauen besetzt werden. Eva Kreisky (2000, 168) bezeichnet die neue Härte, die mit einer Verschärfung sozialer Gegensätze einhergeht, als globalisierten „Maskulinismus", der auf Männern zugeschriebenen Werten wie Kampf, Durchsetzen und Siegen basiert, aber „nicht unbedingt auf ‚biologisches' Geschlecht als Fundus angewiesen ist".

Gleichstellungspolitiken

In der derzeitigen Phase des Umbruchs, des Verharrens und des Roll Backs bezogen auf Geschlechterverhältnisse und soziale Praxen von Frauen und Männern erweist sich eine neue Form der Thematisierung von Geschlecht als erfolgreich. „Gender-Mainstreaming", ein Prinzip, das auf Chancengleichheit innerhalb von Institutionen zielt, alle Maßnahmen auf ihre geschlechtsspezifische Wirkung überprüft und bei Ungerechtigkeiten entsprechende Korrekturen erfordert (Ehrhardt/Jansen 2003). Treibende Kraft zur Institutionalisierung von Gender Mainstreaming ist die Europäische Union, die alle Mitgliedsstaaten seit dem Amsterdamer Vertrag von 1999 gesetzlich dazu verpflichtet. Obwohl Gender Mainstreaming eine Top-Down Strategie darstellt, erweisen sich Anstöße von der Basis als wichtig, so auch in der Deutschen Gesellschaft für Supervision (DGSv), dem größten Dachverband von SupervisorInnen (Affeldt 2003). Die InitiantInnen des Gender Mainstreaming Projekts mussten eine in dem Bereich übliche Erfahrung machen: Es war schwer, Männer zu finden, die sich in dieser Frage engagieren. Der Professionalisierungsgrad des Geschlechterthemas zeigt sich darin, dass sich alle in der Projektgruppe als GendertrainerInnen weiter qualifiziert haben, fortan Gendertrainings anbieten und gendersensible Supervision ausbauen wollen. Damit wird Gender zu einer neuen (Berufs)perspektive für SupervisorInnen.

Die Frage bleibt, weshalb Gender Mainstreaming als Konzept so erfolgreich ist. Eine Antwort lässt sich vielleicht bei einem Blick auf die EU finden: die EU-Kommission und untergeordnete Gremien sind Vorreiter für Gender Mainstreaming. Dennoch ist die EU selbst keine Organisation mit gleichem Einfluss von Frauen und Männern, sondern ebenso männlich dominiert wie alle Mitgliedstaaten. Das heißt nicht, dass Gender Mainstreaming ohne Effekt ist, vor allem wenn es in Finanzierungspläne und politische Vorgaben einfließt. Ähnlich wie die institutionalisierte Frauenförderpolitik wird Gender Mainstreaming zu etwas mehr Geschlechtergerechtigkeit beitragen, ohne grundsätzlich die Machtverhältnisse zu ändern (Wetterer 1998).

Fazit

Über Geschlecht lässt sich noch sprechen, wenn derzeitige Transformationsprozesse berücksichtigt werden, die gekennzeichnet sind von „widersprüchlichen Phänomenen von Erosion und Persistenz" (Kelle 2003, 111). Eine Neufassung des sozialen Begriffs Gender auf dem erreichten Wissensstand steht jedoch noch aus (Dausien 1999).

2. Gender als analytische Kategorie und ihre Bedeutung für Professionalisierungsprozesse

Die Bedeutung der Kategorie Gender

Gender wird als konzeptuell verankerte, historisch variable Kategorie gesehen, mit der in die gesellschaftliche Struktur eingelassene Geschlechterordnungen und entsprechend vergeschlechtlichte Machtbereiche (Becker-Schmidt/Knapp 2000) sowie Modi der Herstellung von Geschlecht durch Prozesse der Geschlechtszuweisung und -darstellung untersucht werden können (Gildemeister 2001). Das aktive respektive interaktive Herstellen von Geschlecht („Doing Gender", West/Zimmerman 1987) ist ein zirkulärer Prozess. Denn es setzt voraus, dass den Akteuren die Geschlechterdifferenzen bekannt sind; nur so können sie sich gemäß den Geschlechterzuschreibungen verhalten (Maihofer 2001).

Damit ist Gender eine mehrdimensionale Kategorie, der eine strukturelle Dimension zukommt (z.B. Machtverteilung), eine symbolische Dimension (z.B. weiblich konnotierte soziale Berufe) und eine individuelle Dimension (z.B. eher nach außen gerichtete Aggressivität bei Männern, eher nach innen gerichtete bei Frauen). Diese miteinander verwobenen Dimensionen der sozialen Konstruktion von Geschlecht können dekonstruiert, d.h. entschlüsselt werden. Einem Problem entkommt Geschlechterforschung jedoch nicht: Auch eine kritische Thematisierung von Geschlecht bestärkt Geschlecht als differenzierende Kategorie. Geschlechterverhältnisse und Wirkungsweisen von Geschlecht müssen jedoch solange analysiert werden, wie Geschlecht als sozialer Platzanweiser fungiert.

Zum Verhältnis von Beruf und Geschlecht

Berufe sind eng mit dem Geschlechterverhältnis verknüpft, da geschlechtsspezifische Zuschreibungen den Zugang kanalisieren und ihren Wert bestimmen, wobei die jeweilige Zuordnung historischen Änderungen unterliegt (Brückner 2003). Innerhalb der Berufe gibt es weitere geschlechtsspezifische Differenzierungen, wie personenbezogene Tätigkeiten für Frauen, planende Tätigkeiten für Männer im sozialen Bereich.

Qualifizierte Berufsfelder haben sich Frauen erst vor gut hundert Jahren erkämpft (Maurer 2001). Da Frauen von der „allgemeinen" Hochschulbildung ausgeschlossen waren, gründeten sie eigene Bildungseinrichtungen, die sie im Sinne von Doing Gender auch als sinnvoll betrachteten, weil Frauen besondere, für soziale Berufe relevante Charaktereigenschaften („geistige Mütterlichkeit") zugesprochen wurden. Das Dilemma der Konstruktion von „Frauen"berufen besteht bis heute darin, dass sich der professionelle Anspruch auf beruflich-fachliches Wissen mit der unterstellten „naturwüchsigen“ Mütterlichkeit – heute „Beziehungsfähigkeit“ – schneidet und sich gegenseitig unterminiert: Wissensvermittlung wird durch die Vorstellung naturwüchsiger Hilfeprozesse eingeschränkt, „natürliche“ Hilfebefähigung wird durch Methoden geschwächt (Rommelspacher 1992).

Heute ist Soziale Arbeit längst kein reiner Frauenberuf mehr, wird aber vorwiegend von Frauen ausgeübt (Cloos/Züchner 2002). Dabei sind Frauen zu einem Drittel Teilzeit beschäftigt, Männer kaum und ihr Einkommen ist niedriger als das der Männer, da letztere in oberen Einkommensbereichen überrepräsentiert sind und zwar je höher desto mehr (Rauschenbach/Züchner 2001). Professionalisierungsprozesse führen zu höherem Prestige und besserer Bezahlung und gehen mit einem Anstieg des Männeranteils sowie dem Verlust von Führungspositionen von Frauen einher (Ehrhard 1998). Das macht den Wirkungszusammenhang von gesellschaftlich vorgegebener Geschlechterordnung (Ausschluss von Frauen aus Hochschule und Beruf, Frauen ans Haus bindende kulturelle Bilder von Weiblichkeit) und sozialen Praxen von Frauen (Mütterlichkeit) deutlich, einschließlich der Weiterentwicklung vorherrschender Bilder durch Frauen (geistige Mütterlichkeit) und deren Nutzung zu Grenzüberschreitung (Berufsentwicklung in einem von Männern noch nicht besetzten Feld).

Geschlechtsspezifische Formen der Professionalisierung

Vergeschlechtlichte gesellschaftliche Sphären – eine männlich konnotierte öffentliche und eine weiblich konnotierte private – haben dazu geführt, dass Professionen von männlichen Arbeits- und Lebensbedingungen geprägt sind: Zugang zu Bildung, Spezialisierung auf der Basis wissenschaftlicher Disziplinen, Selbstkontrolle in eigenständigen Kammern und Befreiung von familialen Tätigkeiten durch Delegation an Frauen (Rabe-Kleberg 1997). Die historische Verquickung von sogenannten Frauenberufen mit Frauen zugewiesener Familienarbeit und „natürlichen“ weiblichen Fähigkeiten bewirkt eine Abwertung dieser Berufe als „Semi-Professionen“. Sie sind gekennzeichnet durch einen Mangel an eigenständigen wissenschaftlichen Disziplinen, haben zumeist keine Alleinzuständigkeit und ihnen haftet etwas Alltägliches an durch die widersprüchliche Kombination zweier Beziehungsfacetten: einer spezifischen, die formalisiertem, beruflichen Rollenhandeln entspricht und einer diffusen, typisch für primäre Sozialbeziehungen (Oevermann 1996). Der Wechsel von zwischenmenschlicher Kontaktbereitschaft und einer dem Arbeitsauftrag angemessenen methodischen Distanz (Nellessen 2000) stellt eine besondere Anforderung dar, wird aber nicht als solche honoriert. Der derzeitige Trend, personenbezogene Dienstleistungen an Zweckrationalität und Betriebswirtschaft auszurichten, bedroht jede beziehungsorientierte Professionalität (Bauer/Gröning 2000). Damit wird Beziehungsfähigkeit erneut in den als privat angesehenen Bereich abgeschoben und als Bestandteil beruflicher Qualifikation vernachlässigt. Ein qualifizierender Umgang mit der Beziehungsdimension sozialer, pädagogischer und pflegender Berufe als zentraler Bestandteil von Professionalität würde darin bestehen, diese Dimension durch reflexive Methoden wie Supervision strukturell zu verankern (Flaake 1989).

3. Geschlechterverhältnisse und -verhaltensweisen in der Supervision

Geschlechterstrukturen in der Supervision

Ein Blick auf die historische Entwicklung von Supervision im sozialen Bereich zeigt, dass erste Schritte wesentlich von Frauen gegangen wurden, sei es in den USA oder später in Deutschland (Belardi 2002). Die Professionalisierung und Verwissenschaftlichung von Supervision geht wie in der Sozialen Arbeit mit einem überproportionalen Männeranteil in hierarchisch bedeutsamen Positionen einher: Die erste Professur in Deutschland (Gesamthochschule Kassel) war mit einem Mann besetzt, der erste Vorsitzende der DGSv war ein Mann. Zur Gründung dieses Verbandes (1989) äußert Gisela Ingerfeld als Praxisvertreterin die Befürchtung: „...dass wir Frauen das verbandspolitische Geschäft den Männern überlassen und uns nicht am Profil dieser Vereinigung beteiligen und somit auch nicht zur Profilierung beitragen“ (Ingerfeld 1987, 56).

Im Folgenden will ich die Geschlechterstrukturen in der Supervision am Beispiel der DGSv sowie von der DGSv als einschlägig benannten Fachzeitschriften „Forum Supervision“, „Freie Association“, „Organisationsberatung, Supervision, Coaching“ (OSC), „Supervision“ im Zeitraum 2000-2003 skizzieren.

Die Struktur der DGSv weist alle vorherrschenden, geschlechtsspezifischen Züge einer Organisation trotz überwiegend weiblicher Mitgliedschaft auf: Alle bisherigen Vorsitzenden sind Männer (3), die Mitglieder waren im September 2001 (laut letztem Mitgliederverzeichnis in Papierform) zu 60% weiblich (knapp 3320 Personen insgesamt, 2004 laut homepage über 3400). Im Jahre 2004 sind (laut homepage) die beiden Stellvertreterinnen weiblich, der Geschäftsführer ist männlich, seine Stellvertreterin weiblich, die beiden Fachreferate sind ausgewogen mit einer Frau und einem Mann besetzt und die vier Verwaltungsmitarbeiterinnen sind allesamt Frauen. Auch die akademische Bildung der Mitgliedschaft deckt sich mit der gängigen Geschlechterstruktur: 2001 sind laut Mitgliederverzeichnis absolut und relativ weniger Frauen (85) als Männer (100) promoviert, absolut fast doppelt so viele Männer (52) wie Frauen (28) haben eine Professur inne.

Die Struktur der Fachzeitschriften bezogen auf das Thema Geschlecht weisen folgende Merkmale auf. Zwei Zeitschriften haben eine rein männliche Herausgeberschaft (Forum Supervision und Freie Assoziation), eine eine weibliche (OSC) und eine – gleichzeitig auch Redaktion – besteht aus fünf Männern und einer Frau (Supervision); die Redaktionsleitung respektive Redaktion liegt bei drei Zeitschriften in männlichen Händen, bei einer in denen einer Frau (Supervision). Ein Blick auf das Geschlecht der Gesamtzahl von AutorInnen (Aufsätze und Interviews) in den vier Fachzeitschriften zeigt, dass in drei Zeitschriften im untersuchten Zeitraum Männer deutlich häufiger publizieren, nur in einer haben Frauen einen leichten Vorsprung und zwar in derjenigen, die eine weibliche Herausgeberin hat:

- Forum Supervision: 25 weibliche, 35 männliche AutorInnen
- Freie Assoziation: 19 weibliche, 52 männliche AutorInnen
- OSC: 75 weibliche, 68 männliche AutorInnen
- Supervision: 57 weibliche, 109 männliche AutorInnen.

In diesen Fachzeitschriften wird Gender (bezogen auf beide oder auf ein Geschlecht) als im Titel ersichtliches Thema ganz überwiegend von Frauen aufgegriffen (einmal schreibt ein Mann zusammen mit einer Frau über beide Geschlechter, einmal ein Mann über Männer) und das insgesamt eher selten, nämlich in neun Beiträgen in einzelnen Heften und neun Beiträgen in einem Heft zum Thema Frauen und Coaching. Wenn nur ein Geschlecht thematisiert wird, sind es bis auf eine Ausnahme Frauen. Die Beiträge verteilen sich wie folgt auf die Zeitschriften:

- Forum Supervision: dreimal (Menches-Dändliker 2002; Rohr 2002; Kustor-Hüttl 2003);
- Freie Association: einmal (Eisenbach-Stangl 2002);
- OSC: dreimal (Mertens/Visbeck 2000; Engelhardt 2001; Veidt 2003) und neunmal in einem Themenheft zu Frauen und Coaching 2001 = zwölfmal;
- Supervision: zweimal (Schiersmann/Thiel 2002; Menschik-Bendele 2003).

Diese Daten zeigen, dass die Profession Supervision weitgehend geschlechterhierarchisch strukturiert ist. Frauen müssen damit umgehen, dass Wissenschaft und Berufsorganisation männlich besetzte Räume darstellen, einen männlich konnotierten Habitus verlangen und Teilhabe an herausragender Stelle mit der Wahrung von Weiblichkeit – in den eigenen und den Augen anderer – zu verknüpfen und die Vereinbarkeit von Familie und beruflichem Engagement zu klären ist. Hingegen müssen Männer auf diesem, mit dem eigenen Geschlecht verbundenen Terrain um die Wahrung ihrer Männlichkeit im Wissen darum ringen, dass hegemoniale Männlichkeit mit der Einnahme herausragender Stellungen verknüpft ist und Männlichkeit aufwertet, respektive anderenfalls abwertet. Eine bisher geringe Thematisierung der Geschlechterdimension in der Profession Supervision trägt dazu bei, die Geschlechterdynamik weitgehend unbewusst zu halten, wodurch sie ihre Wirkung entfalten kann (Zur Bedeutung von Gender als Qualitätsmerkmal von Supervision vgl. Blickhäuser/Class (2002)).

Bedeutung von Geschlecht in der Supervision

In der Sozialen Arbeit als wichtigem Feld der Supervision konnten der Einfluss von Gender auf Problemanalysen sowie die Auswirkungen der Geschlechtszugehörigkeit von Professionellen und von AdressatInnen auf die jeweiligen Interaktionsprozesse empirisch nachgewiesen werden (Brunnberg 2001; Kullberg 2001). Das bestätigt Geschlecht als wichtigen Faktor supervisorischer Arbeit und macht das Wissen über geschlechtsbezogene Selbst- und Fremdbilder zum notwendigen Handwerkszeug. „Geschlechtsspezifische Aspekte in den Strukturen der Erwerbstätigkeit und den inneren Strukturen der an diesem Prozess beteiligten Personen sind oft ein unbewusster Anteil der Konflikte, die Gegenstand von Supervision sind“ (Mittelsten Scheid 2001, 65f.).

Vorstöße zum Geschlechterthema in der Supervision wurden mehrfach von Frauen unternommen – von Männern ist mir kein Beispiel bekannt. So plante Marianne Hege (1991) als Mitherausgeberin (einzige Frau unter fünf Männern) und für das Heft verantwortliche Redakteurin der Zeitschrift „Supervision“ 1991 ein Heft zum Thema „Männer und Frauen in der Supervision“, das von Autorinnen interessiert aufgegriffen wurde, für das sich aber keine Männer fanden, so dass das Thema zu „Frauen in der Supervision“ umgewandelt wurde. „Die Redaktions-Kollegen begleiten das Heft mit kritischer Distanz. Es ist das erste Mal in der Geschichte unserer Redaktion, dass es diese Distanz gibt von verantwortlicher Redakteurin und Redaktionskollegen“ (Hege 1991, 1). Die inhaltlichen Ausgangspunkte in Marianne Heges einleitendem Beitrag scheinen mir auch knapp fünfzehn Jahre später noch relevant: SupervisorInnen haben mit Berufskonflikten von SupervisandInnen zu tun, in denen das Geschlechterthema einschließlich unterschiedlicher Lebenslagen und Beziehungsgestaltungen eine Rolle spielt. Diese nicht selten auf Ungleichheit basierenden Unterschiede sind gefühlsbesetzt und können nicht „neutral“ diskutiert werden, da sie eigene biographische Erfahrungen – auch der SupervisorInnen – berühren, was die notwendige professionelle Distanz erschwert. Geschlecht stellt häufig ein Wahlkriterium bei der Supervisionsnachfrage dar, so werden von Frauen(-teams) ggl. explizit Supervisorinnen nachgefragt, woraus sich besondere professionelle Anforderungen im Umgang mit Nähe und Distanz ergeben.

Der Einfluss von Geschlecht auf die Arbeits- und Übertragungsbeziehungen wird von Elisabeth Rohr (1999) eindrücklich am Beispiel der Dynamik zwischen weiblicher Supervisorin und männlichem Supervisanden dargelegt. Schon die Frage, wer schaut auf wen, macht die innere Dramatik deutlich. Denn die herkömmliche Geschlechterkonstellation gibt eine eindeutige Blickrichtung vor: der Mann schaut auf die Frau, die Frau wird betrachtet (und lässt sich betrachten). Hier richtet die Supervisorin ihren „forschende(n) Blick" auf den Supervisanden, eine Verkehrung des Subjekt-Objekt-Verhältnisses, das „beim männlichen Klienten spezifische Ängste vor Kontrollverlust" (ebd., 63) weckt. Diese Abhängigkeitsängste können abgewehrt werden durch Entwertung der Supervisorin sowie durch – manchmal damit verbundene – Flucht in die Rolle des Verführers, um die Kränkung zu überwinden und das traditionelle Geschlechterverhältnis wiederherzustellen. Das erfordert von der Supervisorin einen bewussten Umgang mit der eigenen Weiblichkeit und enthält die Gefahr, sich in die Erotisierung der Beziehung verwickeln zu lassen, respektive als Prophylaxe die Beziehung zu entsexualisieren. „Die supervisorische Beziehung zwischen einer Supervisorin und einem Supervisanden schwankt demzufolge immer zwischen den beiden Polen einer Erotisierung und einer Entsexualisierung, wobei beide sowohl der Abwehr wie auch der Konsolidierung eines tragfähigen Arbeitsbündnisses dienen können" (Rohr 1999, 68).

Während sich Rohr mit der Auswirkung von Geschlecht auf die Interaktionsstruktur zwischen Supervisorin und Supervisand beschäftigt, setzt sich Jutta Menschik-Bendele (2003) mit geschlechtsspezifischen Unterschieden bei SupervisandInnen bezogen auf Scham, Neid und Schuld als massive Einbrüche eigener Idealität in der Supervision auseinander. Ihre These ist, „dass Männer Scham eher in Form von narzistischer Konfliktverarbeitung abwehren, Frauen dagegen eher in Form von depressiver Konfliktverarbeitung" (ebd., 30). So werden Versagenssituationen von Männern eher mit Grandiosität überdeckt, während Frauen eher den Schmerz spüren und Hilfe suchen. Das führt in der Supervision dazu, dass sichtbar gewordene Formen des Versagens von Männern mehr als Beschämung, von Frauen häufig als Möglichkeit empathisch begleiteter Rückgewinnung des eigenen Selbstwertgefühls erlebt werden. Ähnlich starke Unterschiede weist sie mit Fallvignetten für die anderen genannten Unlustaffekte nach.

Bezogen auf Coaching fordern Christiane Schiersmann und Heinz-Ulrich Thiel (2002) ebenfalls die Beachtung und Reflektion geschlechtsspezifischer Aspekte, aber anders als Rohr (1999) für Supervision halten sie das Geschlecht des Coaches für weniger entscheidend, worin sich ein Unterschied zwischen Supervision und Coaching ausdrückt. Anhand von Beispielen aus ihrer Praxis entfalten sie verschiedene Ebenen, auf denen die Berücksichtigung von Geschlecht in der Beratung weiblicher und männlicher Führungskräfte notwendig ist. Bei Frauen kann es heißen, sensibel einen Zugang zu neuen Managementaufgaben in einer weiblich geprägten Organisationskultur zu eruieren oder umgekehrt Chancen und Grenzen für Frauen in Führungspositionen in einer männlich geprägten Organisationskultur zu bearbeiten. Bei Männern kann es heißen, besondere Ängste vor beruflichem Einflussverlust zu berücksichtigen. Darüber hinaus gilt es, „zumindest alle – weiblichen und männlichen – Führungskräfte im Rahmen eines organisationsbezogenen Coachings für geschlechtsspezifische Aspekte zu sensibilisieren" (Schiersmann/Thiel 2002, 23).

Reflexion der eigenen Geschlechtlichkeit in Supervisionsausbildungen

Die weit über die berufliche Dimension hinausgehende Identitätserschütterung, die eine Supervisionsausbildung aufgrund ihrer Selbsterfahrungsanteile und ihres engen Bezugs zur Persönlichkeitsstruktur mit sich bringt, berührt auch die Geschlechtsrollenidentität (Rohr 2002). Nach Rohr wirkt die Supervisionsausbildung besonders bei einer traditionell männlichen Geschlechtsrollenidentität verändernd, denn: „die Supervisionsausbildung führt zu einer (notwendigen) Verweiblichung der Männer. Das ist einerseits ein Grund für die geringe Präsenz von Männern in den Supervisionsausbildungen und andererseits ein starkes Motiv der wenigen Männer, an dieser Ausbildung teilzunehmen" (ebd., 35f.). „Verweiblichung" bezieht sich auf Einfühlungs-, Beziehungs- und Zusammenarbeitsfähigkeiten, die Frauen zugesprochen werden und die sich Frauen selbst zuschreiben. Traditionell männlich identifizierte Männer müssen im selbsterfahrungsbezogenen Anteil der Supervisionsausbildung nicht selten lernen, ihren Gefühlspanzer zu öffnen, damit professionelle Verstehensprozesse möglich werden – wie Rohr anhand einer Fallvignette aufzeigt. Bei Frauen sieht Rohr keineswegs „Vermännlichungswünsche" im Vordergrund, sondern eher Wünsche, privat und beruflich praktizierte Formen des Einfühlens und Versorgens zu professionalisieren und in der Weiterbildung etwas befriedigendes Eigenes zu realisieren.

Aufgrund eigener Supervisions- und Organisationsentwicklungserfahrungen mit Frauen in der sozialen Frauen- und Mädchenarbeit scheint es mir notwendig, weiblich konnotierte Fähigkeiten sorgfältig zu kontextualisieren, d.h. zu fragen, in welchen Zusammenhängen erleben sich Frauen beziehungsorientiert und werden von den Betroffenen so erlebt, in welchen möglicherweise selbstzentriert oder uneinfühlsam, gerade weil die eigene Beziehungsfähigkeit außer Frage zu stehen scheint (Brückner 1996).

4. Professionalisierungsprozesse von Frauen und Männern in der Supervision

Für Professionalisierungsprozesse können geschlechtsspezifische Rahmenbedingungen angegeben werden, welche die Herausbildung eines beruflichen Habitus mit bedingen und sich in die berufliche Identität einschreiben. Aber über Verlauf und Ausformung dieser Prozesse lassen sich meines Erachtens wissenschaftlich solide Aussagen nur durch biographisch fundierte, empirische Forschungen machen, in denen die primäre berufliche Sozialisation (Erstberuf) zu berücksichtigen wäre, da sie biographisch bedeutsam ist und ihrerseits eine geschlechtsrelevante Komponente hat.

Zur Bedeutung des grundständigen Berufs

Nach Frans Siegers (1992, 46) ist es für „den Supervisor" (sic!) erforderlich, „dass er in sich selbst den Zwiespalt zwischen der Loyalität seines Berufes und seine Loyalität mit der weiteren Professionalisierung von Supervision als Methode löst". Der Umgang mit diesem Zwiespalt könnte bezogen auf einen Gendereffekt untersucht werden, wobei zu reflektieren wäre, dass die Fragestellung selbst eine Form des Doing Gender darstellt, indem sie Gender ein Gewicht verleiht. Ausgangspunkt einer solchen Untersuchung wäre zum einen die soziale Tatsache, dass (Erst)berufe geschlechtsspezifische Unterschiede aufweisen, zum anderen wäre eine mögliche geschlechtsspezifische Mischung von Motiven (Aufstiegsmotivation, zusätzliche Qualifikation zur Verbesserung der Chancen für einen Broterwerb, Qualifikationserweiterung im Beruf, Ausstieg aus einem ungeliebten Erstberuf etc.) von Interesse.

Aus der Perspektive der Lehrsupervisorin hebt Theresia Menches Dändliker (2002, 68) die Bedeutung des Erstberufes hervor, da es sich bei AusbildungskandidatInnen um „Erwachsene mit langer Berufserfahrung und entsprechender Berufssozialisation" handelt, die sich noch einmal in die Rolle von Auszubildenden begeben. Sie selbst reflektiert ihre eigene Sozialisation als Lehrerin in Hinblick auf spezifische Verführbarkeiten, denen sie in der Lehrsupervision unterliegt. Der Beginn einer supervisorischen Ausbildung beinhaltet somit zum einen Konfrontation mit Abhängigkeit, zum anderen bedeutet dieser Schritt alte Loyalitätsbindungen aufzugeben und neue Loyalitätsbindungen einzugehen, d.h. Abschied zu nehmen und mit Untreue umzugehen, aus der Schuldkonflikte und Wiedergutmachungsimpulse erwachsen können (Heltzel 2002). Wie weiter oben dargelegt, hat der Umgang mit Schuld als einem identitätsbezogenen Unlustaffekt eine starke geschlechtsspezifische Komponente.

In den von mir untersuchten Fachzeitschriften im angegebenen Zeitraum bin ich auf sechs AutorInnen gestoßen, alle (zumindest zum Teil) freiberuflich tätig, die sich mit ihren beruflichen Sozialisationsprozessen respektive ihrer beruflichen Selbstdarstellung auseinandersetzen. In allen Texten spielt die berufliche Identität eine Rolle und alle AutorInnen streifen die Frage der Primärberufe, gehen aber sehr unterschiedlich damit um. So ist mir aufgefallen, dass die drei westdeutschen Frauen und der ostdeutsche Mann sich in einer Weise auf ihre Erstberufe beziehen, die signalisieren, dass diese Teil ihrer Identität sind, hingegen signalisieren die beiden westdeutschen Männer eher Distanz zu ihrer beruflichen Geschichte. Die fünf AutorInnen, die sich mit ihrer Identitätsentwicklung als SupervisorInnen beschäftigen, setzen diese in den Kontext innerer und äußerer Verselbstständigung und sehen ihre Freiberuflichkeit als neues Wagnis. Der sechste Autor, der als einziger auf langjährige Erfahrungen als selbstständiger Supervisor zurückblicken kann, präsentiert sich kämpferisch und seiner beruflichen Qualität sicher.

Die erste Autorin berichtet gleich zu Beginn von ihrer jahrelangen Tätigkeit als Sozialarbeiterin, ihrer gruppendynamischen Zusatzausbildung und der Verarbeitungsmöglichkeit ihrer beruflichen Erfahrungen durch die anschließende supervisorische Ausbildung (Altenberg 2002). Sie übt zusätzlich zur Supervision (als einzige) ihren Erstberuf in Leitungsfunktion weiter aus. In beiden Rollen sieht sie sich sowohl in Abhängigkeiten eingebunden als auch mit Freiräumen ausgestattet und erlebt die gegenseitige Beeinflussung beider Rollen überwiegend positiv. Dennoch gibt es Situationen, in denen sie „innere Normierungen“ einholen und wo sie fürchtet, das „Reinheitsgebot“ zu verletzen. „Meine Selbständigkeitsentwicklung bestand und besteht darin, dieses Spannungsverhältnis nicht nur auszuhalten, sondern zunehmend zu einer inneren Integration gefunden zu haben“ (ebd., 27). Aber es bleibt für sie auch eine „Gratwanderung“: „Der mitunter strenge Umgang mit realen Leitern oder leiterlosen Teams oder die Affinität zu persönlichen Problemstellungen der eigenen Mitarbeiter sind die Fallstricke einer solchen Doppelrolle“ (ebd., 31).

Auch die zweite Autorin berichtet gleich zu Beginn des Textes davon, wie sie sich mittels Supervisionsausbildung und vorangegangener gruppendynamischer Zusatzausbildung von ihrer langjährigen „Arbeit in der Schule“ verabschiedet (Fricke 2002). Die hierarchische Schulstruktur hatte ihr einerseits Sicherheit gegeben, andererseits ihre wachsenden Autonomiewünsche begrenzt. Dennoch erlebt sie ihr Weggehen wie ein „Verlassen der Familie“ ebd., 34). In einem beruflichen Rückblick streift sie ihre Entwicklung von der Erzieherin zur Lehrerin in der Erzieherinnenausbildung, die ihre Orientierung an „Lernen und Leistung“ noch gestärkt haben: „Im Hinblick auf meine jetzige Situation, den Aufbau meiner Supervisionspraxis, ein nicht zu unterschätzender positiver und gleichzeitig kritisch in den Blick zu nehmender Faktor“ (ebd., 35). Während der Supervisionsausbildung macht sie Erfahrungen mit „gestaltetem Abschied“, eine Erfahrung, die sie sowohl für ihre eigenen beruflichen Abschiede nutzt als auch in der Supervision als Thema von SupervisandInnen wiederfindet und zu ihrem Spezialthema macht, für das sie viele Nachfragen erhält.

Wie die vorherigen Autorinnen thematisiert auch die dritte Autorin zunächst ihre frühere Tätigkeit in einer Erziehungswohngruppe (Brandstetter/Göpel 2002). Dann holt sie als Diplom-Theologin ihr Staatsexamen nach, um als Religionslehrerin zu arbeiten; zusätzlich hat sie ein Diplompädagogikstudium absolviert. Beruflich lebt sie – ihrer „inneren Sehnsucht" entsprechend – für eine Zeit sowohl ihre sozialpädagogischen als auch ihre pädagogisch-theologischen Interessen aus, bis sie die kirchlichen Regeln und Normen als zu eng empfindet. Als Fortbildnerin in der Aufbruchsphase in Ostdeutschland entdeckt sie durch eigene Teamsupervisionserfahrungen neue Möglichkeiten, die sie weitergeben will. Ihre Ausbildung in einem ganzheitlich orientierten Supervisionsinstitut verknüpft sie mit der Vorstellung, „dass mein begonnener Entwicklungsprozess durch dieses Konzept weitergeführt und vertieft werden würde" (ebd., 60). Inzwischen hat sie sich mit einem Partner selbstständig gemacht.

Alle drei Autorinnen sprechen in ihren Texten gleich zu Beginn von ihren früheren beruflichen Tätigkeiten und setzen sich eingehend mit ihren Entscheidungsprozessen für eine neue berufliche Orientierung und den Vor- und Nachteilen der biographischen Verbindung des alten Berufs mit der neuen Tätigkeit als Supervisorin auseinander. Damit stellen sie eine – wenn auch nicht einfache – Verbindung zwischen dem Alten und dem Neuen her, nicht ohne die notwendige Abschiednahme zu thematisieren. Spürbar ist die Auseinandersetzung mit dem eigenen beruflichen Lebensweg und die Suche nach dem für sie im jeweiligen Lebensabschnitt Passenden. Das eigene berufliche Leben wird jenseits einschneidender, neuer Entscheidungen als ein rundes, „ganzheitliches" präsentiert. Das ließe sich verstehen als ein überwiegend frauenspezifisches Bedürfnis nach Aufrechterhaltung von Bindungen und als Möglichkeit, Trennungsängste und Schuldgefühle zu bewältigen, auch um den möglichen Preis, dass Brüche überdeckt werden.

Auch der erste Autor, der aus Ostdeutschland stammt und seine berufliche Entwicklung stark vom gesellschaftlichen Kontext geprägt sieht (zunächst den Einschränkungen der DDR, dann den Umwälzungsprozessen der Wende), berichtet zu Beginn seines Textes von seiner letzten, festangestellten Tätigkeit als Leiter einer Weiterbildungseinrichtung vor seiner freiberuflichen Tätigkeit als Supervisor, Berater und Weiterbildner (zusammen mit der dritten Autorin) (Brandstetter/Göpel 2002). Nach der Darstellung seiner Überlegungen und Ängste vor diesem Schritt und seiner heutigen Zuversicht geht er zurück in seine berufliche Geschichte: Grundberuf Elektroinstallateur (keine Zulassung zum Abitur aus politischen Gründen), Studium der Sozialarbeit (vor und nach der Wendezeit), Stelle in einer neugegründeten Bildungseinrichtung (geprägt von der neuen deutsch-deutschen Wirklichkeit mit ihren Zäsuren, Möglichkeiten und Verletzungen). „Wieder findet eine Klassifizierung statt, diesmal in Ost und West. Aus ostdeutscher Sicht betrachtet ist es eine Deklassierung" (ebd., 53). Er steigt als einer der wenigen Ostdeutschen in eine Leitungsfunktion auf und beginnt eine systemische Supervisionsausbildung. Diese Ausbildung führt dazu, dass er sich auch in der Weiterbildung neu orientiert, indem er Beziehungen und partnerschaftlichen Bildungsprozessen einen größeren Stellenwert einräumt und damit alte Sicherheiten aufgibt. „Ich erlebe eine paradoxe Entwicklung. Parallel zum Prozess des Loslassens, also einer eher verunsichernden Bewegung, verläuft in einer gegenläufigen Bewegung ein Prozess, der mir Sicherheit und Bestätigung vermittelt" (ebd., 55).

Ähnlich wie die drei Frauen setzt sich dieser Mann in einer selbstverständlich wirkenden Art und Weise mit seiner beruflichen Entwicklung auseinander, die er in einem politischen Kontext verankert und somit nur zum Teil als individuell bedingt erlebt; ein Faktor, der in den beruflichen Biographien der fünf Westdeutschen nicht auftaucht. Vielleicht ermöglicht es diese gesellschaftliche Sichtweise, auch als Mann die eigene berufliche Entwicklung unbefangen präsentieren zu können.

Der zweite (westdeutsche) Autor präsentiert zunächst nicht seinen beruflichen Werdegang, sondern reflektiert seine Motivation zu einer „freiberuflichen Tätigkeit" (Maxeiner 2002). Ausgangspunkt ist die einfühlsame Schilderung der beruflichen Situation seiner männlichen Vorfahren – Großväter, Onkel und Vater, der kriegsbedingt „nie die Chance hatte, einen Beruf zu erlernen" (ebd., 42), die bei ihm zu einer ambivalenten Haltung gegenüber Bildung und Beruf führten. Mit einem theoretischen Passus über Berufsidentität bereitet er das Feld für die Darstellung seiner eigenen beruflichen Entwicklung von einer teilselbstständigen Fortbildungs- zur selbstständigen Supervisionstätigkeit, die seine „einzige Profession geblieben ist" (ebd., 44f.). Als einen Grund für seine Entscheidung zur Selbstständigkeit sieht er, „dass Selbständigkeit im Sinne von Unternehmertum in unserer Gesellschaft ein hohes Ansehen genießt" (ebd., 44), wobei er Unternehmertum in der Supervision trotz daraus erwachsender finanzieller Unsicherheiten kritisch sieht. Im Kontext eines Beispiels für betriebswirtschaftliches statt soziales Denken enthüllt er seinen Erstberuf, denn in solchen Auseinandersetzungen „kann und will ich meine Berufssozialisation als Erzieher und Sozialpädagoge nicht leugnen" (ebd., 47). Diese professionsorientierte Haltung bringt ihn aber in einen Konflikt: „Einerseits wollte ich nicht auf der Welle des ‚Psychobooms' und ‚mainstreams' der Supervision schwimmen oder den ‚großen Zampano' (Gärtner 1998, 90/97) markieren, der die Berufsidentität und –rolle wechselt wie die Hemden, andererseits befriedigte mich auch nicht die Vorstellung eines bescheidenen Schusters, der bei seinen Leisten bleibt und niemals auf einen grünen Zweig kommt" (ebd., 47).

Während der zweite Autor letztendlich seine berufliche Sozialisation darlegt, benennt der dritte Autor in dem vorliegenden Text zur beruflichen

Identität seinen Erstberuf nicht (auch nicht auf seiner Website) (Jansen 2002). Der Autor kleidet seine berufliche Selbstdarstellung in eine Geschichte, wo er in einer Zufallsbegegnung mit einem Mann nach seinem Beruf gefragt wird. Der Mann präsentiert sich als Psychologe, Psychotherapeut und Supervisor und prahlt mit seinen beruflichen Erfolgen, die dem Autor nicht solide erscheinen. Als Überschrift für diese Episode wählt der Autor in direkter Rede: „Ich bin Supervisor!" „Das kann doch jeder sagen!". Der Autor selbst stellt sich ausschließlich als Supervisor vor und geht zum Gegenangriff über, indem er den Mann nach dessen DGSv-Mitgliedschaft fragt, die dieser nicht für nötig hält. Damit ist der Mann für den Autor kein gleichwertiger Kollege, denn „ich bin in der DGSv und Du nicht" (ebd., 39). Im Folgenden betont der Autor die Qualität von Supervision anhand der strengen Ausbildungskriterien, vorhandener Kompetenzen und einem Hochschulabschluss, ohne seinen eigenen beruflichen Hintergrund (Dipl. Pädagoge und Trainer für Gruppendynamik, Jansen 1986) zu nennen, vermutlich weil für ihn die DGSv-Mitgliedschaft ein zentrales Qualitätsmerkmal ist. Zudem weist ihn in seinen Augen aus, dass er Supervision nicht neben-, sondern hauptberuflich betreibt, was allein eine zeitgemäße Weiterentwicklung von Supervisionsangeboten ermögliche.

Beide Männer machen einen definitiven Schnitt in ihren Texten zwischen ihrem beruflichen Leben vor und nach der selbstständigen Supervisionstätigkeit. Bei dem ersten wird der Erstberuf noch in Zusammenhang mit Verleugnung thematisiert, bei dem zweiten (dessen Supervisionstätigkeit allerdings auch schon viele Jahre währt) nicht mehr. Um welche „Verleugnung" geht es? Geht es um die eigene Größe zwischen der Assoziation des zweiten Autors „großer Zampano" und der Assoziation „das kann doch jeder (...)" des dritten Autors? Die eigene (sozial)pädagogische Grundausbildung scheint da eher störend oder zumindest unwichtig, da sie real oder vermeintlich spezifische Kompetenzen vorgibt, andere dafür unwahrscheinlich aussehen lässt. Vielleicht geht es also darum, den „sozialen Stallgeruch" (Gaertner 1998, 101) abzulegen. Auf jeden Fall geht es um die eigene Position innerhalb der Profession und am Supervisionsmarkt. Der strategische Umgang mit der eigenen Berufsbiographie sowie Selbstpositionierung als Thema beruflicher Identität erscheinen mir männlich konnotiert (was nicht ausschließt, dass auch Frauen, die entsprechende Positionen anstreben, diesen Umgang teilen). Strategische Selbstpositionierung ist der sozialen Realität in einer individualisierten Welt durchaus angemessen, hat aber ebenso wie der weiblich konnotierte Umgang mit der eigenen Berufsbiographie ihren Preis, der sich im Ringen um einen gesellschaftlichen Platz und um Anerkennung zeigt. Wobei das Thema Anerkennung möglicherweise allen vorgestellten Berufsbiographien zugrunde liegt, aber sich in unterschiedlichen sozialen Praxen niederschlägt. So scheint in den Frauenberufsbiographien das Bedürfnis nach Integration der unterschiedlichen Facetten mit dem Ziel der

Präsentation eines errungenen ‚runden' Selbstbildes im Vordergrund zu stehen, während in den männlichen Berufsbiographien der Auseinandersetzung mit der eigenen Position im Berufsfeld eine zentrale Bedeutung zuzukommen scheint. In beiden Fällen entsprechen die veröffentlichten Selbstdarstellungen positiv bewerteten Geschlechterbildern: Frauen sind selbstreflektiert und setzen sich erfolgreich mit sich selbst auseinander, Männer gewinnen an Männlichkeit durch demonstrierte Durchsetzungsfähigkeit und eine beachtete berufliche Position.

Einbettung biographischer Professionalisierungsprozesse in gesellschaftliche Rahmenbedingungen

In der Supervision und entsprechend der Supervisionsforschung gilt es, die Verwobenheit von individueller Biographie mit gesellschaftlichen Entwicklungen zu erfassen: „Probleme und Konflikte im professionellen Handeln Einzelner sind Teil ihrer biographischen Gewordenheit und sind gleichzeitig nicht aus sozialstrukturell bedingten Entwicklungen herauszulösen" (Siller 2001, 180). Dieser Zusammenhang gilt nicht nur für SupervisandInnen, sondern ebenso für SupervisorInnen, da Supervision selbst zunehmend in einer konflikthaften, gesellschaftlichen Position zwischen Unternehmens- und Professionsorientierung steht (Siller 2002). Denn die Supervisionsnachfrage hat sich bezogen auf Zeit- und Zielvorstellungen verändert (schnell und lösungsorientiert) und macht eine Auseinandersetzung mit notwendiger Qualifikation und eigenem Supervisionsverständnis notwendig (Remmel-Faßbender 2002; Zimmer-Leinfelder 2002). Insbesondere Frauen und Männer, die neu in die Supervision einsteigen, sehen sich mit einer Phase der Entzauberung konfrontiert. Zwar schreitet die Professionalisierung und Etablierung von Supervision weiter voran, gleichzeitig wird aber der Markt enger, die Zahl der Ausbildungswilligen kleiner und die Frage der künftigen Stellung von Supervision im beruflichen Beratungsmarkt – angesichts einer wachsenden Zahl beruflicher Beratungsformen (Coaching, Organisationsberatung etc.) – drängender. Zudem ist deutlich geworden, dass Supervisionstätigkeit allein nur selten existenzsichernd ist. Zumeist wird sie neben dem Grundberuf oder verbunden mit Fortbildungs- respektive Therapietätigkeit ausgeübt (Belardi 2002), im Falle von Frauen auch als nicht existenzsichernde Teilzeittätigkeit.

Diese sich verändernden Rahmenbedingungen halte ich insofern für geschlechtsspezifisch relevant, als zu vermuten ist, dass angesichts offener Zukunftsfragen mehr Männer als Frauen sich an neuen Nachfragemärkten und Beratungsformen orientieren werden und dass der Frauenanteil in der Supervision weiter steigen wird, da viele Frauen berufliche Entscheidungen weniger an Verdienst, Einflussnahme und Prestige ausrichten, sondern mehr an Personen orientierter Beratung und am sozialen Berufsfeld (Belardi 2002). Eine weitere Zunahme des Frauenanteils wird den sinkenden gesellschaftlichen Wert von Supervision symbolisieren, während der Wert männlich dominierter beruflicher Beratungsformen vermutlich weiter steigt (Mittelsten Scheid 2001). Ob diese geschlechtsspezifische Entwicklung sich mehr innerhalb der Supervision abspielt, indem Frauen und Männer unterschiedliche Arbeitsschwerpunkte setzen oder es zu einer geschlechtsspezifischen Entwicklung zwischen verschiedenen organisatorisch von einander getrennten beruflichen Beratungsformen kommen wird, sei dahin gestellt.

Verallgemeinernde Aussagen dieser Art sind jedoch insofern problematisch, als sie differenztheoretisch anmutende Annahmen über Professionalisierungsstrategien von Frauen und Männern heuristisch setzen und nicht untersuchen. Um in der Forschung einer derartigen Gefahr zu entkommen, sollte der Analyseschwerpunkt auf die Art und Weise gerichtet werden, wie Frauen und Männer ihre berufliche Praxis planen und gestalten, wobei auch in einem solchen Projekt die Bedeutung von Geschlecht selbst mit hervorgebracht wird und zu reflektieren ist:

> „Statt Ursachenfaktoren für männliches und weibliches Verhalten zu extrahieren, die an einer statistischen Durchschnittslogik orientiert sind und im empirischen Einzelfall doch nur mehr oder weniger (im Extremfall nie) zutreffen, wird es möglich zu beschreiben, *wie* Individuen sich in einer geschlechterstrukturierten Welt auf eigensinnige Weise einordnen, ihre unverwechselbare Identität und Individualität entwickeln und zugleich allgemeine soziale Strukturen wie das Geschlechterverhältnis (re)produzieren, aber auch modifizieren" (Dausien 1999, 239).

Neben der Interdependenz von biographisch-individuellen und beruflich-gesellschaftlichen Entwicklungen verweist Kurt Buchinger auf die Bedeutung einer weiteren Dimension von Professionalisierungsprozessen, der die Funktion eines Bindegliedes zukommt, nämlich Professionalisierung als dauerhafte, interaktionelle Aufgabe in einem „unabschließbaren Prozess gemeinsamer Reflexion" (Buchinger 2003, 74). Diese interaktionelle Komponente wird mit der Ausdifferenzierung des Gegenstands und der Methoden beruflicher Beratung immer relevanter, da organisierte Kooperation auch mit benachbarten Berufsfeldern der wachsenden Komplexität beruflicher Beratung und der Begrenztheit individueller Feldkompetenz und Methodenkombinationen entspricht. Bezogen auf das Geschlechterthema würde sich hieraus als Forschungsfrage ergeben, wie die professionellen Kooperationsmuster von Männern und Frauen angelegt und welche Möglichkeitsräume sowie Festschreibungen darin enthalten sind.

Literatur

Affeldt, Barbara (2003): Die Projektgruppe „Genderperspektive in der Supervision" verabschiedet sich. In: DGSv aktuell (4), 19-20.

Altenberg, Katharina (2002): Supervision und Selbständigkeitsentwicklungen. In: Forum Supervision 10 (20), 25-40.

Bauer, Annemarie, Gröning, Katharina (2000): Der verborgene Bereich: Gefühle in der sozialen Dienstleistungsarbeit und als Thema der Supervision. In: Forum Supervision 8 (16), 20-34.

Becker-Schmidt, Regina, Knapp, Gudrun-Axeli (2000): Feministische Theorien. Hamburg.

Belardi, Nando (2002): Supervision – Grundlagen, Techniken, Perspektiven. München.

Brandstetter, Gunther, Göpel, Mary (2002): tango – Schritte in die Selbständigkeit. In: Forum Supervision 10 (20), 51-65.

Blickhäuser, Angelika, Class, Christine (2002): Genderorientierte Qualität in der Supervision. In: DGSv aktuell (2), 6-9.

Brückner, Margrit (1996): Frauen- und Mädchenprojekte, von feministischen Gewissheiten zu neuen Suchbewegungen. Opladen.

Brückner, Margrit (2000): Sozialarbeit – ein Frauenberuf? In: Neue Praxis (6), 539-543.

Brückner, Margrit (2001): Geschlechterverhältnisse im Spannungsfeld von Liebe, Fürsorge und Gewalt. In: Brückner, Margrit, Böhnisch, Lothar (Hg.): Geschlechterverhältnisse – gesellschaftliche Konstruktionen und Perspektiven ihrer Veränderung. Weinheim, 119-178.

Brückner, Margrit (2002): Liebe und Arbeit – Zur (Neu)ordnung der Geschlechterverhältnisse in europäischen Wohlfahrtsregimen. In: Hamburger, Franz u.a. (Hg.): Gestaltung des Sozialen – eine Herausforderung für Europa. Opladen, 170-198.

Brückner, Margrit (2003): Hat Soziale Arbeit ein Geschlecht ? Gender als Strukturkategorie. In: König, Joachim, Oerthel, Christian, Puch, Hans-Joachim (Hg.): Soziale Arbeit im gesellschaftlichen Wandel. Con Sozial 2002. Starnberg, 187-202.

Brunnberg, Elionor (2001): Are boys and girls treated the same way by the social services? In: Gruber, Christine, Fröschl, Elfriede (Hg.): Gender-Aspekte in der Sozialen Arbeit. Wien, 329-348.

Buchinger, Kurt (2003): Identität in der Supervision: Der Einfluss der neuen Methoden und Verfahren. In: Supervision (2), 72-80.

Cloos, Peter, Züchner; Ivo (2002): Das Personal der Sozialen Arbeit. In: Thole, Werner (Hg.): Grundriss Soziale Arbeit. Opladen, 705-744.

Connell, Robert W. (2002): The globalization of gender relations and the struggle for gender democracy. In: Breitenbach, Eva et al. (Hg.): Geschlechterforschung als Kritik. Bielefeld, 87-98.

Dausien, Bettina (1999): „Geschlechtsspezifische Sozialisation" – Konstruktiv(istisch)e Ideen zu Karriere und Kritik eines Konzepts. In: Dausien, Bettina. u. a. (Hg.): Erkenntnisprojekt Geschlecht. Opladen, 216-246.

Ehrhard, Angelika (1998): Frauen – Macht – Karriere. Wiesbaden: Veröffentlichungen der Fachhochschule Wiesbaden.

Ehrhard, Angelika, Jansen, Mechtild M. (2003): Gender Mainstreaming, Grundlagen, Prinzipien, Instrumente, Polis 36, Reihe der Hessischen Landeszentrale für politische Bildung.

Eisenbach-Stangl, Elisabeth (2002): Das öffentliche und das private Geschlecht. In: Freie Assoziation 5 (2), 195-212.

Flaake, Karin (1989): Berufliche Orientierungen von Lehrerinnen und Lehrern. Frankfurt a.M..
Fricke, Hannelore (2002): Mit dem Fahrrad auf dem Weg in die Selbständigkeit. In: Forum Supervision 10 (20), 33-40.
Gaertner, Adrian (1998): Professionalismus und Dequalifizierung der Supervision – Kritische Anmerkungen zur Entwicklung einer jungen Profession. In: Forum Supervision 6 (12), 86-114.
Gildemeister, Regine (2001): Geschlechterforschung. In: Otto, Hans-Uwe, Thiersch, Hans (Hg.): Handbuch Sozialarbeit Sozialpädagogik. Neuwied, 682-690.
Gildemeister, Regine, Wetterer, Angelika (1992): Wie Geschlechter gemacht werden. Die soziale Konstruktion von Zweigeschlechtlichkeit und ihre Reifizierung in der Frauenforschung. In: Knapp, Gudrun A., Wetterer, Angelika (Hg.): Traditionen Brüche. Entwicklungen feministischer Theorie. Freiburg, 201-254.
Hege, Marianne (1991): Frauen in der Supervision. In: Supervision (20), 1-7.
Heltzel, Rudolf (2002): Wie integrieren wir verschiedene Zugehörigkeiten? In: Gruppenanalyse 12 (1), 81-86.
Ingerfeld, Gisela (1987): Hoffungen und Befürchtungen bezüglich einer beruflichen Vereinigung für Supervisoren/Supervisorinnen. In: Supervision (11), 55-56.
Jansen, Bernd (1986): Felddynamik – Beziehungsdynamik in der Supervision – kein Gegensatzpaar. In: Supervision (9), 3-9.
Jansen, Bernd (2002): Selbstdarstellung. Aspekte zu einer Berufsbilddiskussion. In: Supervision (1), 39-43.
Kreisky, Eva (2000): Geschlechtliche Fundierungen von Politik und Staat. In: Jansen, Doris (Hg.): Blickwechsel. Frankfurt a. M., 167-192.
Kullberg, Christian (2001): Gender and social work. Research on gender differences in the treatment of clients in welfare institutions. In: Gruber, Christine, Fröschl, Elfriede (Hg.): Gender-Aspekte in der Sozialen Arbeit. Wien, 309-328.
Lorber, Judith (1999): Gender-Paradoxien. Opladen.
Maihofer, Andrea, 2001: Geschlecht. In: Historisch-kritisches Wörterbuch des Marxismus, Hg. Wolfgang Fritz Haug. Hamburg, 470-488.
Maurer, Susanne (2001): Soziale Arbeit als Frauenberuf. In: Otto, Hans-Uwe, Thiersch, Hans (Hg.): Handbuch Sozialarbeit Sozialpädagogik. Neuwied, 1598-1604.
Maxeiner, Robert (2002): Identität und Verführung – Mein Weg in die Selbständigkeit als Supervisor. In: Forum Supervision 10 (20), 41-50.
Menches Dändliker, Theresia (2002): Reflexionen über Autonomie und Abhängigkeit in der Lehrsupervision. In: Forum Supervision 10 (20), 66-76.
Menschik-Bendele, Jutta (2003): „Pfui schäm dich! Alle Leute seh'n dich!“. In: Supervision (3), 29-36.
Mittelsten Scheid, Brigitte (2001): Geschlechtsspezifische Perspektiven in der Supervision. In: Oberhoff, Bernd, Beumer, Ulrich (Hg.): Theorie und Praxis psychoanalytischer Supervision. Münster, 65-82.
Nellessen, Lothar (2000): Gefühlsarbeit in Dienstleistungsberufen – Selbststeuerung oder Kommerzialisierung von Gefühlen. In: Forum Supervision 8 (16), 15-19.
Oechsle, Mechtild (2000): Gleichheit mit Hindernissen. Broschüre, SPI Berlin Bundesmodell »Mädchen in der Jugendhilfe« (Hg.) Berlin.
Oevermann, Ulrich (1996): Theoretische Skizze einer revidierten Theorie professionalisierten Handelns. In: Combe, Arno, Helsper, Werner (Hg.): Pädagogische Professionalität. Frankfurt a. M., 70-182.

Rabe-Kleberg, Ursula (1997): Frauen in sozialen Berufen – (k)eine Chance auf Professionalisierung? In: Friebertshäuser, Barbara, Jakob, Gisela, Klees-Möller, Renate (Hg.): Sozialpädagogik im Blick der Frauenforschung. Weinheim, 59-69.

Rauschenbach, Thomas, Züchner, Ivo (2001): Soziale Berufe. In: Otto, Hans-Uwe, Thiersch, Hans (Hg.): Handbuch Sozialarbeit Sozialpädagogik. Neuwied, 1649-1667.

Remmel-Faßbender (2002): Kurz und gut!? – Über die Veränderung der Inanspruchnahme von Supervision in der sozialen Arbeit. In: Forum Supervision 10 (19), 14-25.

Rohr, Elisabeth (1999): Zwischen allen Stühlen. Weibliche Supervisorin und männlicher Klient. In: Forum Supervision 7 (13), 5-71.

Rohr, Elisabeth (2002): Alte Pfade verlassen und zu neuen Horizonten aufbrechen – Der Anfang und das Ende in einer Supervisionsausbildung. In: Forum Supervision 10 (19), 26-40.

Rommelspacher, Birgit (1992): Mitmenschlichkeit und Unterwerfung. Frankfurt a.M.

Schiersmann, Christiane, Thiel, Hans-Ulrich (2002): Mann oder Frau – spielt das (noch) eine Rolle beim führen oder Beraten? In: Supervision (3), 19–23.

Siegers, Frans (1992): Professionalisierung von Supervision. In: Pühl, Harald (Hg.): Handbuch der Supervision. Berlin, 34-47.

Siller, Gertrud (2001): Supervision im Kontext gesellschaftlicher Wandlungsprozesse. In: OSC (2), 171-184.

Siller, Gertrud (2002): Supervision aus der Perspektive der Nachfragenden – Forschungsprojekt zu Motiven für Supervision und supervisorischen Lernfeldern im Wandel. In: Forum Supervision 10 (20), 83-95.

West, Candace, Zimmerman, Don H. (1987): Doing Gender. In: Gender and Society 1 (2), 125-151.

Wetterer, Angelika (1998): Noch einmal: Rhetorische Präsenz – faktische Marginalität. Die kontrafaktischen Wirkungen der bisherigen Frauenförderung im Hochschulbereich. In: Plöger, Lydia, Riegraf, Birgit (Hg.): Gleichstellungspolitik als Element innovativer Hochschulreform. Bielefeld, 18-34.

Zimmer-Leinfelder, Inge (2002): Der flexible Supervisor – Qualifikationsanforderungen in veränderten Zeiten. In: Forum Supervision 10 (20), 77-82.

Wolfgang Schmidbauer

Professionalisierung im Nebenberuf?

Die Perspektive auf einen „neuen“ Beruf ist meist von Interessen geprägt. In der Dienstleistungsgesellschaft denken auch Pädagogen ökonomisch: Sie überlegen, welche Qualifikationen sie anbieten können und wieviel dabei für sie abfällt. Berufs- und Standespolitik werden immer wichtiger, weil es sehr viele Interessen gibt und neue Berufsgruppen in die Domäne Etablierter einbrechen, während auf der anderen Seite die klassischen „großen“ Professionen, wie Richter, Priester, Arzt geschlossene Welten schaffen konnten, in denen Nicht-Juristen, Nicht-Theologen und Nicht-Ärzte wenig zu melden haben, es sei denn, sie sind so mächtig oder reich, dass sie sich eigene juristische oder medizinische Abteilungen halten können.

Während z.B. bei den Psychologen ihr Interesse an Psychotherapie von den Standesorganisationen der Ärzte sehr kritisch wahrgenommen, lange Zeit abgewehrt („Kurpfuscher“) und später kontrolliert („Delegation“) wurde, lassen sich entsprechende Prozesse bei den Supervisoren nicht nachweisen. Sie schienen niemandem soviel wegzunehmen, dass sich Widerstand entwickeln musste; daher haben sie sich auch zumindest in Deutschland schnell und (verglichen mit den Therapeuten) übersichtlich organisieren können.

Bedeutet das, dass der Anteil, den Supervisoren vom Kuchen bekommen können, nicht besonders groß ist? Oder ist ihre professionelle Rolle so unklar, dass sie anderen Rollen keine lästige Konkurrenz macht? Wenn wir nach einer etablierten Rolle suchen, der die Supervisoren etwas wegnehmen könnten, dann wäre es die Rolle des Vorgesetzten, des Leiters bzw. des allwissenden „klassischen“ Professionellen (also des Arztes, Priesters, Lehrers, Richters). Er soll einsehen, dass es für ihn und unter seinen Mitarbeitern Beratungs- und Reflexionsbedarf gibt. Er zögert, er ist manchmal erleichtert, manchmal amüsiert, manchmal verärgert („früher haben wir das auch nicht gebraucht!“), aber er scheint sich nicht bedroht zu fühlen.

In der Tat nehmen neue Professionen zunächst meist nur das weg, was ohnehin brach liegt. Bei den psychologischen Therapeuten waren das die vielen Neurotiker, die nicht in den Raster einer Medizin passten, die dabei war, sich als Zellularpathologie neu zu erfinden. Bei den Supervisoren waren es die ausgeprägten Führungsdefizite, die seit den Bürgerrechtsbewegungen und dem allgemeinen Demokratisierungsschub der sechziger Jahre in vielen sozialen Einrichtungen aufbrachen.

Freilich kennt der Menschen schlecht, der glaubt, dass ein Besitzer sein Grundstück nicht verteidigt, wenn er seit vielen Jahrzehnten keinen Finger gekrümmt hat, um es zu kultivieren. Tolkien beschreibt in „Der kleine Hobbit" anschaulich und mit dem treffenden Vergleich vom Reichen, dem ein von ihm seit vielen Jahren nicht benötigtes Ding weggenommen wird, wie der Drache Smaug Feuer speit und Städte verbrennt, weil ihm aus seinem riesigen Schatz ein völlig belangloser Pokal gestohlen wurde.

Diese Reaktion hängt mit dem menschlichen Narzissmus zusammen: Wir fürchten sehr schnell, dass uns die Kontrolle entgleitet und der erste Verlust das Signal setzt, dass wir wehrlos sind und uns schließlich alles wegnehmen lassen müssen. Daher der oft erbitterte Kampf der Etablierten gegen Eindringlinge, die nichts anderes zu tun glauben, als auf Brachland ein paar Beete anzulegen.

Die in der supervisorischen Praxis häufig zu beobachtende Feststellung, dass Supervisoren gerufen werden, um Führungsdefizite zu kompensieren, lässt sich professionsgeschichtlich umkehren: Wo Supervisoren ausgebildet werden und in den Institutionen nachgefragt werden, nehmen sie den Führungskräften Arbeit ab oder Arbeit weg, je nach der Perspektive, die der Betrachter einnimmt.

Im Grunde begegnen wir hier dem Januskopf der spezialisierten Dienstleistung, auf den Ivan Illich so unermüdlich hingewiesen hat. An sich wären liebevolle Eltern, die ihre Rollen ausfüllen, sehr viel besser als Kindertherapeuten. Es wäre schöner, wenn in einer Klinik Ärzte und Schwestern emotional auf die Patienten eingehen könnten und nicht die Stellen von Klinikseelsorgern, klinischen Psychologen oder Sozialpädagogen für diese Aufgaben geschaffen werden müssten. Es wäre beruhigend, wenn Führungskräfte die Entwicklung ihrer Mitarbeiter fördern und den professionellen Standard ihrer Organisation entwickeln würden.

Was aber tun, wenn das nicht geschieht? Soll man den Verlust als geschehen hinnehmen und Abhilfe organisieren, oder soll man den Verlust schmerzlicher machen, um Gegenkräfte zu wecken? Man könnte eine solche Argumentation auf die Spitze treiben, indem man fordert, die Zahnärzte abzuschaffen. Schließlich ist bekannt, dass die meisten Zahnschäden durch nachlässige Hygiene entstehen. Müssten nicht, durch den Schmerz belehrt, die Patienten endlich anfangen, sich ordentlich die Zähne zu putzen?

Insgesamt geht es darum, zu erkennen, dass eine professionelle Dienstleistung auch gefährlich in dem Sinn ist, dass sie eine funktionelle Ganzheit zerlegt. Die ökonomischen Interessen einer Profession geraten dann in Widerspruch zu ihrer sozialen Verantwortung. Ein professionell arbeitender Zahnarzt sollte sich für die Prophylaxe einsetzen und gezuckerte Babytees oder saure Drops nicht für unbedenklich erklären, damit er später mehr kariöse Zähne zu reparieren hat.

Weil wirtschaftliche Interessen eine magnetische Qualität haben, geistert im Schatten der professionellen Ideale immer der Verdacht des Missbrauchs der Autorität, um eigene Vorteile durchzusetzen. Ein Internist ohne eigenes Röntgengerät hält nur einen Bruchteil der Röntgenaufnahmen für nötig, deren medizinischen Sinn er sofort beteuert, wenn sich die Anlage in seiner Praxis amortisieren muss.

Ich habe selbst am Aufbau von Ausbildungsinstituten mitgearbeitet, die in diesem Feld tätig waren und sind. Also ist mir auch aus eigenem Erleben klar, wie schwierig es ist, solche Schattenseiten der eigenen, in der Regel doch idealisierten Helfer- und Bildungsarbeit wahrzunehmen. In dieser Arbeit geht es darum, öffentliches Interesse (die Gesellschaft braucht professionelle Beratung, um soziale Probleme besser lösen zu können) mit eigenen Karriereabsichten und wirtschaftlichen Gesichtspunkten zu verbinden. Ausbildung konkretisiert sozusagen einen fiktiven Bedarf: Sie bietet eine Qualifikation an, kann aber in einem sich entwickelnden Berufsfeld keineswegs garantieren, dass diese Qualifikation auch wirtschaftlichen Nutzen mit sich bringt oder die erwünschten gesellschaftlichen Wirkungen auch tatsächlich auslöst.

Wer mich kennt, der weiß, dass ich in meinem ironischen Blick auf die Helfer-Szene nicht zynisch bin und mich, wenn es Spott regnet, durchaus auch in die erste Reihe stelle. Jedenfalls meine ich beobachtet zu haben, dass uns der sogenannte Psychoboom eine Subkultur beschert hat, in der gar nicht selten Professionelle andere in einem Beruf ausbilden, in dem sie selbst nicht überleben könnten, wären sie nicht als Ausbilder tätig. Ich habe Lehrtherapeuten beobachtet, die kaum mehr einen Kassenpatienten sahen, Lehrsupervisoren, die kaum Aufträge in Team- oder Einzelsupervision hatten, oder Heilpraktiker, deren Unterrichtstätigkeit die Arbeit mit Patienten bei weitem übertraf.

In der Ausbildung von Selbsterfahrungsgruppenleitern konnten die Ausbilder wohl gefüllte Gruppen von Kandidaten leiten. Fortgeschrittene Kandidaten, die eine eigene Gruppe leiten sollten, um ihre Ausbildung abzuschließen, mussten beträchtliche soziale Kompetenz entfalten, um die Mindestzahl williger Mitglieder zu gewinnen. Bei manchen in Ausbilder-Kreisen hochgeschätzten Gruppenformen (wie jener der psychoanalytischen Großgruppe) habe ich heftige Zweifel, ob sie auf dem freien Markt, außerhalb von Ausbildungen oder Kongressen von Ausbildern und Kandidaten, jemals zustande kämen.

Solche Strukturen bleiben stabil, solange sie wachsen. Dann gibt es genügend Kandidaten, die für die Ausbilder eine hoch motivierte Ressource sind, die sich anderweitig nicht leicht finden lässt. Daher werden die Ausbilder im Zweifelsfall dazu neigen, die Chancen, aus dem Erlernten einen Beruf zu machen, der auf dem Markt keine schlechteren Aussichten hat als andere Berufe, in eher freundlichen Farben zu malen. Wenn mich in den Zeiten, als ich noch Ausbildungsleiter für das Training von Gruppendynamikern war, ein Lehrer fragte, ob er die Schule an den Nagel hängen solle, um sich auf dem freien Markt zu verwirklichen, hätte ich ihm damals – sagen wir 1977 – sinngemäß gesagt: Es kann sein, aber das Institut kann dafür natürlich nicht garantieren, ich empfehle auf jeden Fall, erst dann den Schuldienst zu quittieren, wenn sich die neue Profession auch wirtschaftlich bewährt. Tatsächlich sind einige Lehrer damals freie Trainer geworden. Es waren aber nur sehr wenige, gemessen an der Zahl der Kandidaten, und ob sie heute die Entscheidung nach wie vor so treffen würden, ist zumindest eine Anfrage wert.

Um die Professionalität von Supervisoren genauer einzuordnen, will ich sie jetzt mit zwei verwandten Tätigkeitsbildern vergleichen, die sich sehr unterschiedlich professionalisiert haben: Therapeuten und Selbsterfahrungsgruppenleiter oder Trainer.

Psychologische Psychotherapeuten wurden lange Zeit in privaten Vereinen ausgebildet. Seit den fünfziger Jahren wurden sie allmählich von einer halbstaatlichen Organisation überwacht, die eng mit den „anerkannten" Dachverbänden zusammenarbeitete, die Ausbildungen kontrollierte und Zulassungen verteilte.

Selbsterfahrungsgruppenleiter hingegen waren und blieben nur in ihren eigenen Vereinen anerkannt und dort tätig. Es gab und gibt keinen starken Dachverband. Dieser hatte und hat nichts zu verteilen, ganz anders als die Dachverbände der Psychotherapeuten, welche den Zugang zur Kassenzulassung erschlossen.

Heute nimmt die Bedeutung dieser Verbände wieder ab, weil das Psychotherapeutengesetz die Profession des Psychologischen Psychotherapeuten staatlich regelt. Gegenwärtig werden Psychotherapeutenkammern aufgebaut. Eine Zukunft ist in Sicht, in der viele Psychotherapeuten nicht mehr einen Verband, sondern die Kammer als Interessenvertretung sehen werden. Dazu wird die Tatsache beitragen, dass der Beitrag zur Kammer ein Pflichtbeitrag ist; man wird aus ihr nicht entlassen, während man einen privatrechtlich organisierten Verein jederzeit auch verlassen kann.

Nach meinem Eindruck hat sich der Bedarf an Trainern für Selbsterfahrung reduziert. Die betreffenden Ausbildungen sind seit 1990 längst nicht mehr so frequentiert wie in der Dekade vorher. Parallel dazu wurden mehr Supervisoren ausgebildet, aber auch hier scheint der Bedarf an Ausbildungsplätzen gegenwärtig nicht mehr so groß wie vor zehn Jahren.

Darin sollte man nicht unbedingt einen Wandel im gesellschaftlichen Bedarf an den erworbenen Qualifikationen sehen. Denn weder bei den Selbsterfahrungsgruppenleitern noch bei den Supervisoren werden alle Ausgebildeten tatsächlich den Schritt in die Profession machen, die sie sich auf dem Papier angeeignet haben. Auch hier beobachte ich eine deutliche

Veränderung. Während es den Kandidaten angesichts des Projekts Selbsterfahrungsgruppenleiter nach ihren eigenen Aussagen häufig nicht weiter wichtig war, ob sie jemals als Gruppenleiter Geld verdienen würden, sind angehende Supervisoren sehr viel deutlicher daran interessiert. „Warum soll ich eine teuere Ausbildung finanzieren, wenn ich nichts davon habe?" ist die Frage der Gegenwart; „Hauptsache, es bringt mich persönlich weiter", hörte man in den 1980ern noch sehr viel öfter.

Parallel dazu war das Interesse der Selbsterfahrungsgruppenleiter, sich in einem Dachverband zu organisieren, Qualifikationen zu prüfen und die Mitgliedschaft als Vorbedingung von Arbeitsmöglichkeiten durchzusetzen, nie so ausgeprägt wie bei den Supervisoren. Es liegt nahe, die Beobachtungen zu verbinden. Das geringe Interesse am wirtschaftlichen Ertrag einer Ausbildung, der Verzicht auf eine große, einflussreiche Organisation und die expansive Stimmung im Fortbildungs- und Psychomarkt hängen zusammen. Ebenso auch das ausgeprägtere wirtschaftliche Interesse der Supervisoren, die Akzentuierung von Interessenvertretung und Qualifikationskontrolle und die resignative, defensive Stimmung in der Wirtschaft.

Supervisoren werden heute noch vorwiegend in privaten Vereinen ausgebildet, aber es gibt viel deutlichere Bestrebungen von Seiten der Fachhochschulen und Universitäten, hier mitzumischen, als angesichts der Trainerausbildungen in Gruppenanalyse und Gruppendynamik. Wirtschaftlichen Nutzen hat die Mitgliedschaft in dem Dachverband nur bedingt. Wer bereits gut im Geschäft ist, kann auf sie verzichten; wer sich erst legitimieren muss, braucht sie. Ob sich der aufwändig gestaltete Flyer mit dem Abriss der eigenen Beraterqualifizierung rechnet, steht in den Sternen. Die Rückmeldungen von Aussendungen sind, soviel ich von Berufsanfängern höre, häufig deprimierend gering. Wer keine persönlichen Empfehlungen oder Verbindungen hat, tut sich schwer auf dem Markt.

Während gruppendynamische Trainer sich persönlich legitimieren und ihr Erfolg auf dem Markt das zentrale Kriterium ihrer Qualifikation ist, hat heute fast jeder Psychotherapeut seine staatliche Anerkennung in Form einer Approbation. Supervisoren stehen hier in der Mitte. Die Anerkennung durch den Dachverband spielt eine größere Rolle. Sie reicht aber in der Regel nicht aus. Immer wieder wird auch die Grundqualifikation eines Supervisors abgefragt, seine Feldkompetenz spielt in zahlreichen *beauty contests* eine Rolle („Sind Sie aus der Pflege? Haben Sie schon mal in der Sucht gearbeitet? Haben Sie Erfahrungen mit Essgestörten?").

Nach wie vor ist die Zahl der Supervisoren, die allein oder auch nur überwiegend von supervisorischer Tätigkeit im freien Beruf leben können, sehr viel geringer als die Zahl der Sozialpädagogen, Lehrer, Soziologen, Pädagogen und Psychologen, die *auch* Supervisoren sind und einen Teil ihrer Einkünfte neben einer festen Anstellung oder einem anderen freien Beruf aus dieser Tätigkeit erwirtschaften.

Die so garantierte Flexibilität führt dazu, dass supervisorische Angebote schnell und kostengünstig erfolgen. Es gibt schon heute eine große Reservearmee von Supervisoren. Wenn es genug Angebote auf dem freien Markt gäbe, würden viele dieser Sozialberufler dorthin abwandern, sich von ihrer halben Stelle verabschieden oder aus einer ganzen Stelle flugs eine halbe machen. Solange sie immer nur ein paar Prozesse laufen haben, tun sie das nicht. Wer sich als Supervisor selbstständig macht, hat zusätzlich eine wichtige Rolle in einer Ausbildung oder ist auch in anderen Bereichen von Fortbildung, Organisationsentwicklung usw. tätig.

Hier entsteht die Frage nach der professionellen Verantwortung der Ausbildungsinstitute. Wäre es nicht besser, sie würden erheblich weniger Supervisoren ausbilden, um die Nachfrage für die bereits im Feld Befindlichen zu erhöhen und die Arbeitsmöglichkeiten für die Neuanfänger zu verbessern? Andrerseits: Die Kandidaten einer Supervisionsausbildung erweitern ihren Gesichtskreis, sie verbessern vielleicht auch ihre Qualifikation in ihrem Grundberuf – was also ist dagegen einzuwenden?

Einwände gegen eine unbekümmerte Ausbildung aller Ausbildungswilligen wurzeln in der Gefahr einer Entwertung der Supervision. Es ist nicht leicht, einen anspruchsvollen Beruf auszuüben, wenn man zu wenig Praxis hat. Ein Orchestermusiker merkt jeden Tag, den er nicht übt; ein Jurist hat das Empfinden, dass er auch nach Jahren im Gerichtssaal noch mehr Erfahrung und Routine brauchen kann. Wer jedes Jahr nur einen oder zwei Supervisionsprozesse laufen hat, muss seine professionellen Haltungen immer neu entwickeln. Er ist auch in einer Weise von seinem subjektiven Erfolg oder Misserfolg abhängig, die ihn viel stärker einschränken und entmutigen kann als eine professionelle Arbeit in mehreren Prozessen, von denen immer einer gerade gut läuft und die Enttäuschung über einen schlechteren Verlauf kompensiert.

Es scheint ein Minimum und ein Optimum an supervisorischer Tätigkeit zu geben. Das Minimum sind nach meiner Einschätzung zwei bis drei Prozesse, denen ich während einer Arbeitswoche begegne und die verhindern, dass ich aus der Übung komme. Aber auch der ausschließlich mit Supervisionen beschäftigte Supervisor ist nicht immer eine überzeugende Lösung.

Wenn ich angehende Psychoanalytiker supervidiere, dann schadet es meiner Professionalität als Berater keineswegs, wenn ich in einem Teil meiner Arbeitszeit selbst Analysen durchführe – im Gegenteil. Wer nur noch supervidiert und dadurch nur noch einen indirekten Kontakt zur Praxis hat, wird sich schlechter in die Situation der Praktiker einfühlen können. Vielleicht ist das, was ungeplant in der Supervisionsszene entstanden ist, auch genau das, was mit allen Mängeln und Schattenseiten doch der beste Kompromiss ist: Eine große Zahl von Beratern, die weder ganz aus ihren früheren beruflichen Rollen in die Supervision umgestiegen sind, noch ganz ohne supervisorische Nebentätigkeit ihren früheren Rollen verhaftet blieben. Diese im Nebenberuf Professionalisierten erfüllen wichtige Scharnierfunktionen. Sie können sich besser als alle anderen in die Situation der Menschen einfühlen, die in dem Feld um sie herum arbeiten; und sie können, was sie dort erfahren, in die Entwicklung supervisorischer Konzepte, in Organisationsveränderungen, Leitbilder und Qualitätszirkel einbringen.

Man kann von innen oder von außen für oder gegen das Ziel des professionellen, hauptberuflichen Supervisors argumentieren. Dieser würde als Fernziel staatlich approbiert und durch eine Supervisorenkammer vertreten sein. Von innen spricht dafür, dass dann Ausbildungsstandards verbindlicher wären und die Profession über Instrumente verfügen würde, ihre inneren Angelegenheit selbst zu regulieren und die Qualität der Arbeit zu sichern. Aber damit würde auch eine Unmenge bürokratischer Verpflichtungen entstehen, deren drückendes Ausmaß zur Zeit die psychotherapeutischen Institute kennenlernen.

Das politische Interesse an einer solchen Form des staatlich kontrollieren Berufs ist gegenwärtig nicht wahrnehmbar. Die Supervisoren andererseits sind gegenwärtig so unterschiedlich, ihre Ausbildungsvoraussetzungen und Feldkompetenzen variieren so enorm, dass eine Vereinheitlichung fast unmöglich erscheint, zumal ihre Ziele keineswegs feststehen. Einen Universalberater in allen beruflichen Fragen kann es schwerlich geben; ähnlich wie in der erheblich umsatzstärkeren und daher auch politisch interessanteren Sparte der Unternehmensberater zeichnet sich nicht ab, dass McKinsey – um ein Beispiel zu nennen – in zehn Jahren etwas anderes rekrutieren wird als den smarten, auslandserfahrenen, in Bürger- oder Freizeitaktivitäten gestählten Jungakademiker, ob er nun Soziologe ist, Mathematiker oder Betriebswirt. Zusatzausbildungen in Gruppendynamik, Supervision oder Familienstellen sind willkommen.

Das Diplom (heute wohl eher: Master of supervision) in Supervision ist nur ausnahmsweise die Grundlage einer Profession, ist aber dennoch sehr nützlich, um sich in der komplexen Berufswelt von morgen zurechtzufinden und auch anderen Orientierung geben zu können. Wir könnten es eher so sehen wie einen Führerschein. Niemand diskutiert darüber, ob jedem, der ein solches Papier hat, eine Kariere als bezahlter Schofför sicher ist, aber es gibt viele Berufe, in denen man einen Führerschein brauchen kann, und in manchen ist er unentbehrlich.

Wie der helfende Beruf eine sehr günstige und entwicklungsfähige Methode ist, eigene narzisstische Probleme zu bewältigen, so ist auch die Wahl einer Zusatzausbildung zum Supervisor eine kreative und originelle Methode, mit Burnout umzugehen. Freud hat einmal gesagt, dass die Bedeutung der Arbeit für die seelische Gesundheit weit größer ist als ihre Beliebtheit. Durch methodische Reflexion herauszufinden, warum mich mein Beruf unzufrieden macht, und solche Mittel anderen an die Hand zu geben, ist nicht nur korrekter, sondern auf Dauer wohl auch aussichtsreicher und stabilisierender als andere Strategien der Burnout-Bewältigung. Daher finde ich es auch in Ordnung, wenn weiter Supervisoren ausgebildet werden, freilich sollten sich die Ausbilder hüten, mehr zu versprechen, als sie halten können.

Verzeichnis der Autorinnen und Autoren

Annemarie Bauer, Prof. Dr., Prof'in an der Ev. Fachhochschule Darmstadt, Schwerpunkt „Psychoanalyse und soziale Arbeit", Gruppenanalytikerin (DAGG) und Supervisorin (DGSv), Balintgruppenleiterin.
Forschungsschwerpunkte: Intergenerationenbeziehungen im hohen Lebensalter, Bearbeitung von Fallgeschichten aus der sozialen Arbeit aus psychoanalytischer und systemischer Sicht, psychoanalytische Zugänge und Beratungen in Organisationen und Einrichtungen, auch im Rahmen der „Arbeitsgruppe Psychoanalyse der Institution" (Katharina Gröning, Mechtild Grohs-Schulz, Peter Musall, Wolfgang Schmidbauer u.a.). Oberbadgasse 1, 69117 Heidelberg. Fon: 06221/28510, Fax: 28576.
E-mail: ambauer@gmx.de

Margrit Brückner, Prof. Dr., Hochschullehrerin im Fachbereich Soziale Arbeit und Gesundheit an der FH Frankfurt a.M., Supervisorin (DGSv), Gruppenanalytikerin.
Forschungsschwerpunkte: Internationale Care-Debatte, Gewalt gegen Frauen, Frauen- und Mädchenprojekte, Geschlechterverhältnisse, Psychoanalyse und Soziale Arbeit.
E-Mail: brueckn@fb4.fh-frankfurt.de

Ferdinand Buer, Prof. Dr., Erziehungs- und Sozialwissenschaftler an der Universität Münster; Supervisor (DGSv), Psychodramatiker (DFP/DAGG), Leiter des Psychodrama-Zentrums Münster, Praxis für SuperVision, WeiterBildung & OrganisationsBeratung.
Forschungs- und Arbeitsschwerpunkte: Konzeptualisierung von Formaten der Beziehungsarbeit, insbesondere von Supervision und Coaching, Organisations- und Führungsforschung, Theorie des Psychodramas, Ethik für Fach- und Führungskräfte.
E-Mail: info@psychodrama-zentrum.de

Adrian Gaertner, Prof. Dr., Hochschullehrer am Fachbereich Sozialwesen der FH Bielefeld, Psychoanalytiker und Supervisor (DGSv).

Forschungsschwerpunkte: Supervisions- und Balintgruppenforschung, Entwicklungspsychologische Untersuchungen zur Schwangerschaft und Frühentwicklung, Untersuchungen zum Traum, zur bildenden Kunst und zur kulturellen Bedeutung der Neuen Medien.
E-Mail: cyd@worldonline.de

Katharina Gröning, Prof. Dr., Prof'in für Pädagogische Beratung und Diagnose an der Universität Bielefeld, Fakultät für Pädagogik. Supervisorin (DGSv).
Forschungsschwerpunkte: Geschlechterverhältnisse; Generation, Geschlecht, Gerechtigkeit; psychoanalytische Organisationsforschung. Fon: 0521/106-3140.
E-mail: katharina.groening@uni-bielefeld.de

Heinz J. Kersting, Prof. Emeritus der Hochschule Niederrhein, Bacc. Theol., Dipl.-Supervisor (FH, DGSv, ISPA), Lehrender Supervisor SG, Groupworker AASWG, Balintgruppenleiter. Wissenschaftlicher Direktor des Instituts für Beratung und Supervision und des Louis-Lowy-Instituts, Aachen. Partner von ibs-Consult für Organisationsberatung Aachen – Bonn – Navarra. Ehrenmitglied der Spanischen Gesellschaft für Supervision (ISPA) und der Deutschen Gesellschaft für Supervision (DGSv). Gastprofessuren in den USA, in Spanien und Ungarn.
Forschungsschwerpunkte: Systemische Supervision und Organisationsberatung, internationale Sozialarbeit.
E-Mail: kersting@ibs-consult.com; www.ibs-networld.de/kersting

Hans J. Pongratz, Dr., Mitarbeiter am Lehrstuhl für Soziologie der Technischen Universität München. Forschung in der Arbeits- und Industriesoziologie, zur Organisations- und Herrschaftstheorie und in der Bildungs- und Beratungsforschung.
E-Mail: hans.pongratz@wi.tum.de

Wolfgang Schmidbauer, Dr., Dipl.-Psych., Ehrenvorsitzender der Gesellschaft für analytische Gruppendynamik GaG e.V., Lehranalytiker (DGPT), Einzel- und Gruppentherapeut, Balintgruppenleiter, Supervisor (DGSv), freier Schriftsteller.
Publikationsschwerpunkte: Psychoanalyse und Evolutionstheorie, Helfende Berufe, Burnout, Selbstgefühlsprobleme, Institutionsanalyse, Führungsverhalten und kulturelle Entwicklungen.
E-Mail: info@wolfgang-schmidbauer.de

Astrid Schreyögg, Dr., Dipl.-Psych.; Psychotherapeutin (IGW, FPI), Supervisorin (BDP, DGSv), Coach; Lehr- und Beratungsaufträge im In- und Aus-

land. Herausgeberin der Fachzeitschrift: Organisationsberatung, Supervision & Coaching. Autorin von Standardwerken zur Supervision und zum Coaching.
E-Mail: info@schreyoegg.de

Gertrud Siller, Dr. phil.; Erziehungswissenschaftlerin und Supervisorin (DGSv); aktueller Forschungsschwerpunkt in der Beratungsforschung: Supervision im Kontext professioneller und organisatorischer Wandlungsprozesse; Habilitationsprojekt am Pädagogischen Seminar der Universität Göttingen.
E-mail: gsiller@gwdg.de

GPSR Compliance

The European Union's (EU) General Product Safety Regulation (GPSR) is a set of rules that requires consumer products to be safe and our obligations to ensure this.

If you have any concerns about our products, you can contact us on ProductSafety@springernature.com

In case Publisher is established outside the EU, the EU authorized representative is:

Springer Nature Customer Service Center GmbH
Europaplatz 3
69115 Heidelberg, Germany

Batch number: 10809466

Printed by Printforce, the Netherlands